Global
Economy
in the Asian Age

白银资本

重视经济全球化中的东方

［德］
贡德·弗兰克
－著－

刘北成
－译－

中国科学技术出版社
·北 京·

北京市版权局著作权合同登记　图字：01-2022-0170。

图书在版编目（CIP）数据

　　白银资本：重视经济全球化中的东方 /（德）贡德·
弗兰克著；刘北成译 . —北京：中国科学技术出版
社，2022.8
　　ISBN 978-7-5046-9626-7

　　I. ①白… Ⅱ. ①贡… ②刘… Ⅲ . ①经济全球化 –
影响 – 中国经济 – 研究　Ⅳ. ① F12

中国版本图书馆 CIP 数据核字（2022）第 094023 号

地图审图号：GS 京（2022）0861 号

总 策 划	秦德继	责任编辑	申永刚
策划编辑	申永刚　刘　畅	版式设计	锋尚设计
封面设计	今亮后声	责任印制	李晓霖
责任校对	吕传新		

出　　版	中国科学技术出版社
发　　行	中国科学技术出版社有限公司发行部
地　　址	北京市海淀区中关村南大街 16 号
邮　　编	100081
发行电话	010-62173865
传　　真	010-62173081
网　　址	http://www.cspbooks.com.cn

开　　本	880mm × 1230mm　1/32
字　　数	420 千字
印　　张	15.5
版　　次	2022 年 8 月第 1 版
印　　次	2022 年 8 月第 1 次印刷
印　　刷	北京盛通印刷股份有限公司
书　　号	ISBN 978-7-5046-9626-7/F·1011
定　　价	118.00 元

实际上，只有普遍历史，没有别的历史。

——利奥波德·冯·兰克

没有什么欧洲史，只有世界史。

——马克·布洛赫

历史的特点是，各种交替运动穿越了把欧亚分成东西方的想象界线。

——希罗多德

历史就是全人类的全部东西……在撰写历史时，最重要的方法论问题或许就是揭示，为什么对于一个具体历史事件，各种历史学家往往基于相同的或相似的证据却做出截然不同的解释。

真理的最大敌人往往并不是故意编造的谎言，而是长期流传的似是而非的神话。

——约翰·F. 肯尼迪

orient：东方；有光泽的，闪亮的，珍贵的；光芒四射的，升起的，新生的；可以让人确定或找到方向的地方或严格界定的位置；使人认清形势；直接面对一个方向；决定一个人与周围环境的关系；面向东方。
reorient：确定新方向；重新调整，改变方向。

——《简明牛津词典》

序一
重构全球主义的世界图景

.... § ....

好几年前就听说弗兰克在撰写一本新书，要对现代社会理论和世界历史研究中的欧洲中心主义做一次总的清算。马克思、韦伯、汤因比、波兰尼、布罗代尔和沃勒斯坦都在清算之列。1998年，《白银资本——重视经济全球化中的东方》（*ReOrient: Global Economy in the Asian Age*）由加州大学出版社出版，1999年即获得世界历史学会图书奖头奖。我的基本感觉是，这的确是一本引人入胜的同时也是非常具有挑战性的新书。而且更重要的是，不管这种挑战能否成立或在何种程度上能够成立，它都肯定会使我们用一种更为复杂的眼光来看待我们生活在其中的这个世界。

一般而言，不管你持什么立场，学术界公认的一个事实是：哥伦布于1492年"发现"美洲大陆以及1498年达·伽马绕过好望角进入印度洋和太平洋水域，标志着世界历史发生了一次根本性的巨大断裂，世界历史从此进入了一个崭新的时代，这就是我们依然置身其中并且称之为"现代"的那个时代。在15世纪末，横渡大洋无疑是一件令人生畏的很了不起的事情。但是，如果它不是象征着欧洲社会内部发生了某种决定性的质变，而且如果这样的质变没有决定性地改变了整个世界的面貌的话，那么哥伦布和达·伽马的远航也许就不会和大致同一时期中国的郑和下西洋有什么实质性的不同。然而，从来没有人怀疑是哥伦布和达·伽马而不是郑和翻开了世界历史新的一页。这个基本事实如此深刻地铭写在我们的思想、感觉和语言的深处，以致我们根本不会用一种不同的方式，从一个不同的角度看待世界和叙述我们的经历了。

世界历史的断裂和质变同时在两个方面呈现出来：在时间维度上，标志着"现代"开始与"过去"或"传统"构成一组二元对立；在空间维度上，标志着西方与世界其他地区（the west and the rest）之间存在着本质性差异——现代的、进步的、创新的、开放的、西方对传统的、停滞的、保守的、封闭的东方。这种既是现代性又是西方特性的东西究竟是什么呢？科学理性？新教伦理/资本主义精神？资本主义生产方式？现代民族国家？自我调节的自由市场经济？总而言之，西方为什么如此独特、如此优越？这种独特和优越的现代性是怎样从西方的躯体内部演变和进化而来的呢？它又是怎样从西方向其他地区传播和扩散的呢？而后者又是怎样对西方现代性的挑战做出回应的呢？等等。现代社会科学和人文研究基本上是围绕着这样一些欧洲中心主义的目的论预设建构起来的，不同的思想流派也是针对上述问题给出自己的解释和行动规划的。马克思的资本主义生产方式理论和韦伯的资本主义精神理论只是其中比较有代表性的例子。然而，不管马克思和韦伯以及他们各自的追随者是如何针锋相对的，他们的理论和解释模式还是有着一些共同的假设前提：资本主义标志着世界历史的断裂和质变；影响和决定整个世界命运的裂变发生在欧洲内部，并且是由于欧洲社会内部的某些特殊性而发生的；这两点又要依赖另外一个假设前提，即欧洲是作为一个独立的社会实体而存在的，从而是一个合理的分析单位，也正因为如此，在它"内部"发生的变化才会如此重要。弗兰克认为，这个三位一体的假设前提构成了全部现代历史研究和社会理论的马其诺防线，他在作品《白银资本：重视经济全球化中的东方》里给自己提出的任务，就是要突破这道欧洲中心主义防线，看看它后面的真实世界，究竟是欧洲造就了世界，还是世界造就了欧洲。

和一般学者相比较，弗兰克学术生涯的戏剧性色彩似乎稍多一些。

他本是土生土长的德国人，20世纪50年代中期在美国芝加哥大学经济系读研究生，导师是大名鼎鼎的诺贝尔经济学奖得主弗里德曼。不过，这种关系并没有演出一个名师高徒的故事，因为他激进的左翼政治立场使他无法认同而且也不见容于弗里德曼的新自由主义经济学，结果弄得他差点毕不了业。在思想上，他更多地受到美国马克思主义者巴兰和斯威奇的影响，特别关注殖民地和前殖民地的欠发达状况。毕业后，弗兰克只身来到拉丁美洲（据他自己说是去打游击的），曾先后在巴西大学、墨西哥国立大学和智利大学等拉丁美洲各国的大学任教，直到皮诺切特发动军事政变将他驱逐出境，作为一名流亡者被"流放"到自己的故乡——柏林。与此同时，他的老师弗里德曼则在智利电视台的访谈节目中向皮诺切特推销"休克疗法"。这十多年的时间无疑是弗兰克一生中最锋芒毕露、光彩夺目的时期，在实地研究拉丁美洲欠发达的原因的同时，他还作为一名"本地人"加入了智利的社会主义政党，深深地卷入拉丁美洲的社会政治斗争。正是在这段时间里发表的《资本主义与拉丁美洲的欠发达》（1967）、《拉丁美洲：欠发达还是革命》（1969）、《流氓资产阶级》（1972）、《世界性积累，1492—1789年》（1978）、《依附性积累与欠发达》（1978）等著作，使弗兰克成为"依附理论"的主要代表人物之一。

在一定意义上，战后拉丁美洲的依附理论是可以被泛称为"世界体系理论"的学术思潮的一部分，这个思潮的主要代表人物有伊曼纽尔·沃勒斯坦（Immanuel Wallerstein）（主要著作有三卷本的《现代世界体系》）、萨米尔·阿明（Samir Amin）（主要著作有《世界规模的积累》《不平等的发展》《脱钩》）、乔万尼·阿里吉（Giovanni Arrighi）（主要著作有《帝国主义地理学》《漫长的20世纪》）等。世界体系理论基本上可以说是马克思主义的一种变体，法国年鉴学派的布罗代尔虽然不属于马克思主义的任何一个流派，但他的《15至18世纪的物质文明、经济和资本主义》和世界体系分析有着明显的亲缘关系。他们的共同特点是改变了马克思《资本论》那种对资本主义的"理想型"分析，突破了"社会"与"民族—国家"之间暧昧而又含混的等同关系，在全球范围内分析资本主义实际的展开过程；尤其侧重于考察现代世界是如何围绕资本主义中心地带，把各个地区编织到一个共同的、互相联系的、不平等的体系之中的，以及资本积累是如何在使某些地区发达的同时，在另一些地区制造出欠发达状态的，等等。如果说他们之间有什么不同的话，那就是弗兰克和阿明的研究更为直接地和第三世界的解放事业联系在一起。但是，从20世纪80年代后期起，弗兰克开始与其他世界体系分析学者产生越来越大的分歧，其原因固然和他的政治立场的激进色彩逐渐消退或转移方向有关，但也涉及对一系列重大学术问题的不同理解。弗兰克思想历程中的这次变化是理解《白银资本：重视经济全球化中的东方》必要的背景，因为它与弗兰克早期的研究固然保持着一定的连续性，但是断裂的一面无疑更为重要。

1989年，阿拉伯裔美国学者珍妮特·阿布–卢格霍德（Janet Abu-Lughod）发表了《在欧洲霸权之前：1250—1350年间的世界体系》一书，成为世界体系理论发生分化的契机。阿布–卢格霍德提出的新观点是，在15世纪以后以欧洲为中心的现代世界体系出现之前，就曾经存在过另外一个世界体系，同包括欧洲在内的其他地区相比较，亚洲在这个较早的世界体系中占有更为重要的地位。阿布–卢格霍德并不企图对现代世界体系理论提出挑战，她认为这个世界体系到1350年就已解体，并且在一个世纪后由一个以欧洲为中心的新的现代世界体系取而代之。但是，在现代之前就已经存在着一个包括欧、亚、非三大洲的世界体系这一观点，却使弗兰克开始怀疑自己一向认同并为其做出贡献的现代世界体系理论。在评论阿布–卢格霍德的书评里，弗兰克提出，"现代资本主义世界体系"也许并不是一个无中生有的世界体系，而只是阿布–卢格霍德所说的同一个世界体系的延续。然而，他进一步问道："如果这个世界体系比通常所说的早200年就已经存在了，那么它为什么不会出现得更早一些呢？"据他说，他在智利时就认为，世界体系是不可能像雅典娜从宙斯的脑袋里跳出来那样突然降生于世的。这就是说，在现代世界体系出现之前，必然已经存在着某种可以称为"体系"的东西。促使哥伦布和达·伽马航海探险的动力是什么？是发现通往"东方"的新路线，而不是开始建立东西方之间的联系。这难道不恰好说明了东西方在1492年以前就已经存在于一个世界体系之中，而且促使哥伦布和达·伽马航海探险的不正是这个体系的结构和动力吗？因此，不能首先把欧洲视为一个独立的实体，然后再设法从它内部找到变化的根源；相反，世界体系内部的欧洲部分的变化是和整个体系以及体系的其他部分密切相关的，例如奥斯曼帝国的兴起对传统的东西方贸易通道的决定性影响。在随后的几年里，弗兰克发表了一系列论文，探讨建立一种新的世界体系理论的可能性。这些努力的方向和结果，充分体现在1993年他（和英国学者吉尔斯）出版的一本新书的标题中——《世界体系：五百年还是五千年？》。

简单地说，弗兰克的新理论至少包含以下几点重要的变化。第一，我们生活在其中的这同一个世界体系至少可以追溯到5 000年以前，我们并没有生活在一个和500年前的世界截然不同的世界体系里。这个变化最重要的意义在于，弗兰克实际上否认了"现代性"的存在。第二，资本积累过程是（世界体系）历史的推动力。弗兰克原来和布罗代尔、沃勒斯坦等人一样，认为持续的、永不休止的资本积累是"现代"世界体系赖以同其他世界体系相区别的基本特征。但是现在，他要证明"现代"世界体系在这方面并不那么与众不同，同样的资本积累过程几千年来在世界体系中一直发挥主要作用（如果不是唯一的主要作用）。永不休止的积累是贯穿于整个世界体系历史的竞争压力。这就是说，本质上被理解为一种现代生产方式、现代生活方式和现代文明的资本主义，实际上是不存在的，或者用弗兰克自己的话来说，它不过是一个编造出来的"欧洲中心主义神话"。第三，世界体系的中心–边缘结构是"现代"世界体系理论家和依附理论家都很熟悉的概念，它包括但不限于世界体系不同地带之间剩余的转移。现在，弗兰克认为这个分析范畴同样适用于1492年以前的世界体系。第四，历史的演变不是一个线性的发展过程，而是一个循环过程，表现为世界体系内部中心的转移以及中心和边缘周期性的置换。这个新理论，且不说能否成立，单单是它的大而无当就使它不具有任何实际意义，所以从1993年发表以来并没有产生多大的反响。也许就是因为这个原因，弗兰克才把下一个研究目标锁定在现代早期，即1400年到1800年间的全球经济。

让人（包括欧洲人和亚洲人，也许尤其是中国人）吃惊的是，弗兰克认为这个时代（也就是从航海大发现到18世纪末工业革命之前）是亚洲时代。确切地说，亚洲，尤其是中国和印度，是这个时代全球经济体系的中心。被布罗代尔、沃勒斯坦以及20世纪80年代以前的弗兰克视为世界体系"中心"的欧洲，在很长时间里实际上是世界经济的一个次要的和边缘的部分。弗兰克认为，现代世界体系理论家们在批判传统社会理论和历史研究的欧洲中心主义的同时，自身并没有脱出欧洲中心主义的窠臼。这主要是因为他们仿佛只能在"欧洲路灯"（European street light）的下面看待一切事物，远处的东西似乎总是显得黯淡无光，同时又身不由己地觉得现代早期发生在欧洲的那些事件光芒四射，具有开辟世界历史新纪元的意义。但是，如果人们能够真正从封闭型的欧洲中心主义知识霸权中被解放出来，转而从一种全球视野（globological perspective）来看世界，那么他们就会发现，在现代早期历史的大部分时间里处于中心地位的不是欧洲而是亚洲，是欧洲被吸收到一个早已存在的以亚洲为中心的世界体系之中，而不是相反，即从欧洲内部生发出一个现代世界体系并以欧洲为中心向外扩张，把世界上越来越多的地区吸收到以欧洲为中心的世界体系之中。所以，在弗兰克看来，最重要的问题不是欧洲发生了什么，而是作为整体的世界尤其是其领先部分亚洲以及亚洲（从而也是世界）的领先部分中国和印度发生了什么。那么，究竟发生了什么呢？弗兰克在本书的第2、3、4、5章做了详细的论述。这里，我们介绍一下在这数百年间贵金属的生产和流通的情况，看看它究竟意味着什么。

哥伦布没有到达印度，但他发现了至关重要的贵金属。据经济史权威的估计，从1493年到1800年，世界白银产量的85%和黄金产量的70%来自拉丁美洲。美洲白银的产量在16世纪约为17 000吨，到17世纪约为42 000吨，其中有31 000吨运抵欧洲。欧洲又将40%即约12 000吨运往亚洲，其中有4 000～5 000吨是直接由荷兰东印度公司和英国东印度公司运送的。另外有6 000吨运往波罗的海地区和黎凡特①，其中一部分留在当地，其余部分继续向东到达亚洲。美洲白银在18世纪的产量约为74 000吨，其中有52 000吨运抵欧洲，其中40%即约20 000吨运往亚洲。另外，留在美洲本土的白银约有3 000吨横渡太平洋经马尼拉运抵中国。如果再加上日本和其他地方生产的白银，全球白银产量的一半最终抵达亚洲，尤其是中国和印度。贵金属流动的意义在于，某些地区需要从其他地区进口商品，却不能出口同等数量的商品，所以不得不用货币来结算贸易逆差。弗兰克提出了三个问题：为什么有些人需要进口商品同时却不能出口足够的商品来支付进口所需的费用？为什么有些人能够出口自己生产的商品并且收取货币而不是其他商品？这就是说，为什么他们需要货币？最后，为什么货币生产是必不可少的？实际上，这些问题是同一个问题的两个方面：为什么欧洲需要亚洲的商品，却不能用自己的商品同亚洲交换而必须剥削美洲的贵金属？为什么亚洲可以向欧洲出口

---

① 地中海东部地区。——如无特别说明，本书脚注均为译者所加

商品，却要求用贵金属支付而不进口欧洲的商品？弗兰克认为这个问题很简单，贵金属和商品在欧洲和亚洲之间的反方向运动说明了它们各自在世界体系中的位置。除了美洲和非洲，欧洲与所有其他地区之间都存在着长期的和结构性的贸易逆差，出口美洲贵金属是它弥补逆差的唯一手段。因此，来自美洲的贵金属源源不断地转运到波罗的海、东欧、西亚、印度（直接来自欧洲和间接来自西亚）、东南亚（直接来自欧洲和间接来自印度）和中国（直接来自欧洲和间接来自上述所有地区以及日本）。欧洲的结构性贸易逆差可以从下述事实中反映出来：1615年，荷兰东印度公司的全部出口中货物只占6%，贵金属则占94%。从1660年到1720年的60年间，贵金属占东印度公司对亚洲出口总值的87%。出于同样的理由，代表制造业和其他"出口促进"利益的英国政府要求，英国东印度公司在其全部出口总值中至少要包含十分之一的英国出口产品。但是，英国东印度公司发现很难满足这一并不过分的要求，从而不得不削减出口总额。它发现，介入亚洲内部各地区之间的贸易要比亚欧之间的贸易更有利可图。

以上数字是足以让外行人大吃一惊的。但它们并不是弗兰克发明出来的，甚至也不是他自己通过独立研究得出来的，而是从许多历史学家（包括亚洲学者如日本的滨下武志）的研究中总结出来的。他的主要目的是利用它们来说明一些重要的理论问题。例如，贵金属和商品在欧洲与亚洲之间的反方向运动，是否足以驳斥停滞的、反商业的东方这种欧洲中心主义的虚构？或者是像"亚细亚生产方式"这种"披着红色外衣的东方主义"？是否足以证明亚洲在这数百年间处于执世界经济之牛耳的地位？对于社会理论家和历史学家来说，亚洲经济在很长的时间里比欧洲经济更为繁荣并不是什么新鲜事，问题在于人们看待这些事情的方式。弗兰克指出，马克思和布罗代尔都对欧洲之外的"其他"经济给予了一定的注意，"但只是在其巨著的第3卷里，而它们本来应当构成第1卷的基本原理"。另一方面，对于欧洲来说，征服拉丁美洲并占有其贵金属，并不意味着它内部诞生了一种全新的生产方式或一个现代世界体系，但它确实意味着欧洲获得了进入以亚洲为中心的全球经济的机会，使欧洲有可能站在亚洲的肩膀上，并最终在19世纪成为全球经济新的中心。美洲的金银首先使欧洲能够在亚洲经济列车上购买一张三等舱的车票，然后又能够包下一节车厢，最后才是取代亚洲成为经济列车的火车头。这个最终结果是不能用任何神秘的历史目的论来解释的。战后几次关于资本主义起源的大论战中都有"内在"论与"外在"论两派，弗兰克认为这样的讨论完全是建立在沙滩之上的，因为无论是亚洲还是欧洲经济都存在于同一个世界经济体系之中。如果一定要说什么"内部"的话，如果一定要说资本主义的内在发生论的话，那也只能是在这个作为整体的世界经济体系的"内部"发生的，没有什么东西是在它之外的。如果说最近几十年亚洲经济的迅速发展给了弗兰克什么启示的话，他也并没有从欧洲中心主义转向亚洲中心主义。他的雄心勃勃的目标是超越任何种族中心主义，建构一种真正整体论的、普遍的、全球性的世界历史和全球性社会理论。按照弗兰克的设想，这样的理论必须建立在三个支柱之上，它们是：生态-经济-技术之维、政治-军事权力之维和社会-文化-意识形态之维。在这本书里，弗兰克的讨论仅限于生态-经济-技术之维的经济方面，很少涉及其他两个维度，更不必说如何把它们整合为一种总体的分析了。但是，毫无疑问，他成功地把我们带入了一个更为广阔的天地，让我们看到世界历史更为复杂的互动关系。仅就这一点而言，弗兰克也不愧是我们时代最有远见的学者和思想家。

弗兰克的著作并不是没有问题的。无论是就总体的理论假设和分析方法而言，还是就具体的历史细节而言，都大有讨论的余地。例如，超越种族中心主义的全球视野是否必然要否认现代世界的"现代性"？资本主义究竟是一个欧洲中心主义的神话，还是现代世界的基本现实？各大洲之间的贸易往来是否足以证明它们存在于一个世界体系之中？如果说16世纪初的英国是世界体系中的欠发达地区，那么这个所谓"欠发达"和16世纪以后拉丁美洲沦为资本主义世界体系中的欠发达地区是否具有同样的性质？仅仅从经济角度论述1400年到1800年间的世界历史，这本身是否合理？世界历史是否总是在同一性质的体系里不断地循环往复，而且要永远这样循环下去？弗兰克在告别欧洲中心主义的同时，是否把他早期思想中最有光彩的东西也一并抛弃了？事实上，一场大辩论已经开始了。沃勒斯坦主编的杂志《评论》（Review）将会就《白银资本：重视经济全球化中的东方》出一期专号，现代世界体系理论家们将会做出迄今为止最为强烈的反应。不论结果如何，这样的讨论肯定有助于我们更好地理解人类的过去、现在和未来。我希望中国知识界能够在这场讨论中做出自己的贡献，因为我们不是这个世界的无动于衷的看客。

陈燕谷

序二

················ § ················

　　这是一部极具挑战性的重要著作，它对1500年以来世界各地之间的经济联系做了气势恢宏的论述。作者安德烈·贡德·弗兰克把中国置于亚洲的中心，把亚洲置于全球经济的中心。他认为，中国需求白银，欧洲需求中国商品，这二者的结合导致了全世界的商业扩张。与学术界多数人的通常看法不同，在他的分析中，中国在工业革命前的经济史中占据着极其突出和积极的地位。为了阐述自己的观点，他广泛利用了其他学者的研究成果，包括研究亚洲和欧洲经济史专家的最新成果。

　　对于中国读者而言，他的阐述并非全是新鲜的。中国和日本的明清经济史专家早就认识到，中国的农业经济自1500年起便越来越商业化了。但是，他们之中的许多人虽然意识到了商业的成长，却依然在寻找使中国的发展与欧洲的发展迥然不同的关键性差异，因为欧洲的商业扩张之后发生了工业革命，而中国没有。与这种观点相反，有些西方学者已经开始认为，在这两个广阔的地区，共同点可能多于不同点，其中包括商人组织的发展、交通网络的扩大和改善、农业生产的改良以及手工业的扩大。弗兰克比其他学者走得更远，他提出了一个必然会引起争议的论点：中国经济具有比欧洲经济更大的生产力。由于他引用的资料有限，这个标新立异的论点还有待进一步论证。即使作者所描述的中国在经济上优于欧洲的图像仅仅获得部分的证明，即使这种说法遭到否定，1500年以后欧亚许多地区之间的商业扩张运动已经得到了充分的论证，并为越来越多的人所承认。

　　弗兰克从最新的学术研究中收集了有关亚洲许多地区可与欧洲相媲

美的商业变化以及农业和手工业进步的大量证据。但是，他最关注的并不是这些相似的变化。在他看来，他在白银贸易中看到的商业扩张运动中的联系才是最重要的。所谓"白银贸易"，是指欧洲为获得中国和亚洲其他地区的商品而支付白银所导致的贸易。弗兰克不满足于对有关世界各地经济增长的学术成果做简单的综合，他更感兴趣的是对1500年以后全球经济的形成过程做出论证。他关于世界经济联系的基本观点是十分简单的。欧洲人渴望获得中国的手工业品、加工后的农产品、丝绸、陶瓷和茶叶，但是没有任何可以向中国出售的手工业品或农产品。而中国在商业经济的扩张中似乎对白银有一种无限的渴求。16世纪和18世纪大量白银流入中国照理会引起通货膨胀，但实际上并没有出现这种情况。这就意味着，中国经济有能力吸收更多的白银，扩大手工业者和农民的就业和生产。弗兰克还阐明了中国对白银的需求对于欧洲的发展有何重要作用。如果没有中国的这种需求，我们很难想象西班牙的白银生产是否有利可图。但是，如果中国不需要白银，欧洲人就不可能习惯性地消费如此之多的中国商品。

弗兰克的这部著作向这样一种流行观念提出挑战，即认为欧洲经济的优势至少是从1500年开始的。弗兰克本人曾经是解释这种欧洲优势的两大学派之一的一位重要代表。他在20世纪70年代发表的论著中考察了欧洲与拉美国家的关系，指出欧洲的发展与拉丁美洲的低度发展紧密相关，这两个地区之间形成了一系列不平等的经济关系。所谓"低度发展的发展"理论，成为一种影响很大的有关欧洲和拉丁美洲之间经济关系的观点的核心。另外一种解释欧洲优势的重要学派则更强调欧洲人在欧洲地区的实践活动的特殊性。在过去几十年中，这种思路获得了新的支持者。西方研究欧洲经济史的专家通过大量的论证说明，工业革命源远流长，起源于一系列日积月累的经济变革。但是，他们不再热衷于证明被他们视为欧洲特有的实践活动确实始终是独一无二的。总之，一方面，弗兰克早期的著作认为，自1500年前后起，由欧洲支配的全球经济不断地扩展；另一方面，更大量的学术研究则主张，欧洲因自身的特殊性而在1500年以后在经济上与世界其他地区分道扬镳。

弗兰克现在向这两种观点发起挑战。他把亚洲尤其是中国置于1500年以后经济发展的中心地位，从而"扭转"（re-orient）了我们观察经济变化的视角。但是，他并不满足于此。他想进一步说明，为什么中国的经济优势被工业革命后的欧洲取代，从而进入众所周知的欧洲与世界其他地区明显不同的现代时期。在他的论证中，技术变革服从于需求的程度；中国以及整个亚洲对于节约劳动力的技术需求不高，而欧洲人发展了这类技术，为的是更具有竞争力。他在结束这部著作时暗示，最近一段时期亚洲经济的复兴正在使这一地区恢复它在工业革命之前所拥有的那种优势地位。

弗兰克这些高屋建瓴的论点具有很强的说服力。但是，我们应该注意，这些论点是可以区别对待的。对未来的预测在很大程度上基于现实状况以及政府和经济领袖们的决策。1997年夏季开始的亚洲金融危机表明，在预测未来的增长轨迹时要小心谨慎。亚洲各地的各种结构性和制度性调整已经使金融市场稳定下来，但是亚洲各国经济在近期或长期究竟会如何变化，分析家们众说纷纭，莫衷一是。大多数人不会赞成这样的假设：美国在世界经济中的主宰地位将很快被中国取代。在考虑这些未来经济变化的问题时，其实可以脱离开工业革命的动力问题以及19世纪发生的一系列技术和制度变革。

在解释工业革命时，弗兰克赞成一种多元决定论，即强调多重因果关系的链条。他缺少的是由这些变革引起的惊奇感。当然，没有任何一个人曾经计划过工业革命。经济变革不是某项创造新工业世界的宏大计划的组成部分。被弗兰克视为针对特定条件做出的必要反应和调整，只不过是在事实面前的各种可能行动。技术变革不仅仅是面对"需求"产生的一种反应。技术革新和变化的"供给"究竟是由什么决定的，这是更难以确定的，尤其是当这些纷繁变化纠集并影响到不同产业时。如何解释工业革命依然是一项有待探讨的宏大课题。

弗兰克在这部著作中主要讨论1500年到1800年这一时期的历史。读者从中可以看到，作者如何利用欧洲大陆许多地区之间商业扩张的资料来论证全球不同地区间的商业联系。但是，欧亚大陆各地商业扩张的平行运动彼此之间具有什么因果联系，它们与中国用陶瓷、丝绸和茶叶交换新世界①的白银的贸易具有什么因果联系，关于这些方面的情况我们并不总是很清楚的。以英格兰东南部的商业化运动和中国长江流域的商业化运动作为两个例子来说，情况很可能是这样的：它们的基本运动在很大程度上是相同的，但是，与其说它们的发展变化彼此具有紧密的相关性，不如说它们以各自不同的发展体现了类似的运动。至少从分析的角度看，白银贸易和欧洲人借此购买的商品形成了一个基本上独立的交换循环系统。当然，中国江南地区的商业网络和英格兰东南部的商业网络由于白银贸易和欧洲人购买中国商品而被间接地联结起来，但是，全球性联系大概还不是我们看到的商业化运动中的关键因素。可以想象一下，如果没有这种对华白银贸易会是什么情况。中国很可能继续从日本买进白银。白银供给的减少可能减缓江南地区的商业扩张，尽管我们可以想象信贷和其他货币的结合也许能弥补萎缩的白银供给。至于英格兰东南部，那个地区商业化的动力在很大程度上是由伦敦的扩展促成的，即使中国丝绸、陶瓷和茶叶的进口大量减少，也不可能遏止这种城市化进程以及相关的市场发展。

即使弗兰克所分析的全球交换过程在逻辑上不是中国和欧洲部分地区的商业化的必要条件，但是从历史上看，这两个地区确实是由这种贸

---

① 指美洲。

易联系起来的。弗兰克这部标新立异之作促使我们思考世界各地之间、前工业化时代和工业化时代之间的许多复杂联系。他确实成功地"扭转"了我们观察1500年以来的经济史的视角。他向欧洲人提出一种挑战，指出他们的重要性正在减退，他们的世界观正在失去中心地位；他也向中国人提出另一种挑战，即超越中国的绝对核心论，用一种体系架构来更仔细地考察中国的变化与欧洲的变化之间的平行关系，更周全地考察中国与世界之间的联系。由于中国与世界的联系将会越来越紧密，越来越重要，因此，弗兰克的著作能够帮助我们从一种长远的历史视角来思考这些近期的变化。

美国加州大学洛杉矶分校教授　王国斌
1999年7月21日

中文版前言

§

我的这部著作被译成中文出版，对于我是莫大的荣幸。能够应邀在这篇专门为中国读者写的前言里向你们致意，对于我更是极大的荣幸。因为我是一个西方人，而我既不是历史学家，也不是汉学家，更不是中国史研究者。但是，后面这几点也许对于我、对于中国的读者和其他地方的读者反而是件好事。其中的原因可以用我的儿子（他是哈佛大学研究中国历史的学者）在送给我的中国礼物上写的话来说明。这件礼物是一部新的历史著作，是哈佛大学和美国最著名的中国史专家费正清生前撰写的最后一部著作。我的儿子在上面写道："一个观察（研究）树木的人送给一个观察（研究）树林的人。生日快乐！保罗。"的确，几乎所有历史学家都只喜欢观看具体的历史树木，他们忽视甚至否认树林的存在，尤其是全球树林的存在。但是，树木是在树林里生长的，必须在树林里才能存活和繁殖。中国史学者，尤其是哈佛大学的中国史学者，确实往往会倾向于强烈的"中国中心论"。但是，他们的"中国中心论"主要表现为专注于中国研究或某些具体方面。他们根本看不见树林，至少看不见一个全球世界的树林的存在。

因此，即使是这些中国中心论者，更不用说几代欧洲/西方中心论者，也没有认识到，直到19世纪之前，"中央之国"①实际上是世界经济的某种中心。而这恰恰是我的这部著作所要论证的东西。正是由于我既不是只看某棵大树的历史学家，也不是只专注于中国的"中心论者"，

---

① 指中国。

所以我能够首先来尝试着考察1800年以前的全球经济整体，并发现中国在其中的"中心"地位和角色。而这是以前至少在西方从未有人哪怕是费心想一想的。

相反，在过去的一个半世纪里，所有西方人以及许多其他地方的人一直不假思索地认为，至少从1500年以来，西方是世界经济的中心，西方是资本主义发展的发源地和动力。有些人甚至宣称，自公元1000年甚至更早的时候起就是如此。他们认为，欧洲人的某些"独特"性质导致了这种发展，特别是由于他们具有所谓早在基督诞生前就已经产生的犹太-基督教"价值观"。人们已经多次证明，这种欧洲特殊论不过是一种胜利者的神话和十足的种族主义神话。本书在第1章和第4章中对这种论证做了回顾并加以扩充。

不过，本书还试图比这走得更远一些。在第2章里，我描绘和分析了1400年到1800年间世界经济的结构与发展。在这里，我们可以看到，作为"中央之国"的中国不仅是东亚朝贡贸易体系的中心，而且在整个世界经济中即使不是中心，也占据着支配地位。按照我在第3章中的统计，表明中国在世界经济中的这种位置和角色的现象之一是，它吸引和吞噬了全世界生产的白银货币的大约一半；这一统计还力图表明，这些白银如何促成了16至18世纪明、清两代经济和人口的迅速扩张与增长。正如第4章所论证的，这一切之所以能够发生，直接缘于中国经济和中国人民在世界市场上所具有的异乎寻常的巨大的且不断增长的生产能力、技术、生产效率、竞争力和出口能力。这是其他地区都望尘莫及的，只有印度能够与之比肩。另外，所谓中国自郑和下西洋于1433年终止之后退出海上贸易的说法是不正确的。中国的出口商品和中国商人依然支配着中国海地区的贸易，从而为至今仍影响巨大的海外华人社群奠定了基础。实际上，与大量的历史神话相反，在亚洲（包括印度洋），欧洲人从未拥有或控制过超过10%的海上贸易，在南中国海就更少了，在北中国海则根本无权置喙。因此，虽然许多人依然声称，中国和亚洲其他地区的民间制度和公共/国家制度由于某种原因比欧洲"低劣"，但这显然不符合实际情况。"亚细亚生产方式"是欧洲人发明的一个神话，其目的在于证明子虚乌有的欧洲"独特性"。

只要我们对世界经济进行客观的考察，就会立刻发现1 000年前宋代中国的主宰地位。但这一点也不新鲜。本书的新颖之处在于，通过分析证明至少到1800年，亚洲（尤其是中国）一直在世界经济中居于支配地位。直到1800年，具体到中国是直到19世纪40年代的鸦片战争，东方才衰落，西方才上升到支配地位——而这显然也是暂时的，从历史角度看，这仅仅是很晚近的事情。因为世界现在已经再次"调整方向"（reorienting，重新面向东方），中国正再次准备占据它直到1800年以后一段时间为止"历来"在世界经济中占据的支配地位，甚至是"中心"地位。也就是说，既然世界本身正在调整方向，那么我们这些观察者也该不失时机地"调整"我们的历史学和社会理论以及我们的世界观的"方向"（reorient，重新面向东方）。这正是本书的书名，表明本书旨在为实现这一重要目标而贡献绵薄之力。

我希望，我所提示的微不足道的路标，当然更重要的是中国、亚洲和全世界当前所发生的震撼世界的重大事件，能够帮助中国读者看清中国以及读者本人在这种世界历史进程中所处的位置，而这是西方大多数人至今无法认识到的——主要是因为他们不想正视现实，而宁愿继续仰慕西方的（尤其是美国的）大树。

最近几十年世界经济的发展，尤其是1988年东亚地区的金融经济危机，塑造、改变同时也扭曲了有关这种世界历史进程以及各个地区在这一进程中的位置的观念。首先，日本证明了其经济能力、技术能力和竞争能力。因此，日本开始被许多人视为"西方"的一部分，日本人在实行种族隔离的南非获得了"尊贵白人"的地位。有些美国人试图在日本寻找相当于20世纪最重要的社会学家韦伯所谓的"新教伦理"的东西来解释日本的成功，同时把中国和东亚其他地区的落后归咎于古老的儒家思想。当韩国、新加坡（一半是华人）、中国台湾和中国香港这"四小虎"或"四小龙"也在世界市场上大显身手时，这种所谓的"解释"便被抛弃了。泰国、马来西亚和印度尼西亚等另一批"小虎"也接踵而至，在它们之后赫然凸现的则是中国整体经济的腾飞。这种情况实际上开始危及西方人的自信心和支配地位。于是，儒家思想或"亚洲价值观"现在不再是"进步"途中不可逾越的障碍，而变成所谓的动力和同样错误地用于解释"成功"的意识形态原因。正如本书第1章所指出的，西方开始出现了一些著作，论述儒家思想支配下的东亚如何重返世界舞台，但把这说成是在西方支配世界整整1 000年的所谓中断期之后发生的情况；更没有注意到，实际上亚洲和中国让出这种支配地位才150年左右或6代人的时间。另外，具有2 500年历史的儒家价值观几乎不可能说明或解释几年、几十年或几个世纪之间经济成败的起伏变化。

最近的一次引人注目的变化是1998年东亚爆发的金融经济危机，这次危机显然使许多西方观察家感到宽慰。结果，由于新闻媒体的逐日报道，以及短期经济分析和政府政策的作用，甚至西方"信息灵通"的公共舆论也发生了变化。现在，"东亚奇迹"被说成不过是一种海市蜃楼，是一些人的美梦和另一些人的噩梦。有关成功的所谓"解释"和可靠战略，正如原先曾经迅速地变成时髦一样，现在正被人们迅速地抛弃。我们再也看不到对"亚洲价值观"的赞扬，看不到"市场魔法"所提供的保证，也看不到国家资本主义的安全性。如果真是那样就好了，因为这些所谓的"解释"和"正确政策"从来不过是一些意识形态的赝品。

本书中的历史事实表明，任何一种具体制度或政治经济政策都不可能导致或解释竞争激烈、风云变幻的世界市场上的成功（或失败）。当代现实也表明了这一点。在这方面，邓小平的"黑猫白猫论"非常著名。哪些生产形式能够比较快地恢复和发展农业生产就应该采取哪种形式。空洞的争论无济于事，真理只有在实践中才能得到检验，应该大胆地实践，大胆地试，先不要下结论，干了再说。由于在竞争激烈的世界市场中障碍和机遇随时随地会变化，要想成为一只能够抓住耗子的猫，就必须适应这些变化。

在经济危机期间，在世界经济中处于何种位置，如何做出灵活的反应，是特别重要的事情——"危机"一词在中文里既有（消极的）"危险"的意思，又有（积极的）"机遇"的意思。在目前的经济危机中，人们的注意力过分集中在显然严重的消极后果上。但是，它所提供的机遇并没有受到充分重视。只有美国和中国例外。这两个国家都在竭力从日本、韩国和东南亚的政治经济困境和所谓的"泡沫破灭"中谋求竞争优势。

但是，低估东亚尤其是中国的经济实力和发展前景，也许是过于草率了。这主要是由于目光短浅，没有看到如本书中所展示的历史事实，而且对当代现实也有一种完全错误的理解。我认为，最近这种匆忙贬低亚洲的看法是错误的。我的理由有许多，这里不妨举出几点：

（1）由于亚洲（尤其是中国）直到不久前为止曾经在世界上拥有强大的经济力量，因此它们很可能会很快重新崛起。

（2）中国和亚洲其他地区在历史上的经济成就不是基于西方模式获得的，亚洲近期的许多经济成就也不是基于西方模式获得的。因此，中国人和其他亚洲人没有必要照搬任何西方"模式"或其他"模式"。你们能够安排你们自己的道路，现在没有必要把西方模式当作所谓唯一能够摆脱目前经济危机的方式来取代自己的方式。相反，中国和亚洲其他地区依靠与西方不同的方式来解决问题，不是弱点，而是优点。

（3）目前的危机是从金融部门蔓延到生产部门的，但这并不意味着后者具有致命的弱点。相反，目前的生产过剩和能力过剩危机恰恰表明了生产部门的潜在实力和恢复能力。

（4）未来也不可能避免或防止经济衰退——中国或苏联过去实行计划经济时也从未做到。更重要的是，这次世界性衰退是一个多世纪以来第一次始于东方，然后向西方蔓延的经济衰退。因此，这次衰退与其说表明了东亚的暂时虚弱，不如说表明了东亚基本经济实力的增长——世界经济的重心正在转回到它在西方兴起前的位置。

（5）这种基本的政治经济实力，也使东亚尤其是中国和日本占据了远比"第三世界"其他地区甚至是东欧各国更有利的位置，从而能够抵制西方的诋毁。美国财政部正在通过国际货币基金组织、世界银行、世界贸易组织、华尔街以及其他工具进行这种诋毁活动。

（6）在最近这次衰退期间，东亚面对西方的压力采取了让步措施，并付出了代价。这种情况，再加上东亚自身的经济条件，很可能会使东亚在政治上采取措施，尤其是建立新的金融集团和银行制度，极力摆脱西方控制的资本市场的束缚，从而防止目前的情况在未来重演。

下面几点理由是基于中文对"危机"一词的解释——危机是危险和机遇的结合。由于危机使得目前的局面难以维持，因此它也提供了实现重大变革的机遇。

（7）实际上，目前世界金融和贸易体制正在受到挑战。例如，鉴于国际货币基金组织设在华盛顿并受到华盛顿影响，日本寻求建立一个亚洲货币基金组织，以遏止以往出现的那种衰退向纵深发展的情况。中国则希望加入世界贸易组织，但是也对机构改革提出了看法。

（8）相关的政治经济斗争是，借日本、韩国和东南亚破产之机，美国和中国为取代它们在市场上的份额而展开竞争。美国资本以最低廉的价格收购了东亚的一些生产设施，而中国则等待时机，等待它们被完全挤出竞争市场——如果它们不采取联合行动的话。哪种战略更加有效，有待时间来证明，但是中国人（或许还有一些东南亚人）似乎更喜欢下长期赌注。

（9）同样重要的是，中国和印度基本上没有受到目前衰退的影响。其原因部分在于，它们的人民币和卢比不可兑换，它们的资本市场没有允许资本流入而限制资本流出的阀门。中国在东亚的竞争对手的通货贬值，以及因东亚经济衰退而造成的海外华人资本和日本资本流入中国数量的减少，也许会迫使人民币贬值以保持竞争能力。但是，中国经济看来已经而且将继续可能具有足够强大的生产能力和竞争能力，来遏制和克服这些问题。

（10）这并不是说中国没有经济问题，它当然有许多问题。其中最重要的问题是，生产资源分配，包括各地之间的"人力资本"分配的不平等日益加剧，以及各地内部和各地之间的收入不平等日益加剧。因此，正如在清代甚至明代就已出现的情况，北京在经济、金融和财政方面的权威再次受到威胁。

值得注意的是，当今中国在经济上最活跃的地区依然是清代甚至明代那些经济上最活跃的地区。这在本书中也有所反映。它们是：依然以香港–广州走廊为中心，与中国南海贸易相联系的岭南地区；依然以厦门为中心，以中国南海的台湾海峡贸易为重点的福建地区；以上海为中心的长江流域地区——上海现在已经再次超出前面提到的地区而居于领先地位；东北地区——该地区的经济与200多年以前一样，形成与西伯利亚、朝鲜、日本之间的四角贸易关系。上述地区曾经是而且现在依然是或将重新逐渐成为世界贸易和全球经济的重要部分。在这种意义上，尽管这段历史已经在1800年结束，但是对历史上的世界经济以及中国当时在其中的支配地位进行考察，也能揭示出该地区当代经济发展的最根本基础，还能预示世界经济在可预见的未来的发展。

因此，虽然本书写于西方而且主要面向西方读者，但我希望它也能获得中国读者的认同和批评。这本书也许能吸引中国读者。其原因之一是，它摧毁了那些所谓"西方天然优越"的说法的历史依据，那些说法在本质上是种族主义的观念。另一个原因是，本书论证了中国在历史上的世界经济中的"中心"地位和角色，并且认为中国因此在未来也许还会具有这种地位和角色。但是，我绝不是像西方某些人所指责的那样简单地用中国中心论来取代欧洲中心论。如果中国读者是基于这种想法而接受我的这部著作，那会使我大失所望。相反，本书最核心的"科学"论点是，过去和现在一直有一个全球经济，在本书所考察的历史时期中实际上没有什么中心，在可预见的未来很可能也没有什么中心。根据本书所提供的史实可以断定，到1800年为止，欧洲和西方绝不是世界经济的中心，如果非要说有什么"中心"的话，客观地说，不是处于边缘的欧洲，而是中国更有资格以"中心"自居。但是，即使是这种"中心"，也必须通过考察全球经济整体才能得到合法的确认，甚至由此才能获得提名。本书所传递的主要的"意识形态"信息实际上绝不是什么"中心论"，除非是人类中心论，当然最好是生态中心论。

因此，由于本书提供了一种更充分的整体主义全球"树林"框架，以对全球经济社会现实进行科学分析，我希望中国读者能和其他读者一样能因此对本书产生兴趣并从中有所获益。此外，如果我们对1800年以前的整个世界经济进行这种分析（如本书第2、3章），就会发现把中国称作"中央之国"是十分准确的。因此，本书至少初步揭示了某种观念，用以取代西方胜利者的意识形态，即他们对欧洲特殊"大树"和（或）所谓抽象的"市场魔力"的赞扬。但是，本书还提示了一种观念，用以取代"亚细亚生产方式"概念，甚至还有"封建主义"概念。任何地方都不曾有过此类东西，但后人盲目地接受和使用这些概念，从而把欧洲发生的真正的世界经济发展错当成欧洲的"资本主义"生产方式的发展。最后，我还希望凡是想考察——甚至改善——中国在现实世界经济中地位的中国读者，能够对本书中的全球框架和政治经济–人口分析感兴趣并有所获益。我将因此而感到满足。我把共同的人类（中心）事业概括为"多样性的统一"。如果本书甚至能够在这个共同的人类（中心）事业中对少数中国读者有所裨益，那么本书的写作和中文版的翻译出版就是值得的。

安德烈·贡德·弗兰克

1998年12月25日初稿

1999年4月4日改定于蒙特利尔

前言

......................§........................

> 我认为，学者应该回顾他们的工作是如何展开的，给我们提供一份有关的记录。这倒不是因为他们的工作十分重要（它们最终可能是无足轻重的），而是因为我们需要更多地了解历史写作过程……历史的撰写者并不是旁观者。他们本身就是这种活动的一部分，因此需要看看他们自己是如何活动的。
>
> 费正清（1969：vii）

在这部著作中，我用一种"全球学的"视野（这个术语出自艾伯特·伯格森1982年的那篇文章）来颠覆欧洲中心论的历史学和社会理论。我将从一种涵盖世界的全球视野来考察近代早期的经济史。我试图分析整个世界经济体系的结构与运动，而不是仅仅分析欧洲的世界经济体系（欧洲只是世界经济体系的一部分）。这是因为，在我看来，整体大于部分的总和，如果我们要分析任何部分（包括欧洲）的发展，都必须分析整体。对于"西方的兴起"就更是如此，因为事实表明，从一种全球视野来看，在近代早期的大部分历史中，占据舞台中心的不是欧洲，而是亚洲。因此，最重要的问题与其说是在欧洲发生了什么，不如说是在整个世界尤其是在处于主导地位的亚洲部分发生了什么。我将从这种更全面的全球视野和目的出发来展示历史事件，从而说明在世界整体中"东方的衰落"和随之而来的"西方的兴起"。这种方法将会摧毁韦伯、汤因比、波兰尼、沃勒斯坦以及其他许多现代社会理论家的反经验的一科学的——其实是意识形态的——欧洲中心论的历史根基。

正如费正清指出的，撰写历史本身就是历史的一部分，因此我将遵循他的忠告，给读者提供一份关于我的工作是如何展开的记录。我将只列出思想历程中最重要的站台，以免用无关紧要的个人私事来浪费读者的时间。但是，我不可避免地要提到某些往往在无意之间对我有所启发的人，在此向他们致以谢意。

我的人类学家朋友锡德·明茨（Sid Mintz）和我自20世纪50年代中期以来一直不停地争论。他总是谈"文化问题"，而我总是用"结构问题"来反驳。结构问题第一次引起我的重视，是我在芝加哥大学社会科学楼2楼旁听著名文化人类学家罗伯特·雷德菲尔德（Robert Redfield）主持的研究班时。我在那里接触到了整体主义，了解了社会科学追求整体主义的重要性。在研究生休息喝咖啡时的"研讨会"上，我提出雷德菲尔德忽视了结构。或许，我是在以前的几个学期里旁听来访的结构功能主义人类学家雷蒙特·弗思（Raymont Firth）和迈耶·福特斯（Meyer Fortes）的讲演时获得这一思想的。我之所以说"旁听"，是因为我当时在经济系攻读博士，被认为是应该到社会科学楼4楼上课的。从那时起，芝加哥大学的这个系以及商学院、法学院的相关专业的成员和毕业生（有些是我的经济系同学）已经获得了向全世界颁发的诺贝尔经济学奖中的一半左右，其中5人是在最近6年内获得的。但是，我连续3次未能通过国际（inter-*national*）经济学——这是我在4楼的强项——的博士考试；而在"经济学"前的形容词中的这个连接符和斜体字的意义，应该在这本著作中变得十分明显。前一句话也多少能说明为什么我在2楼觉得更舒服。但是，我在自传体的《发展的低度发展》（1991c，1996）中已经讲述了不少我的"政治兴趣"，以及理论思想情况。因此，这里我仅谈谈看起来与这部声称重写历史的著作最直接相关的情况。

1962年，我去了拉丁美洲，随身带着人类学家埃里克·沃尔夫

（Eric Wolf）给我的一些朋友的名字，还带着他早期写的有关世界资本主义如何插手促成中美洲地区的形成（或低度发展）的著作。1963年，我在里约热内卢写了《论资本主义的低度发展》（1975）；1966年，我在墨西哥的一家全国性报纸上与罗多尔佛·皮戈洛斯（Rodolfo Puiggros）展开论战，他捍卫当时流行的说法：拉丁美洲原先是封建社会（收入Frank 1969）。1963年的手稿就是从对流行理论的批判入手的（这部分修改后于1967年发表，题为《发展社会学和社会学的低度发展》，后收入Frank 1969）。这是对我在芝加哥大学的社会科学楼和图书馆所接触到的各种理论的尖锐批判。与眼前这部著作有直接关联的是，我的批判主要是针对由塔尔科特·帕森斯（Talcott Parsons）文不对题的《社会行动的结构》（1937）和《社会体系》（1951）向我们这一代人传达的韦伯社会学。我以前的导师、现在的好友贝尔特·霍斯利茨（Belt Hoselitz）以及我的朋友曼宁·纳什（Manning Nash）等人把这种社会学应用于"第三世界现代化理论"。在读了我的草稿之后，南茜·豪厄尔（Nancy Howell）建议我只谈他们的理论，而不必提到这许多人。我当时这样做了。这一次，她劝我在这部著作里也这样做，尤其是涉及她的地方。但我不太情愿了。

我在上面提到和未提到的著作中一直坚持认为，"不是封建主义，而是资本主义"导致了拉丁美洲和"第三世界"其他地区的"低度发展的发展"。我认为，在这种"低度发展"中，关键性的因素与其归结到当地人民身上或说是当地的"内在"因素，不如说是由"世界体系"本身的结构和功能造成的。所有这一切都是"世界体系"的组成部分。但是，我在当时的著作中和以后一段时间的思考中都认为，"资本主义世界体系"是在哥伦布"发现"美洲时诞生的。这就是为什么20世纪70年代初我在智利时写的一部有关该体系发展史的分析性著作使用的书名是《世界积累，1492—1789年》（1978a）。这部著作只写到1789年，因为

1973年的智利军事政变迫使我和家人回到我的出生地柏林。

智利政变以前的事件已经促使我跳过两个世纪来考虑当今世界资本积累的经济危机，我把智利政变看作这种危机的表现。这是我在其后20年间的几部著作和许多文章中的观点。但是，在我的思想里总有一种暗中的怀疑：如果"这个体系"是在1492年诞生的，或者如沃勒斯坦所宣称的是从1450年起出现的，那么它也不可能是像智慧女神雅典娜从宙斯的脑袋里跳出来那样突然产生的。在此之前，应该有某种东西，可能也是成体系的东西，导致了哥伦布和达·伽马的航海活动，进而导致了"世界资本主义体系"的兴起。

我在智利时曾为沃勒斯坦的《现代世界体系》第1卷（1974）的护封写了一段广告词。我是这样写的：这是"关于一种世界经济早期发展情况的描述；理解这一时期的发展情况，对于恰当评估以后的全部发展是至关重要的。这部著作一问世就会成为一部经典"（它也确实成了经典）。另外两段广告词是由布罗代尔和沃尔夫写的。布罗代尔是这样写的：历史学家已经知道"欧洲是以自己为中心而组建了一个世界经济。但是，他们从未想到的……也正是沃勒斯坦的思想的独到之处：这个整体（这个世界体系）给欧洲历史的这个主题提供了一个新框架，而且……极其令人信服"。沃尔夫是这样写的：这部著作对于理解世界体系的发展将是必不可少的，"人们将不得不面对这部著作，与它争论，引用它和学习它，这样才能提出自己的观点，确立自己的新起点"。我之所以引述这些广告词，是因为它们对于下面谈到的事态发展太有预见性了。

有些事态的发展是平行的潮流，因为我在《世界体系：五百年还是五千年？》（Frank and Gills 1993）的前言中已经提及，无须在此赘述。但是，我希望至少在这篇前言中能够综合地追溯这些情况，因为它们对于理解本书的缘起和目的也是必不可少的。

埃里克·沃尔夫撰写《欧洲与没有历史的民族》（1982）是想论证，这些民族是如何在丧失自己的许多幸福和文化的情况下被纳入现代世界体系的。因为他的主题是，这些民族是有一种历史的，因此他在这个标题后面打了一个问号；但是，出版商不喜欢这个问号，把它去掉了。出版商永远不喜欢问号，所以迈克尔·巴拉特·布朗（Michael Barratt Brown）的著作《帝国主义之后》（1963）也有同样的遭遇。沃尔夫的编辑斯坦利·霍尔维茨（Stanley Holwitz）曾邀请我为该书写出版推荐，但因家事缠身，我只好推辞了。我对这部著作极为赞赏，这不仅是因为作者在前言中以沃勒斯坦和我的上述著作为他本人的先驱。在1990年美国人类学学会的会议上，我公开表示对沃尔夫的敬意。当一名研究者说我的著作对沃尔夫产生了某种重要影响时，我立即指出，沃尔夫和他的著作早就对我具有最重要的影响，给我指明了去拉丁美洲的道路——正是沃尔夫指出，所有这一切都与世界资本主义体系有关，在殖民时代已经如此。

从事后看，有两个原因可以说明我被迫拒绝给沃尔夫的著作写推荐是对的。在阿姆斯特丹，有一次在我家吃饭时，我告诉他，他的这部著作所表现出的"大倒退"使我感到震惊，因为书中说，"资本主义"开始于1800年，而不是开始于他过去曾使我信服的1492年。第二个原因是，自从这次餐桌谈话后，我发现毕竟有更多的理由使人赞同他这部著作中的观点——正如我现在这部著作所展示的。因为如果有"资本主义"这种东西的话（我现在对此表示怀疑），似乎应该像沃尔夫所主张的那样，把它的开端定在自1800年开始的欧洲工业革命。但是现在我还认为，他和我在沃勒斯坦的著作护封上提到的"世界体系"所出现的时间比我们三人想象的要早得多。但是，这也引出了一个问题：把世界经济或世界体系称作"资本主义的"，究竟意味着什么？

后来，珍妮特·阿布–卢格霍德写了《在欧洲霸权之前：1250—

1350年的世界体系》（1989）。在这部著作问世的几年前，有一份杂志的专刊曾专门讨论她阐述自己观点的一篇文章。应编辑的邀请，我写了一篇评论（1987）。这促使我回过头来思考我原先"暗中的怀疑"："现代"世界体系可能有更早的起源。阿布-卢格霍德肯定了这种更早的起源，并揭示了她所谓的"13世纪世界体系"。但是她说，这不过是另一个异样的现代世界体系的一个前身。她接受了沃勒斯坦的说法，即现代世界体系是在1450年以后独立（重新）发明出来的。我在另一篇关于她的著作的评论中发挥了我的主要批评论点："现代资本主义世界体系"不是一个新发明，而是阿布-卢格霍德所说的至少从1250年就已经存在的同一个世界体系的延续（1990b）。如果这个世界体系在沃勒斯坦确定的开端1450年以前已经存在了200年，那么为什么不会更早一些呢？

在《世界积累，1492—1789年》的前言中，我引用并遵循了另一个告诫，我称之为"费正清第二法则"："绝不要从开端开始。历史研究应该向后推进，而不是向前推进……要让问题引导着你向后回溯。"（Fairbank 1969：ix）这里的"问题"就是"世界体系"的起源及其性质，而它引导着我的历史研究回溯到我能发现证据的最早的时代。如果"这个体系"的开端不是在1800年，也不是在1492年或1450年，甚至不是在1250年，那么很可能是在公元1000年前后。当然，沃勒斯坦从来不愿意承认这一点，尽管他会说，"长波周期是决定性的"这个道理早已说清，而且已经得到公认。在他看来，这种周期是在1450年以后开始上扬的，但是在1250年到1450年间是下落的，以前在1050年到1250年间曾经上扬（Wallerstein 1992，1989年以未定稿形式被传阅）。作为《评论》的主编，他十分大度地发表了我的第一篇争论文章。这篇文章认为，基于许多理由，包括沃勒斯坦本人提到的这种长周期，我们可能应该把世界体系的起源追溯到更早的时代（1990a）。

巴里·吉尔斯（Barry Gills）早就写了（但未发表）某些类似他几

年前写的东西。当他读了我的1989年这篇文章的未定稿后，我们建立了密切联系，然后开始了共同的研究工作。其结果就是我们合作的文章，包括论"积累的累积"，论从公元前1700年到公元1700年的长周期，关于五千年世界体系的交叉学科导论，以及我们合编的著作《世界体系：五百年还是五千年？》（Gills and Frank 1990/91，1992；Frank and Gills 1992，1993）。吉尔斯慷慨地让我分享他渊博的历史知识和理论素养。他还让我利用他的宝贵藏书和早期手稿。他给了我巨大的帮助，否则我就不可能有这样快的进展。另外，他还把我带进了"国际关系"和"霸权"等领域，虽然我对这些领域兴趣不大，但为了我们的合作还是尽力而为了。

与此同时，克里斯托弗·蔡斯–邓恩（Christopher Chase-Dunn）开始与托马斯·霍尔（Thomas D. Hall）合作。克里斯[①]是一位数字专家，他给了我许多帮助，对我和另外一些学者的依附理论进行了"验证"并提供了证据。另外，我们两人也不约而同地开始尝试着把对苏联和其他社会主义国家的分析纳入对"资本主义世界体系"的分析中。霍尔把对西南美洲部族社会的研究扩大到对其他游牧民族的研究，而且与蔡斯–邓恩一起对世界体系"边缘"或暂时处于"世界体系"之外的"边疆国家"进行了研究。他们两人合作，基于对若干小型和大型的"世界体系"的比较分析，着手建构更宏观的世界体系。这些小型和大型的"世界体系"包括吉尔斯和我研究的一些小型但重要的"世界体系"，以及大卫·威尔金森（David Wilkinson）提出的"核心文明"与蔡斯–邓恩和霍尔重新组合和命名的"核心世界体系"。

蔡斯–邓恩还敦促我参加了文明比较研究国际学会（ISCSC）的1989年年会。在会上，我见到了威尔金森和斯蒂芬·桑德森（Stephen

---

① 即克里斯托弗·蔡斯-邓恩。

Sanderson）。接着，我又出席了世界历史学会（WHA）的1989年年会，见到了威廉·麦克尼尔（William McNeill）。他激励我树立起研究历史的信心。世界历史学会新创办的《世界历史杂志》的主编杰里·本特利（Jerry Bentley）也出席了这两次大会，随后发表了我对阿布–卢格霍德著作的评论和我的另一篇文章《对世界体系史的期望》（1990b，1991a）。桑德森还在他的著作《社会转型》（1995）中对平行的分支进行了研究，这部著作包括一项与英国进行比较的日本发展研究——我在本书中使用了这项研究的成果。桑德森随后又主编了文明比较研究国际学会的杂志《比较文明评论》的一期专刊，由此产生了一部由他主编的比较研究著作《文明与世界体系》（1995）。这部著作包含了上面提到的许多作者的文章以及我的文章《重看现代世界体系：重读布罗代尔和沃勒斯坦的著作》（1995）。在这一时期，乔治·莫德尔斯基（George Modelski）和威廉·汤普森（William R. Thompson）也扩展了他们长期合作的领域，从早期偏重于1494年以前欧洲世界的政治霸权和战争，扩大到研究自公元930年起中国的革新和康德拉捷夫周期以及史前的世界体系演变（1992，1996）。我在《世界体系：五百年还是五千年?》的前言中已经表达了我对这些同道以及朋友们的合作、帮助和鼓励的感谢，在此我还要重申这种谢意。

这部由我和吉尔斯主编的著作的宗旨是，沃勒斯坦所谓的"现代"500年的世界体系的那些特征，也可以在至少上溯5 000年的同一体系中看到。大卫·威尔金森、乔纳森·弗里德曼（Jonathan Friedman）和凯萨·埃科尔姆（Kaisa Ekholm）也持有类似的论点（他们的论点是早就独立提出来的，此时相互产生影响）。我的朋友（以及关于最近时代的另外两部著作的合作者）伊曼纽尔·沃勒斯坦和萨米尔·阿明各写了一章，不赞成推到1500年以前的论点。沃勒斯坦捍卫他的"世界–体系"论（1991，1993），反对我的"世界体系"论，依然主张我们应该"把稳舵柄"（1995）。他和阿明在为一部讨论我的思想的文集（Chew and Denemark 1996）所撰写的文章中继续坚持他们的立场。阿布–卢格霍德在这个问题上不愿明确表态，认为无法说清我们讨论的究竟是同一个世界体系，还是现代的一个新世界体系（Frank and Gills 1993）。

世界历史的现代"开创者"威廉·麦克尼尔欣然地写了一篇前言（而且是以"历史学家代表的身份"，为讨论我的思想的文集而写的）。他此时承认，他本人的著作《西方的兴起》（1963）对世界的体系性联系注意不够，我们应该用各种交往网络来逐渐描绘出这些联系。我对此深表赞同。我与麦克尼尔在芝加哥大学的同事马歇尔·霍奇森（Marshall Hodgson）曾在1954年同住一间公寓。霍奇森曾向我谈述他自己的一些文稿，现在其中的一部分收入他去世后出版的《重新思考世界历史》（1993）。可惜的是，当时我还不能理解他的意思。如果当时我能理解的话，我就不会在历史丛林中几乎茫然地游荡了近40年。直到现在，我才能够充分地利用霍奇森的成果，并认真地遵循他的指示去重新思考世界历史。

回答阿布–卢格霍德的问题——我们究竟是在探讨同一个世界体系，还是一个新的世界体系——与按照麦克尼尔和霍奇森的建议行事，看来是两件相关的事情。一是追溯阿布–卢格霍德所谓的13世纪世界体系的起源。她自称没有兴趣做这件事，但是我有兴趣，而且尽力做了（Frank and Gills 1993）。另一个任务是，寻找阿布–卢格霍德的世界体系或我和吉尔斯的5 000年世界体系与近代早期历史之间的连续性。她也不愿意做，因此，这就成为本书的任务。但是，这就会引出许多问题。这些问题涉及，对于重新解释自1500年以来的世界体系的近代早期（以及当代和未来）历史，我们对1500年以前的历史的解读究竟能够提供什么启示。

1993年，我读了布罗代尔的三卷本著作《15至18世纪的物质文明、经济和资本主义》的第3卷《世界视野》，又重读了沃勒斯坦的一些著作，旨在对他们的著作做一番深入的批判。当时，我仅限于证明他们的资料，尤其是布罗代尔对资料的考察，是如何与他们有关以欧洲为中心的世界经济体系的论点自相矛盾的。我最初发表的一篇批判文章是《欧洲霸权之前的亚洲的世界经济体系》（1994）。这个标题把沃勒斯坦和阿布–卢格霍德著作的标题与乔杜里（K. N. Chaudhuri）的著作《欧洲之前的亚洲》（1990a）的标题编织在一起。我和乔杜里都认为，在欧洲之前的世界经济中，亚洲是极其重要的，甚至接近于称霸。重读布罗代尔和沃勒斯坦的著作就会发现，与他们的意愿相违背，与他们的论点相矛盾，他们的著作其实表明，在近代早期，不是有若干个世界经济，而是只有一个世界经济和体系。而且，与他们的错误说法相反，在这个世界经济和体系中，欧洲没有也不可能占据霸权地位。因此，也与他们的说法相反，这个世界经济和体系不可能起源于欧洲。

于是，沃勒斯坦的《现代世界体系》第1卷护封上的3段广告词的含义也就显露出来了。布罗代尔说，沃勒斯坦给欧洲历史提供了一个新框架，从而使历史学家能够对已有的知识——即欧洲以自己为中心组建一个世界——做出更好的解释。我写的广告词中说，这部著作会立刻成为经典，因为我们需要用它来恰当地估价后来的所有发展。埃里克·沃尔夫补充说，人们不能回避沃勒斯坦的这部著作，必须与之争论或向它学习，这样才能获得自己的出发点。

布罗代尔的广告词既有正确的一面，又有错误的一面。我对布罗代尔和沃勒斯坦的批评，就是既向沃勒斯坦学习，又与之争论——沃勒斯坦的确为欧洲历史提供了一个更好的框架，然而，尽管沃勒斯坦这部著作的书名是《现代世界体系》，但是他并没有为世界历史提供一个更好的框架。而且，布罗代尔以及另外一些历史学家都错误地以为自己已经"知道"欧洲是"以自己为中心"而组建了一个世界。我在上面引述的一些批判表明，欧洲并没有自我扩张到把世界其他地区都"并入""欧洲的世界经济体系"。相反，欧洲是后来才加入一个早已存在的世界经济体系中的，或者说加强了原来与之较松散的联系。把阿布-卢格霍德和乔杜里的著作标题结合起来，值得（为自己感到）骄傲的地方应该是"欧洲霸权之前的亚洲"。或者再加上布罗代尔和沃勒斯坦的著作标题，我们需要有一个新的"欧洲霸权之前亚洲的现代世界体系视野"。

就此而言，我以前曾谈到大约20年前我的两个15岁左右的孩子对我说的话（1991c，1996）。我和他们当时都没有意识到，他们的话会如此切合本书的主题。保罗说，拉丁美洲是殖民地，不可能是封建的；米盖尔说，英国是一个低度发展的国家。这些说法对于本书的意义是多方面的。如果拉丁美洲是殖民地，那是因为它是世界体系的一部分。因此，不仅不能说它是"封建的"，而且如果不把它当作世界经济或体系的依附部分，而把它归入其他范畴——甚至"资本主义"范畴——也是大有疑问的。如果这样定义它的话，我们能有什么收获呢？实际上会一无所获：把注意力集中在"生产方式"上，仅仅会转移我们对更重要的、无所不包的世界体系的注意力。关于这一点，我在别的地方已经论述过了（Frank 1991a，b，1996；Frank and Gills 1993）。

在这种世界经济体系中，我们处处可以看到"低度发展的发展"。拉丁美洲和非洲的许多地方现在依然处于低度发展状态。但是，现在我们也会发现，正如我的儿子米盖尔于1978年观察到的，在撒切尔夫人担任首相以前，"大"不列颠也是低度发展的。米盖尔（或许还有撒切尔夫人）缺乏后来才会有的世界体系的眼光，不可能得出以下的结论，而我们却能看到，自从1873年的大萧条以来，英国就一直处于低度发展状态。为什么会是这样？借助沃勒斯坦的现代世界体系的视角，我们现在还能看到，一些部门、地区、国家以及它们的"经济"在整个世界经济和体系中的相对甚至绝对地位不仅会有上升，而且也会有下降。英国在一个世纪以前就开始衰落，它的优势开始被德国和北美夺走。它们打了两次世界大战——或者说是一次从1914年到1945年的漫长的世界大战，就是要争出一个结果：究竟谁将取代英国。在某些人看来，很可惜，今天，他们在阳光下的地位又在被东亚的"朝阳"取代。本书的一个论点是，这些发展变化并不值得大惊小怪，因为直到1800年前后，东亚一些地区早就是世界经济体系的中心。从历史的角度看，"西方的兴起"来得比较晚，而且比较短暂。

因此，我在写作本书时，最初的首要目的之一是要证明，早先就有一个不断发展的世界经济，然后欧洲人才能在其中大显身手和颐指气使。由此很自然地派生出两个推论。第一个推论是，直到1800年前后，亚洲（尤其是中国和印度以及东南亚和西亚）比欧洲更活跃，括号中前三个经济体对这个世界经济的作用比欧洲更重要。第二个推论是，那种宣称"历史学家已经知道欧洲是以自己为中心而组建一个世界"的说法，是完全反事实和反历史的。实际情况不是这样。欧洲是用它从美洲获得的金钱，买了一张搭乘亚洲列车的车票。但是，不论对于历史还是对于基于历史理解的社会理论而言，这个历史事实还有更深远的意义。

我的朋友艾伯特·伯格森（Albert Bergesen）在其论文《让我们成为世界史方面的弗兰克》（1995）中指出，"世界经济体系不是肇始于欧洲"这一命题也打破了所有欧洲中心论的社会理论。欧洲中心论是基于欧洲一时的领先优势和结构优势，把世界其他地区说成是围绕着欧洲组建起来的。如果欧洲没有这种地位和功能，那么由此派生的欧洲中心论也就失去了它所宣称的历史学家"知道"的坚实的历史根基。这样一来，西方社会理论的构架也就摇摇欲坠了。正是由于这种理论构架的解体，至少是由于它的主要设计师以及所有"大师级"建筑者犯的错误——在不牢靠的历史地基上建造他们的理论构架，才会出现现在这种情况。正如我在第1章中所论证的，这些社会理论的设计师包括马克思、韦伯、沃纳·桑巴特（Werner Sombart）、卡尔·波兰尼（Karl Polanyi）等，还包括布罗代尔和沃勒斯坦以及早期的我（1978a，b）。所有这些人都（错误地）把他们各自理论的中心位置给了欧洲，而欧洲在过去的世界经济中从未实际占有这种位置。这将我们置于何种境地了呢？看吧，正如俗话所说的，（欧洲的/美洲的/西方的）皇帝什么衣服也没穿，光着身子！

　　在意识形态的层面上，人们已经对这种欧洲中心论提出了一些相当著名的批判，例如爱德华·赛义德（Edward Said）讨论的"东方学"的概念（1978）、马丁·伯纳尔（Martin Bernal）在《黑色的雅典娜》（1987）中提出的西方文化的非洲起源、萨米尔·阿明对欧洲中心论的讨伐，以及我在第1章中提到的另外一些人的著作。我在这里提到的这三位主要人物，是本书的批判部分的一些先驱。另外一位重要人物是J. M. 布劳特（J. M. Blaut），他在《殖民者的世界模式》（1993a）一书中彻底摧毁了一切欧洲"特殊论"（例外论）的神话。这些学者在各自的领域里展示了现在赤身裸体的欧洲中心论皇帝。这使人们想起列宁的那句名言——怎么办？伯格森主张，我们应该做点"全球研究"，即使我们还不清楚究竟如何研究。

　　虽然有的人会对欧洲中心论这位皇帝的赤身裸体感到不安，而试图给他做一套新衣服，但是我不想这样做。我根本不同情任何皇帝。但是，我也不会天真地以为我们可以把他抛在脑后。我们也不能简单地用后现代主义的方式来"解构"他和他的皇袍。我认为，对于正在形成中的新世界秩序（或无秩序），我们急切地需要有另一种"世界视野"。

　　《世界体系：五百年还是五千年？》（注意：带问号）是我构造另一种"世界视野"以及把握其结构和功能的分析工具的第一次尝试。玛尔塔·富恩特斯（Marta Fuentes）曾经说我依然是一名"功能主义者"，因为我总是问她这是什么意思，那是什么意思。她说，我说的"意思"

实际上是指在体系结构里的"功能"。她认为，我满脑子想的就是这一点。我认为，体系确实就在真实世界里面，我们也该为这个体系及其结构和运动绘制一幅哪怕很简陋的图像。我的朋友罗伯特·德内马克（Robert Denemark）赞同我的观点。他参与主编了一本讨论我的思想的文集，对此我十分感谢。但是，他对我们两人有很高的要求。他主张，我们应该（他愿意帮助我）研究整体（体系），因为整体大于部分，也大于总和。也就是说，我们需要一种更整体主义的理论和对整体世界的分析，而不是对以欧洲为中心的各个部分的分析。

可惜，我们甚至没有一套完整的术语（更不用说分析性概念和全局性理论），来取代"国际"贸易和其他方面的"国际"关系的说法。论述"全球体系"中的"世界贸易"（或相反），仅仅是沿着正确的方向迈出了一小步。关键在于解释贸易和货币在世界经济"实体"中的流动，是如何类似于带氧血液在循环系统中的流动（或神经系统的信息传递）。世界经济也有骨架和其他结构，它也有维持生存的器官——其"功能"也是由整体决定的，它有各种按日、按月等计算的短周期和长周期（实际上是一种生命周期）。因此，它看上去是世界万物进化图式（但不是先定的）的一部分。最后但并非最不重要的是，我们的世界经济和"体系"并不是独立于生态系统或宇宙之外存在的，它可以也确实与这二者有互动关系，而这二者越来越受到人们的全面关注。讨论我的思想的文集的另一位主编丘兴（音）则认为，我的"人类中心"分析尝试是远远不够的。他说，我们需要的是"生态中心"的理论和实践。可惜，我们（至少是我）缺乏足够的概念资源来解决这些问题，更谈不上理论和实践的结合了。

本书是把德内马克和我的"（整体）世界视野"推进到近代早期世界经济史的第一次更为整体主义的尝试。本书的宗旨是，考察世界经济体系本身的结构、功能、运动如何影响乃至决定了各组成部分的变化。

整体不仅大于部分的总和，而且规定着部分及其相互关系，反过来又会改造整体。

因此，这部著作也记录了我们的研究起点是如何从原有的既平行又有交叉的各种研究中发展出来的。本书力求超越这些研究，按照沃尔夫所要求的，提出我自己的观点，确立我自己的新起点。这也就意味着与他和前面提到的各位决裂。但是，我依然要感谢所有这些人以及其他人所给予的帮助。

1994年3月，我欣然接受了我的长期合作者巴里·吉尔斯和他所在的纽卡斯尔大学的邀请，参加这样一个建立新视野的合作项目。我们完成的20页初稿所用的标题是"亚洲霸权下的现代世界体系：1450—1750年的银本位世界经济"（Gills and Frank 1994）。由于我的身体原因，这项研究中断了。直到1995年下半年，我才能够重新开始这项研究并加以扩展，但是由于我从阿姆斯特丹大学退休了，所以现在只能由我自己在多伦多来完成了。

实际上，这不是由我一个人完成的！1995年，我与南茜·豪厄尔在多伦多结婚。她在感情和精神上给了我无法言喻的支持，使我能够重新开展这项研究，并写成了这部著作。如果没有南茜，我就不可能承担这项工作，更谈不上完成它了。另外，她还在我们家的漂亮书房里给我提供了必要的设备，并使我能够利用多伦多大学的图书馆设施（我没有别的机构支持）。

这些条件使我能够使用电子邮件来与世界各地的同行交流本书中的有关问题和所需资料。除了我前面已经感谢过的学者，我在这里还应提到一些我曾经请教过（有些是用普通信件）的学者，特别感谢其中一些人给予我的莫大帮助，他们是：加利福尼亚的鲍勃·亚当斯（Bob Adams）、芝加哥的布劳特、加拿大不列颠哥伦比亚省的格雷格·布鲁（Greg Blue）、佐治亚的特里·博斯韦尔（Terry Boswell）、多伦多的卜正民（Timothy Brook）、亚利桑那的琳达·达林（Linda Darling）、亚利桑那的理查德·伊顿（Richard Eaton）、加利福尼亚的丹尼斯·弗林（Dennis Flynn）、英国的史蒂夫·富勒（Steve Fuller）、日内瓦的保罗·弗兰克（Paulo Frank）、加利福尼亚的杰克·戈德斯通（Jack Goldstone）、东京的滨下武志、纽约州宾汉顿的池田禅洲、安卡拉的伊斯拉莫格鲁（Huricihan Islamoglu）、北卡罗来纳的马丁·刘易斯（Martin Lewis）、密歇根的维克多·利伯曼（Victor Lieberman）、荷兰的安格斯·麦迪逊（Angus Madison）、波士顿的曼宁（Pat Manning）、加利福尼亚的马立博（Robert Marks）、佐治亚的乔亚·米斯拉（Joya Misra）、新西兰的莫鲁格尼（Brian Molougheney）、多伦多的约翰·门罗（John Munro）、加尔各答的穆赫吉（Rila Mukherjee）、爱达荷的杰克·欧文斯（Jack Owens）、法国的弗兰克·珀林（Frank Perlin）、加利福尼亚的彭慕兰（Ken Pomeranz）、澳大利亚的安东尼·里德（Anthony Reid）、北卡罗来纳的约翰·理查兹（John Richards）、纽约的莫里斯·罗萨比（Morris Rossabi）、纽约州伊萨卡的马克·塞尔登（Mark Selden）、加利福尼亚的戴维·史密斯（David Smith）、澳大利亚的格雷姆·斯努克斯（Graeme Snooks）、伦敦的多萝西（Dorothy）和伯顿·斯坦（Burton Stein）、密歇根的孙来臣（音）以及加利福尼亚的冯格拉汗（Richard von Glahn）、约翰·威尔斯（John Wills）和王国斌。

　　细心的读者会发现，这些名字大部分会在正文里出现。我要么引用他们的著作，要么引用他们使用过或推荐的著作。在公开我与他们的争论（例如对中国、欧洲、印度、中亚、东南亚、西亚和非洲的人口、贸易、生产、收入、货币、流通和制度的估量以及其他有关问题）之前，我曾请他们审阅相关的章节，并征求他们的认可。然后，我又根据他们的学术性意见修改了我的文字。在此，我向他们致以深切的谢意。可惜的是，与印度一些学者的争论或者未能进行，或者中断了。

最后，我要感谢下列诸位。大卫·威尔金森对本书的书名提出了建议。西蒙·弗雷泽大学地理系制图员保罗·德格雷斯（Paul DeGrace）把我画的草图转换成电脑制作的地图，设在瑞士苏黎世的世界社会基金会为这些地图的绘制提供了资金支持。我的老朋友、加利福尼亚大学出版社的本书责任编辑斯坦利·霍尔维茨为本书在伯克利的制作费尽心力。另外，这里还应感谢一直很积极的制作编辑朱利安娜·布兰德（Juliane Brand）。我还要特别感谢这个部门的凯瑟琳·麦克杜格尔（Kathleen MacDougall），她的重要建议远远超过了版权编辑的职责范围，帮助我改进了本书的内容和观点，而且她的专业知识和耐心也大大有助于改善本书的形式和加强与读者的沟通。在此，我也代表读者向她表示感谢。

作为结束语，我要不厌其烦地引用我以前论述世界积累的那部著作的前言：

考察和描述在整个历史进程中或在世界体系转变过程中的不同事件的同时性——尽管对于满足对经济信息或理论充足性的需要来说，它对空间和时间的实际覆盖实际上是千疮百孔的——这种尝试本身就是朝正确方向迈出的重要一步（尤其是在今天，这一代人需要对处于同一个世界的统一历史进程有一种历史的眼光和理解，因此他们必须"重写历史"）（Frank 1978a：21）。

在结束这篇冗长的前言时，我还想引用我一直赞同的费正清的一段话：

结果可能只是一种不完善的近似。可以庆幸的是，谁也不必把它看作盖棺定论。当一位作者回顾他自认为正在努力做的事情时，就会出现许多不同角度的看法。最主要的是遗漏，至少就我个人而言是如此。一部著作对于它的作者来说，仅仅是整座尚未写成的图书馆的一间前厅，会涌现出许多有待探讨的问题；但是对于读者来说，它似乎已经坚固无比，读者只能去研究别的问题。没有办法使他们相信，这部著作是千疮百孔的。（Fairbank 1969：xii）

　　我至少有一点与费正清不同，即我无须担心我的读者会被愚弄，会在这里看到一种根本不存在的坚固堡垒。可以肯定，他们将会注意到这部著作确实千疮百孔。但是，我希望他们不会把自己的研究转移到其他方面。我欢迎他们至少利用自己的一部分研究成果来填补这些漏洞，同时也开辟出自己新的研究领域。

安德烈·贡德·弗兰克

1996年1月26日，8月8日和12月25日

于多伦多

目录

········· § ·········

——— 第 1 章 ———

导论：真实的世界历史与欧洲中心论的社会理论

——— 第 2 章 ———

全球贸易的旋转木马（1400—1800年）

——— 第 3 章 ———

货币周游世界，推动世界旋转

——— 第 4 章 ———

全球经济：比较与联系

第 1 章

导论：真实的世界历史与欧洲中心论的社会理论

从马克思和韦伯那里能够学到的最重要的教训，就是历史对于理解社会的重要性。虽然他们确实关注如何把握一般性和普遍性，但是他们也关注特殊时期的具体环境，以及各种不同地区的相似性和差异。他们明确地承认，要对社会事实做出充分的解释，就必须对事实是如何发生的历史做出说明；他们承认，比较历史分析对于研究稳定和变迁是必不可少的。简言之，这两位杰出的思想家也是值得人们学习的历史社会学的设计师，因为他们两人都赞成一种开放的、以历史为基础的理论和方法。

欧文·蔡特林（Zetlin 1994：220）

在社会科学的历史发展中，对普遍性的期待，无论是多么真诚的追求，从来没有像这样被满足过……社会科学是19世纪在欧洲和北美形成的，因此毫不奇怪，它是以欧洲为中心的，当时的欧洲世界觉得自己是文化上的胜利者……任何一种普遍主义都会激起反响，而这些反响在某种意义上是由占支配地位的普遍主义的性质决定的……检查我们的理论前提，看看是否隐藏着未经证实的先验假设，乃是当今社会科学首先要考虑的一件事。

伊曼纽尔·沃勒斯坦（1996b：49，51，60，56）

整体主义方法论与对象

············· § ·············

　　我的论点是，多样性里存在着统一性。但是，如果我们不考虑统一性本身是如何产生的，是如何不断地改变多样性的，我们就不能理解和欣赏世界的多样性。我们大家都必须生活在这同一个世界里，这个世界必须容忍和能够欣赏统一性里的多样性。当然，我说的是容忍和欣赏民族、性别、文化、趣味、政治和肤色（或"种族"）的多样性。我不赞成不去进行斗争而认可性别、财富、收入和权力的不平等。因此，如果有一种世界视野能揭露当今在某些圈子里重新流行的所谓"种族清洗"和"文明的冲突"在主观上的不道德和客观上的荒谬，那么我们大家都能从中受益。本书就是想从近代早期世界经济史的角度，为一种更充分的"人类中心"视野和理解提供某些基础。

　　布罗代尔是欧洲史专家，也是罕见的世界史专家。他指出："欧洲最先创造了历史学家，然后充分利用他们"来促进欧洲人在国内和世界各地的利益（1992：134）。这句话在几个重要方面是令人惊讶的。首先，撰写历史著作不是欧洲人发明的，甚至也不是希罗多德和修昔底德发明的。中国人、波斯人和其他一些民族的人早就在撰写历史了。其次，希罗多德本人就坚持说，"欧洲"不是一个独立的存在，因为它只是欧亚的一部分，而欧亚内部没有明确的分界线。或许，布罗代尔的脑子里想到的是在希罗多德之后很晚近的一代历史学家。但是，即便是这些发明了欧洲中心历史的历史学家，也远远晚于伊本·白图泰（Ibn Battuta）、伊本·赫勒敦（Ibn Khaldun）、拉施特（Rashid-al-Din）等这些名声显赫的阿拉伯历史学家、编年史家和世界旅行家。他们早就撰写了非洲-欧亚世界的历史，而且很少带有阿拉伯中心论或伊斯兰中心论的色彩。

的确，欧洲人似乎发明了地理学，因为虽然"欧亚"这个概念的发明者处于这片大陆的边远半岛，但是这个概念本身是一个带有欧洲中心论色彩的名称。在马歇尔·霍奇森于1968年过早地去世之前，他谴责了按照墨卡托投影绘制的地图，因为这些地图把小小的不列颠画得几乎与印度一样大（1993）；布劳特也揭露了"历史的边界"的地图绘制一直是以欧洲为中心的（1993b）。马丁·刘易斯和卡伦·威根（Karen Wigen）则发表了《大陆的神话》（1997）。其中一个例子是，欧洲人不顾实际地理状况，坚持把他们的半岛说成是"大陆"，而人数众多的印度人则只占有一片"次大陆"，中国人至多占有一个"国度"（country）。实际上，相应的地理和历史单位是"非洲-欧亚"（Afro-Eurasia）大陆。但是，更准确地说，这个单位应该像阿诺德·汤因比（Arnold Toynbee）建议的那样被称作"非亚"（Afrasia）大陆——世界历史学会前主席罗斯·邓恩（Ross Dunn）最近再次提出这种建议。甚至这种构词也还不能反映出这两块大陆的地理幅员、人口密度以及历史重要性。当然，欧洲在这几个方面都望尘莫及。

诚然，后来的历史学家全神贯注于他们自己的欧洲肚脐眼儿。但是，这可以用社会、文化、政治和经济环境的影响来解释，甚至开脱。总之，历史学家之所以撰写"民族的"历史，是因为受到这么强大的影响，从而反过来从意识形态上支持欧洲和美洲的"民族主义"，为统治阶级的意识形态、政治和经济利益服务。然而，这些历史学家超出了他们自己"民族"的范围，竟然宣称"欧洲"或"西方"过去和现在都是世界其他地区的"肚脐眼儿"或"中心"（也就是心脏与灵魂）。如果说他们对别人有什么赞扬，那也不过是很勉强地在"历史"方面，而且这种"历史"就像东方快车，行进在仅有的向西铺设的轨道上，穿越时间隧道，从古代埃及和美索不达米亚开到古典时期的希腊和罗马，再经过中世纪的（西方）欧洲开到现代。波斯人、土耳其人、阿拉伯人、印度人和中国人有时受到有礼貌的接待，但遇到的更多是不太礼貌的接待。除了周期性地出现在中亚并对"文明的"定居民族发动战争的"野蛮的"游牧民族，其他民族如非洲人、日本人、东南亚人和中亚人则根本不被提及，似乎他们对历史没有贡献，甚至没有参与历史。在数不胜数的例子中，我在这里只引述其中一部著作前言中的一句话："《西方的基础》是关于西方从古代近东肇始到17世纪中期的世界（原文如此！）的一项历史研究。"（Fishwick，Wilkinson and Cairns 1963：ix）

近现代历史（包括早期和晚期近现代历史）是由欧洲人制造出来的，按照布罗代尔的说法，正如历史学家所"知道"的，欧洲人"以欧洲为中心组建了一个世界"。这就是欧洲历史学家的"知识"，而正是他们"发明"了历史学，然后又充分利用了它。人们甚至丝毫没有想到，也许还有另一条相反的道路，也许是世界创造了欧洲。而这正是本书想加以证明的，至少是想在这方面做一点尝试。

本书给自己设定了一系列的任务，它们既十分宏大，又极其有限。说它们十分宏大，是因为我要向众多被公认为"经典的"和"现代的"社会理论的基础——欧洲中心历史学——发起挑战。我在主观上设定的有限目标甚至更为自负：我仅限于对1400年到1800年间的世界经济做出另一种提纲挈领的展示，我希望读者对此感到满意。我们大家（不得不）共同生活在一个世界政治经济体和社会体系里，现在，我们只是对这个世界政治经济体和社会体系的结构、功能、运动和转变提出初步的（但以后会更深入、广泛的）总体分析和理论。本书希望能够为此提供一个基础。

本书的局限性很可能超出了我的预想，甚至会妨碍我达到这种有限的目标。但是，即便是对于重新检视近代早期全球世界经济及其结构特征，进而考察它们是如何冲击其部门性和区域性组成部分的这样一种尝试来说，这也已经无碍大局了。对于这个世界经济及其各部分的大部分历史发展所做的说明，会比应该得到的说明简短得多。本书与其说是尝试写一部这一时期的世界史或经济史，不如说是尝试着提供一种关于近代早期经济史的全球视野。虽然历史证据是十分重要的，但是我主要不是用新的证据来挑战公认的证据，而是要用一种更充分的人类中心的全球范式来对抗公认的欧洲中心范式。

我的主旨是想证明，为什么我们需要一种全球视野。我们不仅在世界经济史方面需要这种全球视野，而且也是为了我们能够在全球整体的范围内给从属于和参与世界经济的部门、地区、国家以及任何片断和进程定位，因为它们都不过是这个全球整体的组成部分。具体地说，我们需要一种全球视野，是为了鉴别、理解、说明和解释——简言之，理解——"西方的兴起""资本主义的发展""欧洲的霸权""大国的兴衰"，以及前"大"不列颠、美利坚"合众国"、苏联、"洛杉矶的第三世界化""东亚奇迹"等诸如此类的过程和事件。这些过程和事件都不仅仅是（甚至主要）由于上述任何一个组成部分的"内部"力量的结构或互动而造成的。它们都是统一的世界经济体系的结构和发展的一部分。

由此得出的一个推论是，欧洲不是靠自身的经济力量而兴起的，当然也不能将其归因于欧洲的理性、制度、创业精神、技术、地理——简言之，种族——的"特殊性"（例外论）。我们将会看到，欧洲的兴起也不主要是由于参与和利用了大西洋经济本身，甚至不主要是由于对美洲和加勒比海殖民地的直接剥削和非洲奴隶贸易。本书将证明，欧洲如何利用它从美洲获得的金钱强行分沾了亚洲的生产、市场和贸易的好处——简言之，从亚洲在世界经济中的支配地位中谋取好处。欧洲从亚洲的背上往上爬，然后暂时站到了亚洲的肩膀上。本书还试图从世界经济的角度解释"西方"是如何达到这一步的，以及为什么它可能很快会再失去这种地位。

　　另外一个推论是，近代早期的欧洲在世界经济中既不比世界其他地区更重要，也不比世界其他地区更先进。即使把它的大西洋外围地区都考虑在内也是如此。当时的欧洲绝不是任何世界范围的经济体或体系的"中心"或"核心"。布罗代尔（1992）、沃勒斯坦（1974）以及包括我自己（1967，1978a，b）在内的其他人所谓的以欧洲为"核心"的那种"世界经济和体系"本身实际上是很次要的，而且在很长时间里一直是真正的世界经济整体的一个边缘部分。我们还将看到，欧洲拥有的加入这个世界经济的唯一有效的手段就是它从美洲获得的金钱。如果说在1800年以前有些地区在世界经济中占据支配地位，那么这些地区都在亚洲。如果说有一个经济体在世界经济及其"中心"等级体系中占有"中心"的位置和角色，那么这个经济体就是中国。

　　但是，在近代早期的世界经济或体系中寻找所谓的"霸权"，乃是缘木求鱼。在1800年以前，欧洲肯定不是世界经济的中心。无论从经济分量看，还是从生产、技术和生产力看，或者从人均消费看，或者从比较"发达的""资本主义的"机制发展上来看，欧洲在结构上和功能上都谈不上是一个霸权。16世纪的葡萄牙、17世纪的尼德兰或18世纪的英国，在世界经济中根本没有霸权可言。在政治方面也是如此，上述国家无一例外。在所有这些方面，亚洲的经济比欧洲"发达"得多，而且中国的明清帝国、印度的莫卧儿帝国甚至波斯的萨法维帝国和土耳其的奥斯曼帝国所具有的政治分量乃至军事分量，都要比欧洲任何部分和欧洲整体大得多。这个看法也涉及当代和未来的世界发展问题。东亚最近的经济"发展"引起了周围世界的极大关注，但也使人们产生了极大的困惑，不知道该如何把所看到的发展情况纳入西方的世界图式。只要想一想把日本说成是"西方"的一部分，南非在种族隔离时期把日本人称作"尊贵的白人"等现象是多么荒谬，这个问题也就很清楚了。除了日本，人们的注意力尤其转移到韩国、中国台湾、中国香港和新加坡这"四小虎"或"四小龙"身上。但是，现在人们的注意力越来越多地集中到东南亚的其他"小龙"和正在地平线上赫然出现的中国巨龙身上。新闻界甚至认为：

> 中国正以宏大的气势以及微妙的方式……使整个亚洲感受到它自18世纪以来所不曾有过的分量……这条龙已经躁动了，这就改变了亚洲各国政府从有关区域贸易模式到制造业的种种问题的决策……这也证明，从日本、韩国到东南亚一带的这一地区的地缘政治发生了变化。（Keith B. Richburg，《国际先驱论坛报》，1996年3月18日）

为了更深入地说明这个问题与我们的讨论的关系，我们可以引用这家报纸连续两天的评论。我们在《美国必须学会尊重亚洲人的处事方式》这一标题下看到：

> 西方人习惯于教训亚洲人如何行事，这种情况现在快要结束了。亚洲国家正在变得强大起来，足以建立和维护他们的自主权……如果还想用西方模式来改造亚洲国家，那是不太可能成功的，而且还会引起亚洲人与西方的再一次冲突……西方人需要承认亚洲人的平等地位，承认他们按自己的方式行事的权利……并且肯定"亚洲人"价值观的合理性。（Bryce Harald，《国际先驱论坛报》，1996年5月3日）

过了一天，同一家报纸在《争议的焦点是国际体系的性质》这一标题下报道说：

与中国的冲突是一场关于国际体系及其政治、金融和贸易机构的性质的争论。无论是有意还是无意的，中国正在推动着另外一种对北京的目标更有利的国际体系的形成。这明显地体现在中国争取修改世界贸易组织的准入规则的努力上。（Jim Hoagland，《国际先驱论坛报》，1996年5月4—5日）

为什么会出现这种情况？希尔·盖茨（Hill Gates）认为，这是因为在这个世界上，只有中国成功地抵制了"起源于西欧的资本主义的压力……而且在过去几个世纪里顶住了西方帝国主义改造世界的潮流"（1996：6）。还有一些人则用"儒教"或"没有国家干预的市场的魔法"等来"解释"这次亚洲的苏醒。可惜，当代东亚的经验似乎不能很合适地被纳入任何公认的西方理论模式或意识形态图式。相反，东亚发生的情况似乎违背了所有的西方准则——这些准则规定了"应该"如何行事，实际上是要求重复"我们"走过的"西方道路"。这太糟糕了！

本书的观点是，东亚的"兴起"是很自然的事情，无须因为它不适合西方的图式而大惊小怪。本书提出了另外一种不同的图式，东亚以及亚洲其他地区当前的情况和未来可能发生的情况可以被纳入这一图式。这是一个全球经济发展的图式。在这个图式中，直到很晚近的时期，亚洲尤其是东亚早就占据并维持着支配地位。只是在不到两个世纪之前，由于后面将要探讨的原因，亚洲经济才失去了在世界经济中的支配地位，而这种地位逐渐被西方占据——但显然只是暂时的。

西方人对于"西方的兴起"的解释受到了一个犯了"张冠李戴"错误的实例的打击。情况看来应该逐渐明朗了：那种"发展"与其说是"西方的"现象，不如说是世界经济的现象。世界体系的"领导权"——而不是"霸权"——暂时地"集中"在一个（或少数）部门和地区，但是会再次转移到另一个或另一些部门和地区。19世纪发生过这种情况，现在看来，

21世纪初还会发生这种情况，世界经济的"中心"似乎正在转回到"东方"。

这个观点在别的地方也出现过，但是其表述值得商榷。《即将完成的圆圈：环太平洋地区的经济史》（Jones，Frost and White 1993）这部著作是从描述1 000年前宋代中国的经济成长入手的。但是，在该书看来，明清时代的中国以及日本基本上是封闭和停滞的，于是太平洋地区首先变成一个"西班牙的内湖"，然后又臣服于"英国的绥靖"和"美国世纪"；直到经过了所谓的500年或700年的中断期和西方入侵的重大干预之后，环太平洋地区及其东海岸才再次兴起。另外，在菲利普·费尔南德斯-阿尔梅斯托（Felipe Fernandez-Armesto）1995年发表的研究近1 000年世界史的著作中，在过去的两个世纪里，西方对亚洲的入侵始终是表面的和边缘性的，西方的优势被说成是短暂的和行将消失的。但是，在他看来，中国和亚洲其他部分目前和未来可能上升到世界支配地位的这一趋势，不过是近1 000年前宋代中国的经济和文化优势的复兴。本书的观点则恰恰相反。我认为，这种支配优势的隐没持续了不到两个世纪。另外，我试图证明，这些转移也是全球"发展"的一个长周期过程的组成部分。这一章导论——也是结论——将阐释这些历史认识对于社会理论的意义。

坚持全球观念，反对欧洲中心论

§

在迄今为止的一段时间里，"西方"是把世界其他地区的大部分都归到"东方学"的名下来认识的。"西方"（the West）和"其他地区"（the Rest）的对偶概念出自萨缪尔·亨廷顿（Samuel Huntington）的著作（1993，1994）。西方世界到处都有"东方"研究及其机构。巴勒斯坦裔美国学者爱德华·赛义德在1978年发表的著作《东方学》中，对这种西方意识形态的表现做了鞭辟入里的出色分析。他指出，西方为了显示自称的独特性而竭力与世界其他地区划清界限。他揭示了东方学在这种运作中所起的作用。萨米尔·阿明在1989年发表的《欧洲中心论》中也揭露了这种运作。马丁·伯纳尔在《黑色的雅典娜》（1987）一书中指出，作为19世纪欧洲殖民主义的一个组成部分，欧洲人发明了一个所谓起源于"民主"的希腊的纯粹欧洲传统的历史神话，其实希腊也实行奴隶制和性别歧视。但是，伯纳尔的观点竟被人用于论证非洲中心论（Asante 1987），这显然是与伯纳尔本人的宗旨背道而驰的。实际上，雅典文化更多地来源于小亚细亚、波斯、中亚以及亚洲其他地区，而不是埃及和努比亚。折中一下来说，这些来源过去和现在都主要是"非-亚"文化。但是，欧洲的"根源"当然绝不局限于希腊和罗马（也不局限于在它们之前的埃及和美索不达米亚）。欧洲的根源可以追溯到远古时代的整个非洲-欧亚。另外，正如本书将要证明的，在19世纪发明和传播"欧洲中心观念"以前的近代早期，欧洲依然依赖亚洲。

　　这种欧洲中心观念包含着若干支脉。有些支脉特别受惠于卡尔·马克思和沃纳·桑巴特这样的政治经济学家，另外一些支脉则受惠于埃米尔·涂尔干（Emile Durkheim）、格奥尔格·齐美尔（Georg Simmel）和马克斯·韦伯这样的社会学家。韦伯则是最精心致力于欧洲中心论的集大成者。所有的证据都被用于解释"欧洲的奇迹"——这正是埃里克·琼斯（Eric L. Jones）的著作标题（1981）。但是，琼斯的著作不过是冰山露出的一角。从马克思和韦伯到奥斯瓦尔德·斯宾格勒（Oswald Spengler）和阿诺德·汤因比，再到第二次世界大战以来的学者，尤其是美国的全部西方社会科学和历史学界，几乎都捍卫所谓的西方特殊论。

　　这种欧洲中心"理论"主要被应用甚至滥用于伊斯兰世界，但是也同样不分青红皂白地被运用到"东方"各个地区：

> 这种综合病症是由几个基本论点构成的：（1）社会发展起因于社会内在的特点；（2）社会的历史发展或者是进化过程，或者是逐渐的衰落。东方学的学者根据这些论点建立了西方社会的二元理想形态，认为西方社会的本质是在动态进程中展开，向民主的工业制度前进。（Turner 1986：81）

但是，正如伊斯兰文化研究者和世界史专家马歇尔·霍奇森所说：

> 我所看到的情况是，一旦人们对其他社会的了解也像对西方的了解那样充分，所有挖掘西方世界前现代时期的新萌芽特征的努力，都会在严密的历史分析下破产。这也同样适用于马克斯·韦伯这位大师，因为他试图证明，西方在传统上具有一种合理性与能动性的独特结合。（Hodgson 1993：86）

霍奇森（1993）和布劳特（1992，1993a，1997）把这种学术嘲讽地称作"井底历史"，是坐井观天，只看到"独特的"欧洲的内部原因和后果，而看不到欧洲之外的世界对现代欧洲和世界历史的贡献。但是，正如布劳特所指出的，在1492年或1500年那个时候，欧洲对于亚洲和非洲毫无优势可言，各地根本没有什么各不相同的"生产方式"。在1500年以及更晚一些时候，根本谈不上三个多世纪后欧洲或其"资本主义"的胜利。在霍奇森看来，16至17世纪经济、科学和理性的"技术主义"的发展是以后的重大"嬗变"的基础，但是他认为，这种发展是建立在世界范围的基础上的，而不仅仅是欧洲自己的事情，甚至不是欧洲特有的情况。

在19世纪欧洲中心论的历史学和社会理论兴起之前，至少欧洲人和阿拉伯人曾有一种更广阔的全球视野。例如，突尼斯政治家和历史学家伊本·赫勒敦（1332—1406）就对过去以及当时的"各国财富"做了估量和比较：

> 我们可以用东部地区，如埃及、叙利亚、印度和中国，以及地中海以北的整个地区作为例子。当它们的文明发展时，它们居民的财富就增加，它们的王朝就变得强大。它们的城镇和居民点也越来越多，它们的商业和设施也得到改善。与此同时，我们可以看到从马格里布的伊斯兰社会来的基督教国家的商人的情况。他们的兴旺和富有简直无法用笔墨描述出来。我们见到的和听到的来自东方的商人也是如此，来自非阿拉伯人的伊拉克、印度和中国等国的远东商人更是如此。我们不断听到旅行者讲述有关他们的财富和繁荣的惊人故事，人们通常对这些故事将信将疑。（Ibn Khaldun 1967：279）

甚至到了18世纪，法国最博学的中国事务专栏作家杜哈尔德（Du Halde）神父（他从未离开过巴黎，而是将耶稣会和其他人的游记与翻译作品作为参考资料，以此来了解中国）还这样写道：

> （中国）各省的富饶特产以及通过河流与大运河运送商品的能力，使得帝国总是保持繁荣昌盛……中国境内开展的贸易活动规模如此盛大，整个欧洲都望尘莫及。（转引自Chaudhuri 1991：430；更详细的描述可参见Ho Ping-ti 1959：199）

在评价杜哈尔德的著作时，西奥多·福斯（Theodore Foss）认为，当时西方怀着实用的目的，不仅翻译和研究中国的哲学著作，而且翻译和研究中国的技术资料和其他实用资料（1986：91）。实际上，唐纳德·拉克（Donald Lach）和埃德温·范克利（Edwin van Kley）就以《亚洲在欧洲形成中的作用》为书名，撰写了多卷本著作（自1965年以来已出版了7卷，还将继续出版若干卷）。有关这部巨著的总体情况，可参见珀森的评论（Person 1996）或者拉克和范克利书中所附的"总体构图"（1993：vol. 3，book 4）。例如，他们注意到，"16世纪的欧洲人把日本和中国看作未来的最大指望"；到17世纪末，"在有文化的欧洲人中，几乎没有人完全不被（亚洲的形象）触动，因此，如果在当时欧洲的文学、艺术、学术和文化中看不到这种影响，那就确实太奇怪了"。拉克和范克利举出史实来证明这一点：在这两个世纪里，欧洲的传教士、商人、远洋船长、医生、水手、士兵以及其他旅行者用欧洲各种主要语言撰写、翻印和翻译了数以百计的有关亚洲的书籍。其中至少有25部关于南亚的重要著作，15部关于东南亚的重要著作，20部关于亚洲群岛的重要著作，60部关于东亚的重要著作，其他短篇的著述就数不胜数了（Lach and van Kley 1993：1890）。印度帝国被认为是世界上最富有、最强大的国家之一，但是中国则始终是最令人叹为观止的，被欧洲人当作最高的榜样（1993：1897，1904）。亚洲哲学受到推崇，但是艺术和科学较为逊色，医学、手工艺和工业以及这些方面的专家都受到高度的尊重，还往往被人们效仿（1993：1914，1593ff.）。

17世纪的德国哲学家莱布尼茨提供了一个富于启示的历史例证。他曾经被德意志西部的一位君主挽留，这位君主担心邻近的路易十四入侵。于是，莱布尼茨给路易十四写信，提出了一个建议：对于法国来说，与其越过莱茵河来实现政治抱负，不如转向东南，向奥斯曼帝国挑战，这样在政治上更划算。

事实上，所有精美的东西都来自东印度群岛……有识之士已经指出，世界上任何地方的商业繁荣都比不上中国。（Leibniz 1969：vol. 5，206；引文由格雷戈里·布卢提供）

　　直到拿破仑时代，法国始终没有采纳这个建议。拿破仑在入侵德意志时也费力寻找莱布尼茨这封信的一份抄本，可能并非偶然。正如拉克和赛义德等人指出的，欧洲对亚洲的这种仰望，直到19世纪欧洲开始工业化和推行殖民主义之后才发生变化。欧洲的工业化和殖民主义活动深刻地改变了欧洲人的观念和态度，包括他们的历史学和社会科学。甚至直到今天，保罗·拜罗克（Paul Bairoch）也承认，在近代早期，亚洲许多地方的经济和文化比欧洲有更大的发展。这份声明是极其重要的，因为与帕特里克·奥布赖恩（Patrick O'Brienc 1982，1990，1997）一样，拜罗克也是沃勒斯坦/弗兰克命题的主要公开辩论者之一（1974）。这个命题认为，欧洲与世界其他地区的关系对欧洲本身的发展产生了重要影响。虽然否定的观点至今不绝，但是，与奥布赖恩（1997）一样，拜罗克仍然承认那种"富足和权势……实际上，我们可以认为，在16世纪初前后，亚洲的主要文明地区所达到的技术和经济发展水平高于欧洲"（1997：vol. 2，528）。

　　拜罗克还具体指出了中国、印度、日本、朝鲜、缅甸、柬埔寨、老挝、泰国、越南、印度尼西亚和奥斯曼帝国的优势所在。他认为，拥有70万人口的伊斯坦布尔是当时世界上最大的城市，人口稍少一点的北京是第二大城市。他还指出，北非伊斯兰地区的城市化程度比欧洲还高；1500年前后，巴黎有12.5万人口，而开罗则拥有45万人口，非斯（摩洛哥城市）原有的25万人口已经逐渐减少。另外，印度的卡利卡特拥有50万人口，甚至缅甸的勃固和柬埔寨的吴哥原先分别拥有的18万人口和15万人口已经在减少（1977：vol. 2，517–537）。有意思的是，拜罗克依然断定，"欧洲在16世纪就开始支配其他大陆了"（1997：vol. 2，509）。当然，这不过是自19世纪中期起由马克思等人所表达的欧洲人的信条。这种世界观至今依然流行于世。《生活》杂志为了在1977年9月号上宣布1 000年来最重要的100个人物和事件，雇用了20多名编辑，广泛征求专家的意见，并花了几个月的时间展开激烈的讨论，最后得出的结论是：

> 西方人……在推动和震撼全球的活动中起了一种不合比例（巨大）的作用。在100人中，除了17人外，其余都是欧洲血统；只有10人是妇女。这并不是出于《生活》杂志编辑和专家顾问的偏见，而是反映了过去1000年的社会政治现实。（p.135）

（1）斯密、马克思和韦伯

因此，毫不奇怪，在我们特别关注的欧洲思想家中，亚当·斯密和卡尔·马克思也极其重视这个问题。但是，他们是从各自的时代、各自的角度来考虑这个问题的。对于近代早期历史以及亚洲在其中的位置，斯密和马克思既有一致之处，也有不同之处。斯密于1776年在《国富论》中写道：

> 美洲的发现以及经由好望角抵达东印度的通路的发现，是人类历史上最伟大的两个事件。[Smith（1776）1937：557]

马克思和恩格斯在《共产党宣言》中继承了这种说法：

> 美洲的发现、绕过非洲的航行，给新兴的资产阶级开辟了新天地。东印度和中国的市场、美洲的殖民化、对殖民地的贸易、交换手段和一般商品的增加，使商业、航海业和工业空前高涨，因而使正在崩溃的封建社会内部的革命因素迅速发展。

但是，斯密写《国富论》是在欧洲工业革命之前，是对20多年前哲学家休谟的著作的呼应。斯密是（西方）最后一位承认欧洲在各国财富发展过程中是一个姗姗来迟者的社会理论家。他于1776年写道："中国比欧洲任何地方都更富有。"斯密并没有预见到这种对比会有什么变化，也没有意识到在他写作时，后来所谓的"工业革命"正在开始。另外，正如里格利指出的，更晚一两代的马尔萨斯和李嘉图，甚至19世纪中期的约翰·穆勒，依然对斯密的说法深信不疑（Wrigley 1994：27ff.）。

但是，斯密也没有把"历史上最伟大的事件"看作欧洲给人类的礼物——不论是文明的礼物，还是资本主义的礼物，或是其他的什么礼物。相反，他警告说：

> 对于东印度和西印度两处的土人来说，由这些事件本来能产生的商业利益，都淹没在它们带来的不幸灾难中……这些伟大事件究竟能给人类带来什么好处或什么灾难，这不是人的智慧所能预见的。[Smith（1776）1937：557]

然而，到19世纪中期，欧洲人对亚洲（尤其是对中国）的看法发生了急剧的变化。雷蒙德·道森（Raymond Dawson）在《中国变色龙：欧洲人的中华文明观分析》（1967）这一标题醒目的著作中梳理和分析了这种变化。欧洲人过去把中国当作"榜样和模式"，后来则称中国人为"始终停滞的民族"。为什么会突然发生这种变化？工业革命的来临以及欧洲开始在亚洲推行殖民主义的活动，促成了欧洲思想的转变。结果，即使没有"虚构"全部历史，也至少发明了一种以欧洲为首和在欧洲保护下的虚假的普遍主义。到19世纪后半期，不仅世界历史被全盘改写，而且"普遍性的"社会"科学"也诞生了。这种社会"科学"不仅成为一种欧式学问，而且成为一种欧洲中心论的虚构。

在这种情况下，19世纪和20世纪"经典的"历史学家和社会理论家比18世纪较现实地理解世界的欧洲视野后退了一大步，更不要说与更现实的伊斯兰学者的视野相比了。马克思和韦伯就跻身于这些从较狭窄的（以欧洲为中心的）新视野看问题的学者中间。按照他们以及迄今他们的信徒的看法，所谓在欧洲内部产生的"资本主义生产方式"的要素在世界其他地区了无踪迹，只有通过欧洲的帮助和扩散才能提供这些要素。这就是马克思的"东方学"假设、韦伯的大量研究以及二人发表的有关世界其他地区的无稽之谈的落脚点。为了对他们的观点做一个简短的评述，除了我个人的读书体会，我们还可以利用一些权威作者例如欧文·蔡特林的评论（1994）。

马克思在描述"亚洲"的特点时，似乎有选择地利用了他所获得的资料，更不用说对非洲了。在对马克思产生过影响的古典政治经济学家中，斯密曾对"有关中国以及（古代）埃及和……印度斯坦的财富与文明发展"表示赞许［（1776）1937：348］。但是，在这方面，马克思却偏爱诸如孟德斯鸠、卢梭这样的哲学家以及詹姆斯·穆勒等人的观点。这些人"发现""专制主义"乃是亚洲和"东方"的"天然"状态和"统治模式"。马克思还提到了"从印度到俄国的最残忍的国家形式"——东方专制主义。他还把这种国家形式推广到奥斯曼帝国、波斯和中国，乃至整个"东方"。马克思断言，在这些地方有一种古老的"亚细亚生产方式"。他断言，在整个亚洲，生产力始终是"传统的、落后的和停滞的"，如果不是"西方"及其资本主义的入侵把亚洲唤醒，亚洲会永远沉睡。

虽然马克思注意到印度和中国的购买力刺激了欧洲市场，但在他看来，英国为印度提供了一面未来的镜子，美国在1846年发动的对墨西哥的战争促成了墨西哥的进步。更有甚者，马克思断言，自16世纪资本（甚至资本主义）在欧洲创生以来，欧洲"从封建主义向资本主义的转变"以及欧洲的"新兴资产阶级"改造了整个世界。

在马克思看来，亚洲始终比欧洲落后得多，因为欧洲的"封建主义"自身至少还包含着"向资本主义转变"的种子。反之，虽然他说过亚洲的市场推动了欧洲市场的发展，但是据说"亚细亚生产方式"需要借助欧洲这种"转变"的进步成果来摆脱根深蒂固的停滞。在想象中，这种所谓停滞的原因被归结为缺乏"资本主义生产关系"，从而使整个亚洲"分裂为村社，每一个村社都拥有完全独立的组织，自身构成一个小世界"。

但是，说亚洲分裂成无数孤立的小世界，就已经与一些欧洲学者另一方面的断言自相矛盾了。他们用"东方专制主义"来概括亚洲的特征，把它说成是为了管理这些社会的大型水利工程而必需的社会政治组织形式，因为这些大型水利工程是所谓的孤立村社力所不能及的。魏特夫（Karl Wittfogel）后来把这种"理论"加以通俗化了（1957）。不过，具有讽刺意味的是，这种"理论"却成为冷战时期反对共产主义和马克思主义的意识形态武器。不过，从来没有人指出上述的内在矛盾！我们在这部著作中将会看到，这些特征不过是一部分欧洲中心论思想家想象的产物，在实际历史中根本没有依据。这种谬误也涉及其正题——"资本主义生产方式"，它被说成是欧洲人创造出来的，而且促成了欧洲、西方乃至全球的发展。

实际上，特沙尔·蒂贝布（Teshale Tibebu）在对佩里·安德森（Perry Anderson）等人的精彩批判中就曾指出，这些人关于封建主义、绝对主义和资产阶级革命的分析以及"他们对欧洲的特殊性……与所谓的优越性的迷恋"，乃是西方"文明的自负"，是"披上历史外衣的意识形态"和"涂成红色的东方学"，即"另一种方式的东方学的延续"（1990：82-85）。

有些社会理论家也会反驳马克思（据说他们赞成斯密），但是他们一致赞同马克思的这一说法：1492年和1498年是人类历史上两个最伟大

的时刻，因为在这两个时刻，欧洲发现了世界。他们从来不考虑，世界
一直就在那里存在着，至少是它的非洲–亚洲部分早就在塑造着欧洲。
实际上，著名的欧洲中古史专家亨利·皮朗（Henri Pirenne）就强调欧
洲的极端依附性，因为他在1935年已经指出，"没有穆罕默德，就没有
查理曼"（1992）。但是，历史学和社会理论从那时以来一直标榜所谓的
（西方）欧洲人的独特性，而且说由此产生了"西方的兴起"。更糟糕的
是，据说欧洲人还不得不承担起白人推广文明的使命，把"资本主义的
发展和传播"作为欧洲和西方给予人类的礼物而推广到全世界。[最近，
一些女性主义者否认这种进程也是赐予女性人类（womankind）的礼物。]

　　韦伯当然赞同马克思关于欧洲起源和"资本主义"特征的全部说
法，也赞同桑巴特的有关说法。韦伯只是想把这些说法表述得更好一
些。桑巴特已经把欧洲的合理性以及他所谓的犹太教根源说成是"资本
主义"及其在欧洲的"诞生"的绝对必要条件。韦伯也接受了这种说
法。他进一步修饰了所谓以水利为基础的"东方专制主义"的论点，断
言亚洲单靠自身没有能力推动经济发展，更不用说"资本主义"的发展
了。但是，韦伯殚精竭虑地研究了亚洲各个文明的"城市""宗教"以
及其他方面。这位研究官僚制的大学者不得不承认，中国人懂得如何管
理官僚体制以及整个国家。另外，他比马克思有更多的条件看到西方的
金钱是如何进入亚洲各个部分并在那里循环的。

　　韦伯对亚洲实际情况的了解更多一些，这就使得他的论述比马克思
的说法更复杂、更精致。例如，韦伯承认，亚洲有大城市。因此，它们
就必须被设法说成在结构与功能上与欧洲城市有"根本区别"。罗威廉
（William Rowe）在研究中国城市汉口时仔细考察了这一论点，揭示了
韦伯在这方面的错误（1984，1989）。

　　为了进一步批判欧洲中心论以及韦伯的理论，让我在此援引特纳的
论述：

伊斯兰社会从一开始就陷入停滞或不断衰落。因此，人们是用缺乏（所谓的）西方的一系列特征来界定这些社会的——没有中产阶级，没有城市，没有政治权利，没有革命。这些特征的缺乏……被用来解释为什么伊斯兰文明没有产生资本主义。（Turner 1986：81）

如果韦伯本人不能在他所研究的东方社会中发现所有这些因素的缺乏，那么最根本的差异，即缺乏的要素（据说"西方"拥有而"其他地区"没有的要素）是什么呢？在马克思看来，所缺乏的是"资本主义生产方式"；韦伯则增添了一种缺乏的因素，即适当的宗教及其与其他因素配合而产生的"资本主义方式"的运作。韦伯辛勤地研究了各种主要的世界宗教，得出的结论是，它们都包含着一种基本上属于神话的、神秘的、巫术的因素，简言之，包含着一种反理性的因素，因而"必然"阻碍它们的真诚信徒去理性地把握现实。这与欧洲人的理性态度截然不同，只有欧洲人是"新教伦理与资本主义精神"的受益者。韦伯认为，这种伦理和精神乃是资本主义的全部实质。韦伯的态度与马克思的态度其实是殊途同归，而且，韦伯的论点比马克思的论点更难以理解。

这种理性精神据说是一种秘密的酵母，它与其他因素结合而导致"西方"而不是"其他地区"兴起。亚洲人因为没有它而不可能发展资本主义，因而根本不可能真正地"发展"起来，即使他们发挥城市、生产和商业的作用也无济于事。这种说法根本没有考虑到，早在加尔文等人把这种酵母赐给北欧人之前，威尼斯和其他意大利城市中的天主教徒没有得到这种酵母的特惠也活得不错。这种说法也没有考虑到，正如我早已指出的，在东欧、在美国南方的早期欧洲人殖民地以及至今在加勒比海地区和其他地方，不是所有信奉新教伦理的人都活得那么好（1978b）。但是，戴维·兰德斯（David Landes）在《被解放的普罗米修斯》（1969）一书中明确地给予韦伯的论点以实证支持，断然否定那种认为穆斯林"文化"能够容许技术创新的观点。

然而，日本人没有经历西方殖民主义，没有外国投资，更不用说新教伦理了，他们举着"菊花与刀"（Benedict 1954），却创造了繁荣，甚至经历了第二次世界大战的失败以后依然如此。因此，詹姆斯·阿贝格伦（Abbeglen 1958）和罗伯特·贝拉（Bellah 1957）在解释这些发展情况时认为，日本人有"一种在功能上与新教伦理相同的东西"，而在他们看来，很遗憾，信奉儒教的中国人并没有这种东西。现在，这两个国家都在经济上突飞猛进，于是这个论点就又转了180度，宣称正在促使它们前进的乃是东亚"儒教"。当然，在实际的世界经济中，这种解释可以说是毫不沾边的。

这种欧洲中心论的曾祖父是19世纪的"社会学之父"奥古斯特·孔德（Auguste Comte）以及亨利·梅因（Henry Maine）爵士。这两人分别区分出所谓建立在"科学"基础上的新思维和建立在"契约"基础上的新社会组织，据说这些新方式取代了古老的"传统"方式。欧洲中心论的一位祖父是埃米尔·涂尔干，他提出了"有机的"社会组织与"机械的"社会组织之间的对立。另外一位祖父是费迪南德·滕尼斯（Ferdinand Tönnies），他强调的是从传统"共同体"向现代"社会"的转变。在下一代人里，塔尔科特·帕森斯提出"普遍主义"社会形式与"特殊主义"社会形式之间的对立，而罗伯特·雷德菲尔德则宣称发现了传统的"民间"社会与现代"城市"社会之间的对立和转变，至少是二者之间的一种"连续性"，而且还发现了"低级文明"与"高级文明"的共生现象。汤因比虽然研究了20多个文明，但是他也宣称"西方"文明的独特性（1946）；而斯宾格勒则对西方文明的"衰落"提出警告。

西方资本主义的批判者无论是想改革它还是想取代它，也都支持这种基本观点。马克思主义的说法和当代新马克思主义的说法都宣称，在"亚细亚的""封建的"或其他形式的"朝贡生产方式"与"资本主义生产方式"之间，存在着所谓的根本不同（Wolf 1982，Amin 1991，1993，1996）。列宁断言，"帝国主义作为资本主义的最高阶段"，也是欧洲内部产生并向外扩散的一种发展的产物。较近的卡尔·波兰尼宣称，在19世纪欧洲发生他所谓的"大转变"之前，世界上任何地区都没有市场关系，更谈不上什么远距离的贸易和生产分工了。考古学发现一再地否定了波兰尼否认早期帝国存在贸易和市场的说法（1957），我也对此提出过理论和实证的批判（Gills and Frank 1990/91，Frank and Gills 1992，1993，Frank 1993a）。这里的问题在于，市场的扩散和支配地位被说成完全是从近期的（西方的）欧洲开始的，然后从欧洲扩散到全世界。罗伯特·麦基弗（Robert McIver）在为波兰尼的第一部著作写的前言中宣布，这部著作的出现使该领域的大部分著作都变得陈旧了。如果这种说法成立的话，那也只能说它使以前许多承认市场包括世界市场及其关系和影响的重要性的著作"变得陈旧"了。波兰尼用以取代这种古老现实的，是所谓非经济的"互惠"和"再分配"的社会关系的首要地位。本书则要根据史实来证明，这种"大转变"早在18世纪以前就已经开始了，而且肯定不是在欧洲开始和由欧洲发起的。

　　所有这些二分法的以及其他区分方法的"理想类型"有一些共同点。首先，在它们提出的基本社会文化特征和差异中，想象的成分远远多于现实成分。其次，它们断言，这些差异把"我们"与"他们"区分开来。用萨缪尔·亨廷顿的术语来说，它们把"西方"与"其他地区"区分开来。当然，据说这些特征不仅把现代（西方）社会与残存至今的其他社会区分开，也与西方社会的过去区分开。另外，这些"理想"类型把某种原初的自我发展归诸某些民族——主要是归诸"我们"，这些"理想"类型后来是从这里（积极地）扩散到别处或（消极地）强加给别处的。这种"传统"说法的集大成者是丹尼尔·勒纳（Daniel Lerner）的《传统社会的消逝》（1958）。在现实世界里，唯一符合实际的整体主义选择则与上述说法都不同。早在30年前，我就对这种"社会学的低度发展"提出了挑战（1967）。但是，无论这种挑战获得怎样的成功，它的整体主义性质依然不够充分。本书试图做得更好一些。

上述材料和论点表明，我们所引述的公认的社会科学理论几乎都浸透着欧洲中心论的偏见和自负。我们将会看到，历史证据有力地否定现代社会发展的所谓欧洲起源论，更不用说那种优越的特殊论（例外论）了——因而摧毁了我们所知道的社会科学理论的历史根基。我很赞同人们的意见——我们应该尽力抢救出我们能够利用的东西，但是所有公认的说法都需要我们认真地反思和质疑。

事实表明，甚至博学的世界史专家和社会理论家布罗代尔也在宣称：

（在历史上）中国的经济发展是有限的，坦率地说，与西方相比是落后的……它的弱点在于，其经济结构不如伊斯兰世界和西方发育得好……他们的企业家没有唯利是图的精神……他们没有达到西方资本家的那种精神状态……中国的经济还不成熟……在18世纪以前，某些地方在19世纪以前，根本没有信贷体系……德川幕府的革命使日本与世界其他地区隔绝开来，加强了封建习俗和制度的控制力量。（Braudel 1993：184-185，285）

我们在这本书里将会看到，这位史学大师和资本主义的批判研究者所做的估计与历史实际有多么大的偏差，而且也与他本人在其他地方的论述有多么大的矛盾。

（2）当代的欧洲中心论及其批判者

无论自觉与否，我们大家都是这种完全以欧洲为中心的社会科学和历史学的信徒。自从第二次世界大战以后美国拥有世界经济和文化支配权力以来，由于帕森斯在社会学领域里把韦伯主义奉为神明，这种情况就更为明显。帕森斯文不对题的《社会行动的结构》和《社会体系》及由此派生的"现代化理论"，以及经济学家罗斯托（W. W. Rostow）的《经济增长阶段》（1962），都出自同一个欧洲中心论，都遵循着同样的理论模式。那么我们要问，有什么新颖之处呢？罗斯托的"阶段论"几乎是马克思的从封建主义到资本主义再到社会主义的阶段论的"资产阶级"翻版——二者都是以欧洲为起点的。与马克思一样，罗斯托宣称，继英国之后，美国将为世界其他地区提供一面未来的镜子。罗斯托还在《整个事情是如何开始的》（1975）一书中，用所谓欧洲特有的科学革命来解释"现代经济的起源"。兰德斯在《被解放的普罗米修斯》一书中，为过去两个世纪的"技术变革与工业发展"寻找欧洲特有的文化条件。卡洛·M. 奇波拉（Carlo M. Cipolla）认为："工业革命从根本上说主要是一种社会–文化现象，而不是纯粹的技术现象。这已经变得一目了然了。人们注意到，最先实现工业化的国家是那些与英国的文化和社会最相似的国家。"（Cipolla 1976: 276）

　　还有一些学者也对所谓西方对于世界其他地区的优势和霸权做出了"内因论的"解释。在这些学者看来，欧洲的兴起当然是一种"奇迹"。这种奇迹应归因于所谓欧洲特有的而其他地区缺乏的独特性质。例如，小林恩·怀特（White 1962）、约翰·霍尔（Hall 1985）以及让·贝什勒（Jean Baechler）、霍尔和迈克尔·曼（Baechler, Hall and Mann 1988）都认为，在某些关键性的历史、经济、社会、政治、意识形态或文化领域里，世界其他地区与西方相比是有欠缺的。他们宣称，正是由于"西方"拥有所谓"其他地区"欠缺的东西，才使得"我们"拥有了一种主动内生的发展优势，然后认为"白人身负""文明开化使命"，"我们"把这种发展优势向外传播到世界其他地区。

　　布劳特在《殖民者的世界模式: 地理传播论与欧洲中心历史学》

（1993a）这一标题醒目的著作中，对这种神话做了认真的考察。布劳特细致地考察、揭示和摧毁了"欧洲奇迹"神话的各种形式，如生物学说法（种族优越论和人口节制论）、环境论（令人烦躁的热带非洲；因干旱而专制的亚洲；气候宜人的欧洲）、独特的理性与自由（相对"东方专制主义"而言，这是韦伯理论的核心，也是马克思理论的一个组成部分）、所谓欧洲历史上的技术优越论（无视欧洲对古老的中国、印度和伊斯兰世界的先进技术的借鉴与依赖）、社会结构论（国家的发展，教会和"新教伦理"的重要性，资产阶级在阶级结构中的角色，核心家庭等）。

布劳特在逐字逐句地剖析八位欧洲中心论历史学家的著作时，更细致地考察了这些论点（1997）。其中人们较为熟悉的是韦伯、小林恩·怀特（1962）、埃里克·琼斯（1981）、罗伯特·布伦纳（Robert Brenner，参见Aston and Philpin 1985）、迈克尔·曼（1986）、约翰·霍尔（1985）以及贝什勒、霍尔和曼（1988）。因此，对于这些人，我们在此就无须多费笔墨了。布劳特很有说服力地论证了这些人的欧洲中心论在理论、思想和意识形态上的亲缘关系。他根据科学证据和基本逻辑，逐一考察并击破了他们的立论。

结果，布劳特实际上证明了霍奇森早已表达过的观点：各种所谓的欧洲特殊论和整个欧洲奇迹的说法，不过是完全建立在欧洲中心论意识形态上的一种神话。因此，由它派生出来的社会"科学"，在经验上和理论上都是经不起推敲的。布劳特还将1492年以前欧洲、亚洲和非洲的封建主义和原始资本主义做了比较。他指出，在中世纪晚期和近代早期，欧洲相对于亚洲和非洲毫无优势可言。因此，布劳特尖锐地指出，把欧洲和西方后来的发展归因于那些所谓欧洲内部特殊性的说法都是无稽之谈。最近，人类学家杰克·古迪（Jack Goody）也批驳了韦伯所谓的"西方理性主义的独特成就"的种种论断（1996）。他考察了西亚、南亚和东亚的类似成就。基特阿散蒂（Kete Asante）对持有欧洲中心论的批判理论家的尖锐批判更是一针见血：

> 他们实质上是某种自负的俘虏。他们不懂得自己的无知之处究竟何在，而他们说起话来仿佛已经知道我们需要了解的是什么……（于是）我的工作就逐渐变成了对那种冒充成一种宇宙观的欧洲中心论意识形态的激进批判。（Asante 1987：4）

最近，，另一位孤军奋战的批评者弗兰克·珀林也指出：

> 创立"科学事实"的行动往往会甚至是有条不紊地转化成自己的反面，即变成了确立神话的行动，从而记录下"我们"在"我们""科学家"和"知识分子"（很正当地）厌恶的这种偏离科学的事实中的集体共谋……社会科学竟然只让神话的兜售者听到如此之少的相反意见；结果是，我们提供了如此之多的东西，而这些东西却基本上与我们的愿望相反，仅仅是加强甚至是扶持了他们（指神话兜售者）的事业。（Perlin 1994：xi，15）

千真万确！我的这部著作就是试图用相反的证据（包括珀林收集的大量资料）与神话的兜售者对质。承认欧洲之外的非洲-欧亚民族和地区应有的历史地位是极其重要的。最近编辑出版的霍奇森的文集《重新思考世界历史》收集了他的一些零散文章和未刊手稿，该书进一步肯定了这种重要性：

> 如果没有经过一种更广阔视野的校正，一种西方主义的世界历史观念会造成无法衡量的祸害。实际上，它现在正在造成这种无法衡量的祸害。这就是为什么我如此强调，如果没有掌握真正有力的证据，不要大谈18世纪以前伊斯兰社会的"衰落"……我认为，世界史最重要的任务之一，

就是为人们提供一种历史阶段和地理区域的模式，而这种模式必须摆脱形形色色的先入为主的西方主义成见……我们必须迫使自己认识到，也就是说，西方并不是一个逐渐消化落后地区的现代世界，而是一种能够为其他起作用的力量创造条件的催化剂……现代大转变是以发源于一些已经提到的东半球的民族的无数发明和发现为前提的，有许多发现的更早基础不是由欧洲提供的……最基本的条件是广大的世界市场的存在。这种世界市场是由非洲-欧亚的商业网络构成的，到公元二千纪中期，主要在穆斯林的扶持下发育成型……西方只是整个非洲-欧亚世界的历史的一个组成部分，如果没有整个非洲-欧亚世界的历史，西方的转变几乎是不可想象的……（正是因为有了这种前提）欧洲的财富才可能形成，欧洲人的想象力才得以施展。（Hodgson 1993：94，290，68，47）

我完全赞同布劳特、珀林和霍奇森的观点，并且将在本书中用大量的证据加以证实。另外，我还想赞扬琼斯近期的一部著作（1988）。在这部著作中，琼斯对我们在前面提到的他先前那部著作（1981）的观点提出了怀疑。他引述了另一位学者的话，大意是"接下来要做的最令人兴奋的事情可能就是证明理论是错的"，然后他责备自己说，"《欧洲的奇迹》作为一个标题有点过于招摇"：

《增长的复归》（Growth Recurring）也是双重地后退，不仅是从《欧洲的奇迹》对欧洲现象的说明后退，更是从《欧洲的奇迹》这个标题的含义后退……另一方面，我再也不把它看作"独一无二事件的自然规律"意义上的奇迹……我开始考虑，我寻找促使欧洲变成第一块实现持续增长的大陆的特殊积极因素的做法是否正确。陷阱似乎在于我们的假设：由于欧洲是不一般的，因此这种差异应该能够告诉我们有关增长的缘起……（Jones 1988：5，6）

琼斯还进一步做了两点发人深省的自白。首先，他与我一样阅读了马歇尔·霍奇森的著作并深受影响，但这是在前一部著作发表之后，因此有相见恨晚之感。其次，其后一部著作的主要缺陷"也源于根深蒂固的观念，与政治或宗教态度无关，而是源于更深层的东西。我的出身和教养决定了我是一个英国人"（1988：183-184）。因此，他为了做到"没有种族偏见、性别偏见等而做的种种努力……必须是满腔热情的"（1988：186）。他确实这样做了。但是，他依然没有摆脱自己承认的许多缺陷。在重新审视了中国的情况并增加了有关日本的内容后，他依然不肯"证明理论是错的"。另外，他的"总结与结论"是："如此看来，日本历史与欧洲历史似乎是一系列偶然形成的力量平衡。确实如此。有什么必要否认呢？"（1988：190）我将在本书中试着证明他的理论是错的，并希望能够做得更好一些，而不仅仅是把偶然性作为一种替代解释。

（3）经济史学家们

有人会天真地认为，因为经济史研究是务实的，所以经济史学家才是可信赖的。其实，他们是最能胡作非为的。大多数自封的"经济史学家"完全无视世界大多数地区的历史，而余下的少数人则彻底地歪曲这些地区的历史。多数经济史学家根本没有世界视野，甚至没有一种欧洲视野。因此，他们的"经济史"几乎完全局限于西方。哈特（N. B. Harte）主编的《经济史研究：1893—1970年就职讲演集》（1971）汇集了英语世界最著名的经济史学家的21篇讲演。他们对大半个世纪的时间里同行们写的"经济史"做了回顾与评论，其中几乎每一句话都是谈欧洲、美国以及他们的"大西洋经济"，甚至连非洲都不屑一顾。对于他们来说，世界其他地区仿佛根本不存在。

浏览一下经济史国际大会近年来的会议通报就会发现，大约90%的"国际"论文都是论述西方的。最近两次大会和大会通报有诸如

《世界经济的兴起，1500—1914年》这样的标题（Fisher，McInnis and Schneider 1986）。但是，大部分论文依然是谈论西方的。

这种欧洲中心论经济史最值得注意的著作之一的作者，前几年赢得了诺贝尔经济学奖。这位1993年诺贝尔经济学奖得主道格拉斯·诺思（Douglass C. North），与罗伯特·保罗·托马斯（Robert Paul Thomas）合写了一本书——《西方世界的兴起：一个新经济史》（1973）。这本书之所以值得注意，不仅是因为其作者之一获得了承认，而且因为它的书名及其对"新"经济史的强调完全是直言不讳的，另外，它也对公认的理论做了修正。但是，在章节标题"理论与综述：1.问题"的下面，在第1页，他们就明确地表示："西欧的一种有效率的经济组织的发展乃是西方兴起的原因。"（1973：1）然后，他们追溯了这种制度变迁，尤其是财产权的发展，将其归因于越来越严重的经济短缺，而经济短缺则是由西欧人口的增加造成的。他们同样对世界其他地区及其人口增长视而不见。另外，正如诺思与托马斯在前言中所强调的，他们的经济史研究也"与正规的新古典经济学理论协调一致，互为补充"。我们可以猜想，正是这种一致性影响了诺贝尔奖的颁发决定。

诺思与托马斯的这部著作可以成为一个例子，至少可以用来说明三个彼此相关的问题以及我的反驳意见。首先，欧洲中心论者拒绝将西方与世界其他部分进行比较，甚至不愿意接受这种比较，因为这种比较不仅能够揭示制度与技术方面的相似之处，还会揭示造成这种相似之处的那些结构与人口因素的相似之处。其次，正如我们将在本书第4章看到的，这些比较将会显示，所谓的欧洲特殊性根本不特殊。最后，真正的问题与其说是在某个地方发生了什么，不如说是引起了这些变化（无论这些变化在哪里发生）的全球性结构与力量是什么——这是本书第6章将要分析的问题。

更为严重的是，极少数经济史学家在谈到"其他地区"时，通常都对"东方"及其与"西方"的经济关系做了极其严重的歪曲。在他们心目中，正如布罗代尔所说的历史学家"已经知道"的情况，"世界经济"是从欧洲产生的，欧洲以自身为中心建立了一个世界经济。譬如，最近约翰·威尔斯为《美国历史评论》写了一篇关于"1500—1800年亚洲沿海地区"的综述（1993）。他加了一个醒目的副标题——"在互动中产生的欧洲霸权"。他评述了十几本著作，还提到了上百部论及东西方之间某种"互动"的著作。但是，这些著作中谈论的基本上是欧洲对亚洲的行动，几乎没有论及反向的行动。另外，这篇综述的标题明确地宣布，欧洲的霸权是在1500年到1800年间产生的。但是，文章对这种论断根本没有给予证明。实际上，威尔斯评述和提到的那些著作所提供的资料反而否定了这一论断。因此，这篇综述的标题远比文章涉及的内容更能体现欧洲中心论的偏见。

　　另外一个欧洲中心论的最新典型，是富有创新精神的瓦里奥鲁姆出版社出版的丛书。该丛书重印了许多优秀的但鲜为人知的经济史论文，尤其是关于西方周围及西方以外地区的论文。最新的一套丛书被冠以一个大标题——"一个扩张的世界：欧洲对世界历史的冲击，1450—1800年"。出版者利用世界史"元老"威廉·麦克尼尔和原牛津大学经济史教授彼得·马赛厄斯（Peter Mathias）的支持来推销这套丛书。马赛厄斯表示，希望"该丛书能扩大和加深我们对世界舞台的理解"。实际情况恰恰相反。它加深了我们对世界舞台的误解，因为该丛书对1450年到1800年间世界舞台上的实际情况根本没有给出任何提示。世界经济确实在扩张，但首先是在亚洲；而且在1800年以前，世界经济扩张对欧洲的冲击要比欧洲对"世界历史"的任何"冲击"都大得多。虽然丛书中有一本书的标题是《欧洲的机遇》，但是整套丛书的重点是欧洲的活动，而不是它在世界经济中尤其是在亚洲的机遇。其实，欧洲只不过是趁机而入罢了。

马克思主义的经济史表面上似乎别开生面，但它同样甚至更是以欧洲为中心的。因此，马克思主义的经济史学家也在欧洲内部寻找"西方的兴起"和"资本主义的发展"的根源。20世纪50年代莫里斯·多布（Maurice Dobb）、保罗·斯威齐（Paul Sweezy）、高桥幸八郎、罗德尼·希尔顿（Rodney Hilton）等人关于"从封建主义向资本主义的转变"的论战（收入希尔顿主编的书中，1976）以及围绕布伦纳的文章展开的论战（Aston and Philpin 1985），都是这方面的典型例子。德·克鲁瓦（G. E. M. de Ste. Croix）论述古代"希腊罗马"文明中的阶级斗争的著作（1981）和佩里·安德森关于"日本封建主义"的论述（1974），也都把这些社会看作一种特殊的"社会"。马克思主义者可能会宣称，他们更关注经济"基础"是如何塑造社会的；但是他们根本没有意识到，一个"社会"是被它与另一个"社会"的关系塑造的，他们更没有意识到，所有的社会共同参与一个世界经济这一情况，也塑造着各个社会。马克思明确地否认世界经济体系的存在，直到后来的列宁才承认这一点。但是，列宁所说的"帝国主义"也是起源于欧洲较晚近的时期。按照罗莎·卢森堡（Rosa Luxemburg）的说法，"世界"资本主义经济必须依赖资本主义体系之外的"外部的非资本主义的"空间和市场，并在其中扩张。

（4）近期社会理论的局限

这个问题可以换一种表达，即探寻"西方的兴起"的根源时，在时间上能够追溯多远，在空间上能够追溯多广。例如，克里斯多弗·蔡斯-邓恩与托马斯·霍尔写道："西方的兴起和现代世界体系的产生的根源，至少可以追溯到2 000年前。"（1977）但这就引出了一些问题：这些根源在什么地方？是如何扩散的？整个欧洲中心论的历史学与社会理论，只是在欧洲的路灯下寻找这些根源。对于有些人来说，这种灯光最远照到文艺复兴时期；在另外一些人看来，这种灯光透过基督教时代而照到犹太教。在持后一种观点的理论家中，迈克尔·曼是一个佼佼者（1986，1993）。他探寻"社会权力的来源"，发现它们（依次）出自意识形态、经济、军事和政治权力。他认为："欧洲在长达1 000年的时间里，一直是一个意识形态（基督教）共同体。"（1993：35）要害就在这里：无论在时间上追溯多远，归根结底还是所谓的欧洲来源！布劳特做了一个恰当的比喻：曼以及其他一些人所能想象的不过是一列技术型的东方快车，这列火车沿着向西的轨道，从古代的中东出发，通过古希腊，驶向中世纪和现代的西欧（1977：51）。

然而，麦克尼尔在他那部开创性著作《西方的兴起：人类共同体的历史》（1963）中证明，其根源远远超出欧洲范围而遍及整个非洲-欧亚世界。这当然也是霍奇森的《重新思考世界历史》（与麦克尼尔的著作同时写成）中传递的信息。与我和吉尔斯的《世界体系：五百年还是五千年？》（1993）一样，非洲-欧亚也是蔡斯-邓恩和霍尔分析"现代世界体系""兴起与灭亡"的基础（1997）。但是，问题依然存在。这种在时间上更久远、在空间上更广阔的视野，对于（重新）解释近代早期世界历史有什么意义？本书就是试图从一种更广阔的全球视野来回答这个问题。

当代流行理论在理论、分析、经验方面的局限性——简言之，在"视野"方面的局限性——乃是"经典"社会理论及其所依据的同样（甚至更严重的）欧洲中心论的历史学的遗产和反映。当这种社会理论在19世纪孕育之时，殖民主义的欧洲中心论给了它活力。到了20世纪，随着它在西方的发展和在全世界的传播，它自身变得越来越活跃。现在，到了20世纪末，这个理论及其所依据的欧洲中心论历史学完全不足以应付即将来临的21世纪，因为在这个新世纪，亚洲有望再次兴起。

流行的社会理论不仅在所谓的历史依据方面有许多无稽之谈，而且还有一个重大的理论缺陷——实际上也是这整个理论的重大缺陷：无论这种理论自称如何具有"普遍主义"性质，但它根本没有全球整体意识。

如果我们想发现真正促成经济、社会和文化"发展"的因素，就必须历史地考察整个全球的社会–文化的、生态–经济的以及文化的体系。这个体系既提供了又限制着我们所有人的"可能性"。因为整体大于部分的总和并决定着构成部分，所以任何具体研究的叠加或不同部分的组合，都不可能揭示整个世界经济/体系的结构、功能和转变。

我的观点是，我们现在需要一种在立论基础方面迥然不同的世界史和全球政治经济学。"马克思–韦伯"及其信徒的现行经典社会理论，是靠着根深蒂固的欧洲中心论来维系其生命的。尽管通常人们不承认或者意识不到这种偏见，但是这种偏见歪曲了我们对西方之外的世界现实的全部感知，甚至使我们变成视而不见的瞎子。另外，欧洲中心论甚至也阻碍和歪曲着我们对欧洲和西方本身的现实主义的感知。欧洲中心论的社会理论根本不可能去理解一个整体世界的（经济体系）现实，但正是这个整体世界决定了"东方"和"西方"、"南方"和"北方"以及其他所有部分的各自不同却并非孤立的"现实"。因此，真正的问题实际上不在于马克思、韦伯或别的什么人有关这个世界体系某一部分的论述正确与否。真正的理论问题是，他们之中迄今没有一个人从整体上去探讨这个体系化的全球整体，而这种探讨才是理论上的真正挑战。

读者们或许会用历史学和社会理论已完成的或宣称的东西，来质疑这种论断和挑战。例如，人们会说，威廉·麦克尼尔已经开创了新的世界史。他不仅将自己的巨著命名为《西方的兴起》，而且批评汤因比把世界史分解成21个不同的文明。麦克尼尔认为，原来只有三个主要的"文明"支流，它们汇合成世界史，并促成了西方的兴起。这种说法似乎已经很完美了。但是，麦克尼尔在25年后回顾这部著作时承认："这部著作在方法论上的主要缺陷是，虽然它强调了超越文明界限的互动，但是对于我们今天置身其中的全人类世界体系的兴起没有给予足够

的注意。"（1990：9）现在他认为，他所划分的"三个地区及其居民在
（自公元前1500年起的）整个古典时代，始终保持着密切而不间断的联
系"，因此，公元1500年以后的情况就更是如此了！

正是基于这一点，本书将证明，我们生活在同一个世界里，而且由
来已久。因此，我们必须有一种整体主义的全球世界视野，才能把握住
这个世界（及其各个部分）的过去、现在和未来的历史。但是，建立一
种世界视野和克服欧洲中心论的世界观，也是相当艰难的。例如，对于
布罗代尔，这些困难曾经是不可逾越的；对于沃勒斯坦，这些困难至今
仍是不可逾越的。我以前就曾指出（1994，1995），在本书中还要进一
步证明，他们两人的著作是出自一种欧洲的世界视野。

布罗代尔考察1500年以来世界时的"世界视野"，比大多数人都广
阔得多。但是，他把世界区分为一个"欧洲的世界经济"和若干个其他
孤立的外部"世界经济"。当然，布罗代尔也多少研究和描述了"其他
的"世界经济，尤其是在论述物质文明与资本主义的三卷本巨著的第3
卷中。实际上，马克思在《资本论》第3卷中也是这样做的。但是，他
们两人都没有想到把第3卷中的发现融入各自第1卷提出的模式和理论
中。而且，他们的疏忽是十分自觉的和有意识的——他们的欧洲中心论
思想使他们确信，任何历史模式和社会理论，无论是否具有普遍主义性
质，都必须完全建立在欧洲经验的基础上。他们做出的唯一让步是，欧
洲及其模式会在世界其他地区产生影响。

沃勒斯坦的《现代世界体系》（1974）——以及我当时写的（参见
本书前言）《世界积累》和《依附性积累》（1978a，b）——就是旨在对
欧洲扩张和"资本主义的"发展在欧洲和世界其他地区的影响做出系统
的论述。我们两人都强调欧洲的扩张造成世界其他许多地区"低度发
展"的消极影响，以及这些地区对欧洲以及后来的北美的资本积累与发
展所做的贡献。沃勒斯坦更关注世界体系的核心–边缘结构——当然，

我也用"中心-卫星"的说法予以承认；而我比他更关注该体系内结构之间的循环运动。

但是，沃勒斯坦（1974，1980，1989）和我（1978a，b）都局限于对现代"世界"经济体系的结构与过程提出概括模式和进行理论分析。我当时认为，沃勒斯坦至今认为，这个体系以欧洲为中心，从欧洲向外扩张，逐渐把世界其他地区纳入以欧洲为基础的"世界"经济。这就是沃勒斯坦和我的理论的局限性。只要这种理论依然以整个世界经济的这一欧洲部分——甚至不是主要部分——为中心，就无法充分涵盖整个世界经济体系。我们提出的这一体系"早在"16世纪就涵盖了美洲和非洲的一部分，但直到1750年以后才包容了世界其他部分，分析这种进程也许能给人以某种经验的和历史的教益。

但是，这种以欧洲为基础的"世界"体系模式不仅不够完整，而且与我们真正需要的关于完整的实际世界经济体系理论背道而驰。可惜的是，这种理论还没有诞生，其原因之一恰恰在于，我们已经有了马克思、韦伯、波兰尼，还有了布罗代尔、沃勒斯坦，再加上我自己，这些人在欧洲的路灯下四处探望。无论我们多么想具有世界眼光，但只要我们不承认欧洲中心论决定着我们的思维，决定着我们在哪里寻找借以建构我们的理论的证据，我们的世界眼光就不会被开发出来。有许多人可能根本不考虑这一点，只是盯着那个地方，因为——由于我们以及其他人的著作——（欧洲和北美的）理论和实证研究把那里照得更亮一些。

在我看来，近年来在这个陈旧题目上各种各样的花样翻新几乎一无所获，不仅是昙花一现，而且还白白浪费了许多重新进行理论概括的好机会。例如，埃里克·沃尔夫（1982）和萨米尔·阿明（1991）固守所谓的"朝贡生产方式"，旨在对1500年以前的整个世界（沃尔夫）或1800年以前的大部分世界（阿明）做出概括。又如，盖茨对1 000年间基于"朝贡生产方式和小资本主义生产方式"的"中国的原动力"进行了一番分析（1996），尽管她使出了浑身解数，也很难说明它们为什么以及如何支持和助长了中国的父权制度。反之，本书将要证明："不管他们的家庭生产关系——不必考虑生产'方式'——如何千变万化，更重要的是，他们参与着一个单一的世界经济。而这一点因人们不恰当地、甚至张冠李戴地强调'生产方式'而被掩盖了。"

最近，范赞登以"我们需要一个商业资本主义的理论吗？"为题，做了一个张冠李戴乃至指鹿为马的论述（van Zanden 1997）。《评论》1997年春季号集中讨论了这个"问题"，主编沃勒斯坦也写了文章。基于对17世纪荷兰"黄金时代"的劳动力市场的分析，范赞登断言："商业资本主义在某种意义上是'形成过程中的资本主义'……因为这个成长中的世界市场……集中在一片非资本主义的汪洋大海中一个相对狭小的城市化的商业孤岛上。"因此，它也就成了在前资本主义或原始资本主义与工业资本主义之间的一个必要"阶段"，而迄今为止，人们还没有给予它充分的承认。沃勒斯坦理所当然地否定了这一论点。他指出，商业资本主义和荷兰的资本主义不过是"历史上资本主义"的一个组成部分。例如，"能够获取较大利润的企业或公司……都同时是厂家、商人和金融家，或者在这些角色之间来回转换，根据经济形势变化，什么更有利可图就做什么"（1977：252）。当然，沃勒斯坦以及其他一些人都没有看到，不仅在很小的欧洲"资本主义"部分是这样，而且在整个世界经济中也从来如此，还有一些学者（如埃德·诺特、凯瑟琳娜·利斯以及雨果·索利）在最近发表的著作中论述了尼德兰、佛兰德以及欧洲其他地区的"工业化之前的工业化"。只要稍加比较，就可以看出："范赞登的说法无法用来分析这个过程——商业资本主义与前资本主义生产方式的联结并非问题所在，而且，在向工业资本主义转变的过程中，原工业（proto-industry）并不是最活跃的因素。"（Lis and Soly 1977：237）如果他们不把眼界局限于欧洲的边缘半岛部分，而是把考察的范围扩大到世界其他地区，就像本书这样，完全把这些地区当作整个全球经济的组成部分来分析，那么这些"生产方式"就根本不再是问题所在了。

（极）少数学者，尤其是有非洲–亚洲背景的学者坚定地认为，我们必须扩大或改变我们的理论视野和取向。其中包括阿布–卢格霍德和乔杜里。阿布–卢格霍德探究了"欧洲霸权之前"的历史（1989），乔杜里考察了"欧洲之前的亚洲"（1990a）。当然，他们也因为不得不在很大程度上依赖现有的欧洲和其他西方的路灯而跟跟跄跄地探索。对于那些想要寻找更远距离的证据的人来说，这些路灯只提供了极其微弱的光亮。

值得庆幸的是，这些更具有世界眼光的学者的队伍日益扩大。新加入者大多是非"西方"研究者（尽管大多是受西方训练或受西方影响的人），他们借助火把或蜡烛的光亮，挖掘各自地区的档案或考古资料所透露的历史信息。他们所发掘的证据乃是一个宝库——某些乃是原本意义上的"宝库"，因为水下考古使某些沉没已久的商船和宝库重现人世。这些发现能够而且应该提供一个更广阔、更深厚的基础，使得我们能够通过更深远的历史研究进行归纳和综合，并且建构一个真正整体性的世界经济体系模式和理论。

但是，光有证据是不够的。证据本身并不能替代一个涵盖整个世界的整体主义的理论模式。我们正是需要这样的理论模式（但现在还没有），来组织和解释现有的证据，而且使我们能够远远超出原有西方理论路灯所照射的范围，指导我们去寻找世界各地的更多更好的证据。本书不过是沿着这个方向迈出最初的几小步，而且还跟跟跄跄。但是我希望，我的缺点能够激励比我能力更强的人沿着这个方向大步前进。

在这种努力中，似乎研究近代早期的世界经济和体系比研究更早时期要容易一些。例如，当我研究青铜时代的世界经济和体系的情况并探索它的长周期时，我使用了一个拼图的比喻。我发现，普通的拼图是从已经给出的直边外沿开始，然后往里拼，而我的工作无法走这样一条捷径。我只能先设想一个中心，然后由此向外寻找世界体系拼图的边缘。而且，这些边界是不稳定的，随着时间的推移而向外推进。我的任务就是确定这种情况是何时何地发生的。

　　组合近代早期的世界体系似乎要容易得多。确定外沿的工作似乎没有必要，因为情况似乎十分明显：先是其非洲-欧亚范围，然后迟至1492年以后才将美洲并入，迟至1760年以后才将大洋洲并入。当我们考察这个世界经济时，很容易从这幅拼图的外沿入手，虽然外沿不是笔直的而是圆的。其实，本书最初的标题就是"世界是圆的"。我们只需把它围一圈，然后挑选那些拼块，根据它们相互之间的关系，把它们放到合适的位置上。于是，整个画面几乎就会自动呈现出来。即使我们把这些拼块之间的关系搞错了，历史的、地理的、社会政治的和经济的证据也能帮助我们校正每个拼块与其他拼块的相对位置。我们真正需要的是一种（更充分的？）整体视野。但是，大多数历史学家和社会理论家既不接受上述方法，也不照这种方法行事。他们不仅根本没有整体视野，甚至毫不加以考虑。更糟糕的是，他们从根本上始终顽固地排斥整体观念。

　　然而，如果我们不看全球拼图的示意图，就无法为它的每一个拼块找到正确的位置，无法理解每一个拼块在功能上的真正联系。状如不列颠群岛轮廓的红色拼块的位置在哪里？其角色是什么？我们也无法了解另外一些红色拼块有什么用——其中有一大块像是一个垂直的陆地边缘，另一块则是被水环绕的横向的肾状物。另外，在第一个红色拼块旁边，我们还得放蓝色的、黄色的和绿色的拼块，而这些拼块中的每一个也都要被五颜六色的拼块围住。我们需要有一个全球整体概念，才能把这些五颜六色的拼块放到地图的正确位置上。尤其是那些有几条直边的拼块，它们像是什么人在桌子上画线画出来的（实际上是欧洲殖民列强1884年在柏林切割非洲的结果）。实际上，如果不对这幅拼图的整体及其制造过程进行整体分析，我们就永远无法理解它的"设计师"为什么和如何安排每一个拼块的颜色、形状和位置，更不用说它们彼此之间以及与整体的关系了。

当代历史学家和社会理论家一直最缺少的就是一种整体视野。历史学家最喜欢用显微镜来考察和猜想在一个很短暂时间段里的一个小片断。我的一个孩子是一位历史学者，他在送给我的一部历史著作上题写："一个研究树木的人送给一个研究树林的人。"不要说"文明研究者"，就是"世界史"学者，也习惯于把自己的注意力局限在某些大树上，仅仅对某些大的片断加以比较。实际上，许多人喜欢关注自己文明的特点或文化的相似与相异之处。有些人为自己的方法辩护说，遵照"科学"标准，我们只能研究整体的片断，这样我们就能运用比较方法来分析它们的差异。他们似乎没有意识到，如果整体大于部分的总和，那么整体本身也会造成整体的部分或片断之间的差异。总之，他们或者由于不愿看见整体，或者由于看不见整体，因而不去看整个画面。因此，他们甚至也无法理解他们考察的那个片断或他们想加以比较的两个或更多的片断的某些基本要素。实际上，几乎没有一位"世界史"学者指出，明摆着的真实世界是一幅整体性的全球拼图。他们本来可以把它组合起来，但他们不去做，更不用说去设法理解它了。

一种全球经济视野的轮廓

§

现在让我们来简单地介绍一下，第2章到第7章是如何来组合1400年到1800年间近代早期世界经济的拼图的。

　　第2章将考察贸易的结构与流动。这种贸易活动从美洲开始，然后围绕着地球向东方展开。我们将考察贸易不平衡的模式及其货币清偿结算的方式，而货币也主要是流向东方的。我们将考察十几个地区及其相互关系。我们的考察路线将从美洲开始，经由非洲和欧洲，到西亚、南亚和东南亚，然后到日本和中国，再从这两个国家跨越太平洋，再回过头来跨越中亚和俄罗斯。这一巡视将揭示出这些"地区"经济的实力和成长及其相互之间的贸易和金融关系。这一巡视还将（至少是含蓄地）显示，从1400年前后到1800年前后存在着一种什么样的近代早期世界经济的劳动分工，以及这种分工是如何扩展和变化的。这一章至少要证明，已经存在着这样一种世界范围的劳动分工。在这一章里，我将确定当时有许多不同的产品和服务、部门和地区、企业和"国家"实际上在同一个全球经济中进行着竞争。因此，我们将看到，已有的全部经济学和社会学理论对这种世界范围的劳动分工的忽视或否认是没有历史依据的。

　　第3章将考察货币在整个世界经济中的角色以及在塑造各地区间关系时的作用。有关金钱从美洲银矿流向欧洲的文献极其丰富，也一直有人关注金钱流向亚洲的情况。但是，人们没有充分地对硬币的制造、运输、铸造、改铸、兑换等方面的原因进行宏观和微观的经济分析。在这一章里，除了对银币和其他货币的制造与兑换做出宏观和微观的经济分析，还有一节专门考察货币流通体系及其在世界经济中如何联结、（顺利）运行和扩张。

　　在第3章中，还有一节专门考察这种状如血液循环系统的货币体系，以及在其中流动的货币血液为什么、如何渗透进和滋养着世界经济的经济体。我们将考察，为什么某些货币动脉和血管会比其他动脉和血管更粗大，为什么某些较细小的动脉和血管会远远地延伸到世界经济体的某些（不是所有的）外沿地区，甚至为扩大和刺激那些地区的生产服务。我们将看到，有关亚洲"囤积"金银的古老神话，以及关于世界货币供应在印度，尤其是在中国"沉陷"（被"秘藏"起来）的传说是没有根据的。

第4章将考察某些全球经济的数量方面。虽然很难找到确切的资料，但是我在这一章里用了一节来收集和比较某些世界范围和地区的（尤其是亚洲和欧洲的）人口、生产、贸易和消费，以及它们各自的增长率。我们将会看到，不仅亚洲各个部分在世界经济中的经济地位远比整个欧洲重要得多，而且正如历史资料无可辩驳地显示的那样，至少在1750年以前，亚洲在这些方面的发展速度比欧洲更快，总量更大，而且一直保持着领先于欧洲的经济优势。如果说在近代早期，亚洲若干部分比欧洲更富有，生产效率更高，而且它们的经济还在扩张和成长，那么欧洲人所说的"亚细亚生产方式"怎么可能会像一些经济学家等人所宣称的那样是传统的、静止的、停滞的、基本上是浪费的呢？情况根本不是那样，因此这种欧洲中心论制造出来的神话完全是一派胡言。

第4章中有一节通过援引史料和权威论断，来对欧洲和亚洲，尤其是印度和中国的生产力、技术以及经济机制和金融机制加以比较。通过这些比较，我们可以证明，欧洲人对亚洲的贬低是没有事实依据的。因为不仅在这个时期的开端，而且直到这个时期结束之时，亚洲在经济上以及在许多技术领域都领先于欧洲。另外，这一章还提出了一个观点：生产、贸易及其机制和技术不仅应该进行国际间的比较，而且应该被视为在世界经济的领域里相互联系和相互催生。

第5章将提出并阐释一种"横向整合的宏观世界历史"（horizontally integrative macrohistory of the world）。在这种历史观中，事件和过程的同时性并不是偶然的巧合。不同地点同时发生的事件，不应该归因于各地"内部"环境的各自作用。相反，我在这一章里将逐节探讨世界各地同时发生的事件的共同原因及其相互连带的原因。为了说明和解释在不同地点发生的事情，我采用各种互补的方法进行了人口结构的、货币的、康德拉捷夫的、长周期的分析。这种货币周期的分析被用来说明在17世纪40年代同时发生的中国明王朝的崩溃、英国的革命、西班牙和日本的叛乱以及马尼拉和其他地方的其他问题。对18世纪晚期的法国、荷兰-巴达维亚、美国以及工业革命，也从一种周期和联系的角度做了简略的考察。第5章里用了一节来探讨所谓欧洲的"17世纪危机"是不是世界范围的危机，是不是包括亚洲在内；我还将探讨一种否定的回答对于世界经济史的重要意义。我们注意到，在亚洲许多地区，"延长的16世纪"的经济扩张持续到整个17世纪，并延伸到18世纪上半期。这也就引出了一个问题：是否存在着一个长达约500年的世界经济政治的周期？

这个长周期问题引出了第6章探讨的问题：西方为什么以及如何在19世纪"取胜"？这个"胜利"将会持续下去，还是暂时的？在以前的著作里，我宣称发现了一个长达500年的世界经济体系的周期，其中有一个扩张的A阶段和收缩的B阶段，它们都各自长达两三百年（Gills and Frank 1992，Frank and Gills 1993，Frank 1993a）。我对这个周期的研究上溯到公元前3000年，截至大约1450年。其他学者分别做的三个考察，为我确定的这个所谓的周期及其阶段提供了某种肯定。那么，这个长周期模式是否适用于近代早期呢？这是第6章第1节提出的第一个问题。第二个问题是，如果适用的话，那么它是否反映和有助于说明在整个17世纪乃至18世纪一段时间里亚洲在世界经济中持续占据的支配地位？是否反映和有助于说明此后亚洲的衰落和欧洲的兴起？

第6章还将把本书的历史叙述与理论分析推进到最后阶段，探讨"东方的衰落"和"西方的兴起"是如何密切相关和相辅相成的。我用一部分篇幅考察在单一的全球经济中，不平等的地区和部门结构以及支持着生产和人口增长的那种不平衡的暂时性或周期性运动。我的观点是，导致亚洲在1750年以后衰落的原因，不是所谓近代早期亚洲的孱弱和欧洲的强大，而是亚洲本身的强大所引起的后果。同样，正是欧洲原先在世界经济中的边缘地位和孱弱，才使得它在1800年以后蒸蒸日上，如日中天。这种发展也利用了1750年以后"亚洲的衰落"这一机会。在这一章里，我将用一节来考察这种发展的根源和时间进程。另外，我提出，在这种全球发展的持续进程中，经济、政治和文化力量的天平已经开始再次倒向亚洲。

第6章的最后一部分更细致地考察了"西方的兴起"。我的论点是对布劳特的呼应和扩展：西方最初在亚洲经济列车上买了一个三等厢座位，然后包租了整整一节车厢，直到19世纪才设法取代了亚洲的火车头位置。我用一节考察欧洲人如何用美洲的金钱来达到这一目的，并援引亚当·斯密的相关分析。他们在使用美洲的金钱时不仅扩张了自己的经济，而且（或甚至）花钱打进了亚洲还在扩展中的市场。工业革命及其最终使欧洲人在世界经济中占据支配地位的结果，不可能仅仅用欧洲"内部"的因素来解释，甚至加上欧洲从殖民地榨取的资本的积累来解释也是不充分的。我们需要对这种全球进程做出一种世界经济的说明和解释。为此，这一节接着提出并考察了一个假说，这个假说的立论基点是，世界范围的和附属地区的供求关系为节省劳动力和产生动力的技术革新提供了基础。

因为整体大于部分的总和，所以每一个部分不仅受到其他部分的影响，而且受到整个世界（体系）情况变化的影响。如果我们不考虑亚洲和非洲的变化情况，就无法理解和说明欧洲和美洲的变化，反之亦然；如果不搞清从各个地方散射出来的影响——这是整个世界（体系）本身的结构与动力的结果，就无法理解和说明任何一个地方的变化。简言之，我们需要用一种整体主义的分析来解释这个体系的任何一个部分。总结性的第7章再次审视了这种整体分析的必要性，以及根据这种整体分析得出的发现和假说对于进一步考察历史学和流行理论的意义，以及对于重建二者的可能性与必要性的意义。第7章的前半部分总结了历史学的教训，后半部分提出了变换理论方向的建议。

对阻力和障碍的预见与辩驳

§

　　首先，当我们因受到误导而以为我们的世界现在完全处于一个单方面的"全球化"进程中时，我们对于全球现实的认识是非常糟糕的。我们的语言本身及其范畴概念反映并误导着我们的思维，使我们首先考虑部分，然后再把各个部分结合成一个整体——我们心目中的范例就是我们的社会、我们自己的国家、德语词"民族经济"①（Nationaloekonomie）以及与国际贸易相关或不相关的国际关系。这些范畴概念听起来仿佛是我们一直生活——可能还将继续生活——在某些社会、政治、经济"单位"里，这些单位据说甚至是（它们）生来就有的。这类说法和术语几乎可以说体现了最荒谬的"世界观"，是对世界现实的想象呈现。但是，如果不发明一整套使读者感到生疏的全新术语，我就必须使用现有的术语，设法将它们稍加改造，使之能够涵盖一个更完整的全球现实。不管怎么说，我们需要的不仅是全球性术语，而且需要全球分析和理论。

　　然而，即使是提出一种对世界的全球分析，也是一项艰难的任务，更不用说提出一种全球理论了。它必然遇到强大的阻力，会引起激烈的反对。可以预见，在惊涛骇浪的海面上，我们的分析至少会遇到（且不

———————
① 又译作"国民经济"。

说破除）某些冰山露出的一角。因为本书的设想现在刚刚下水，所以我是根据伊曼纽尔·沃勒斯坦和我自己以往的经验提出这种预见的。沃勒斯坦的经验十分合适，因为我目前提出的设想比他当年的设想还要宏大，或许也更肤浅一些。

本书遇到的大多数障碍可能都不过是吹毛求疵。其他更理论化的反对意见可能很少，但是会很尖锐。有一个特殊的大障碍是沃勒斯坦设置的。

有人会挑剔地指责说，我没有使用（甚至没有能力使用）原始资料。对此，我有几个理由进行反驳。1966年，我把一份有创见的批评墨西哥历史研究中的传统说法的稿件寄给一位墨西哥史专家。他很客气地给我写了回信，但是在信中说，我的稿子没有发表价值，因为它不是基于原始资料写成的。我把这篇稿子放在抽屉里达13年之久，后来因沃勒斯坦邀请我把它纳入由他主编的剑桥大学出版社的一套丛书中才发表出来（1979）。此时，那位专家写了一篇书评，认为我的这本书不应该出版，因为我所说的东西已经陈旧了，其他学者新的研究和分析成果已经把我早先提出的看似稀奇古怪的世界经济观变成了公认的流行理论。

这段经历说明了，做出一种历史阐释，尤其是范式阐释，需要什么样的资料。用显微镜进行档案研究会很自然地造成一个问题：它不可能为历史学家提供一个广阔的视野，历史学家必须在进入档案馆前已经具有这样一个广阔的视野。另外，如果历史学家希望跳出公认的范式，甚至向基于微观研究的范式发出挑战，那么他们最需要的就是一个更广阔的视野。当然，如果历史学家迈的步子太大，不可能用望远镜来考证资料，那么他们必然会遗漏某些细节。这就会引起下面这种指责。

有人会指责说，尤其是因为缺少足够的原始资料，甚至根本没有察看原始资料，因此我的知识不足以考察世界整体，甚至不足以考察世界的若干部分。甚至布罗代尔也提出疑问："历史学家试图在一项分析里把尚未被充分探究的历史片断都组合起来，这种尝试是否明智？"
（1992：468）其他人会说："哦，不过你的建议与我在自己的领域里已
经花费了20年的生命所研究的1年、10年或100年历史的方式大不相同。"
然而，正如世界史专家威廉·麦克尼尔在为我的一本书（Frank and
Gills 1993）写的前言中所指出的，无论我们把研究课题规定得多么狭
窄，我们都不可能洞察一切，甚至不可能对于任何一件事有"足够"的
知识。他还在另一篇文章中表示：

> 宏观史学家对已有的文献记录的大多数细节都不屑一顾……但这并不
> 会使宏观历史缺少严格或充分的证明……不同范围的研究会创造出各自具
> 有重要意义的画面。范围较小的研究并不像分工细密的历史学家想象的那
> 样更接近真实。情况恰恰相反……优秀的历史著作乃是出自对与历史学家
> 探究的问题相关的资料中的信息进行精心筛选和考订的工作——应该是不
> 多不少，恰到好处。（McNeill 1996：21）

　　因此，知识的匮乏（我很愿意承认这种缺点）实际上并不取决于研
究课题究竟是狭窄还是宏大。相反，正如本书第5章中援引的约瑟夫·
弗莱彻（Joseph Fletcher）的说法，正是由于人们普遍不愿意做"横向
整合的宏观历史"研究，才导致了历史知识的狭窄乃至极度匮乏。

　　有些读者也许会指责我只注意一个"经济"侧面或一个"经济"特
征。在1996年世界历史学会和文明比较研究国际学会联合举办的一次会
议上，有一位学者私下对我说："你正在做一项很好的经济史研究，但
这也是我之所以不感兴趣的原因。"另一位学者则公开说："你对文化视
而不见。"主张进行政治、社会、文化、宗教、民族、种族等分析的学
者会抱怨说，我的研究对他们的特殊（主义的）愿望丝毫没有给予支
持、赏识或顶礼膜拜。有些党派人士会遗憾地说，这项研究对于"我的

人民"用处不大或根本没用。他们是想从某种种族中心论或新非洲中心论、旧伊斯兰中心论甚至更古老的中国中心论、俄国特殊论等当中寻求某种支持，而所有这些东西在这项研究中都找不到它们所需要的支持。我的见解也是针对萨缪尔·亨廷顿用"文明的冲突？"（1993，1996）这种新包装兜售的欧洲中心-西方特殊论。（咎由自取——亨廷顿在1993年《外交事务》杂志上发表的文章标题后也打上了一个问号，但是过于急切的公众已经把它省略了。然而，到1996年，他的同名著作的书名中就没有问号了。）正如第7章所强调的，本书提出的见解是支持"多样性的统一"的。

女性主义者会指责说，这种视野和分析不足以打破剥夺妇女发言权的家长制性别社会结构的牢笼。她们的批评是正确的。这项研究与流行的理论一样，避免不了性别因素的影响，除非它既不涉及妇女本身，（因而）也不涉及男人。实际上，这项结构分析似乎根本不是探讨任何人群的。第2章探讨的是分工和贸易，第3章探讨的是货币如何围绕着世界流动，又如何使世界围绕着它转动，第5、6章探讨的是世界经济体系的结构与动力。这些章节正是在探讨人们之间的政治经济和社会关系。在某种意义上，在我的这本书里，与其说是人创造了历史，不如说是历史创造了人。

这就足以给人提供大量的炮弹，来批判某种经济"决定论"或其他的结构"决定论"。据说，这些"决定论"忽视意志论所主张的各种具有自由意志的政治"力量"。其实，现实世界受到的各种限制并不是体系论者凭空想象出来的。但是，对唯意志论者讲这个道理无异于对牛弹琴。另外，据我所知，没有一个体系论者认为，这个被人们研究的客观"体系"丝毫不容个人和群体有任何文化、政治或"自下而上"（当然也有"自上而下"）的主观活动和反应。但是，人们的良好意图——甚至恶劣意图——往往无法实现；正如第5、6章所论证的，这些意图能否实现，取决于该体系产生的机遇和制约。

此外，正如沃勒斯坦的"现代世界体系"遭遇的反响一样，社会理论家们还会提出更"具体的"抱怨和要求。欧洲中心论者提出的一项具体指责是，沃勒斯坦和我认为，欧洲人还受益于自己努力之外的某些东西，但是现有的证据不足以支持沃勒斯坦的观点，更不足以支持我的观点。数年前，保罗·拜罗克（1969，1974）、帕特里克·奥布赖恩（1982）等人明确地反对我（1967，1978a，b）和沃勒斯坦（1974）早先的论点：殖民地贸易和新殖民主义贸易促进了欧洲的投资和发展。拜罗克否认商业资本对此有什么贡献（1969）。奥布赖恩则多次否认海外贸易和殖民剥削是促成欧洲资本积累和工业化的因素，他的理由是，根据他的计算，这种贸易仅仅相当于18世纪晚期欧洲国民生产总值的2%，更不用说从这种贸易中获得的利润了（1982，1990）。奥布赖恩认为："对于核心地区的经济增长来说，边缘地区的作用是微不足道的。"（1982：18）现在，奥布赖恩甚至走得更远。他在"全球经济的形成，1846—1914年"小标题下断言：

直到19世纪中期，洲际和国家间的相互联系似乎还是很有限的……世界各地的生产者和商人不仅接触不到外国竞争者，而且还受到保护……甚至在一国之内也不受竞争的威胁。一体化首先在地区范围内发生，然后在一国基础上发生，随着19世纪的进展，才逐渐在全球范围内发生。（O'Brien 1997：76-77）

本书则要清除疑问的阴云，证明奥布赖恩的观点在事实上是错误的，更不用说在理论上了。但是，他也说过："无论是数量分析还是历史研究，都不能平息有关远洋贸易对工业革命的意义的争论。"（1990：177）

我们应该赞成奥布赖恩的说法：证据永远无法平息这一争端。这并不是因为证据本身是不重要的，而是因为它在我们的实际争论中起不了那么大的作用。很能说明问题的是，奥布赖恩甚至排斥沃勒斯坦的世界体系视野（1982，1990）。实际上，奥布赖恩一再宣称："欧洲的依赖性……始终是微不足道的"，"亚洲、非洲和南美的经济重要性……始终处于一个很低的水平"（他援引拜罗克1974年和1993年的论述作为后盾）；虽然殖民主义和帝国主义的"事实与收益"是不容争辩的，但是"殖民主义并不一定有收益"，"帝国主义最后被证明是获益有限的"（1997：86-89）。因此，奥布赖恩认为，沃勒斯坦、阿明和我的"意见"——欧洲经济增长"是在设法损害（其他地区）的条件下发生的"——"是值得商榷的"（1997：86）。而奥布赖恩认为，"就欧洲（甚至英国）的工业化历史而言，'世界视野'（布罗代尔的一个标题）对于欧洲的意义似乎不如'欧洲视野'对于世界的意义大"（1990：177）。对于这种坚持欧洲中心论的冥顽不化分子，无论如本书第4章和第6章那样举出多少证据，也是白费口舌。他们只会继续坚持自己的欧洲中心论，宣称欧洲与世界的关系对于欧洲没有什么作用，但对于世界很重要。

在这种否认世界经济体系各种因素具有重要性的说法背后，有一种方法论的假设，而这种方法论假设在这种场合不过是欧洲中心论的另一种形式——应该从被解释对象的"内部"来寻求解释。这表面上看起来很有道理，但是，这是什么东西的"内部"呢？奇波拉总结他的论点时说："把贸易说成'增长的引擎'，这种观点过于简单化了。"（1976：61）马克思主义者用自己的说法表达了类似的观点。罗伯特·布伦纳认为，只有用普遍存在的内部阶级关系才能说明某一地区的资本主义的发展（参见Aston and Philpin 1985）。毛泽东在其著名的《矛盾论》中，用鸡蛋和石头的比喻概括了同一观点。外部的温度只会使一个鸡蛋而不是一块石头的"内部矛盾"产生出一只小鸡。对于"任何一个社会"可能如此，也可能并非如此。但是关键在于，真正的问题不是关于任何"一个社会"的问题，而是关于整体世界经济和全球体系的问题，而一切东西都是它的"内部因素"。

这种关于"内部"和"外部"的争论，甚至把以欧洲为基础的"现代世界经济体系"分析本身变成了另外一个需要克服的阻力和障碍。这种分析认为，欧洲"现代世界体系"导致封建主义向资本主义转变，然后这一转变才传播到（欧洲之外的）世界其他地区。这种分析本身也是这种体系的内部产物。我则认为，欧洲及其"世界经济"乃是早已存在的非洲–欧亚经济的一部分，而这种非洲–欧亚经济体系的结构和动力变成了全球性的，而且也造成了欧洲许多方面的发展。因此，需要加以分析的正是全球世界经济的"内部"运作，而不仅仅是欧洲"世界经济"的"内部"运作。

那么，阶级和阶级斗争呢？应该重新重视国家的作用！应该重视文化！面对这些主张，我的回答很简单：在世界经济中确实存在着阶级。对于国家和文化以及阶级斗争确实需要加以更多的分析，但要把它们看作依附于世界经济和体系的结构与运动的因素。

还有一些人会说，99.99%的人肯定没有感知到我所说的世界经济体系，因此它不可能对他们的意识造成任何影响。这种说法既对又不对。首先，客观环境影响着——实际上塑造着——主观意识，尤其是在主体不自觉的情况下。其次，意识并不是一切；正如我们在第5、6章中将会看到的，一种客观环境不仅影响着主体的意识，也影响着主体的其他客观环境。

后现代主义者也会提出异议。他们可能会赏识我对公开的和隐蔽的欧洲中心论术语和概念的"解构"。后现代主义者也可能会喜欢我的论证：涉及亚洲的殖民主义概念只不过是晚近才产生的，在亚洲很可能是暂时性的。但是，在他们看来，所谓的现实只不过是头脑中的概念或者只存在于语言的交流中。因此，他们会反对我的主张：历史事实本身否定了流行的历史学和社会理论。而且，他们会断言，我之所以宣称有一个真实的全球世界经济和体系，完全是出于我的想象；这种表述不过是我的想象力的产物。无论面对什么样的论证，甚至面对多少证据，他们都不会信服。他们只愿意开着自己的论辩汽车，驶进一棵想象的大树里，并在那里评点这棵大树。

相形之下，与那些承认树林的现实，甚至承认确实有一个世界经济和体系的森林的人展开辩论会更有益处。例如，沃勒斯坦（1974，1980，1989）、布罗代尔（1879，1992）、沃尔夫（1982）、布劳特（1993a）、斯蒂芬·桑德森（1995）、乔治·莫德尔斯基和威廉·汤普森（1996）、蔡斯–邓恩和霍尔（1997）和我（1978a，b）就提供了一种更有益的"世界视野"，用以考察"世界"及其对地方经济和社会的影响。而且，他们都自觉地试图提供更广阔的视野，来对抗褊狭的欧洲中心论。然而，尽管他们的世界模式还不具有充分的全球性和整体主义，因而无法涵盖整个世界经济的森林，但是他们的分析已经招致了原有的社会理论捍卫者的激烈抵制和反驳。可以想见，如果有一种更充分的整体主义的全球分析，不仅会掀翻大多数流行理论，而且会掀翻上述理论家的修正理论，那么也就会引起更多的抵制和反驳。

我们可以很自然地想到这类抵制的例子。埃里克·沃尔夫曾严正地批评，有些人忽视欧洲对"没有历史的民族"的影响（1982）。他指出，欧洲之外的民族有他们自己的历史，欧洲的扩张对他们产生了影响。但是，他依然低估了他们之间的相互影响；他也没有探究在一个共同参与的世界里，这个世界是如何影响了各个参与者的。另外，他维护甚至恢复了"生产方式"的首要地位，强调从亲属关系的"生产方式"到朝贡"生产方式"再到资本主义"生产方式"的演进。我认为，这会进一步转移人们对最紧迫的东西——整个世界体系——的注意力。

沃勒斯坦走得更远一些（1974）。他把欧洲核心与世界各边陲地区的相互关系整合在一起，考察了统一的政治经济体的劳动分工的结构与转型及其对核心与边陲的影响。但是，他的"现代世界体系"以及作为其基础的布罗代尔-沃勒斯坦所谓的"欧洲的世界经济"，直到1750年还把世界大部分地区排除在外。在沃勒斯坦的视野里，欧洲的扩张确实把非洲、加勒比海地区和美洲的一部分纳入了世界经济体系。但是，他明确地解释说，这种经济体系仅仅是准世界性的，根本不是全球性的。在他看来，西亚、南亚和东亚以及俄国直到1750年以后才被纳入这种欧洲的世界经济体系。因此，沃勒斯坦的"世界体系"视野、理论和分析并没有包容1750年以前的世界大部分地区，他还明确地宣布，在他所谓的"现代世界体系"的早期发展中，世界大部分地区，包括地中海以东的欧亚大陆和整个东欧在内，都没有起任何重大作用。

因此，沃勒斯坦阐述的十分有限的现代"世界"经济和体系的历史和理论，也很自然地拒绝考虑全球经济和真正的世界体系。至少直到1750年为止的全球经济和真正的世界体系不在他的视野之内。但是，正如本书尤其是第3章、第4章、第6章所力图证明的，在全球经济和真正的世界体系中发生的变化，对于布罗代尔-沃勒斯坦所谓的"欧洲世界经济体系"内部的发展起着极其重要的决定作用。哪怕是为了对这个真正的世界经济和体系中的任何缘起、结构和功能乃至转变和发展能够稍加研究和理解，我们也需要如本书第6章中提出的那种从总体上看更充分的整体主义的理论和分析。然而，沃勒斯坦已经多次拒绝对世界体系分析做出这种修正（1991，1992，1993）。最近，他在《把稳舵柄》（1995）一文中抨击了各种或"以公理自居"，或"标榜独特性"，或"强调具体性"的修正主义，尤其指责我的观点。

就连布劳特也不例外。虽然他揭露了"欧洲的奇迹"的神话，断言在1500年前后欧洲人毫无优于亚洲人之处，但是他也抵制对世界经济的发展及其连续性进行整体分析（1992，1993a）。其他持有宏观的欧洲历史视野的学者也不例外。桑德森对日本和英国做了比较（1995），莫德尔斯基和汤普森发现了远溯到中国宋代的康德拉捷夫周期（1996）——本书第6章将加以讨论，蔡斯-邓恩和霍尔分析了10 000多年中的各种"世界体系"模式（1997）。但是他们仍然认为，在1500年前后，世界历史发生了一次鲜明的"断裂"，其原因不仅在于1492年和1498年欧洲人发现了美洲和通向东方的新航路，而且主要在于由此开始了资本主义在欧洲的发展及其从欧洲向外界的传播。本书第2章和第4章则用大量的证据向我也曾赞同过的这种观点的基础提出质疑。

社会"科学"界的另外一些同行和朋友虽然口头上赞成整体主义，但是也不愿正视整体。整体主义调子唱得最高的是萨米尔·阿明和乔万尼·阿里吉。他们曾与沃勒斯坦和我合作写过两本书（Amin et al. 1982，1990）。与沃勒斯坦一样，阿明与阿里吉在组合他们的现代世界拼图时也是从中心开始，然后再考虑四周的情况；而且，他们也是在欧洲找"中心"。他们力斥欧洲中心论；阿明甚至以《欧洲中心论》为题写了一本书来抨击它（1989），而阿里吉则对东亚倾注了越来越多的精力。但是他们两人依然以对欧洲近代早期历史的回顾为起点，理由是"资本主义"是从那里起步的。与沃勒斯坦（1991）一样，阿明也批评我的观点，维护那种认为在1500年前后世界历史——在欧洲——发生了明显的断裂的正统观点（1991，1993，1996）。在那之前，"世界帝国"（沃勒斯坦的说法）只是在"朝贡生产方式"[阿明的说法，沃尔夫也赞同（1982）]的基础上进行生产和分配活动。在那之后，从欧洲发展出"资本主义生产方式"，并向外扩散。阿里吉为中国和东亚赋予了更多的重要性（Arrighi 1996，Arrighi，Hamashita and Selden 1996）。但是，阿里吉的《漫长的20世纪》（1994）在追溯"资本主义世界经济"的发展及其金融体制的沿革时，仍然以它们在意大利城市国家的所谓滥觞为起点。

由此可见，欧洲中心论甚至深刻地影响和限制着对流行的欧洲中心论社会理论持最严厉批判态度的学者，其中包括那些令人信服地主张更

广大的世界在"西方的兴起"中的作用远比这种理论所承认的大得多的
学者。另一个活生生的例子是艾伦·史密斯（Alan Smith）。他在《创
建一个世界经济》（1991）一书的开头，批评了韦伯以及当代的诺思和
托马斯、罗斯托、琼斯乃至沃尔夫、沃勒斯坦和我忽视、贬低或曲解欧
洲之外的"更广大世界"的作用。但是，史密斯只是在第2章中对这种
更广大世界的历史扫了一眼，便马上在第3章中转向对中世纪欧洲的分
析。他顺着社会和政治的"直线潮流"而下，抵达公元1500年。那种潮
流在"保证持续增长的技术"所起的作用下导致了"稳健的进步"——
但这一切都出自欧洲（1991：67，5）。这部著作余下的大部分篇幅，都
用于论述欧洲及其向资本主义的转变、海外扩张以及世界经济中的"边
陲和附属地区"。由于史密斯依然在欧洲寻找"世界经济的创建"以及
"资本主义"的诞生和扩散，所以他必然会宣称：

（当时）世界许多地区依然处于这个新体系之外。东非、印度、锡兰[①]、
印度尼西亚、东南亚、中国、日本和中东都属于这种情况……（由于）是
否加入商业交往可以任由选择……因此似乎对各个社会组织的结构没有什
么持续的影响。人们不应夸大国际贸易在塑造遥远大陆之间的实质性联系
方面的作用……只是在欧洲……（一体化的社会进程）产生了果实。（Smith
1991：7，11）

当然，按照这种欧洲中心论的老调，我们绝不会发现任何在"创建
一个世界经济"中起作用的结构、进程或力量。与他所批评的那些人的
弱点一样，史密斯的视线并没有超出19世纪安装的欧洲路灯的昏暗灯光
所照射的地方。相比之下，正如我们将在第3章和第6章中看到的，早在

---

① 今斯里兰卡。

1776年，亚当·斯密已经在他的《国民财富的性质和原因的研究》①中巡视了极其遥远的空间，像利奥波德·冯·兰克（Leopold von Ranke）所说的那样，向我们展示了广阔得多的"实际情况"。

大体上看，正是这种有关1500年或其他日期以来欧洲发展出来的现代世界资本主义经济和体系的信条，构成了一道马其诺防线。所有人都躲在它的背后，拒绝面对真实的世界。本书提出了一个结束沿着这条防线奔跑的终点。当我提出目前这个世界体系始于1500年以前的论点时，沃勒斯坦很大度地在他主编的杂志上发表了我的文章（1990a）和后续文章（Gills and Frank 1992）。但是，他本人一贯坚持1500年这道神圣的分水岭。在沃尔夫看来，分水岭是1800年（1982）；在马克思以及另外一些人看来，是在1600年到1800年之间的某个时候；在布罗代尔看来，是从1100年到1600年这整个时期（1992）。蔡斯-邓恩和霍尔主张，应该把欧洲乃至西方的兴起理解为欧亚地区2 000多年发展的一个组成部分（1997）；但是他们也把1500年以来的现代时期看作转向资本主义的新阶段，而这个新转向是在欧洲开始的，并由欧洲发起。主要由沃勒斯坦撰写的古尔本克委员会报告《开放社会科学》（1996b），抨击了19世纪和20世纪西方社会科学的欧洲中心论的、虚假的"普遍主义"（见本章卷首第2段引语）。但是，即使他如此急切地呼唤为迎接21世纪而重新思考社会科学的基础，他也并没有去打破为资本主义及其所谓的后果所设置的欧洲起源和中心论这一表面上神圣不可侵犯的樊笼。

然而，如果我们承认地球是圆的，那么欧洲就不该被定为中心；至少可以说，在那个地方或别的什么地方的"资本主义"发端的重要性就变得越来越值得商榷了。19世纪和20世纪的所有社会理论家以及许多历史学家，都是在错误的地点开始考察近代早期的历史。他们完全是在欧

---

① 又名《国富论》。

洲的路灯下四处观望。当他们从欧洲出发考察欧洲的"扩张"，即欧洲对世界其他地区的"整合"时，越远的地方就越昏暗。也就是说，他们离开欧洲的灯塔越远，就越看不清楚。这也就是为什么沃勒斯坦以及其他许多人认为，亚洲在1750年以前始终处于"世界经济体系"之外，直到那之后才被"整合"进来。

本书尤其是第4章和第7章认为，我和吉尔斯对1500年以前历史时代的重新解释（1993），也给流行的有关1500年以后历史时代的解释投下了一道长长的阴影。这一现代世界历史迫切需要重新做出解释。在一种非欧洲中心论的——至少是一种不那么强烈的欧洲中心论的——灯光下，亚洲和世界经济的证据将会显示出一种迥然不同的画面。本书第4章将证明，亚洲在1750年很久以前的世界经济中就已经如日中天、光芒四射，甚至到了1750年依然使欧洲黯然失色。事实上，与当时欧洲依然处于边缘的前哨阵地（不是灯塔！）带给亚洲任何部分的光芒相比，亚洲给欧洲投射了多得多的经济光芒，更不用说文化光芒了。

凡是超越了欧洲"世界经济"和"现代世界体系"局限的整体主义分析，都会遇到这些实际的障碍、理论上的抵制和意识形态方面的反攻。除此之外，我们还可能遇到一种在理论原则上拒斥任何整体主义的立场，其突出的代表是约翰·霍尔。

霍尔很明白地看到，"弗兰克始终只探索一个方向的决定关系，即从整体到局部"，"因此，必须通过一种整体主义的假设来理解现代世界体系，因为整体规定着部分的性质以及它们与整体的关系"（1984：46，60）。

在后来的一部著作中，霍尔更明确地发挥了他的理论原则，更具体地表达了他对整体主义的拒斥。霍尔首先明确表示：

我本人的批评意见一直是，整体主义假设强化了对资本主义世界经济

兴起的误读……另外一种可选择的方法则是，放弃对一种全面的历史理论
的追求，接受一种提倡分析历史学，但不预先承认任何先验解释的新韦伯
主义……这种新韦伯主义反对基于整体论和必然性的理论，因为这些理论
硬把事实塞进基于某种第一推动力——唯物主义的、唯心主义的或其他说
法的第一推动力——的普遍历史的模式里。（Hall 1991：58，59，60）

接着，霍尔错误地宣称：

本书的分析……表明，局限于世界体系视野内的整体主义假设不足以解
释历史的变迁……（呼唤）一种作为主导性历史理论的世界体系理论……从
几个方面看都是站不住脚的……首先，追求普遍主义的历史著作几乎都是不
能自圆其说的……其次，它们毫无必要地限制了历史学的研究领域。最后，
它们都无法解决历史研究的方法论问题。（Hall 1991：83，82）

霍尔对我的整体主义方法的经验性概括虽然使我感到荣幸，但他
对"世界体系"的批评则根本站不住脚。事实上，普遍主义、整体主义
以及真正的世界体系理论都致力于解决拓宽历史学研究领域的方法论问
题。这是我们十分需要的。正如我在前面的理论论述中所说的和我在后
面的历史分析中将要论证的，其原因在于，流行的历史研究和社会理论
都与整体主义相去甚远，基本上回避乃至否认全球及其历史的"整体
性"。在霍尔对整体主义的批评中，我们唯一能够赞同的是，"一旦抛
弃了整体主义，世界体系理论也就丧失了成为主导性历史理论的依据"
（1991：83）。由此，霍尔确实触及了他所批评的那种理论的实际局限，
但是这并不能成为把历史婴儿与理论洗澡水一起倒掉的理由。相反，在
他的正确概括中，恰恰解释了为什么我们需要使我们的历史学和社会理
论具有更多的整体主义性质，以涵盖整个全球，其原因正如霍尔本人所

谈到的："整体规定着部分的性质以及它们与整体的关系。"因此，众多
学者在实践中对这种整体主义的忽视以及霍尔在理论原则上的拒斥态度
反而证明，整体主义理论虽然在实践中难以建构，但它确是十分必要
的。另外，同样值得重视的是，反对意见不仅出自拜罗克、奥布赖恩和
霍尔对沃勒斯坦和我的批判，也出自沃勒斯坦及其"世界体系"的拥
护者。

　　近些年来，另外一些学者对这个问题的关注和阐释也值得特别的注
意。尽管我们在方法上不尽相同，但我们的结论则是相互支持的。其中
有一些亚洲学者。菲律宾学者乔治·阿西尼耶罗（George Asiniero）研
究亚洲在全球的地位（1978，1985）；乔杜里早期研究印度和印度洋的著
作（1978，1985）中的观点在本书中将被多次引用，而且也在他本人的
著作《欧洲之前的亚洲》（1990a）中得到发展。王国斌对欧洲和中国的
工业革命做了新的比较研究（Wong 1997）。日本学者滨下和川胜考察了
以中国为中心的东亚地区经济，本书第2章大量引用了这两位学者的研
究成果。阿里吉、滨下和塞尔登（1996）主张对东亚地区过去500年的发
展进行研究。遗憾的是，他们都没有研究整个世界经济。丹尼斯·弗林
及其合作者阿尔图罗·吉拉尔德兹（Arturo Giraldez）进行了一项世界经
济分析，但是他们仅局限于分析世界白银市场（我在第3章中多次引用
这一分析）；不过，他们也强调了中国在世界经济中的重要性。

　　另外两位学者的著作也带有一种世界经济视野。弗兰克·珀林以真
正的全球视野分析了印度经济（我在论述贸易的第2章、论述货币的第
3章和论述市场制度的第4章中都将引用他的著作）。但是，他似乎怯于
把同一个分析视野应用到整个世界经济上。彭慕兰值得特别注意，因为
他是据我所知唯一一位用全球视野来考察1800年以前世界经济的发展和
产业变革以及中国在其中的重要性的学者。在我已经完成了本书（包括
这一章导论）的初稿后，他慷慨地向我提供了自己尚在酌定的手稿。在

这部手稿中，他从技术、制度、经济和生态方面将中国和欧洲做了比较，肯定了中国相对于欧洲的优势。我在修改书稿时引用了其中一些观点。彭慕兰和我都使用了比较的方法，得出了同样的结论，即强调把欧洲的发展放在全球的实际世界背景下来考察的重要性。

这也使得我们这两个对抗习惯性思维的少数分子一致认为，欧洲的这些发展并不是多少个世纪以来欧洲（内部）社会文化乃至经济方面的准备所造成的结果，而主要是欧洲和世界很晚近时期突然发生的转折和偏离所造成的结果。彭慕兰尤其对生态–经济方面的压力、刺激和可能性所起的作用做了许多精彩的分析。他证明，欧洲不仅从美洲殖民地掠夺金钱，而且搜刮产品，从而造成了欧洲发展的条件。我当然承认他的这些论述，但是我更强调欧洲从它与亚洲的关系中获得的好处，而他对这方面注意不够。丘兴也在撰写一种全球范围的生态经济史（Chew 1997，and forthcoming），但是他也与彭慕兰一样，怯于分析世界经济的整体。另外，我比他们更注重约瑟夫·弗莱彻所说的"横向整合的宏观历史"（1985，1995），从全球层面把世界经济中同时发生的事件和进程联系起来进行考察（见第5章）。

本书认为并力求证明，由于人们普遍地不能采用一种整体主义的全球视野，结果不仅使我们囿于狭隘的地方主义，而且使我们不能正确地理解一切地区性、部门性和暂时性的事物。那些避免狭隘的地方主义的尝试，只要是以一个局部，尤其是从一个错误的地点作为出发点来认识全球整体的结构和进程，也都难免出现这种结果。这是流行的欧洲中心论的历史学和社会理论的原罪，因为它们都是以欧洲作为出发点，由此向外窥探。戈登·伍德（Gordon Wood）在《纽约书评》上指出，这种方式和狭隘的地方主义在研究"美国"史的历史学家中流行的"例外论和……夸大的独特意识"中表现得尤为典型（1997：51）。即使美国史学界最近"把美国史置于整个大西洋水盆的背景之中"，但是这种"拓宽"了的眼界依然局限于"大西洋文明"的概念。另外，伍德以及他提到的历史学家所能想到的最好的补救办法，也不过是"在各所大学逐渐联合开设比较课程"，"更多地发表对西半球两块大陆的发展进行比较的著作"。

　　本书则要把这种方法颠倒过来，要从整个世界的角度来反观世界内部。换言之，本书将从探索我们环绕地球的路线入手，从世界范围的贸易、货币、人口和生产入手。第5章和第6章将提供一个更充分的整体主义观念以及一个全球进程（包括欧洲和美洲的进程）分析，由此，我们将在第7章得出与流行的欧洲中心论的社会理论迥然不同的结论，把那种社会理论颠倒过来，或者说，正过来！

第 2 章
全球贸易的旋转木马
（1400—1800年）

　　"世界经济一体化"是较早时代有组织的生活的一件重要事实（虽然表面上看起来恰好相反），在市场计算机化的时代只不过更明显罢了……我们必须得出结论，重大的变化只是涉及一体化形式的转变，而不是通常所说的一体化本身的出现……世界历史不应被说成是一种从地方封闭状态向世界日益一体化和同质化发展的历程。人们通常所说的被新兴的普遍主义力量所"渗透"的"各种不同的文化"的概念是没有根据的……无论在9世纪和10世纪，还是在12世纪和13世纪，或是在17世纪和18世纪，世界一直有着复杂的联系……在中世纪和近代早期的连续发展中，不是仅有一个中心，甚至不是仅有少数中心成为影响着一体化的源泉。相反，这个时期的特点是有许多中心。

　　　　　　　　　　　　　　　　弗兰克·珀林（1994：98，102，104，106）

世界经济的导论

§

　　与普遍的怀疑和拒绝态度相反，本书的主题是，自1500年以来就有一个全球世界经济及其世界范围的劳动分工和多边贸易。这种世界经济具有可以认定的自身的体系特征和动力，它在非洲-欧亚的根源可以上溯1 000年。甚至在欧洲十字军东征之前，这个世界政治经济的结构及其动力就推动着欧洲寻求通向经济上占支配地位的亚洲的途径。正是亚洲的吸引力导致了在1492年哥伦布的航海活动之后，西半球"新"世界的"发现"及其被纳入旧世界的经济和体系中，导致了在1498年瓦斯科·达·伽马的绕非洲航行之后，欧洲与亚洲的关系更加紧密。此后的几个世纪里，人们继续积极地寻找另外一条经由西北航线绕过或通过北美——以及向东通过北冰洋——抵达中国的途径。

　　直到1800年前后，亚洲人至少持续支配世界经济达三个世纪之久。虽然欧洲与美洲建立起新的关系，并因此强化了它与亚洲的关系，但是欧洲与亚洲相比继续在世界经济中处于相对的边缘地位。实际上，欧洲新近从美洲源源不断地获得金钱，只是稍微扩大了它对世界市场的参与，还谈不上加深这种参与。正如这一章以及后面两章所证实的，至少到1750年，亚洲的生产性和商业性经济活动以及在此基础上的人口增长，依然比欧洲扩张得更快。

　　这一章将通过对各个地区的分析，勾画世界贸易关系和金融流动的环球模式。通过对这些全球经济关系的结构和运作的考察，我将证明，在近代早期，确凿无疑地存在着一个世界市场。我之所以重申这一观点，是为了反击众多研究这一时期的学者对这一世界经济的普遍忽视乃至否认。事实上，近来流行的一种说法是，世界经济只是到现在才开始"全球化"。另外，忽视乃至明确否认近代早期世界市场及其基本劳动分工，依然是布罗代尔所谓的"欧洲的世界经济"和沃勒斯坦所谓的"现代世界体系"以及他们的众多信徒所做的历史研究和提出的社会科学理论的错误基础，更不用说第一章中提到的奥布赖恩那样的反对者。

弗雷德里克·莫罗（Frederic Mauro）提出了一个1500年到1800年间以地区间生产和贸易竞争为基础的世界贸易的"洲际模式"（1961）。但是，在它的早期，达德利·诺思（Dudley North）在1691年就已经注意到它了："就贸易而言，全世界犹如一个国家或一个民族，世界各国犹如这个国家或民族中的各个成员。"（转引自Cipolla 1974：451）另外，这个世界市场以及经由这个世界市场的货币流动造成了地区与部门之间以及它们内部的分工和竞争，从而也建立和加强了全球的相互联系：

记录资料表明，在可供选择的产品之间……存在着竞争，例如东印度的纺织品与欧洲的纺织品；在气候相同的各个地区的同类产品之间存在着竞争，例如爪哇与孟加拉湾出产的蔗糖，马德拉岛与圣多美岛出产的蔗糖以及巴西与西印度群岛出产的蔗糖；在气候条件不同的地区的产品之间也存在着竞争，例如分别生长在热带、亚热带和温带的烟草，中国、波斯和印度的丝绸，日本、匈牙利、瑞典和西印度群岛的铜，所有这些产品都在竞争……但是，阿姆斯特丹的商品交易价格是最好的晴雨表。（Cipolla 1974：451）

奇波拉挑选出来的阿姆斯特丹，可能是一段时期内最好的市场价格晴雨表，但是我们不要把它混同于经济和金融气候本身及其起伏变化，那是世界范围的东西。当然，全球范围的地区内部和之间的竞争性、互补性和补偿性分工，远远超出了奇波拉所举的几个例子。例如，勒内·巴伦德斯（Rene Barendse）考察了阿拉伯海地区以及荷兰东印度公司在那里和其他地方的运营：

> 生产是向劳动成本最低的地方集中的。用这一点而主要不是用低廉的运输成本就可以解释……正是比较成本优势把亚洲市场和美洲市场拉到一起——无论重商主义设置什么限制。另一个例子是，印度、阿拉伯和波斯的产品，如靛青、丝绸、蔗糖、珍珠、烟草甚至稍后的咖啡——这些17世纪后期阿拉伯海贸易中最有利可图的商品——被其他地区（主要是美洲殖民地）的产品取而代之……由于这种全球性的产品替代进程，到1680年，阿拉伯海对欧洲的转口贸易消失了或者说衰落了。这种情况曾在很短的一段时间里被咖啡贸易的兴起掩盖，但是它造成了海湾地区、红海和印度西海岸之间商业的长期萧条。这种转口贸易的衰落因阿拉伯海地区的内部贸易而有所缓和。但是，中东地区不得不用出售地中海的大宗产品（如谷物或羊毛）来换取来自印度的产品。不稳定的贸易平衡……对奥斯曼帝国和波斯萨法维帝国的通货膨胀起了一种拉动作用。（Barendse，1997：chap. 1）

本章将概述这些全球循环的世界市场关系及其分工基础和贸易（不）平衡的结果，并用图加以展示。

在本章的各"地区"说明中，我们会反复看到，农作物的选择与组合变化，或者丛林"处女地"的开垦，以及加工业的选择和这些农作物的商品化，是如何回应当地的刺激和需求变动的。在这一章和下一章中，我们会看到，这种情况如何导致了孟加拉和中国南方的毁林开荒。结果，土地、稻米、蔗糖、丝绸、白银和劳动相互交换，并换取木材及木制品，然后又从东南亚向外输出。但是，我们也会看到，许多地方和部门的刺激是如何由地区性和地区间的市场力量传递的。而这些刺激又反过来通过竞争或补偿活动向地球的另一面扩散。实际上，有一些压力会在同时向东和向西以及新的反向的环球传递过程中相遇，例如在印度或中国的乡村相遇。当然，正如第6章论述欧洲情况时所强调的，从美洲输入的蔗糖和从亚洲输入的丝绸和棉织品，对当地的食品和羊毛生产是一个补充，解放了森林和耕地。因此，"羊吃人"和人吃一切，也是世界市场的一个结果。

这个全球市场的轮子是用白银的世界性流动来润滑的。在第3章和第6章中，我们会看到，欧洲人在美洲发现了银矿后，才能够加入这个不断扩大的世界市场。第3章将较详细地考察白银的生产和流动如何刺激和拓展全球的生产和贸易，不同货币以及其他支付手段之间以及与其他商品之间的套利转换，如何促进了一个包容一切商品的世界市场。当然，这整个贸易活动只是由于有了共同接受的货币形式，或黄金、白银、铜、锡、贝币、铸币、纸币、汇票以及其他信用票据之间的套利转换才能展开。这些货币在非洲-欧亚内部和周边已经流通了千年之久（根据某些报告，它们也跨越太平洋，尤其是在中国和西半球之间流通）。但是，从16世纪起，美洲新世界被纳入这个旧世界经济以及美洲对世界货币总量和流动的贡献，确实给了经济活动与贸易一个新的推动力。

（1）13世纪和14世纪时的前身

近年有两部著作开始对近代早期的世界历史做出一种非欧洲中心论的解读。它们是珍妮特·阿布-卢格霍德的《在欧洲霸权之前：1250—1350年的世界体系》（1989）和乔杜里的《欧洲之前的亚洲》（1990a）。后一部著作的考察截至1750年。阿布-卢格霍德为我这部著作的分析提供了一个特别合适的出发点。她认为，八个相互联系的以城市为中心的地区，结合成一个统一的13世纪非洲-欧亚世界体系和分工。八个相互联系的地区被分成三个相互联系的内部紧密的亚体系：①欧洲亚体系，包括香槟地区集市、佛兰德的工业区以及热那亚和威尼斯的商业区；②中东心脏地带及其联结东西方的商路，这些商路经由巴格达和波斯湾、开罗和红海而延伸到蒙古人控制的亚洲；③包括印度、东南亚和中国在内的印度洋–东亚亚体系。重大的机遇和灾难以及14世纪中期的危机和黑死病，对于它们的影响几乎是相同的。

阿布–卢格霍德正确地指出，欧洲是"一个暴发户，处于亚洲兴旺发达的事业的边缘"，因此"无法足够早地开创这段历史，反而导致了……对西方的兴起的因果做出一种掐头去尾和歪曲的解释"（1989：9，17）。实际上，她认为12世纪和13世纪欧洲自身的发展，至少部分地依赖由十字军造成的欧洲与东地中海的贸易。如果不是为了追求"东方"的财富，十字军东征甚至不可能发生，至少不会有什么结果。实际上，威尼斯和热那亚的贸易、工业和财富主要基于这两个城市在欧洲和东方之间扮演的中间人角色。甚至在整个中世纪黑暗时期，意大利城市都在某种程度上维持了这种角色。在公元1000年以后的经济复兴时期，这两个城市竭尽全力接触亚洲的贸易和财富。实际上，热那亚在1291年就曾尝试绕非洲航行，前往亚洲。

由于尝试失败，欧洲只得面对从东地中海出发的三条通向亚洲的主要商路：北路通过黑海，被热那亚人支配着；中路通过波斯湾，被巴格达支配着；取代中路的南路通过红海，促成了开罗的繁荣和威尼斯经济伙伴的发达。成吉思汗及其后继者时期蒙古人的扩张，在1258年攻占巴格达后加速了中路的衰落，从而促成了南路的发展。蒙古人接着控制了从黑海延伸出来的北路，从而促成了经由撒马尔罕等城市的中亚商路。中亚商路及沿途城市在蒙古人的保护下繁荣起来。但是，从13世纪中期到14世纪结束，所有这些商路都饱受长期的世界经济萧条之苦，而黑死病与其说是这种萧条的原因，不如说是其后果（Gills and Frank 1992；

Frank and Gills 1993）。然而，这一次贸易、生产和收入的盛衰的经济决定因素则远在更东的南亚、东南亚和东亚。我们在后面将会看到，1400年前后，一次长周期的经济复兴在那些地方再次开始了。

但是，按照阿布-卢格霍德的解读，在此之前，这个世界体系已经在1250年到1350年间达到了顶峰，在此之后，它逐步衰落乃至（实际）灭绝，然后于16世纪在南欧和西欧再生。用她的话说，"最重要的事实是，'东方的衰落'先于'西方的兴起'"（1989：388）。我们应该赞同这后一句话，但不能赞同她的时间表，也不能赞同她的这一说法：13世纪和16世纪不在同一个世界经济和体系里。阿布-卢格霍德认为，一个"体系"被另一个"体系"取代，而不是在别的地方又"重建"同一体系。对此，我曾提出批评（Frank 1987，1991a，1992，Frank and Gills 1993），她也做了回答（Frank and Gills 1993）。阿布-卢格霍德的描述截至1400年前后，我们可以从她结束的地方开始对全球世界经济和体系的考察。

世界经济原来主要是以亚洲为基础的，威尼斯和热那亚的经济事业和成就也是以亚洲为基础的。这两个城市从它们在亚洲的财富和欧洲对财富的需求之间的中介地位中获取财富。它们与西亚的亚洲贸易终点之间的贸易是从黑海开始的，经过地中海东部到达埃及。这种贸易也是欧洲扩张的先声。欧洲人后来还是为了寻找通往亚洲之路而向大西洋扩张，最终向南绕过非洲到达印度，跨越大西洋到达美洲。人们对于哥伦布1492年的航海活动和达·伽马1498年的航海活动的原因一直争论不休。这些事件不是偶然的。说到底，哥伦布"发现"美洲是因为他要寻找东亚的市场和黄金。当时，贵金属货币短缺日益严重，引起非洲-欧亚世界市场黄金价格的上涨，从而使得这种冒险极具诱惑力，而且还可能有利可图（最后事实证明确是如此）。正如自称货币主义者的约翰·戴（John Day）所说：

从长远来看，这个（货币短缺）问题引发了它自己的解决办法。金银块价格上涨及其储备的相应紧缩，是造成贵金属在欧洲各地走俏的基本原因，最终导致了人们寻求并成功地掌握了新的提炼加工技术。另外，15世纪的这种强烈的"黄金热"正是"地理大发现"背后的动力，最终使对货币如饥似渴的欧洲经济在现代之初一头扎入美洲宝库。（Day 1987：63）

另外，伊比利亚人接近这个宝库的主要障碍，并不是人们通常所说的穆斯林大张旗鼓的扩张、奥斯曼人的挺进及其在1453年攻占君士坦丁堡。更重要的原因可能是威尼斯和热那亚在东地中海地区商路的竞争、热那亚人在伊比利亚的利益以及他们为了战胜威尼斯人对埃及商路进行牢固控制而使出的种种手段。正如林达·谢弗（Lynda Shaffer）指出的，这正是人们经常引用的葡萄牙人托姆·皮雷斯（Tome Pires）的那句话的意义："谁成为马六甲的主人，谁就扼住了威尼斯的咽喉。"（1989）我们可以回想一下，哥伦布是热那亚人，他最初是为葡萄牙服务来开辟通往东方的新航路，后来才接受西班牙的庇护。

再者，无论哥伦布、达·伽马以及后来的麦哲伦等人的航海活动的直接刺激是什么，他们都有一种欧洲人长期广泛接受的冲动。正如帕尼卡尔（K. M. Panikkar）所说："我们只有认识到达·伽马抵达加尔各答一事乃是200年的古老梦想和75年的不懈努力的最终实现，才能充分理解这一事件的意义。这种梦想是除威尼斯人以外的所有地中海商业民族的共同梦想，这种努力主要是葡萄牙人付出的。"（1959：21–22）但是，博克瑟（C. R. Boxer）引述了1534年葡萄牙的一份官方文件上的说法："许多人……说，是印度发现了葡萄牙。"（1990：ix）在以后几章中，我们还会对欧洲人探寻亚洲的事业进行反思。这里，我们接下来考察这项事业的某些后果。

（2）"哥伦布交流"及其后果

　　1492年和1498年的航海活动及其引起的移民和贸易关系的三个主要后果很值得人们注意，这里只能做简略的描述。前两个后果是克罗斯比（Alfred Crosby）所说的病菌和基因的"哥伦布交流"（Columbian exchange）以及"生态帝国主义"（1972，1986）。欧洲人随身带来的病菌，乃是他们最强大的征服武器。他们在新世界横扫一切，因为当地居民对欧洲人带来的病菌毫无免疫力。在许多人的作品中，包括克罗斯比以及威廉·麦克尼尔在其著作《瘟疫和人》（1977）中都描述了这种毁灭性的扫荡。在加勒比海地区，几乎所有的土著部落居民在不到50年的时间里被扫荡殆尽。在大陆上，病菌的传播比科特斯（H. Cortez）和皮萨罗（F. Pizarro）率领的远征军进展得更快、更远，也更具有毁灭性。科特斯和皮萨罗发现，他们带到沿海的天花赶在他们前面传到了内陆。他们带来的新植物种子和动物，则以较慢的速度传播着它们的危害。

　　在美洲新世界，这些征服活动是毁灭性的。到1650年，中美洲阿兹特克和玛雅文明的人口从原来的大约2 500万减少到150万。安第斯山脉的印加文明也遭遇了类似的命运，人口从原来的大约900万减少到60万（Crosby 1994：22）。北美的情况也一样。甚至在大批的移民到来之前，第一批欧洲来客带来的病菌大约在1616年到1617年间就已经在大片土地上扫荡了许多土著居民。关于欧洲对美国的根本影响，有一种估计是，土著居民从500万减少到6万，后来才重新开始增多。根据有些人的估计，整个新世界的人口从1亿减少到500万（Livi-Bacci 1992：51）。

　　甚至在游牧民族的亚洲腹地，俄国人向西伯利亚的扩张，与其说是靠着军人和移民的武装，不如说是借助于他们带来的病菌。正如克罗斯比指出的："来自人口稠密地区的人们向较空旷的移民区移动时，享有细菌战的优势曾经是（现在也是）他们的一个特点。"（1994：11）不过，与新的跨大西洋接触所引起的美洲人口缩减相比，病菌在非洲–欧亚地区的传播没有造成那么大规模的人口缩减。当然，这是由于非洲–欧亚地区的居民早已从多少世代的入侵、迁徙和长期贸易等相互接触中继承了较强的免疫力。同理，黑死病对欧洲的相对巨大影响也反映了欧洲在欧亚大陆中的封闭和边缘地位。

　　"哥伦布基因交流"不仅涉及人类，而且涉及动物和植物。旧世界的欧洲人不仅把自己，而且把许多新的动植物引进新世界。其中最重要的（但不是说其他的不重要）动物是马（美洲原来也有马但后来灭绝了）、牛、绵羊、鸡和蜜蜂。在欧洲人带来的植物中，较重要的有小麦、大麦、水稻、萝卜、白菜和莴苣。他们还带来了香蕉和咖啡。如果从实用角度而不是从起源角度看，蔗糖也是他们带来的，而且后来在许多方面对他们的经济有决定性影响。

　　通过"哥伦布交流"，新世界也对旧世界有许多贡献，例如动物方面的火鸡以及许多植物。有一些植物在欧洲、非洲和亚洲的许多地区大大地增加了农业产量，改变了人们的消费习惯和生存条件。红薯、南瓜、蚕豆，尤其是马铃薯和玉米，在欧洲和中国极大地增加了农业产量和生存可能性，因为它们比其他作物更能经受恶劣的气候。新作物对人口众多的中国的绝对影响以及相对影响可能最大，因为来自新世界的作物使耕地增加了1倍，使人口增加了2倍（Shaffer 1989：13）。中国在16世纪60年代已有关于红薯种植的记载，玉米在17世纪成为主要农作物之一（Ho Ping-ti 1959：186 ff.）。马铃薯、烟草以及其他来自新世界的作物也很重要。实际上，正如我们在后面会论述到的，在中国和整个亚洲，由此造成的人口增长远比欧洲大得多。在今天中国人吃的食物中，有37%是源自美洲的（Crosby 1996：5）。今天，中国是仅次于美国的第二大玉米生产国，全世界种植的块根作物中有94%是源自新世界的

（Crosby 1994：20）。在非洲，特别是木薯和玉米以及向日葵、某些坚果和无处不成活的西红柿、辣椒，提高了人们的生存可能性。后来，非洲也成为可可、香草、花生和菠萝的一个主要出口地，而这些作物原本都来自美洲。

当然，"哥伦布交流"的第三个主要后果是新世界的金银对世界存量和货币流动的贡献。这也给了自16世纪起旧世界经济中的经济活动和贸易一个新的推动力。第3章将详细地考察这些流动，但这一章将回顾一下这些后果对贸易流向和贸易平衡的某些影响。

（3）世界经济中某些被忽视的特点

我们特别有必要对地区间世界贸易网的某些特点做一点初步的评述（尽管在这一总结中，它们不可能得到应有的篇幅）。这些特点涉及地区、商业移民群体、文献记载和生态等方面。

把"美洲""欧洲"和"中国"说成"地区"，一方面是为了说明上的便利而武断地确定的，另一方面则是像刘易斯和威根在《大陆的神话》（1997）一书中强调的，也是现实的一种反映。世界上过去和现在一直有许多地区，这些地区"边界"内的劳动分工以及贸易关系的密度大于与"边界"外的分工和交易。"内部"贸易关系的密度大于"对外"贸易关系，可以归因于地理因素（高山、沙漠或海洋的分割和阻碍），政治因素（帝国的控制能力和代价以及帝国之间的竞争），文化因素（种族、宗教以及语言的联系）以及其他因素或其他的因素组合。群体的结合取决于因时因地的目标和变化，这种变化有时是很突然的。地区"单位"或"群体"可能是一个人，一个小家庭或大家庭，一个村庄或城镇，一个地方性"地区"，一个"社会"，一个"国家"，一个"地区性"地区（环地中海地区）或一个"世界"地区（美洲、西亚、东南亚、南太平洋地区）。我举这些例子是为了说明，这些"地区单位"的确定是多么不稳定和不严格（实际上也很难做到十分严格），对它们的确定是多么武断。这也是为了强调，地区内的联系无论多么紧密，都并不构成地区间的联系的障碍。实际上，所谓的"地区内"和"地区间"，本身不过是我们如何着手确定地区的一个变量。如果世界是一个"地区"，那么一切都是内部关系。同理，如果断言现在或曾经有一个世界经济或体系，那么也就等于说它是由地区构成的。一切都取决于在哪里、在什么时候存在着什么样的地区。

因此，在从1400年到1800年这一时期，美洲、欧洲、东南亚或中国是不是"地区"，完全取决于我们的定义。就西半球大部分"亚地区"而言，美洲内部的贸易关系肯定不如这些"亚地区"各自与欧洲某一部分之间的关系更密切，更不用说文化上的联系和接触或政治关系了。欧洲某些部分之间的关系，也不如它们各自与美洲和亚洲民族或区域的关系更密切。但是，在印度次大陆或"中国"内部的大部分地区（亚地区？），印度内部或中国内部的地区间贸易（除了莫卧儿帝国和清帝国边界变动的情况）可能比它们与世界其他部分的贸易更频繁（后面有对印度内部和地区间贸易的一些研究）。但是，东南亚的某些部分（尤其是马尼拉和马六甲）以及西亚的亚丁和霍尔木兹则是货物集散地。它们在16世纪和17世纪与世界其他部分的贸易关系，强于它们与各自实际上并不存在的"地区"内的穷乡僻壤的关系。

世界经济中的地区间贸易的另一个相关的显著特点是，有一批背井离乡的商人和商业移民群体。他们早在青铜时代就对贸易的发展起了重要作用，在近代早期当然仍起着重要作用。正如"海外"华人、背井离乡的日本人和美国人"殖民地"及其"地方性"报纸所显示的，今天他们依然如此。海外华人现在正向祖国投资；《国际先驱论坛报》这份美国报刊最初是在巴黎发行的，现在已经在世界上十几个城市开机印刷。

在我们考察的这一时期，马六甲几乎完全被背井离乡的商人充斥，据皮雷斯统计，他们使用着84种不同的语言。在马六甲，来自坎贝和苏拉特的印度商人可能人数最多，但他们也是东南亚、南亚和西亚其他十几个港口城市的定居者，更是那些地方的季节性来客。在17世纪，马尼拉有多达30 000名定居华人，经营着跨太平洋的中国丝绸和瓷器贸易。来自中亚西部一个内陆国家的亚美尼亚人，在萨法维王朝的波斯城市伊斯法罕建立了一个内陆的商业移民基地，凭借着这个基地进行全亚洲贸易，并在阿姆斯特丹出版了一本指导亚美尼亚人经商的手册。北美新英格兰人不仅在世界各海域寻找白鲸和其他鲸鱼，而且致力于非洲和加勒比海之间的奴隶贸易，还不时地在马达加斯加沿海进行海盗活动。数以万计甚至上百万的华人移居海外，穆斯林海外商人更是使东南亚"印度化"了。中亚自古以来就是商旅和迁徙的必经之地，此时依然如此。

具有讽刺意味的是，现存有关亚洲贸易的文献资料大多出自欧洲私人公司。他们当然只记录了商业活动或他们感兴趣的事情，尤其是这些客居异乡的商人的情况。因此，许多有关亚洲生产和贸易的资料被这些欧洲人的记载遗漏了。内陆经济和洲际商队贸易的情况尤其如此，因为欧洲人几乎看不到这些。但是我们有理由相信，它们是十分重要的，而且它们与迄至1800年这一时期的海上贸易是互为补充的。

所有这些"发展"还有着其他长远的影响，近年来的学术界把这种影响称作"生态帝国主义"或"绿色帝国主义"。一个重大后果是，森林普遍遭到破坏。人们毁林开荒或砍伐林木来造船和修建房屋，甚至更浪费地把木材烧成冶炼业所需的木炭或者当作其他方面的燃料（Chew 1997，and forthcoming）。另外，马铃薯和玉米的栽培缓解了土地的压力，腾出的土地可以种植其他更适宜的作物。另外，新世界的蔗糖为欧洲提供了自身无法提供的食物热量。众所周知，后来新世界输出的小麦和肉类供养了数以百万计的欧洲人，使他们能够把原本稀缺的土地用于其他方面，正如输入棉花后，就无需大片圈地来养羊了。在后面的地区考察和第6章中，我们会更详细地论及生态帝国主义问题。

世界劳动分工和贸易平衡

§

当然，自16世纪起，尤其是由于欧洲人兼并了美洲以及由此导致欧洲对非洲-欧亚事务和世界贸易的参与程度越来越高，地区间关系发生了某种急剧的变化。这种变化延续了几个世纪。另外，还发生了从其他方面看来十分重要的周期性变化，我在以前的文章（1978a，1994，1995）以及本书第5章中对其中一些变化做了考察。此外，欧洲的霸权从18世纪初开始兴起，我们将在第6章中对此加以分析。但是，大体上说，即使不说在1 000年里，那么至少在几个世纪里，世界贸易和分工的模式始终明显地保持着稳定，虽然有周期性变化，但基本表现为持续的发展（如Gills and Frank 1992所考察的1400年以前那段时期；另参见Frank and Gills 1993）。从1400年到1800年这一时期的连续性，也足以使我们承认下文所勾画的模式。①

（1）全球经济的图示

我们用图2-1及其说明文字来大略地反映全球劳动分工、世界贸易

---

① 本书插图系原文插图。——编者注

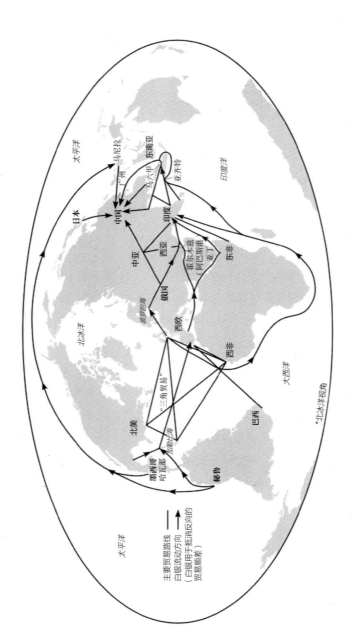

图2-1 主要的环球贸易路线（1400—1800年）

网、贸易的平衡和不平衡，以及这些贸易不平衡是如何由反向货币流动来解决的。从1400年前后到1800年前后，在建立在世界分工基础上的复杂贸易网中进行交易的商品种类极其繁多，其中包括许多诸如大米这样的大宗商品。在确定其中某些商品的情况时，使用图示似乎十分便利。图2-1是对世界经济的一个最概括的，但也比较粗略的显示。我选择"上北下南"的全球投影图来对环球贸易（尤其是马尼拉大帆船跨太平洋的白银海运）做一个总体展示。但是，读者会明白，为了简洁明了，这幅图和后面的地区图上的所有贸易路线都是示意性的。从示意的考虑出发，即使是想竭力反映全球和各地区的实际地理状况，这些图也没有追求做到极其准确。另外，与本书的标题和内容相反，这幅全球图2-1与第3章的图3-1都不是按照我的愿望以亚洲为中心的。这是因为我的绘图员在用电脑绘图时，在他所在的西加拿大大学地理系找不到一幅不以欧洲为中心的地图为样本，甚至他的制图软件也没有足够的伸缩性，不能满足我的要求，无法把这幅图稍微转动一下，使之重新以东方为准调整方向（reorient）。

　　地区图及其各自的说明文字更具体地展示了主要的地区和地区间的贸易路线。图2-2展现的是大西洋地区，包括美洲、非洲和欧洲及其著名的"三角"贸易，以及从美洲到欧洲的跨大西洋白银运输。图2-3与前一幅图衔接，主要展示欧洲与西亚、南亚和中亚之间的主要贸易路线，包括绕道南非好望角和通过波罗的海、红海和波斯湾的路线。图2-4具体展示了经由印度洋（和阿拉伯海）的东西方贸易路线的连续性，其海上贸易把东非和西亚与南亚和东南亚联结起来。但是，这幅图也展示了一些西亚和中亚的重要内陆商路以及它们与南亚之间的重要商路，按照我在正文里的解释，这些商路与海上商路之间主要是互补关系，而不是竞争关系。图2-5的西部与前一幅地图衔接，主要展示印度、东南亚、日本和中国之间的孟加拉湾和中国南海贸易路线以及它们与马尼拉的跨太平洋贸易的联结。但是，这幅图也想强调印度各地（旁遮普、古吉拉特、马拉巴尔、科罗曼德尔和孟加拉）之间的海上和陆地贸易，以及经常被人忽视的中国与东南亚的缅甸、暹罗①和越南之间及中国与印度之间的内陆贸易。

这4幅图也是为了展示地区间贸易不平衡的基本情况，以及这些不平衡是如何通过金银块的运输来补偿的。因此，这些图中用实线来表示商品贸易路线。这些实线从1号编到13号，并附有相应的说明文字，列举出每一条主要路线的主要商品。经常性的贸易赤字是由于没有足够的出口商品来支付其他商品的进口造成的，因此只能用出口黄金，主要是银块或银币来支付和平衡。这一章和下一章（论货币）强调，最西方地区与最东方地区之间的长期贸易赤字，使得白银主要向东流动——以及使人们通过出口金银块或金银币来谋利。图2-1用商品贸易路线上画的向东的箭头来表示这种以白银为主的流向，个别向西的箭头表示从美洲和日本流向中国。

地区图则使用了不同的标识：白银流向用与实线平行的间断线表示，黄金流向用与实线平行的虚线表示，数字表示商品。因此，表示白银输出的间断线上的向东箭头也表示，沿着平行的表示商品贸易路线的实线，从东向西有一个基本相反的商品输出盈余。具体地说，欧洲从东方进口的全部商品，几乎都要通过输出（美洲）白银来支付。在图上，西欧与波罗的海和西亚之间以及从这些地区接着向南亚、东南亚乃至最终到东亚（主要是中国）的带有向东箭头的间断线，就显示了这种情况。那里是世界上大约一半白银的"秘窖"。第3章将会对此做出描述，并提供一幅有关世界白银生产和流向的基本示意图。

本章还将逐个地区地讨论全球多边世界贸易，首先从美洲开始，然后绕着地球从西向东逐一考察。在考察世界每一个主要地区时，我们将

---

① 今泰国。

注意各个地区的一些特点，以及它们如何介入和促进各个地区与其他地区之间，尤其是与东、西两侧直接毗邻地区之间的关系。

在某些情况下，金银输出地区也是贵金属生产地区和商业性输出地区（例如美洲和日本的白银、非洲和东南亚的黄金）。可能除这种情况外，金银及其铸币的净输出表明了一种贸易入超或赤字。因此，有关金银块和（或）金银币的运输记载，就成为有关地区间贸易赤字和盈余以及结算和平衡情况的最便利的资料。遗憾的是，虽然汇票、信用状以及其他信用手段确实被广泛地使用，我们却知之甚少。

基于下述原因，我们的评述给予欧洲、美洲甚至非洲的篇幅比较少。首先，正如我们前面指出的，它们在世界经济中的经济份额、参与程度以及重要性（除了由欧洲人分配的美洲金钱的独特作用）远远不如世界其他许多部分，尤其是东亚和南亚，可能也远远逊于东南亚和西亚。其次，现有的历史、经济和社会文献已经向欧洲和美洲以及二者与非洲的关系倾泻了大量的笔墨和关注，而这与1800年以前它们在世界经济中不那么重要的作用完全不成比例。另外，迄今为止从一种膨胀的欧洲中心论角度撰写的文献已经汗牛充栋，其中也包括我以前的著作（1978a，b），而本书的宗旨就是想促使人们对此有所纠正，甚至想取而代之。因此，把注意力集中在实际重要而又受到不应有的忽视的其他地区，可以说是完全正当的。当然，这并不意味着我的这点微薄努力就能包打天下，彻底翻案。第三个原因是，本书的宗旨主要不是通过考察不同"地区"来纠正这类错案；正如前面指出的，这种"地区"划分本身总是武断的。更重要的目的在于，论证这些地区之间的关系的性质、类型和变化。

因此，实际的目的也是第四个原因是，为研究世界经济和体系整体的结构和动力建立更坚实的基础。我们要不厌其烦地说，整体（大于其部分的总和）而不是其他别的什么，决定着部分的"内部"性质以及它

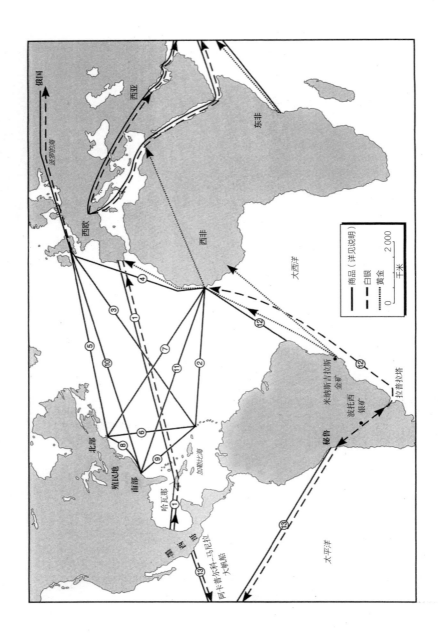

图2-2 大西洋地区主要贸易路线（1500—1800年）

主要出口产品和进口产品

路线：西 ←——→ 东

1 墨西哥——哈瓦那——欧洲
工业品 白银

2 西非——加勒比海
奴隶 朗姆酒

3 加勒比海——西欧
工业品 糖、糖浆、（白银）

4 西非（北部）——欧洲（南部）
枪支、（纺织品） （贝壳）

5 北美北部殖民地——英国
工业品 原料（货币）

6 北美北部殖民地（北部）——加勒比海（南部）
糖浆、（白银） 工业品、海军仓库、
运输/服务业

7 北美北部殖民地——西非
运输/服务业、
朗姆酒

8 北美北部殖民地（北部）——南部殖民地（北部）
食品、烟草 工业品、服务业

9 北美南部殖民地——加勒比海
糖浆 奴隶

10 北美南部殖民地——欧洲
工业品 朗姆酒、烟草

11 北美南部殖民地——西非
（通过北部殖民地购买） 奴隶

12 南美——西非
奴隶 黄金、白银

13 墨西哥和秘鲁——马尼拉（大帆船）——到中国
白银

*括号表示转口或转运。

们彼此之间的"外部关系"。因此，我们开始做80页①的历史环球巡游，主要是绕着地球向东走。我们从美洲开始，但是始终要谨记这个整体观念。

（2）美洲

我们已经考察了"发现"美洲和把美洲纳入世界经济的原因，及其对美洲土著民族的影响。这种影响首先是使美洲人口从大约1亿减少到500万。最初对世界其他地区产生影响的，主要是美洲提供的新植物和种植园作物的输出，当然还有首先是黄金然后是大量白银的生产与输出。黄金输出始于1492年的（地理）"发现"，到16世纪中期，大量白银开始输出。在17世纪，这种白银生产与输出究竟衰落到什么程度，或仅仅是有些萧条，甚至有所增加，始终是一个有争议的问题。无论是哪一种情况，也不管（或者可能是因为？）是欧洲供应的美洲金钱产生的刺激变小了，还是对这种供应的利用更完善了，总之，在"17世纪危机"期间，生产和贸易似乎在持续增长。在18世纪，白银的生产和输出再次增长（或继续保持增长势头），而且全世界其他商品的生产和贸易也在增长。

在这几个世纪（尤其是18世纪），著名的大西洋"三角"贸易发展成非洲-欧亚贸易和世界经济分工的一个重要附属部分（图2-2）。实际上，这里有几个相互关联的大西洋三角贸易。最重要的三角贸易是：欧洲（尤其是英国）的制造业产品向美洲和非洲出口，包括把许多来自印度和中国的纺织品和其他商品转口到美洲和非洲；非洲向加勒比海地区以及南美和北美奴隶种植园输出奴隶；加勒比海地区向欧洲输出蔗糖，北美向欧洲输出烟草、毛皮以及其他商品。在17世纪，更不用说18世

---

① 指原书第2章的篇幅。

纪，对于欧洲制造业来说，北美、加勒比海地区和非洲也变成了越来越重要的出口市场（亚洲还谈不上），包括向非洲出口枪支，用于围捕奴隶。此时欧洲也向非洲、加勒比海地区以及拉丁美洲的西班牙殖民地大量转口输出亚洲商品，尤其是印度的纺织品。

但是，还有其他相关的三角贸易。其中，北美殖民地从加勒比海地区进口砂糖和糖浆，向加勒比海地区出口谷物、木材和松脂制品，向欧洲出口用进口的糖浆制成的朗姆酒。但是，在这些三角贸易中，第二位重要的贸易是贸易本身，包括航运、金融服务和奴隶贸易。美洲殖民地从这种贸易中大获其利，从而能够弥补它们与欧洲的长期贸易赤字，并积累它们自身的资本。有关大西洋贸易的文献极其浩繁（我对此做过分析，参见1978a），远比关于规模更大也更重要的跨（环）非洲-欧亚贸易的文献丰富得多。但是，这些文献严重忽视了美洲继续作为前往亚洲的中转站这一角色的巨大吸引力。继续探寻前往中国的西北通道，这种努力决定了加拿大历史的许多方面，而加拿大也被视为一条与同样作为中间站的美国互补的平行通道。迟至1873年，加拿大托利党的一份报纸还对一项修建通向太平洋的铁路的合同表示欢迎，因为"它用最短的路线和最便宜的运费，给蒙特利尔带来了印度、中国和日本的贸易"（Naylor 1987：476）。

（3）非洲

1500年前后，非洲有大约8 500万人，但是两个半世纪后，到1750年只有大约1亿人，其中8 000万～9 500万人居住在撒哈拉沙漠以南（参见第4章的表4-1和表4-2）。当然，奴隶战争和奴隶贸易促使贩奴地区的人口（尤其是男人）减少（虽然这种比例变化有利于女人，但是也减少了生育妇女的数量）。另外，贩卖奴隶并不限于西非和西南非的大西洋奴隶贸易，而且包括非洲内部以及从东非向阿拉伯地区贩卖奴隶。但是，早先

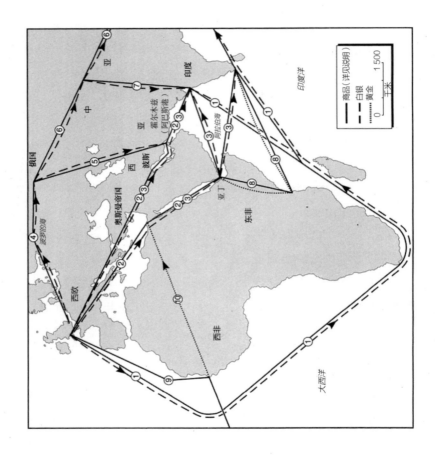

图2-3　非洲-西亚地区主要贸易路线(1400—1800年)

主要出口产品和进口产品

路线:　西 ←——→ 东

1. 欧洲 ——— 亚洲
丝绸、棉织品、　　白银
胡椒、香料

2. 欧洲 ——— 西亚,经由地中海
丝绸、棉织品(胡椒、　　白银、黄金、
香料、瓷器)咖啡　　金属制品、毛织品

有些来自下面第三条路线的产品也通过这条路线
继续来向西运送。

3. 西欧 ——— 印度,经由波斯湾、红海和阿拉伯海
生丝、丝织品、棉织品、　　矿产品、金属制品、
香料、胡椒、大米、　　铜、木料、马匹、
染料靛青、象牙、披巾、　　地毯、奢侈品、珍珠、
被单、纸张、紧胶、　　水果、干果、染料木、
硝石、钢铁制品、木制　　芳香剂、燃香、盐、
和玻璃家用器具、大米、　　鱼、咖啡、酒、武器、
豆类、小麦、食用油、　　珊瑚、玫瑰香水、白银
船只(卖给英国)

4. 欧洲 ——— 波罗的海 ——— 俄国
谷物、木材、毛皮、　　毛织品、白银
钢、亚麻、大麻

5. 欧洲(北部) ——— 西亚(南部)
棉织品、地毯、缎子、(染料靛青)　　毛皮、白银

6. 俄国 ——— 中国
丝绸、茶叶、纸张、　　衣服、药品、马匹、骆驼、
珠宝、玉石、棉花、　　羊、药材/人参、纸币、玉器、
毛皮、刀剑、武器、　　白银
糖、烟草、谷物和食品

7. 中亚(北部) ——— 印度(南部)
棉织品、丝织品、　　马匹、骆驼、羊、白银
小麦、大米、豆类、
棉花、靛青、烟草

8. 东非 ——— 阿拉伯半岛和印度
大米、棉织品(瓷器)　　奴隶、象牙、黄金

9. 西非(北部) ——— 欧洲(南部)
黄金　　枪支、棉织品(贝壳、棉织品)

10. 西非 ——— 西亚
黄金　　黄金

*括号表示转口或转运。

白银资本：重视经济全球化中的东方

认为奴隶贸易输出了1亿名奴隶的说法，长期以来得到了修正。这个数字下降到大约1 000万，后来又上升到1 200万。直接的人口影响似乎不是根本性的。间接的影响是否更大，还很难讲。但是，人口和社会经济增长似乎比以前几个世纪放慢了。很显然，当欧亚大部分地区的人口迅速膨胀时，非洲的人口始终稳定不变。这就引出了一个问题：非洲在没有被完全纳入世界体系之前，是否相对游离于刺激着其他地区的生产与人口增长的世界性力量（当然，这些力量也减少了美洲的人口）之外？

在15世纪，非洲内部贸易的总量远远大于人们更清楚地了解的非洲和欧洲之间的大西洋贸易（Curtin 1983：232）。另外，在之后的几个世纪里，跨撒哈拉的贸易也在增长（Austen 1990：312）。西非的长途贸易（尤其是黄金贸易）主要面向北方，穿过撒哈拉沙漠——尤其但不仅仅是沿着著名的廷巴克图—非斯路线——通向地中海（图2-3）。以西北非为起点的塞内加尔沿岸海上贸易以及后来以西南非为起点的大西洋奴隶贸易是对这种贸易的补充，但从来没有取代这种贸易。

也就是说，非洲参与大西洋贸易，既没有使非洲发展出全面的贸易关系和分工，也没有取代原有的跨撒哈拉贸易。相反，在非洲（以及我们后面将会论述的西亚、南亚、东南亚和东亚），新的海上贸易只是补充甚至刺激了原有的而且依然发展的内陆贸易。莫斯利敏锐地指出："新贸易的形式和内容……至少到18世纪为止，基本上是原有模式的延伸。"（Moseley 1992：536）"当这个地区被纳入这两个沙漠和海上商业体系后，苏丹的贸易和工业达到了全盛期。"（Austen 1987：82，转引自Moseley 1992：538）因此，跨撒哈拉贸易在总体上继续兴旺发展。具体而言，它从西非转运的奴隶，从15世纪的43万增加到16世纪的55万，在17世纪和18世纪都超过了70万（Austen 1987，转引自Moseley 1992：543，534）。当然，东西方向的贸易也一直存在，其中包括"朝觐的香客"把无数黄金经由马格里布经陆路带到利比亚，或者通过地中海带到埃及和阿拉伯半岛。

在西非，贝壳成为主要的交换媒介。它们产于马尔代夫群岛，在南亚被当作货币使用。欧洲人把它们带到非洲，购买作为输出品的奴隶。随着奴隶贸易的发展，贝壳的进口量增长得十分迅速（后来又减少了）。非洲需要贝壳，因此贝壳就被输入非洲。在非洲，贝壳作为货币与金粉和金银币并存，甚至取代后者，成为主要的地区货币。与其他地区的贵金属和货币一样，贝壳推动着经济活动和商业化的扩张，使之深入内地，尤其是穷乡僻壤。但是，贝壳无法再输出，因为欧洲人和其他人不接受这种支付手段。因此，这种单向的贝壳贸易也就进一步促成了非洲人在整个世界贸易中的边缘化（Seider 1995；参见本书论述货币的第3章中更详细的讨论）。但是，在非洲，纺织品也是一种重要的而且往往是更重要的交换媒介；不过，进口的高质量织物的货币化程度不如非洲织物高（Curtin 1983：232）。

早在罗马帝国时期的《红海巡航记》中，就对东非贸易有所描述，主要是对北方肥沃的新月地区和向东跨越印度洋的贸易。在本书讨论的时期，输出品主要是"天然"产品，尤其是象牙和黄金，但也有奴隶；输入品是印度的纺织品和谷物、阿拉伯的陶器、中国的瓷器以及充当货币的马尔代夫的贝壳。东非港口是南非尤其是津巴布韦和莫桑比克与北非和（或）印度洋港口之间的中转站。海运业和贸易基本上被阿拉伯人和印度人控制，但是来自新英格兰的美国人在东南非和马达加斯加沿岸十分活跃，尽管只是一些海盗船只：

　　美国人抢劫阿拉伯和法国船只，然后在其他奴隶贸易市场上用印度纺织品、绳索、帆布、武器或弹药来交换珊瑚、珍珠以及其他实用品。因为美国人不仅在马达加斯加，而且在莫桑比克、贝拉果阿湾、斯瓦希利海岸以及——如果笛福的话是真的——摩加迪沙进行交易。他们手中除了肯定有武器和朗姆酒，还会有许多其他货物，因为法国人、荷兰人和宗主国英国人等竞争者不知道这些货物究竟有多少，也不知道在哪里进行交易。（Barendse 1997: chap. 1）

（4）欧洲

金银的主要输入者和再输出者是西欧和南欧，因为它们要以此来弥补与其他地区（除了美洲和非洲）之间长期而巨大的结构性贸易赤字。当然，欧洲人之所以能接受非洲和美洲的金银而不大量地返回金银，主要是由于他们在转手输出亚洲商品时扮演着中间人的角色。西欧与波罗的海、东欧、西亚有直接的贸易赤字，与印度有直接的或间接通过西亚的贸易赤字，与东南亚有直接的或间接通过印度的贸易赤字，与中国有间接的通过上述所有地区和日本的贸易赤字，因此把大量白银和一些黄金转手输出到这些地区。

表明欧洲结构性贸易赤字的一个数据是，在欧洲的总出口中，黄金和白银从未少于三分之二（Cipolla 1976: 216）。例如，1615年，荷兰东印度公司全部出口物中实物只占6%的价值，金银则占94%的价值（Das Gupta and Pearson 1987: 186）。实际上，在从1660年到1720年这60年间，贵金属占该公司向亚洲输入总值的87%（Prakash 1994: VI-20）。出于同样的原因，代表制造业和其他"提倡出口"的利益集团的英国政府，在授予英国东印度公司的特许状上要求，英国出口产品至少要占该公司出口总值的十分之一。即使这样少量的出口产品，该公司都难以找到市场，它们大部分最远只能出口到西亚。后来，少量的细绒呢被运到印度，但不是用来做衣服，而是被当作家庭和军事用品，如地毯和鞍垫。欧洲的出口物主要是金属或金属制品。由于无法完成仅仅10%的定额，该公司不得不在发票上弄虚作假，以减少出口

"总数"，而且一直无法摆脱为自己从亚洲进口货物寻找资金的压力。因此，它卷入了亚洲内部的"国内贸易"。这种贸易比亚洲–欧洲贸易兴旺得多，也更有利可图。

　　总之，欧洲在获得美洲的金钱时相对容易和廉价，如果没有这种资源，欧洲几乎不可能参与世界经济；但是欧洲一直有贸易赤字，在世界经济中始终是一个边缘角色。欧洲新发现的收入与财富资源使其自身的生产有所增长，从而支持了人口增长。欧洲人口在14世纪的大缩减之后，在15世纪开始恢复。在两个半世纪里，欧洲人口平均每年增长约0.3%，从1500年的6 000多万增加到1750年的1.3亿或1.4亿，翻了一番。但是，按照欧亚大陆的标准，欧洲人口的增长是比较缓慢的；因为整个亚洲尤其是中国和印度的人口增长要快得多，总数也大得多（表4–1和表4–2）。

（5）西亚

　　西亚（更恰当地说，是分散在奥斯曼帝国和波斯萨法维帝国及其毗邻地区的许多地区和城市）包含着一系列相互紧密联系的生产和商业中心。奥斯曼帝国的人口在16世纪是增长的，之后就停滞不前了。按照欧亚大陆的标准，西亚人口总体上似乎稳定在3 000万左右（表4–1）。

　　自远古以来，西亚所处的地理位置便使之成为向北到波罗的海、俄罗斯、中亚与向南到阿拉伯半岛、埃及、东非的一个商业和迁徙枢纽，尤其是向西到大西洋沿岸的西非、马格里布、欧洲和地中海等地的经济中心与向东到整个南亚、东南亚和东亚的一个商业和迁徙枢纽。这里的生产中心分散在各地，它们之间以及它们与世界其他地区之间通过海路和陆路进行贸易活动。西亚也有一种陆运、海运与河运贸易的结合，在许多城市转运货物。在许多个世纪里，联结亚洲的波斯湾商路使巴格达成为各个方向的陆路、海路与沿河贸易的汇聚点和转运站。另外一条与之长期竞争的红海商路则扶持了开罗和苏伊士地区，当然也扶持了靠近印度洋的穆哈与亚丁。西亚的贸易主要被阿拉伯人和波斯人以及以波斯为基地的亚美尼亚定居商人掌握（在亚洲其他地区，亚美尼亚客商团体也有很大的势力）。

奥斯曼帝国

　　欧洲人把奥斯曼帝国看作自成一体的世界和"基本上是一个城堡"（Braudel 1992：467）的观念，更多的是一种意识形态的产物，而不是对事实的概括。另外，"传统的"欧洲中心论把奥斯曼统治阶层贬低为陷入泥潭的穆斯林军事官僚。这种观念只是部分地反映了历史现实，反映了奥斯曼人对于欧洲商业利益和野心所产生的挑战。虽然布罗代尔也把奥斯曼帝国称作"一个贸易枢纽"，但是它在世界经济中所具有的重要地位和作用，远远超出布罗代尔这样的欧洲人所承认的程度。

　　奥斯曼人确实占据着欧洲和亚洲之间的地理和经济枢纽，而且他们也竭力从中谋取最大的好处。东西方的香料和丝绸贸易通过奥斯曼帝国境内的水陆要道。自拜占庭帝国以来的1000年间，君士坦丁堡凭借着其作为一个南北和东西交通枢纽的地位而发达起来。这也诱使奥斯曼人征服它，并把它改名为伊斯坦布尔。它拥有60万～75万人口，是欧洲和西亚最大的城市，是世界第二大城市。总体上看，奥斯曼帝国的城市化程度高于欧洲（Inalcik and Quataert 1994：493，646）。其他相互争夺通商要道的商业中心有布尔萨、伊兹密尔、阿勒颇和开罗。开罗的命运总是取决于与波斯湾商路竞争的红海商路。在18世纪晚期，加勒比海地区出产的咖啡和阿拉伯地区出产的咖啡之间的竞争决定着开罗的盛衰。

　　当然，与其他人一样，奥斯曼人不想杀掉转口贸易这只下金蛋的母鸡。货币的转口贸易尤为重要，尽管"世界经济和货币的发展经常对奥斯曼货币体系产生影响……（从西方流向东方的）大规模金银运动对这个脆弱的体系经常产生有害的影响"（Pamuk 1994：4）。另外，奥斯曼人不仅与西方的欧洲有联系，而且与北方的俄罗斯和东方的波斯也有直接联系：

　　经济上的相互依存，迫使双方（奥斯曼和波斯）即使在交战期间也必须维持密切的贸易关系……欧洲的丝绸消费和加工业的膨胀产生的影响是不可低估的。这是奥斯曼和波斯经济发展的结构性基础。这两个帝国的政府财政收入和白银存量的一个重要组成部分就来自与欧洲的丝绸贸易。奥斯曼帝国的丝绸加工业……依赖从伊朗进口的生丝……在14世纪（至少一直到整个16世纪），由于世界贸易网发生了革命性变化，布尔萨变成了东西方之间不仅是丝绸，而且还有其他亚洲产品的世界市场。（Inalcik and Quataert 1994：188，219）

　　但是，奥斯曼宫廷以及其他奥斯曼人还有自己特有的资源——以及大陆贸易联系——来进口远方的中国的大量产品。今天，在一个收藏处就有上万件瓷器，足以证明这种推断。

　　奥斯曼帝国也从帝国内部各地的生产和商业中，从地区间的和国际的分工、专业化和贸易中汲取财富。在奥斯曼的经济里，在私人的、公共的和各种半公共的企业、部门和地区之间，存在着大量的部门间、地区间甚至国际间的劳动力流动。许多人的研究都证明了这一点，尤其是胡里·伊斯拉莫格鲁-伊南（1987）和苏莱雅·法洛奇（1984，1986，1987）关于丝绸、棉花及其纺织品、皮革及其制品、农业以及采矿业和金属业的研究。例如，法洛奇总结说：

　　首先，粗布纺织是许多地区的一种乡间生产活动。其次，它的开展与市场有着紧密的联系。在不少情况下，原料必须由商业提供，与远方买主的联系也是稳定的。而且，有一份更详细的文件……显示，在这方面有投资谋利的机会。（Faroqhi 1987：270）

　　另外，奥斯曼人也在向西方和东方两个方向扩张。这种扩张的动力和基础不仅是政治和军事方面的，而且确实首先是经济方面的。与威尼斯人、法国人、葡萄牙人、波斯人、阿拉伯人以及其他人一样，奥斯曼人也一直努力改变和控制主要的商路，因为这是他们及其国家的生命线。在这方面，奥斯曼人的主要竞争对手同样是西方的欧洲列强和东方的近邻波斯。在能够采摘经济果实的巴尔干半岛和地中海，奥斯曼帝国的穆斯林对抗而且力图取代欧洲的基督徒，显然也包括控制地中海的商路。当然，巴尔干半岛也是木材、染料、白银以及其他金属的一个重要来源。征服埃及确保了奥斯曼人能够获得来自苏丹和非洲其他地区的黄金。

　　帕尔米拉·布鲁梅特（Palmira Brummett）从一种更广阔的世界经济视野，对这个问题做了一种现实主义的探讨（1994）。她把奥斯曼帝国的海军政策和其他军事政策看作附属于其首要的商业地区利益和世界经济野心的一种开路工具：

　　奥斯曼人是地中海贸易网的自觉参与者，因为他们的帝国就是从这种贸易网中产生的。在野心、商业行为以及对大一统霸权的追求方面，他们的国家与欧洲各国不相上下。奥斯曼人的国家以商人的方式追逐利润，确立、宣扬和推进他们的政治目标。这些目标包括占据和剥削商业中心与生产基地……那些高官大臣从不疏远商业活动，反而寻找商业机会，从这些机会中获取和鲸吞财富……有资料表明，奥斯曼王室成员和行政军事官员直接参与贸易活动……尤其是已经根深蒂固的谷物出口……奥斯曼人在铜、木材、丝绸和香料贸易中的投资也很重要。很显然，控制东方贸易的前景比仅仅开拓疆界的机遇对奥斯曼人的吸引力更大；因此，朝廷官员鼓动君主为获取商业财富而征战。奥斯曼海军的发展就是为了占有和保护这种财富。（Brummett 1994：176，179）

　　奥斯曼人在东方想更多地分享南亚贸易。这种野心遇到的第一个障碍，就是埃及和叙利亚的马穆鲁克①商人。借助葡萄牙人之力，奥斯曼人很快就迫使马穆鲁克退出了生意场。在奥斯曼人的统治之下，阿拉伯商人继续从事印度洋的生意。尤其对于土耳其人的东方贸易来说，第二个主要障碍是波斯的萨法维帝国。奥斯曼帝国与萨法维帝国进行了多次战争，但始终未能克服这种障碍。虽然奥斯曼人与葡萄牙人心照不宣地相互提供便利，共同对付波斯人，但是葡萄牙人在印度洋另有自己的图谋——他们要从奥斯曼人和波斯人手中争夺贸易控制权。葡萄牙人的介入从根本上消除了威尼斯人在丝绸贸易中的垄断地位，帮助奥斯曼人至少在东地中海贸易中建立了垄断地位（Attman 1981：106–107；Brummett 1994：25）。

　　附带地说，在追求最大和优先的商业利益方面的这些外交、政治和军事上的纵横捭阖、竞争策略和公开战争，完全戳穿了所谓基督教的西方与伊斯兰教的东方两军对垒、泾渭分明的神话。穆斯林们（马穆鲁克、奥斯曼人、波斯人和印度人）互相厮杀，而且不断地变换着与不同的欧洲基督教国家（例如葡萄牙人、法国人、威尼斯人和哈布斯堡王朝）的结盟关系。而这些基督教国家也为了同样的利润目的而相互较量。信奉伊斯兰教的波斯国王阿巴斯一世（1588—1629年在位）一再派使团到信奉基督教的欧洲，以结成反对共同的奥斯曼穆斯林敌人的同盟，后来又给予英国人商业特许权，以报答他们在把葡萄牙人驱逐出霍尔木兹时提供的帮助。但是，在此之前，葡萄牙人曾经向信奉伊斯兰教的萨法维王朝供应信奉伊斯兰教的印度生产的武器，来对抗同样信奉伊斯兰教的奥斯曼人。

　　因此，只要有机可乘，"利用宗教字眼……便成为所有争夺欧亚势

---

① 埃及和叙利亚的军事统治阶层。

力范围的竞争者的一个策略。它可以被用来为主权要求辩护，争取军队和民众的支持，诋毁别的国家的主权要求"（Brummett 1994：180）。这方面的一个典型例子就是，奥斯曼穆斯林与印度的古吉拉特人、亚齐特的苏门答腊人结成同盟，奥斯曼帝国向后者派遣了一个大型海军使团，共同对抗葡萄牙人的商业竞争。附带地说，这种纵横捭阖、翻云覆雨的"生意"还有另外一种发人深省的启示：所谓欧洲国家在国际行为方面与世界其他国家不同的说法，是没有事实依据的。这也就打破了另外一种关于欧洲"独特性"的欧洲中心论神话。

总之，与通常的想法相反，我们应该赞同法洛奇的总结：

奥斯曼帝国与印度次大陆的贸易，以及奥斯曼帝国与伊朗的商业和帝国内的地区间贸易……（主要）利用了亚洲陆上商路。奥斯曼帝国对这些商路的控制，是延缓欧洲经济渗透的一个因素……奥斯曼帝国和印度莫卧儿王朝都属于"火药帝国"的范畴。但是，它们还有一个更重要的共同特点：它们都是征收现金赋税的帝国，因此如果没有国内外贸易，它们就无法生存。（Faroqhi 1991：38，41）

萨法维王朝时期的波斯

波斯不太容易受外界影响。这可能有两个原因：它的地理位置使它具有更强大的贸易地位；它自身拥有更多的白银资源，它的铸币也在奥斯曼帝国内流通。

伊朗高原上商路纵横交错，从东向西把中亚大草原、印度平原与地中海的港口联结起来，从南向北把俄罗斯的河流与波斯湾沿岸联结起来，支撑着从东印度群岛、印度和中国到欧洲的贸易。沿路有一连串重要城镇，它们的位置是由地理和经济因素以及政治因素决定的。值得注意的是，虽然各条主要商路的相对重要性时有变动，但是它们几乎一直都被人们使用着。（Jackson and Lockhart 1986：412）

　　另外，与我们在撒哈拉地区已经看到的和将在印度看到的情况一样，波斯的陆路贸易和海路贸易之间主要是互补关系，而不是竞争关系。实际上，印度和波斯之间的陆路商队贸易在整个18世纪十分兴旺，输送的商品数量与海路贸易不相上下。商人们为了分散风险，让一些货物通过坎大哈和其他内陆商业中心来转运，让另一些货物通过霍尔木兹–阿巴斯港来转运（Barendse 1997，1）。

　　15世纪中期，早在葡萄牙人抵达霍尔木兹之前，就有人记录了"来自七种气候的商人"抵达霍尔木兹的情况（Jackson and Lockhart 1986：422）。他们分别来自埃及、叙利亚、安纳托利亚、突厥斯坦、俄罗斯、中国、爪哇、孟加拉、暹罗、（缅甸的）丹那沙林、（也门的）索科特拉、（印度的）比贾布尔、马尔代夫群岛、（印度的）马拉巴尔、阿比西尼亚（即埃塞俄比亚）、桑给巴尔、（印度的）胜利城、（印度的）古尔伯加、古吉拉特、坎贝、阿拉伯半岛、亚丁、（埃塞俄比亚的）吉达、也门，当然还有波斯各地。他们到这里或者进行易货贸易，或者出售货物换取现金，有时也赊账。商人在社会上享有很好的待遇。到15世纪末，波斯与印度和东方的贸易特别兴旺。波斯成为西亚主要的丝绸产地和出口地，其成本甚至比中国和后来的孟加拉都低（Attman 1981：40）。主要进口者是俄罗斯、高加索、亚美尼亚、美索不达米亚以及奥斯曼人及其转手后的欧洲人。这种贸易使得波斯生产者从俄罗斯、欧洲以及奥斯曼人那里获得重要的白银收益和其他收入，同时也使奥斯曼中间商获得利润。波斯国王阿巴斯一世及其后继者们不遗余力地促进和保护这种贸易，其中包括对奥斯曼人开战，从奥斯曼帝国的战区招引亚美尼亚工匠和商人并加以保护，从葡萄牙人手中收复霍尔木兹。1615年到1618年间的奥斯曼-萨法维战争以及1578年到1639年间断断续续的冲突，主要是为了争夺对丝绸贸易及其商路的控制权。波斯人想绕过奥斯曼中间商，而奥斯曼人则极力维护自己的地位。此后，波斯贸易逐渐转向印度洋的东方贸易；在1723年萨法维王朝垮台后，波斯的丝绸基本上被来自叙利亚的丝绸取代了。

首先来到波斯及其周边进行贸易活动的是葡萄牙人，接踵而来的是荷兰人。欧洲主要需要波斯的丝绸和一些毛织品，用亚洲的香料、棉织品、瓷器、各种日用品以及欧洲的金属制品乃至黄金来进行交易。欧洲人与波斯国王和普通商人之间长期而反复的商业冲突不断地引起外交冲突，偶尔也会引发军事冲突。但是，欧洲人没有足够的商业竞争力量和政治军事力量，无法取得突破性的进展。

例如，当人们说荷兰东印度公司迫使波斯屈从于其世界贸易联系网时，不过表达了一种荷兰人和波斯人都不曾有过的信念。因此，有时候我们必须看看历史现实，即实际上可能是怎么回事……（历史现实）显示，欧洲人并没有把波斯人指挥得团团转，而是采取了其他的迂回方式……欧洲人在面对这种情况时本来会采取行动的，而且事实上也采取了行动，但是，荷兰东印度公司在波斯活动了整整140年，却无力从根本上改善自己的处境。（Floor 1988：1）

总的来看，西亚对欧洲的贸易有盈余，但对南亚、东南亚和东亚（可能还有中亚——白银主要通过中亚向东流动，但黄金主要向西流动）的贸易有赤字。西亚用自身对欧洲贸易、对马格里布贸易以及经马格里布中转的对西非贸易的盈余白银和东非黄金，加上西亚自身尤其是安纳托利亚和波斯生产的一些金银，来弥补东方贸易的赤字。1621年，有一位观察者写道：

　　波斯人、摩尔人和印度人在阿勒颇、穆哈和亚历山大港与土耳其人做生丝、药材、香料、靛青和印花布的生意；现金交易，规矩依旧；他们需要的其他外国货很少……他们每年总共用不了4万或5万镑（上述进口货总值中只有5%需要用香料来支付）。（转引自Masters 1988：147）

　　但是，乔杜里认为：

　　（西亚）伊斯兰世界是否长期苦于贸易方面的赤字，尚无定论。几乎可以肯定的是，它对印度、印度尼西亚群岛和中国的贸易是用出口贵金属、黄金和白银来平衡的。（但是）中东似乎在与基督教的西方、中亚以及东非的城邦国家的贸易中有盈余。这种顺差表现为金银财宝的形式，但是这些金银财宝没有成为本地的财富储备，而是流向东方。（Chaudhuri 1978：184-185）

（6）印度与印度洋

　　我们在亚洲可以看到一串犹如项链的港口城市（图2-4）：

　　沿着顺时针方向看，最重要的港口城市有亚丁（和稍后的穆哈）、霍尔木兹、坎贝湾的几处（在不同时期分别是第乌、坎贝和苏拉特）、果阿、卡利卡特、科伦坡、马德拉斯、默苏利珀德姆、马六甲和亚齐特。毫无疑问，在我们讨论的这个时期，所有这些港口城市的重要性此起彼伏，但是它们的某些共同特点值得注意。它们的居民极其庞杂，通常有印度洋甚至更远的地方的所有主要航海民族的代表：马六甲有华人，大多数地方有欧洲人……所有这些港口城市也都是转运中心。有些港口城市没有自己的供货内地，如霍尔木兹和马六甲，因此几乎以转运货物作为自己的唯一功

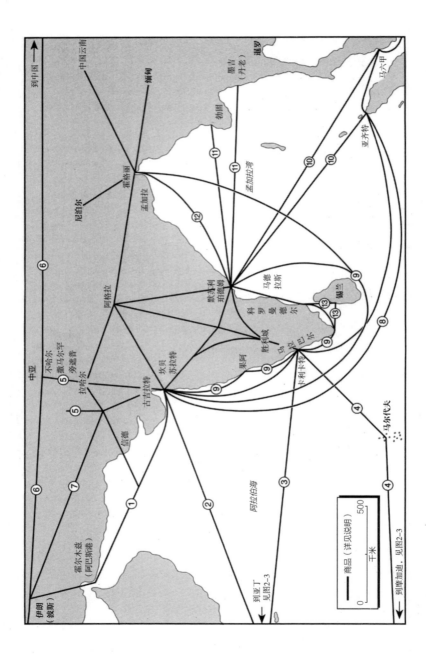

图2-4 印度洋地区主要贸易路线（1400—1800年）
（另见图2-3和图2-5的说明）

路线：西 ←——→ 东

1. 印度 —— 西亚
棉织品、染料/靛青、染料木、盐、珍珠、
生丝、丝织品、钢铁、矿产品、金属制品、
制品、木制和玻璃家、钢、木料、马匹、
用器具、大米、豆类、地毯、奢侈品、珍珠、
小麦、食用油、(香料、水果、干果、武器、
胡椒、瓷器)、芳香剂、珊瑚、玫瑰香水、白银
燃香、披巾、被单、
纸张、紫胶、硝石

2. 古吉拉特 —— 海湾
与1相同　　酒类、鸦片、珍珠、芳香剂、
　　　　　燃香、白银、黄金

3. 马拉巴尔 —— 海湾
胡椒、大米、(香料)　黄金

4. 马拉巴尔 —— 东非
大米、贝壳　　象牙、奴隶、鱼、黄金

5. 古吉拉特/旁遮普（向北）—— 中亚（向南）
棉织品和棉织品、　　　马匹、路驼、
豆类、大米、小麦、　　羊、棉花
靛青、烟草

6. 西亚 —— 中亚 —— 东亚
丝绸、茶叶　　马匹

7. 古吉拉特 —— 信德、旁遮普 —— 西亚
棉织品 小麦、靛青　　白银

8. 古吉拉特 —— 东亚
香料、(糖、丝绸、　　棉织品、珊瑚、铜、玻
瓷器)、黄金　　璃、(来自亚丁/亚丁湾
　　　　　的转口商品)、白银

9. 印度各地之间（不全面）
在旁遮普、信德、古吉拉特、马拉巴尔、胜利城、
科罗曼德尔、孟加拉之间，沿海上贸易路线和内陆贸
易路线交换大多数印度主要产品。

10. 科罗曼德尔 —— 东南亚
锡、糖、金属、大象、　　棉织品、奴隶、大米、
(瓷器、丝绸)、黄金　　钻石、白银

11. 科罗曼德尔 —— 缅甸/暹罗
锡、大象、木材、白银　　棉织品

12. 科罗曼德尔 —— 孟加拉
丝绸、棉织品、大米、糖

13. 锡兰 —— 印度
大象、肉桂、首饰、珍珠　　大米

*括号表述转口或转运。

能，但是，甚至那些出口口岸城市也转运从其他地方来的货物。（Das Gupta and Pearson 1987：13）

印度洋世界的地理和经济中心是印度次大陆本身。在被莫卧儿人征服之前，它的许多地区相当发达，已经在世界纺织业中独占鳌头。虽然人们通常认为，莫卧儿帝国在财政上依赖农业及其税收，但是莫卧儿人的征服使印度实现了进一步的统一、城市化和商业化。事实上，到17世纪，莫卧儿帝国的主要都市阿格拉、德里与拉合尔都有大约50万人口，有些商业中心城市也有20万以上的人口。这大大高于19世纪印度城市化的程度，也使欧洲人控制的仅有3万人的亚洲飞地（如葡属马六甲与荷属巴达维亚）相形见绌（Reid 1990：82）。印度次大陆的总人口在两个半世纪里也翻了1倍多，从1500年的5 400万～7 900万，增加到1750年的1.3亿～2亿（表4-1和表4-2）。还有人估计，1500年大约有1亿人，1600年有1.4亿～1.5亿人，到1800年有1.85亿～2亿人（Richards 1996）。

关于印度的情况，乔杜里认为：

总体来看，印度的陆路贸易和海运贸易越来越倾向于出口而不是进口，贸易顺差最终用贵金属来平衡……印度对中东的贸易主要靠进口金银来平衡，正如对东南亚的出口是用进口香料、香草和中国货来平衡……甚至有相当大数量的白银从次大陆再出口到爪哇、苏门答腊、马来亚和中国……有大量的棉织品出口到马尼拉，然后再用开往阿卡普尔科①的大帆船运到西属美洲。（Chaudhuri 1978：185）

---

① 墨西哥港口城市。

　　因此，印度在与欧洲的贸易中有巨大的顺差，在与西亚的贸易中有
一些顺差。这主要是因为它拥有效率较高、成本低廉的棉纺织业以及可
供出口的铜。棉织品和铜向西销往非洲、西亚和欧洲，又从欧洲跨过大
西洋销往加勒比海地区和美洲。但是，印度也出口主要食品，如稻米、
豆类和植物油，向西（早在纪元之前2 000多年就是这样，参见Frank
1993）出口到波斯湾与红海的贸易港口（这些地方也依赖埃及的粮食供
应），向东出口到马六甲和东南亚其他地区。反过来，印度从西方获得
大量白银和少量黄金（这些金银或直接绕过好望角运来，或间接通过西
亚贸易转手），也获得西亚自身的金银。穆哈（Mocha，这个词也被用
来指咖啡）被人们称作"莫卧儿的钱库"，因为从那里源源不断地流出
白银。由于印度自身的白银产量很少，所以它主要用进口的白银来铸造
钱币或再出口，用黄金来铸造宝塔形钱币、制作首饰或储藏。

　　印度还向东南亚出口棉织品，从那里进口香料。这条商路还被用来同
中国进行贸易，用棉织品换取丝绸、瓷器以及其他各种陶瓷制品。但是，
印度与东南亚的贸易看来是逆差，至少它向那里尤其是中国输出白银。不
过，这种贸易大部分掌握在印度穆斯林手中，而且是用印度制造的船只来
运送货物，小部分掌握在阿拉伯人和东南亚人（也是穆斯林）手中。只有
很小一部分货物是用某个欧洲国家的货船运载的，即使到18世纪，这种
份额也仅仅稍有增加；而且，这些欧洲货船雇用的是亚洲的船长、水手和
商人（Raychaudhuri and Habib 1982：395–433，Chaudhuri 1978）。

　　内陆贸易是通过水路和陆路进行的。印度沿海到处都有短途运输
（或小船运输）。在印度的许多地区（尤其是南部），有许多内陆水道。
甚至北部许多省份也有水道运输，如克什米尔、特达、拉合尔、阿拉
阿巴德、比哈尔、奥里萨和孟加拉。在陆地上，商队在同一时间押送
着多达10 000～40 000驮货物（包括驮运货物的牲畜）。所有这些商队
在次大陆上熙熙攘攘、纵横交错，与远途的海上贸易联结在一起。"我

们认为，陆上活动与海上活动是不对称的。在多数时间里，海上活动
对陆上活动的影响不如陆上活动对海上活动的影响大。"（Das Gupta and
Pearson 1987：5）几乎所有港口城市都与延伸到内陆偏远地区的商路有
一种兴衰与共的关系，有时还与遥远的跨大陆地区，尤其是中亚有一种
兴衰与共的关系。因此，乔杜里暗示，大陆上的陆路贸易与印度洋的海
上贸易应该被看作彼此的镜像（1990a：140）。

在印度南部，内陆首都胜利城长期以来一直是西部的果阿、南部的
卡利卡特和东部科罗曼德尔海岸的默苏利珀德姆与布利格德的一个贸易
交汇点。这些以及其他许多港口城市，尤其是那些没有内陆生产基地
的港口城市，严重地依赖粮食进口。粮食需要从沿海的其他港口城市
运来，但也有不少来自数千里之外的稻米或其他粮食产区相联系的港
口。另外，果阿、布利格德和胜利城也与北部的内陆中心海得拉巴和布
尔汉布尔、西部港口苏拉特（或坎贝）有陆上联系，而海得拉巴、布
尔汉布尔、苏拉特和坎贝则是通往旁遮普和中亚的贸易中转站（详见
Subrahmanyam 1990）。

虽然中亚贸易与海上贸易没有这种直接联系，但是，这个地区对更
靠近印度洋季风地带的人民的生活却产生着一种至关重要的影响。就直
接关系而言，中亚内陆贸易对欧亚洲际海上贸易起着一种补充作用。
（Chaudhuri 1985：172）

另外，在印度与中国之间存在着穿越尼泊尔和中国西藏地区的贸易
活动。这种贸易活动已经延续了1 000多年。孟加拉和阿萨姆向中国西
藏地区输出纺织品、靛青、香料、糖、兽皮以及其他物品，卖给那里的
商人，这些商人再拿到中国内陆地区出售。换回来的是中国产品如茶
叶，更多的是黄金（Chakrabarti 1990，我在1992年的著作中讨论过某些

中亚商路以及它们的"丝绸之路"的历史；关于中亚，本章后面还有单独的一节来论述）。

印度各地区之间也进行贸易活动，相互之间有盈余或赤字。主要的沿海地区（古吉拉特、马拉巴尔、科罗曼德尔和孟加拉）都相互进行贸易活动，还与锡兰进行贸易活动。它们还彼此充当越洋贸易和内陆贸易的中转站。在向印度内陆出口货物方面，它们也相互竞争，因为它们的区域市场是交错重叠的。但是，一般而言，内陆与沿海港口的贸易有顺差，因此接受进口货物和钱币，这些钱币是在港口及其附近用进口金银（或被熔化的外国钱币）铸造的。白银通常流向北部莫卧儿王朝统治的地区，黄金则更多地流向南部，尤其是马拉巴尔和胜利城。下面，我们来更细致地看看印度的一些主要地区。

印度北部

我们前面已经指出，印度北部与中亚和西亚的地区间和"国家"间贸易十分活跃。B. R. 格罗弗（B. R. Grover）总结说：

> 印度北部许多地区的工业品贸易有深厚的传统。许多村庄……生产各种商品……印度北部许多省份的商业地区的工业品出口到其他地区。
> （Grover 1994：235）

我在相关示意图的说明文字中，列举了其中的许多产品。

古吉拉特和马拉巴尔

在沿印度洋和阿拉伯海的印度西海岸，分布着作为商品集散中心的重要港口城市第乌和古吉拉特邦的坎贝（后来是苏拉特），另外还有马拉巴尔海岸上的葡萄牙人在果阿的商品集散中心。来自红海和波斯湾的靠季风运行的沿海货船，来自欧洲的绕非洲航行的货船以及驰往印度河河口与北上到信德的货船，都把这些地方当作主要停靠港口。坎贝和苏拉特也是与波斯、俄罗斯、中亚、旁遮普以及印度东南部地区进行内陆贸易的中转站，它们还向其中的许多地区供应大米或小麦。另外，古吉拉特和马拉巴尔的港口也与印度次大陆两侧的科罗曼德尔和孟加拉保持着贸易关系，还与东南亚、中国和日本保持着贸易关系。它们的制造业专门生产主要向西方和北方出口的纺织品。它们从这些方向进口马匹、金属、消费品以及其他商品（图2-3和图2-4的文字说明），由此产生的贸易顺差是由那些地区用白银来补偿的。不过，它们获得的白银中有一些则要再出口，用于补偿东方的海上贸易的进口逆差。古吉拉特从东方进口自身和内陆需要的货物，而且是把这些货物再向西转运到西亚、地中海和欧洲（从欧洲又转运到非洲和美洲）的重要中转站。不过，大部分贸易都掌握在印度人手中，也有一部分掌握在阿拉伯人和波斯人手中。甚至迟至18世纪，苏拉特的贸易也只有大约12%是由欧洲人控制的（Das Gupta and Pearson 1987：136）。

科罗曼德尔

印度东部孟加拉湾的科罗曼德尔海岸有许多重要的生产和出口中心，但该地区的产品可能只有十分之一出口。它的一项主要出口产品是向东出口到东南亚和中国的棉织品，并从那些地区进口香料、瓷器和黄金。它的另一个功能在于，它是与印度各地和世界各地进行贸易的一个货物集散地。这些贸易大部分也掌握在印度人手中。但是，荷兰人以及后来的其他欧洲人也利用科罗曼德尔的地理位置和资源来为自己在印度和世界的业务服务。科罗曼德尔主要是与东北的孟加拉（从那里进口粮食和丝绸）和西北的古吉拉特进行"国内"贸易，当然也与内陆进行贸易。但是，科罗曼德尔的地理位置和丰富的产品（纺织品、胡椒、靛

青、大米、钢铁、钻石等数不胜数，见图2-4和图2-5的说明文字中列
举的部分条目）以及奴隶制，使它成为向东和向西的国际贸易和洲际贸
易的一个必经之地。它也从西方进口波斯和阿拉伯的奢侈品和马匹，再
转运到东方。

科罗曼德尔从东方进口香料、木材、大象、铅、锌和锡，尤其是铜
和黄金。其中有一些又接着向西转运。向东，科罗曼德尔与东南亚的陆
地和岛屿，尤其是亚齐特和马六甲、中国和日本以及马尼拉乃至阿卡普
尔科进行贸易活动（当然也与邻近的锡兰进行贸易，把锡兰当作一个贸
易伙伴和另一个中转站）。向西，科罗曼德尔不仅是一个与马尔代夫进
行贸易的重要转运站，也是一个为这种贸易活动提供食品和进行商品与
贵金属交易的重要地区。这种贸易活动也直接或经过马尔代夫通向非
洲、波斯湾和红海的港口城市，再通向地中海和（或绕过南非到达）欧
洲，然后跨过大西洋到达美洲。科罗曼德尔也与果阿和坎贝-苏拉特进
行贸易活动；这种贸易既是印度内部的地区间贸易，也是世界贸易活动
的一个中间环节。当然，科罗曼德尔的各个港口也是内陆贸易中心，而
且与印度其他沿海港口相互竞争（Arasaratnam 1986）。

孟加拉

印度物产最丰富的地区当数孟加拉。它向印度大多数地区出口棉
织品、丝织品和大米。它的一些产品沿着科罗曼德尔海岸运向南方，
一些产品则直接或间接运往西海岸的坎贝或苏拉特，或者从海上向西
运往西亚和欧洲，向东运往东南亚和中国。由此，孟加拉吸收来自各
个方向的，包括从中国的西藏、云南，缅甸的陆路以及从缅甸经由
孟加拉湾而来的白银和黄金。孟加拉在1670年提供了印度进口总额的
20%，整个英国东印度公司进口总额的15%，在1700年提供了二者进
口总额的大约35%，到1738年至1740年间则几乎提供了印度进口总额

的80%和二者总额的66%。在普拉西战役刚刚结束后的1758年至1760年间，英国东印度公司贸易中的印度份额占80%。此后，由于中国的份额从一个世纪前的零上升到1740年的12%和1760年的34%，印度的份额也就下降到了52%。但是，到这个时候，孟加拉的出口物中有一部分是鸦片。英国东印度公司用鸦片代替了一部分白银，支付给中国（Attman 1981：51）。

乔杜里根据孟加拉自1770年起发生的多次大饥荒，得出了一个值得注意的结论：直到18世纪前期，在其他地区农业歉收时，孟加拉一直是可以依赖的粮食供应地（1978：207）。珀林得出的另一个值得注意的结论是："在欧洲历史学的众多研究中，缺少对17世纪（孟加拉或印度其他地区）纺织业的研究专著。"（1983：53）但拉马斯瓦米1980年的著作和乔杜里最近于1995年发表的著作似乎是例外。

（7）东南亚

东南亚一直受到历史学家的冷落。历史学家往往要么根本无视，要么只是简略地提及1500年以前的东南亚，而用浓墨重彩描述1500年以后欧洲人在那里的活动。因此，我们有必要对东南亚及其与世界其他地区的关系的历史做比较详细的回顾。这里至少早在公元前3000年就开始栽培水稻，这里还有公元前1500年铜器时代的考古发现和公元前500年铁器时代的考古发现（Tarling 1992：185）。东南亚的世界贸易联系也可以追溯到7000年前。彼得·弗朗西斯（Peter Francis）在对串珠（在考古发现中保存最完好的东西）制造情况进行研究后认为，印度东部的阿里卡曼陀（Arikamedu）曾经是"印度-罗马的'贸易大站'，但是它的东方视野比西方视野要远得多"（1989，1991：40）。中国东汉时期的文献也证明，在2世纪，中国与东南亚之间有重要的贸易活动，这些文献还显示，在公元前2世纪就已经有了这种贸易活动。

到基督教纪元初期，这些贸易路线继续延长，把原先东南亚各地孤立的交易体系联结起来，纳入一个巨大的网络，这个网络从西欧通过地中海盆地、波斯湾和红海延伸到印度、东南亚和中国……这个网络被人们称作世界体系。（Glover 1991）

东南亚曾经是世界上最富裕、在商业上最重要的地区之一。值得注意的是，东南亚最发达的生产和贸易区却位于被中国称作"扶南"的临中国南海的东南亚半岛东侧，而不在克拉地峡的印度洋一侧。但是，从中华文明、印度文明、阿拉伯文明和欧洲文明的角度看，更不用说从后来的葡萄牙人、荷兰人和其他欧洲人的利益的角度看，东南亚只不过是由一些微不足道的民族占据的中间站。甚至阿布-卢格霍德也没有给东南亚应有的地位，而把它看作中国和印度之间的"边陲"贸易中心区（1989：282ff.）。

但是，考古和历史资料都显示，在基督诞生之前和之后的漫长时间里，东南亚一直是一个广大的、具有高度文明和生产力的地区。无论在东南亚的陆地还是在附近的岛屿上，早就出现了高度发达的社会、经济和政治。其中最值得注意的国家有越南的越（Viet）和占婆、柬埔寨的吴哥、缅甸的勃固、暹罗的阿育他亚[①]、苏门答腊的室利佛逝[②]以及室利佛逝衰落后的满者伯夷（麻喏巴歇）。它们彼此之间以及与印度和中国都有广泛的经济和文化联系。从7世纪到13世纪，苏门答腊的室利佛逝及其首都巴邻旁[③]控制着大片的群岛和陆地。13世纪前期，爪哇以富庶而闻名天下。蒙古人入侵东南亚，就是想掠夺这片最富庶的地区，但没

---

① 中国古代文献中又称"大城"。

② 中国古代文献中又称"三佛齐"。

③ 中国古代文献中又称"巨港"。

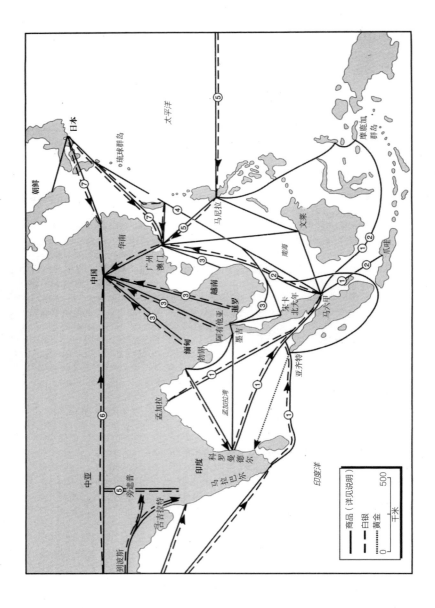

图2-5 亚洲地区主要贸易路线（1400—1800年）

路线：西北 ←——→ 东南

1. 印度 ——— 东南亚

胡椒、香料、大米、　棉织品、丝织品、

糖、大象、锡、铜及　奴隶、钻石、大米、

其他金属、肉桂、　钢铁制品、船运/

柚木、红宝石、黄金　服务业、白银

2. 东南亚群岛 ——— 中国

胡椒、香料、锡、　丝织品、棉织品、

大米、糖、鱼、盐、　瓷器、茶叶、布匹、

香木、松香、漆、　缎子、丝绒、纸张、

龟壳、珍珠、玛瑙、　水果、药品、武器、

琥珀、玉石、燕窝、　火药、铜器、铁器、

粗黄糖、翡翠、　金银线、锌、镍铜

儿茶、锡、（白银）

有部分商品与路线3是重叠的

3. 东南亚大陆（北部）——— 中国（南部）

大米、糖、棉花、　瓷器、漆器、丝绸、布匹、

红宝石、琥珀、玉石、　衣服、武器和火药、铜钱、

鹿皮、虎皮、木材、　水银、铜器、铁器、铅、锌、

船只、粗黄糖、纸张、　镍铜、盐、水果、大黄、茶叶、

儿茶、燕窝、鱼翅、　缎子、丝绒、织锦、棉线、纸张、

烟草、胡椒、苏木、　染料、地毯、鞋袜、家用器具、

锡、铅、硝石、白银　劳动力、船运/服务业

4. 东南亚（北部）——— 日本（南部）（经由台湾岛和琉球群岛）

香料、胡椒、锡、　铜、硫黄、樟脑、刀剑、

糖、药材、（棉织品）　船运业、白银

5. 中国—马尼拉大帆船 ——— 阿卡普尔科/墨西哥/秘鲁

白银　丝绸、瓷器、水银

6. 中亚 ——— 中国

丝绸、茶叶、武器、　马匹、骆驼、羊、玉石、

衣服、瓷器、药材、纸币　药材、（白银）

7. 日本 ——— 中国

白银、铜、硫黄、　丝绸、棉织品、糖、皮革、

樟脑、刀剑、钢　木材、染料、茶叶、铅、

工业品

*括号表述转口或转运。

有成功。从14世纪到15世纪，在室利佛逝衰落后，爪哇的满者伯夷帝国几乎控制了整个印度尼西亚中部地区，并且争夺对中国南海的经济和贸易的垄断权。

《剑桥东南亚史》中总结说：

东南亚地区被人们传说成一片拥有无限财富的土地，那里的发展对于1600年以前的整个世界历史具有极其重要的作用。东半球各个大陆的作家、游客、水手、商人和官员都盛传东南亚的富庶，进入公元1000年以后，它更是名扬退迩……直到19世纪的"工业时代"，全世界的贸易都或多或少地受到东南亚香料输出起伏的影响……相比之下，东南亚及其国际作用的历史在现代没有受到重视。（Tarling 1992：183）

东南亚的地理位置也使之成为世界贸易的一个天然交汇点，更不用说是迁徙和文化交流的会聚点了。这是因为它北临中国和日本，西邻南亚，东邻太平洋。15世纪初，克拉地峡（马来半岛的狭长部分）成为孟加拉湾与南中国海之间的陆上运输通道（而且至今仍被视为一条交通要道）。它后来被经由位于马来半岛南端与苏门答腊岛之间的马六甲海峡和新加坡的海路取代。与之相辅相成的是另一条绕苏门答腊岛南部，穿越把苏门答腊岛和爪哇岛分开的巽他海峡前往中国南海的海路（图2-5）。在很长一段时间里，东南亚的许多地点一直是货物集散地，人们在那些地方转运货物并交换来自各地的货物。

沿海贸易港口、沿河居民点以及内陆农业区一直是交错缠绕的，港口和内陆政权的盛衰也与这些关系的盛衰以及商路的变迁相关联。

"但是，当我们仔细地考察影响东南亚近代早期历史的关键因素时，我们就会发现，它们早在欧洲船队到来之前就发挥作用了。"（Reid 1993：10）"延长的16世纪"（1450—1640年）时期的经济扩张，虽然以在欧洲和美洲的扩张著称，但很可能早在东南亚（自1400年起）为了满足东亚（尤其是中国）、南亚和西亚以及欧洲对香料和胡椒的需求时就开始了。数以万计的工人被卷入生产和贸易的高潮中。这种繁荣虽然在1500年后有大约30年的间断，但至少持续到1630年。1600年到1640年间，当东南亚依然是其他地区的平等贸易伙伴时，美洲白银和印度纺织品的进口达到了顶峰（Reid 1993：11，17）。1580年到1630年间，东南亚贸易的繁荣是与同一时期日本、中国、印度和欧洲的经济繁荣和需求相得益彰的。若干种香料几乎完全是几个海岛的特产；东南亚的胡椒取代了印度胡椒，因为其生产成本比后者低三分之一。不过，棉花是一种更普遍的经济作物和出口产品。经济作物种植在农村的扩大和城市化对农村造成的商业化影响，也导致了大量食品从海上进口（Reid 1993：7-16；另参见Tarling 1992：463-468）。1662年以后，东京湾①也进入世界市场，成为一个重要的陶瓷制品出口地。

到1600年，东南亚已经拥有2 300万人口（Tarling 1992：463），大约相当于整个中国人口的五分之一到四分之一。他们在自身内部以及与世界其他地区进行贸易活动。至少有五六个以贸易为主的城市——越南的升龙②、暹罗的阿育他亚、苏门答腊的亚齐特、爪哇的班丹和马塔兰、西里伯斯（又名苏拉威西）的望加锡——都有10万左右的居民，还有大量季节性和常年的客商（Reid 1990：83）。另外以商业为主的五六个城市，也至少有5万居民。马六甲也有10万居民，但是在被葡萄牙人占领后减少到25 000～33 000人。因此，无论是与当时世界上的其他许多地区相比，还是与自身的后来几个世纪相比，这个时期的东南亚的城市化程度都是比较高的（Tarling 1992：473-475）。

----

① 北部湾的旧称。

② 今河内。

群岛和岛屿

　　印度尼西亚及其邻近地区的劳动分工和贸易模式，是由三个相互联系的轴心组合起来的：海岛和半岛之间的短程贸易；与印度、中国、日本、琉球群岛之间的地区贸易；与西亚、欧洲和美洲的世界贸易。这三个轴心都不仅依赖远方产品的交易，而且依赖印度尼西亚和东南亚自身的生产能力和专业化程度。达斯·古普塔（A. Das Gupta）根据施里克（B. Schrieke）的研究（1955），对15世纪的情况做了一个概述：

　　这基本上是在印度尼西亚群岛内的东西方商品交换的模式，通过这种交换，爪哇的大米被运往各地。印度尼西亚贸易的核心事实是，两种主要产品——胡椒和香料——出自群岛的两端。胡椒产自苏门答腊、马来亚、西爪哇和婆罗洲。香料（丁香、豆蔻和豆蔻衣）则只有在东部的摩鹿加群岛和班达群岛才生产。爪哇生产大米、盐、腌鱼和各种食品，还生产棉花、棉线和纺织品……爪哇的大米和其他产品被爪哇商人和船主运到苏门答腊，换取胡椒和其他外国商品。他们把胡椒运回爪哇，并运到巴厘，再用它换购巴厘的棉织品，因为香料群岛对这种棉织品有很大的需求。最后，爪哇人带着大米和其他爪哇产品、巴厘的棉织品以及印度纺织品、中国瓷器、丝绸和小钱币航行到摩鹿加群岛和班达群岛……印度尼西亚贸易的一个显著特征是，海岛间贸易与国际贸易交织在一起。（Das Gupta 1987：143）

　　里德对东南亚的国际贸易所做的概述是：

　　这个时期东南亚商业交换的模式是，进口印度的布匹、美洲和日本的白银、中国的铜钱、丝绸、瓷器和其他工艺品，出口胡椒、香料、香木、松香、漆、龟壳、珍珠、鹿皮以及从越南和柬埔寨进口的砂糖。（Reid 1993：23）

到17世纪晚期，爪哇也向日本、苏拉特、波斯（在那里排挤了孟加拉糖）远至欧洲出口砂糖（Attman 1981：41）。

此外，东南亚的一些港口——正如后来的琉球群岛和今天的香港——成为中国、日本、欧亚大陆其他部分和美洲之间的重要贸易中心，尤其是在中国和日本对直接贸易实行严格限制而又没有完全杜绝的时期。甚至越南港口会安的小贸易中心，也显示了各个交错的市场之间的联系：

> 越南成为世界贵金属流通的一个交汇点……日本的货船装载着大量的银币和铜币，来换取丝绸、蔗糖、沉香、鹿皮和瓷器。日本商人用预付现金的方式控制着当地的丝绸和蔗糖市场。中国商人在这四个月的"集市"期间蜂拥而至，用他们的丝绸、铜钱和生锌来换取日本白银和东南亚产品。越南人热情接待（所有的人）……从在他们的地盘上进行的交易中提取财政收入。葡萄牙人与中国商人交往密切，带来经果阿转手的美洲和波斯白银、经马尼拉转手的美洲白银以及日本白银。荷兰人也带着美洲白银与中国人在会安接触……（Whitmore 1983：380，388）

日本人也在暹罗的阿育他亚（靠近现在的曼谷）的地区贸易中心建立了一个商业殖民地。到1632年，他们之中许多人遭到屠杀，其余的人被驱逐。甚至在几年前，一名葡萄牙游客就已经多少带点夸张地报道称，阿育他亚有40万户居民，其中有10万户是外国人（Lourido 1996a：24）。这座城市是一个联系广泛的贸易中心，不仅与日本、中国澳门和广州，而且与东南亚群岛港口和马来半岛东海岸的北大年都有贸易往来。另外，阿育他亚还与半岛西侧的丹老和丹那沙林、由此向北的缅甸的勃固以及向东越过海湾的孟加拉、科罗曼德尔以及印度其他部分都保持着联系（图2-5）。经常被人们提及的葡萄牙人托姆·皮雷斯注意到："上百艘船驶向中国、安南、琉球、柬埔寨和占婆……巽他群岛、巴邻旁、交趾支那、缅甸和清迈。丹那沙林的暹罗一侧还与波散、帕提尔、吉打、勃固和孟加拉进行贸易；而且古吉拉特人每年都到暹罗的港口来。"（转引自Lourido 1996a：25-26）卢里多的结论是："从经济角度看，暹罗是中国贸易的一个'半边陲地区'，但是，暹罗湾的所有国家都承认它们构成了一个经济区，暹罗自身正是这个经济区的中心。"（Lourido 1996a：29）不过，最主要的贸易中心是马六甲。正如皮雷斯指出的，控制了马六甲就扼住了威尼斯的咽喉。马六甲是1403年建立的，正值明朝发展海上势力，郑和开始其著名的七次航海活动（从1405年到1433年）。郑和带领27 000人，乘着由300艘船组成的舰队驶往印度、阿拉伯半岛乃至东非，其中多次航行都把马六甲作为中转站。由于明朝政府转而应付蒙古人可能卷土重来的威胁，这种航海活动到1433年暂时中止了。但是，马六甲继续保持兴旺，吸引了越来越多的古吉拉特人。有100人在此留居，有数千人为了与坎贝做生意而每年出入此地。此外，土耳其人、亚美尼亚人、阿拉伯人、波斯人和非洲人也把马六甲当作与东南亚和东亚进行贸易的一个中心。它成为世界上最大的香料市场，其中大部分香料都销往中国。此外，马六甲也是印度纺织品销往整个东南亚地区的批发站——并且通过马尼拉销往美洲。它的食品则由爪哇和印度供应。

1511年葡萄牙人夺取马六甲的事件具有深远的影响。葡萄牙人最多时不超过600人，平时大约只有200人，他们试图垄断马六甲贸易并进而垄断其他贸易。虽然这种企图失败了，但是葡萄牙人成功地把许多穆斯林从马六甲赶到了马来亚的柔佛、婆罗洲的文莱、爪哇的班丹，尤其是苏门答腊的亚齐特。这些贸易中心彼此之间以及与马六甲展开了竞争，结果是开辟出另一条环绕苏门答腊岛另一侧的通往爪哇和中国海的商路。这对爪哇的班丹十分有利，使班丹直接面向中国贸易；这尤其促进了苏门答腊岛最西端的亚齐特的发展。亚齐特在16世纪充分利用这一点，把古吉拉特、科罗曼德尔和孟加拉的贸易吸引过来。马六甲因此而衰落。1641年，荷兰人借助马六甲的竞争对手柔佛的帮助，从葡萄牙人手中夺取了马六甲。

但是，荷兰人马上又力图在盛产香料的摩鹿加群岛以及爪哇岛取得更坚实的地位，因为他们在1619年已经把总部设在了巴达维亚[①]。与在他们之前的葡萄牙人一样，荷兰人也想垄断香料的生产和贸易。他们通过这种徒劳的努力，极力维持香料的价格，为此一再地毁坏摩鹿加群岛的香料树，销毁巴达维亚乃至阿姆斯特丹的香料库存。由此可见，欧洲人在亚洲影响最深远的大规模活动无疑是在东南亚，更确切地说，是在马来亚和印度尼西亚。即便如此，东南亚当地的生产和贸易活动仍未中断；欧洲人曾多次试图控制甚至垄断当地的生产和贸易，但无一取得成功。

J. C. 范勒尔（J. C. van Leur）估计，15世纪和16世纪的东南亚贸易是由大约480艘重量为200～400吨的大型和中型货船承担的（1955：126）。当然，还有330～340艘中型货船以及许多小船承担着印度尼西亚各岛之间的贸易，有115艘货船承担着中国和印度之间的贸易。另外，他还对1622年的船舶吨数做了估计：印度尼西亚的船舶吨数为50 000吨，中国和暹罗的船舶吨数为18 000吨，亚齐特的船舶吨数为3 000吨，科罗曼德尔的船舶吨数为10 000吨，而荷兰的船舶吨数为14 000吨——在总计95 000吨中不到15%（1955：235）。他做的另外一项未指明年代的估计是，在总计98 000吨的船舶吨数中，印度尼西亚的船舶吨数为50 000吨。对于剩下的48 000吨，他统计的比例如下：中国占18%，暹罗占8%，东印度群岛占8%，印度西北部占20%，科罗曼德尔占20%，亚

---

① 今雅加达。

齐特占0.6%，（缅甸的）勃固占10%，葡萄牙占6%，另外还有10%承担着与日本之间的贸易（1955：212）。

甚至到18世纪，依然有大宗的香料出口到中国，而且香料贸易大多掌握在亚洲人手中。值得注意的是，在东南亚，这些"人手"（和头脑）通常也包括妇女在内。他（她）们定期乘坐商船来参加国内和国外大规模的商业活动和其他市场交易。不过，中国贸易的大部分并不掌握在东南亚人手中（更不是掌握在欧洲人手中），而是掌握在中国人手中。马尼拉和巴达维亚一直被人们称作"唐城"（Will 1993：99，100）。许多中国的工匠、手工业者和商人也到东南亚各地定居，构成了今天著名的海外华人群体（Tarling 1992：482，493–497z）。

来自中国广东、浙江、福建等省的货船，到日本、菲律宾、梭罗、苏拉威西、西里伯斯、摩鹿加群岛、婆罗洲、爪哇、苏门答腊、新加坡、廖内、马来亚半岛东岸、暹罗、交趾支那、柬埔寨和东京湾进行贸易活动。东向沿海路线把福建同菲律宾和印度尼西亚联系起来。西向沿海路线把广东同东南亚大陆联系起来。据估计，在当时（大概在1800年以后不久）的222艘货船中，每次有20艘是开往日本、交趾支那和东京湾的，有10艘开往菲律宾、婆罗洲、苏门答腊、新加坡和柬埔寨。此外，还有许多小船是从海南岛出发的（Hamashita 1994a：99）。

大陆

我们对东南亚与其他地区之间的贸易的概述侧重于海岛或群岛地区，而给予大陆地区尤其是陆上贸易的篇幅则较少。其原因并不是前者比后者更活跃或更重要，而是有关前者的资料更丰富。海上贸易与欧洲人的关系更密切，因此他们保存了当时的记录；另外，近代以来的历史研究尤其是水下考古也集中在这些地区。但是，缅甸、暹罗和越南彼此之间以及与东南亚群岛之间也保持着远距离的海上、河上和陆上贸易关系，而且与印度和中国保持着可能更重要的贸易关系（图2-5）。但是，这些贸易留下的资料很少，至少这些资料没有被19世纪和20世纪的历史学家和其他学者充分发掘出来。由于我本人无法接触到并因语言障碍而读不了这些资料，因此这里仅限于根据孙来臣（1994a，b）和卢里多（1996a，b）正在对文献所做的概述和分析做一说明。

孙来臣证明，缅甸与中国的贸易有三个特别活跃时期，第一次是在13世纪晚期元朝的征服活动之后，第二次是在14世纪晚期和15世纪初期（这与我们关于自1400年前后起其他地区生产与贸易扩张的结论一致），第三次始于18世纪末（1994a）。孙来臣强调，虽然缅甸对华贸易采取了某种"进贡"使团的形式（参见后面关于中国的一节），但是当时的人们以及后来的学者都很清楚它们的商业动机。每当这种贸易因政治因素或气候因素而暂时中断时，缅甸的"人民就会缺少基本生活用品"。缅甸不仅从中国进口大量的生丝、食盐、铁器和铜器、兵器和火药，而且进口布匹、绸缎、丝绒、针线、地毯、纸张、水果、茶叶以及铜钱。同时，缅甸也向中国出口琥珀、珍贵玉石、象牙、鱼、燕窝、鱼翅、粗黄糖、翡翠、儿茶、槟榔子和烟草。另外，到18世纪（其至还要早一些），缅甸还向中国出口原棉。

孙来臣使用的资料中记录了大批的驮队、在伊洛瓦底江上运行的30艘船以及承担着其他缅中贸易的110～150艘货船。繁荣的缅甸水上贸易的规模是同样重要的陆上商旅贸易的2～3倍，可以想象，陆上贸易有一部分是走私违禁的中国金属和武器。这种贸易也深入缅甸众多的集市，例如每天一小市、五天一大市的孟密。另外，缅甸的矿藏也吸引了数以千计的华人企业家、商人和工人。他们生产的金属既供应当地市场，也出口到中国。这也使得缅甸能够补偿其他方面的贸易逆差。由于使用铜币、贝壳、银块和银币，缅甸的国际贸易和国内贸易都逐渐货币化了。

越南和中国之间也有繁荣的贸易、人员流动和其他关系。越南出口生丝、蔗糖、茶叶、布匹、鞋袜、纸张、染料、灯油、槟榔子、糖果、药材以及铜钱，进口木材、竹子、硫黄、药材、染料、食盐、大米和铅。越南的矿藏分布甚至比缅甸还要广泛，出产铜、铅，可能还有锌和银，其中有一些也向中国出口。越南的矿工和相关工匠据称有数千人，其中有许多是华人。他们因失业和贫困而背井离乡，也是被越南及东南亚其他地区的机会吸引而来的（Sun 1994a）。

暹罗的贸易值得特别关注。这不仅因为它的活动大部分集中在中国市场，而且因为这种贸易是用中国货船或雇用中国人的暹罗货船来进行的，因而中国政府把这种贸易当作"国内"贸易（Cushman 1993）。这种贸易采取了最常见的方式。暹罗出口各种商品，尤其是大米、棉花、蔗糖、锡、木材、胡椒、小豆蔻以及贵重的奢侈品，如象牙、犀牛角、苏木、安息香、鹿皮和虎皮，还有铅和银。可能暹罗制造的船只也是一种主要的出口物。珍妮弗·库什曼（Jennifer Cushman）解释说："暹罗的出口物不应被看作次要的奢侈品，而应被视为中国的大众消费和消费品制造业所需要的重要商品。"（1993：78）中国的出口物主要是瓷器、纺织品、扇子、纸张、书籍、铜器、蜜饯等供暹罗大众消费的产品。

暹罗的港口，尤其是位于曼谷以北河畔的阿育他亚，也是一个四通八达的地区间货物的集散转运中心。但是，与东南亚其他地区一样，中国输往暹罗的另一种重要"出口物"是人，尤其是福建人，包括劳工、手工业者、企业家和商人（Viraphol 1977，Cushman 1993）。

作为东南亚在国际贸易中地位的集中表现，它向欧洲、西亚和印度出口当地出产的香料和锡。它还把从印度进口的货物转口输出到中国。中国是它的主要顾客，对中国的出口量比对欧洲的出口量大约多8倍。此外，东南亚也向印度、中国和日本出口本地出产的林业产品、棉花和黄金。东南亚接受来自印度的白银，其中一部分再通过马六甲输出到中国。因此，东南亚对印度（当然还有西亚和欧洲）的贸易是顺差，对中国的贸易则是逆差。

关于东南亚"区域内"经济的后果，里德做了这样的概述：

从1400年到1630年的这整个时期，是经济迅速货币化和商业化的时期，其中从1570年到1630年是经济扩张最迅速的阶段。按当时的标准，居民中很大一部分都卷入了世界经济的生产和销售活动；这些人使用的日常生活用品，如布匹、瓷器、用具和钱币等，都依赖远方的进口。贸易在东南亚国民收入中占有相当大的份额（还是按当时的标准），因此使得其城市化程度甚至高于20世纪前期再次达到的程度。在这些城市里有一些完全致力于商业贸易活动的群体，还建立起用船抵押、利润分成以及放贷等制度。但是，在一些关键领域，中国、印度和日本在经济上比东南亚更先进，尽管许多东南亚的城市居民已经了解到了他们的相关技术（包括钱庄等）。（Reid 1993：129）

但是，东南亚也有一种金融体制及其"复杂而可靠的金融市场"，在这种市场上能够以大约2%的月息借到钱，这种情况与欧洲有些类似（Reid 1990：89；Tarling 1992：479）。奇波拉指出，由于美洲的白银供应大幅度减少，货币利息急剧下降，从而造成了欧洲的"真正革命"（1976：211–212）。

西班牙人在菲律宾占据的马尼拉、越南、中国台湾以及葡萄牙人在中国南海沿岸占据的澳门在生产方面做出的贡献，与东南亚其他地区相比是微不足道的。但是，它们提供了重要的转口贸易功能，尤其是在中国和日本的贸易中。仅从中国驶往马尼拉的商船，每年就有30～50艘。墨西哥从马尼拉越洋进口的货物中有60%产自中国，其中包括中国的水银。这种水银一直短缺，但对于美洲开采和提炼白银是必不可少的（白银的一部分又流向中国）。16世纪初，为了推进这种贸易，马尼拉的定居华人增加到27 000人（一说30 000人）。但是，他们成为几次大屠杀的牺牲者，1603年的那一次就有23 000人被杀害（一说25 000人），1640年又爆发了一次大屠杀（Yan 1991，Quiason 1991）。在本书第3章中，将对这些贸易中心在货币转移中的作用进行考察。

（8）日本

最近的研究成果显示，早在13世纪，日本经济就出现了重要的发展势头。一些学者证明，在这个早期阶段，日本已经深深陷入对外与亚洲其他部分进行贸易的活动……对中国和朝鲜的贸易，成为日本经济的重要组成部分……15世纪和16世纪，对外贸易发展十分迅猛，贸易活动扩大到远东其他部分，甚至远至马六甲海峡。（Sanderson 1995：153）

朝鲜、日本和琉球群岛（位于日本以南500英里①，与中国沿海地区隔海相望）是中国的中心–边陲朝贡体系的第一圈。但是，日本也是一个对中国虎视眈眈的竞争对手，千方百计地追求一切竞争优势，特别是在中国遭遇"麻烦"的时期，例如在中原王朝与蒙古人对抗时或发生内乱时。斯蒂芬·桑德森也指出："看来，日本开始从事生机勃勃的远东贸易时，大体上是在宋代晚期和明朝初期中国逐渐退出世界贸易和经济衰退的时候。这些事件无疑是互相联系的。由于形成了一个巨大的经济真空，日本就迅速地来填补它。日本在中国退出的地方逐渐积聚了力量。"（1995：154）

1560年以后，日本成为一个重要的白银乃至铜的出产国，并向中国与东南亚出口白银和铜。日本还向更远的印度和西亚出口黄金、硫黄以

————————

① 1英里约合1.6千米。

及樟脑、铁、刀剑、漆、家具、米酒、茶叶和优质大米。同时，日本接受中国的丝绸、印度的棉织品以及朝鲜、中国和东南亚的其他各种生产和消费用品，如铅、锡、木材、染料、蔗糖、毛皮和水银（用于熔炼本地的银）。正如池田禅洲指出的，日本对亚洲（尤其是中国）的立场与欧洲很相似：它们都从中国进口商品，并出口白银作为支付手段（Ikeda 1996，不同之处是，日本自己出产白银，而欧洲则从美洲掠夺白银）。日本的货物大多用中国货船运送，只有一部分最初是由葡萄牙船运送，后来由荷兰船运送，这些葡萄牙人和荷兰人是到日本来获取白银、铜以及其他出口物资的。琉球的商人和货船也是日本对中国和东南亚贸易的中介。日本还建立了本国面向出口的陶瓷业，来与中国竞争。趁中国明清迭代，南方政治失控之机，日本在1645年以后缩减了80%的中国瓷器进口量，自1658年起，日本更是成为一个面向亚洲、波斯湾和欧洲市场的重要出口国。

里德指出，在17世纪和18世纪，日本的经济优势足以与先进的欧洲国家媲美（1993）：

就日本而言，在1570年到1630年这一时期，国家实现了统一；城市繁荣发展，成为兴旺的国内贸易的中心；矿山出产质量优异的白银，使得日本能够与东南亚展开十分活跃的贸易。日本船只依然被禁止与中国进行直接的贸易活动，因此日本白银与中国丝绸及其他产品之间的交换只能在东南亚的港口尤其是马尼拉和会安（位于越南中部，西方人称作"Fiafo"）进行。从1604年到1635年，每年大约有10艘日本货船获准与南方进行贸易，其中绝大多数开往越南（在这31年间共有124艘船）、菲律宾（56艘）和暹罗（56艘）。1635年，这种活动戛然中止……（但是）在该世纪余下的时间里，日本的贸易额依然保持在一个高水平上，但只能通过荷兰人与中国人在长崎受到严格控制的贸易活动进行。（Tarling 1992：467-468）

　　总而言之，日本的出口额估计占到其国民生产总值的10%（Howe 1996：40）。据记载，从1604年到1635年，有335艘商船获准驶往东南亚，而且日本人控制了暹罗的贸易（Klein 1989：76）。基本上，在这同一时期，日本进口的中国丝绸增长了4倍，达到40万千克；甚至在17世纪50年代，中国度过了该世纪中期的经济和政治危机后，每年都有200艘货船抵达长崎（Howe 1996：37，24）。

　　从1500年到1750年，日本的人口翻了一番，从1 600万增长到2 600万～3 200万（表4–1和表4–2）。但是，克里斯托弗·豪（Christopher Howe）认为，日本人口的年增长率为0.8%，仅从1600年到1720年就增长了1倍多，达到3 100万人（1996）。而苏珊·汉利（Susan Hanley）与山村所做的人口研究则认为，1721年的人口达到2 600万（Hanley and Yamamura 1977）。以后的资料显示，日本人口基本上稳定在这一水平。

　　关于17世纪后半期和18世纪日本经济的发展，一直存在争议。早先有一种观点认为，"锁国"造成了"停滞"。新近的研究修正了这种观点。虽然日本的人口保持稳定（同时，亚洲许多地区的人口在继续增长），但是日本的农业生产和其他部门的生产还在继续增长。因此，按照汉利和山村（1977）和豪（1996）所做的新计算，在18世纪，人均收入是增长的。

　　豪仍然支持这一说法：日本的外贸在衰退，在1688年以后尤其明显，在整个18世纪始终处于一个很低的水平（1996）。但是池田的著作（1996）反映了日本学术界的新进展，证明"锁国"政策根本没有引起外贸的减少。中国丝绸的进口直到1600年依然在继续进行，甚至有所增加，直到1770年也没有结束。另外，通过朝鲜和琉球进口的丝绸的数量，有时甚至超过从长崎进口的数量；官方也始终未能控制住与中国南部的非法贸易。日本与东南亚（包括缅甸）的贸易也在继续蓬勃发展。现在看来，与早先的设想相反，日本的白银出口甚至延续到18世纪中期。当然，外国商船（尤其是中国商船）继续造访日本。

　　总之，正如这些以及其他研究成果［例如约翰·霍尔主编的《剑桥日本史》（1991）］所显示的，日本的人口先是迅速增长，然后稳定下来；同时，经济上发生了相当广泛的商业化和城市化。我们将在第4章中考察日本的人口增长及其一部分机制。在此，我只想简单地评论一下令人叹为观止的日本城市化。在1550年以后的一个半世纪里，拥有10万人口的城市从1个增加到5个。到18世纪，日本的城市人口比例高于同时代的中国和欧洲。大阪、京都和江户（今东京）都至少有100万人口，江户的人口更是达到了130万（Howe 1996：55）。到18世纪晚期，日本有15%～20%的人口已经城市化了（Howe 1996：55，63）；有6%——根据桑德森的研究（1995：151），甚至达到10%～13%——的人生活在10万人以上的城市里，而当时欧洲仅有2%的人生活在10万人以上的城市里（Hall 1991：519）。进一步说，日本的人口仅占世界人口的3%，但是全世界生活在10万人以上城市里的人口中有8%是日本人。基于这种情况，那种认为德川时期甚至更早时候的日本处于"停滞""封闭"乃至"封建"状态的说法，理所当然地应该被否定。的确，我们甚至应该修正这种观念：1853年海军准将佩里的叩关才使日本"开放"，1868年的明治维新造成了与德川幕府时期传统之间的突然决裂。与罗马一样，现代日本不是在一天里建成的，甚至不是在一个世纪里建成的。

（9）中国

　　在明清时期，中国的生产、消费和人口都出现了大规模的增长，只是在17世纪明清迭代之际有过短暂的中断。有关这一中断的情况，我们将在第5章中予以考察。这里，我们先来考察中国的生产和贸易的某些方面，尤其是它们在整个世界经济中的地位和作用。在11世纪和12世纪的宋代，中国无疑是世界上经济最先进的地区。关于蒙古人入主中原以及元朝统治造成了多大的变化，我们这里暂不考虑。我们需要考虑的是，在1400年到1800年间的明代和清代，中国经济在世界上的地位和作用。人们通常认为，中国是一个自我封闭、自成一体的经济社会，尤其是在明朝于15世纪停止了海上扩张和清朝于17世纪对海上贸易严加限制之后。下面，我们将用事实对这种流行观念提出挑战。

诚然，中国的海上扩张，尤其是1403年后郑和主持的海上扩张活动，在1434年戛然中止。其原因一直引起许多人的思考，但是先前的扩张和后来的收缩无疑与中原王朝同大陆西北部的蒙古人及其他民族的关系相关，也与明朝迁都相关。明朝迁都到靠近边境的北京，也是为了更好地对付蒙古人卷土重来的威胁。1411年，大运河重新开通，主要用于从长江流域的生产和人口中心向遥远的北京和边镇供应大米，由此也减少了对沿海上商路以及航海商人和海军的依赖。南方海上利益集团与北方内陆利益集团之间的政治经济冲突，越来越以有利于后者的方式解决。与此同时，沿海的日本和中国的海盗、走私活动日益猖獗，反而加强了内陆利益集团的势力，导致当局对海上商业活动的进一步限制。直到1567年，迫于南方（尤其是福建）有关利益集团的要求，这些限制才被废弃。与此同时，1571年，中原王朝不再与亚洲内陆的蒙古人对抗，削减了三分之二以上的军队，重新恢复了对北方边疆游牧民族的和谈绥靖政策。

但是，东南部的海上贸易活动从来没有停止过。非法贸易很快就与"日本人"（其实更多的是中国人）的海盗活动交织在一起，发展得十分兴旺，其交易量远远超过官方的"朝贡"贸易（Hall 1991：238）。中国东南沿海的进出口贸易周期性地出现小高潮；而且，至少从1570年起，到1630年前后，当明朝政府的财政急转直下时，这种贸易出现了复苏和繁荣（详见第5章）。

人口、生产和贸易

　　人们对于明代中国的人口有各种说法不一的估算。1393年的人口普查数字为6 000万，但有人认为，实际数字可能不止于此（Brook 1998）。威廉·阿特韦尔（William Atwell）估计，1500年时人口已达到1亿（1982）。另外一些人则认为，一个世纪以后即1600年才达到这个数字。但是，费正清认为，到1600年时有1.5亿人（1992：168），卜正民则认为可能达到了1.75亿人（1998）。何炳棣在《中国人口研究》一书中认为，实际人口数字通常都超过官方记载的数字。例如，1740年可能至少超出20%（1959：46）。所有学者都认为，明代中国经济发展迅速，人口增长了1倍或更多。在结束了17世纪中期的危机之后（关于这一危机详见第5章），中国重新开始了新一轮的人口增长、城市化和生产增长。表4–1在综合了各种资料的基础上对中国人口的估计是，1500年为1.25亿（表4–2的保守估计为1亿），1750年为2.7亿（保守估计为2.07亿），1800年为3.45亿（保守估计为3.15亿）。在这三个世纪里，中国人口翻了三番，远远高于欧洲的人口增长速度。在17世纪初的明代晚期，出现了一些大城市（虽然500年前的宋代已经如此），如南京的人口达到100万，北京的人口超过60万。到1800年，广州与邻近的佛山加起来有150万居民（Marks 1997a），其数量几乎相当于整个欧洲城市人口的总和。

　　中国的生产和人口增长得益于西属美洲和日本白银的进口。当然，这种增长首先得益于引进早熟水稻并因而有了一年两季的收成，其次得益于引进美洲的玉米和红薯，从而使可耕地面积与粮食收成都有所增长。但是，在17世纪早期和中期，中国的经济与政治都遇到了暂时的麻烦，这或许应归因于这种人口增长以及气候原因（见第5章）。人口和生产都出现了衰退，甚至暂时出现了急剧的下降；但是从17世纪末又开始恢复，在整个18世纪以加速度发展，到1800年大约达到了3亿人口，或者说几乎翻了三番（Eberhard 1977：274）。

王国斌对中国的农业、商业和工业的扩张做了一个总结：

> 有关经济作物、手工业和贸易增长的基本情况，在中国和日本的文献中有很好的描述……最引人注目的是邻近上海的长江下游地区棉织业和丝织业的发展。这两个主要手工业部门和水稻及其他经济作物的发展，创造了中国最发达的地区经济。长江中上游的安徽、江西、湖北尤其是湖南和四川等省份出产的稻米顺流而下运往这个地区，供应当地居民。由于市场的扩展把越来越多的地方联系起来，这些省份的部分地区也开始种植经济作物和发展相关的手工业，如棉花、靛青、烟草、陶瓷和纸张。
>
> 市场的扩展在长江一带表现得最明显，但并不限于这一广大地区。在中国南部和东南部的一些地区，经济作物和手工业也得到了发展。广东珠江三角洲出产甘蔗、水果、蚕丝、棉花、五金器具、香油以及桐油。在东南沿海一带，16世纪的外贸活动刺激了茶叶和蔗糖等经济作物的生产。（Wong 1997）

岭南地区尤其是广东和广西以及福建，呈现出一派蒸蒸日上的景象。外贸尤其是换取白银的丝绸和瓷器出口，刺激了这些省份经济的发展。有一位总督说，每年有上千艘大船出入广东。这或许是夸大之词。但是，有一位英国船长也说，1703年，在广州海面上有5 000艘大大小小的船只（Marks 1996：62）。马立博分析了从16世纪到19世纪这种外贸对内贸、农业的商品化以及环境的影响。在16世纪的后40年中，广东的粮食市场的数目增加了75%，其发展速度比人口增长速度要快得多（1996：61）。马立博的结论是：

> 经济的商品化是使旧貌换新颜的强大力量。珠江三角洲的农民不仅把水田改造成鱼塘和桑树堤（不仅提高了生产效率和商业效益，而且有生态

上相辅相成的作用，对于饲养桑蚕十分必要），而且他们由此而产生的粮食需求，也使得岭南其他地方的许多农业区变成了单一生产外销水稻的地区……珠江三角洲的农民只种植经济作物，把水稻生产推给了珠江流域。珠江流域的农民以边缘的丘陵地生产的红薯和玉米为生，而把水田出产的大米顺流而下运往珠江三角洲……（但是）如果没有来自外界的越来越多的刺激，这整个体系是不可能维系的。（Marks 1996：76）

然而，大米供应的短缺是不可避免的。18世纪初，经济作物（包括甘蔗，一度还有棉花）的种植占用了广东一半的耕地，广东只能生产出所需的一半大米。因此，需要从外面包括东南亚输入的大米的总量越来越大。对此，北京中央政府一再使用免税政策来鼓励复耕边缘土地和开垦丘陵土地，而这就导致了毁坏森林、水土流失和其他的环境破坏。

中国在世界经济中

在前面的讨论中已经提到的两个相关因素，或许对于世界经济具有极其重要的意义。一个因素是中国的生产和出口在世界经济中具有的领先地位。中国在瓷器生产方面是无与伦比的，在丝绸生产方面也几乎没有对手。这些是中国最大的出口产品，主要卖给其他的亚洲买主，其次是供应马尼拉–美洲贸易（Flynn and Giraldez 1996）。另一个同样被弗林和吉拉尔德兹强调的重要因素，就是中国作为世界白银生产的终极"秘窖"的地位和作用（1994，1995a，b）。当然，这两个因素的相互关联在于，直到19世纪中期，中国长期保持的出口顺差主要是通过外国人用白银偿付来解决的。

然而，中国对白银的吸收还有另外一个原因——明朝政府抛弃了元朝乃至更早的宋朝部分使用纸币的政策。这是因为在发生危机时，滥印

纸币总是造成通货膨胀的后果。明朝政府先是停止了纸币的印制，接着
又停止了纸币的使用，从而完全使用铜钱和银锭。另外，货币税收的份
额越来越大，最终演变成完全用白银交纳的"一条鞭法"的税制。正是
中国对白银的公共需求、中国经济的巨大规模和生产力以及由此产生的
出口顺差，导致了对世界白银的巨大需求，并造成了世界白银价格的
上涨。

因此，弗林和吉拉尔德兹说："如果没有近代早期中国向以白银为
基础的社会的转变，欧洲和中国就不会有同样的'价格革命'，也不会
出现一个西班牙帝国（靠出售白银而得以生存）。"（1994：72）这种
说法并非耸人听闻。事实的确如此，只不过正如我在第3章中将要论证
的，中国的商品生产足以使之控制住通货膨胀。

葡萄牙人与荷兰人先后抵达东亚的口岸，力图成为中国与其邻国贸
易的中间商，从中国（和日本）的经济扩张中分得一杯羹。当然，他们
以及另外一些人也把一些重要的美洲作物引进中国，其中如玉米和红薯
等对于中国的农业生产和消费增长产生了重大作用。

我们现在最好来研究一下，中国物产丰富的经济在哪些方面以及
如何进入世界经济。我们已经知道，中国出口丝绸、瓷器和水银，在
1600年以后还出口茶叶。但是，中国也是锌以及铜镍合金的产地，这
两种东西在其他国家也被当作铸币的合金原料。当时有一个名叫波特
洛（Botero）的人指出："从中国输出的丝绸数量几乎超出人们的想象。
每年有1 000英担[①]丝绸从这里输出到葡属印度群岛和菲律宾。它们装
满了15艘大船。输往日本的丝绸不计其数……"（转引自Adshead 1988：
217）

明代中国实际上垄断着世界市场上的陶瓷（至今瓷器仍被称作

---

① 1英担约合51千克。

"china"）。不过，80%的瓷器出口是输往亚洲，其中20%输往日本。输往欧洲的瓷器在数量上仅占16%，但都是优质产品，其价值高达中国瓷器出口总额的50%。然而，明清王朝的更迭使得1645年以后的瓷器出口减少了三分之二以上。尤其是从1645年到1662年这段时期，盘踞福建的郑氏家族依然效忠于明朝，几乎完全控制了已经大大萎缩的出口贸易。萎缩了的瓷器出口贸易持续到1682年。在此之后，这种贸易的数量恢复到原来的水平，其市场份额也有所恢复。与此同时，日本和1662年以后越南的东京①也成为重要出口地（Ho Chuimei 1994：36-47）。简略地说，东京也向荷兰人供应丝绸，荷兰人再把丝绸运往日本换取白银（Klein 1989：80）。中国也向巴达维亚输出丝绸，从那里与孟加拉丝绸一起转口到日本。反之，中国进口印度的棉织品（其中一部分则转手再出口），东南亚的香料、檀香木及造船木料或船只，以及其他地区的白银。与此同时，中国也生产大量的棉织品，主要供自身消费，也有一部分出口到欧洲。据17世纪晚期抵达上海的耶稣会传教士估计，仅此一地就有20万织布工人和60万提供纱线的纺纱工人（Ho Chuimei 1994：201）。

　　滨下武志在《朝贡贸易体系与现代亚洲》（1988）与《19世纪和20世纪的日本与中国》（1994b）两篇文章中，对以中国为基础的独立的亚洲世界经济做了一个颇有意思的解释。滨下主张把"亚洲历史（看作）一个以中国为中心、以内部的朝贡关系和朝贡-贸易关系为特征的统一体系的历史……（这是）一个有机的整体，与东南亚、东北亚、中亚和西北亚有一种中心-边陲关系……与邻近的印度贸易区相连接"（1988：7-8）。滨下是以延续到19世纪的古代中国的"朝贡"体系为中心展开分析的：

---

① 越南北部大部分地区的旧称。

中国中心论的观念不单纯是中国的偏见，实际上也是各个朝贡地区的共识……中国人统治地区的周边藩属朝贡地区本身是一种历史的存在，而且这种历史还在延续……因此，所有这些国家彼此之间都保持着藩属朝贡关系，这些关系构成了一种连续的链条。值得注意的是，该体系的另一个基本特点是，它的基础是商业交换。朝贡体系实际上是与商业贸易关系网络并行存在的，或者说它们是一种共生关系。例如，暹罗、日本和中国南方之间的贸易长期以来就是靠朝贡使团获得的利润来维持的，甚至有时许多非朝贡贸易几乎得不偿失……中国商人在东南亚的商业渗透以及"海外华人"的迁徙，在历史上与这种贸易网络的形成和发展相互交织、难解难分。商业扩张和朝贡-贸易网的发展是相辅相成的。东亚和东南亚的贸易关系是随着朝贡关系的扩展而扩展的。应该指出，这种朝贡贸易也是欧洲国家与东亚国家之间的中介贸易……朝贡关系实际上构成了一个多边的朝贡贸易网，同时从这个贸易网之外吸收着大量的商品……总而言之，整个朝贡和地区间贸易区以中国朝贡体系为中心，而且具有自身的结构规则，通过白银的流通而实行着有条不紊的控制。这个涵盖东亚和东南亚的体系也联结着毗邻的贸易区，如印度、伊斯兰地区和欧洲。（Hamashita 1994a：94，92，97）

特别值得注意的是，滨下承认："实际上，人们完全有理由把朝贡交换看成一种商业交易……（它）实际上既包含着包容性关系，也包含着竞争性关系，并日益扩大，形成一个覆盖广阔地区的网络。"（1988：13）的确，众所周知，中亚商人经常带着伪造的公文，冒充"政治使团"，"朝贡"无花果树叶，其实是在从事平凡的商业贸易活动。早在几个世纪以前，耶稣会传教士利玛窦等欧洲旅行者就谈到过这种情况，明代的官方文件也直率地承认这一点（Fletcher 1968）。日本人也同样利用朝贡方式，来享受甚至垄断有利可图的对华贸易。还有一些学者也认为："到中国的暹罗商人，无论是否去朝贡，都完全是出于商业动机。"（Viraphol 1977：8；另参见pp.140 ff.）库什曼也注意到了这种情况（1993）。

滨下还认为："整个复杂的朝贡贸易结构的基础，是由中国的价格结构决定的……朝贡贸易区组成了一个统一的'白银'区，即白银成为中国持续贸易顺差的结算手段。"（1988：17）

滨下是根据明清两代的制度性法规来阐释中国朝贡贸易体系的。这些法规区分和排列了——有时根据情况变化也修正了——"朝贡国"的地理等级，并明确规定了它们各自的进出口岸。在这种等级中，首先是北方的朝鲜和日本，然后是东南亚的各个地区和西方的印度，最后是葡萄牙与荷兰。虽然在意识形态上，"中央之国"的天朝乃是天下的中心，但中国人也讲究实际和实用，承认商业贸易以及其他相似活动乃是一种他们称作"朝贡"的方式，即其他人不得不交付给他们某种东西。

虽然置身其中，但当时的中国朝廷（以及现在的滨下）基本上是务实的，因为外国人都不得不为了换取中国认为便宜的出口货物而倾其所有地支付给中国大量珍贵的白银，使白银每年源源不断地运往中国。这些支付并没有改变它们的基本职能，但是在思想观念上被称作"朝贡"。外国人（包括欧洲人）为了与中国人做生意，不得不向中国人支付白银，这也确实表现为商业上的"朝贡"。这些朝贡国被按照各自在以中国为中心的同心圆里的位置加以分类，这在我们今天看来是带有过分强烈的意识形态性质的，但是这种分类相当准确地反映了一种基本现实：整个多边贸易平衡体系（包括印度和东南亚）因逊于中国的产业优势而扮演的辅助角色，起了一种磁石的作用，使中国成为世界白银的终极"秘窖"！直到18世纪，这些商业交易的白银结算（也可以称作"朝贡"），这种中国与朝鲜、日本、东南亚、印度、西亚、欧洲及欧洲的经济殖民地之间以及这些地区之间的中心-边陲关系，在世界经济中起了一种决定性作用。滨下称之为这些地区之间的"藩属朝贡关系的连续链条"。可以推测，中国所处的中心地位使得它的国内价格结构产生了重大影响。虽然是否如滨下所说的，它本身就能"决定"亚洲乃至世界经济的所有价格，是大可怀疑的，但是它的影响应该受到远比现在更多的注意。

另一方面，滨下正确地指出，西方人要想做生意，几乎别无选择，只能加入早已建立的"作为该地区一切关系基础的……朝贡贸易网……在其中（建立）一个切实可行的据点"（1988：18）。但是，这与其说是在谈论实际的对华贸易，不如说是揭示了亚洲的普遍规则：欧洲人唯一的选择就是把他们的贸易马车挂在亚洲庞大的生产和商业列车上，而这列亚洲火车正行驶在早已修筑好的轨道（即陆上和海上网络）上。进一步看，2000年来，东亚和东南亚的中国"朝贡贸易网"一直是更大的非洲-欧亚世界经济网的一个组成部分。欧洲人所做的不过是把美洲纳入这个网络。但是，正如前面已经提到的，有证据表明，在哥伦布启航的很久之前，中国人已经在某种程度上做到了这一点，而且获得了珍贵的支付手段！我们不妨看一看汉斯·布罗埃尔（Hans Breuer）的著作《最先抵达美洲的是中国人》[①]（1972）。

"中国贸易"造成的经济和金融后果是，中国凭借着在丝绸、瓷器等方面无可匹敌的制造业和出口，与任何国家进行贸易都是顺差。因此，正如印度总是短缺白银，中国则是最重要的白银净进口国，用进口美洲白银来满足它的通货需求。美洲白银或者通过欧洲、西亚、印度和东南亚输入中国，或者用从阿卡普尔科出发的马尼拉大帆船直接运往中国。中国也从日本获得大量的银和铜，并通过中亚的内陆贸易获得一些银和铜（见第3章）。中国既进口黄金，也出口黄金，这取决于黄金、白银和铜之间比价的变动情况。总体上看，在许多个世纪里，白银是向东

---

① 原书名是 *Columbus Was Chinese*。

流动的（除了从日本向西流动和从阿卡普尔科通过马尼拉向西流动），黄金则通过陆路和海路向西流动。有些向东流动的黄金也流向欧洲。

　　因此，以中国为中心的国际秩序也从中国的东亚和东南亚"朝贡"网之外吸收商品。这也就意味着，这个网络本身乃是世界经济体系的组成部分，而不是滨下所暗示的那种自成一体、自我封闭的世界。但是，滨下以及中国人也同样持有的观点基本上是正确的："以中国为中心的国际秩序……实际上构成了一个多边朝贡贸易网，同时从这个贸易网之外吸收着大量的商品（尤其是白银）。"（1988：14）值得争议的仅仅是，这个以中国为中心的经济网络究竟有多大。

　　池田禅洲也反对流行的欧洲中心论，充分利用滨下的以中国为中心的东亚"模式"，提出了一种适应今天的中国复兴的视角（1996）。但是，池田还是局限于描述一个仅次于"欧洲的世界经济"的、以中国为中心的东亚和东南亚"世界经济"。池田对这个亚洲的"世界经济"的过去、现在以及可能的辉煌未来进行了缜密的思考，但是他依然不愿或不能把这两个以及其他的地区性"世界经济"看作一个统一的全球世界经济的组成部分。当时的全球经济可能有若干个"中心"，但是如果说在整个体系中有哪一个中心支配着其他中心，那就是中国（而不是欧洲！）这个中心。卜正民在其研究明代经济与社会的专著的导言中写道："中国，而不是欧洲，是当时世界的中心。"（1998）

　　还有一些学者也注意到中国作为整个世界经济的中心的可能性。魏斐德（Frederic Wakeman）认为，按照皮埃尔·肖努（Pierre Chaunu）的观点，中国（17世纪）的国内危机实际上促成了全球危机："对中国大陆贸易的起伏跌宕决定了海上贸易的起伏跌宕。"中国政府及其统治下的社会因此能够比世界其他大国更快地从17世纪危机中恢复。（1986：4，17）丹尼斯·弗林对白银流向的研究也使他得出结论：中国至少在世界白银市场上处于中心地位。因此，弗林和吉拉尔德兹认为，应该在世界白银贸易中"给中国（及其东亚朝贡体系）保留一个中心位置"
（1995c），因为这一体系大概涵盖了世界上五分之二的人口。弗林和吉
拉尔德兹在另一篇文章里进一步指出："我们把白银看作全球贸易兴起
的一个关键性动力。"因此，"我们认为，明代中国的新货币财政体制
的出现，乃是……以中国为中心的世界经济背景下……近代早期全球贸
易的推动力"。（1995b：16，3）在很大程度上，事实确实如此。但是，
如果没有一种现成有效的供给，中国（或其他国家）对白银的渴求在那
时（至今也一样）不可能转化为对白银或货币的需求。有了这种供给，
那些能够用白银或其他货币支付的人才会有需求。同样甚至更为重要的
是，由于中国的制造业在世界市场上具有高产出、低成本的竞争力，因
此中国能够有效地提供这种商品供给。

因此，我们能够而且应该做出比滨下更强有力的证明：整个世界经
济秩序当时名副其实地是以中国为中心的。哥伦布以及在他之后直到亚
当·斯密的许多欧洲人都清楚这一点。只是到了19世纪，欧洲人才根据
新的欧洲中心论观念，名副其实地"改写"了这段历史。正如布罗代尔
指出的，欧洲发明了历史学家，然后充分地利用了他们对各自利益的追
求，而不是让他们追求准确或客观的历史。

（10）中亚

《剑桥伊斯兰史》基本上不考虑从1400年到1800年以伊斯兰教为主
的中亚：

> 因此，中亚从16世纪初就被分离出去……从此处于世界历史的边缘……
> 由于通往东亚的海上路线被发现，丝绸之路渐渐变得多余了……自从迈进现
> 代的门槛，中亚历史就变成了一个外省历史。这就使我们有理由对以后几个
> 世纪只做一个简略的概述。（Holt, Lambton and Lewis 1970：471，483）

　　无论从原则上，还是就实际情况而言，这种省略都是不可接受的。首先，哪怕仅就一个事实而言，中亚内陆的伊斯兰民族也肯定不是处于"世界历史的边缘"，即帖木儿王朝是由跛子帖木儿建立的，而跛子帖木儿曾经把首都建在撒马尔罕。再者，奥斯曼土耳其人的各个重要的伊斯兰国家和政权、波斯的萨法维王朝、印度的莫卧儿王朝都是由来自中亚的民族建立的。实际上，莫卧儿王朝就自认为是来自中亚的，并且源源不断地从中亚引进高级行政官员和知识分子（Foltz 1996，1997）。此外，亚洲内陆的蒙古人建立了中国的元朝，明朝继承了它的许多行政机构，而明朝又被同样来自亚洲内陆的满族人所建立取代。

　　罗萨比认为，中亚的经济和内陆贸易已经"衰落"，但是他也注意到，内陆贸易到17世纪初仍延续不断，因而补充说："有关这方面商业情况的准确资料十分匮乏。"（1990：352）其实，相关资料根本不难找；正如伊莱·韦纳曼（Eli Weinerman）所评述的，在苏联时代，俄罗斯人和中亚人整理出了大量的相关资料（1993）。但是，由于以前的论争基本上出于意识形态之争，人们歪曲地使用这些资料来为苏联的政治利益服务，因此很难对它们做出合理的解释。为了论证苏联政权在中亚的合理性，人们通常用沙皇统治促成"中亚的衰落"来反衬苏联政权的优越性。但是，当中亚的民族主义向莫斯科的统治发起挑战时，当局为了釜底抽薪却又声称，甚至俄国沙皇专制统治也并非一无是处。于是，又有大量的资料被整理出来，证明17世纪的中亚"衰落"趋势受到抑制，到18世纪情况便好转了。究竟是俄罗斯人还是中亚人的"发现"更值得信赖？较早时期的"衰落"是否仅仅是俄国人最早编造的神话？俄罗斯人和中亚人在这些争论中各执己见。

　　另外，有关中亚衰落和进步的争论，也是关于"生产方式"和"资本主义"的长期争论的一个方面。"资本主义"在中亚是否是自发地产生和发展起来的？俄国殖民主义对它是起了扼杀作用还是促进作用？苏维埃政权和意识形态是如何促进"第三世界"和中亚的反殖民主义，以及"非资本主义的"乃至"社会主义的"道路的发展的？这些争论也显示了这些"生产方式"概念是如何误导人们的——正如本书第1章和第7章指出的，这些概念转移了我们对历史实际进程的注意力。在政治和意识形态的驱使下，这种争论仍没有停止。各方为此而整理出来的"史料"，使我们很难"信以为真"地加以使用。也许俄文读者能够去粗取精，去伪存真，而我只能去看被翻译介绍的其他的资料。

与尼尔斯·斯廷斯加尔德（Steensgaard 1972）一样，罗萨比也注意到，跨大陆的商队贸易并没有被环亚洲的海上贸易取代。其中一个原因是，绕行非洲的海上商路并没有降低运输成本。另一个原因是，运输成本在最终的销售价格中毕竟只占很小的比例（Menard 1991：249）。因此，葡萄牙人绕好望角的贸易只是昙花一现，很快就被跨中亚和西亚的路线取代。据斯廷斯加尔德估计，在欧洲消费的亚洲商品中，由内陆商队提供的商品是绕好望角的商船提供的商品的2倍（1972：168）。

两位学者都注意到了跨中亚贸易在17世纪的衰落。罗萨比把这种衰落归因于两个因素：严酷的干旱（"小冰河时期"）和政治动乱。后者主要包括明王朝于1644年的覆灭和清王朝的取而代之、中亚西部帖木儿帝国的崩溃以及印度北部莫卧儿王朝的困境。16世纪末，中国朝贡贸易使团到塔里木盆地绿洲的次数越来越少了，到1640年以前，即明朝的最后几十年，就更为罕见了。此时，吐鲁番也在竭力控制塔里木盆地北部的商路，蒙古与明朝之间的关系也再次恶化（Rossabi 1975，1990）。但是，也有一位研究者把这种衰落的某些原因归结到商路的另一端，即更为遥远的波斯萨法维王朝内部的问题（Adshead 1988：196—197）。

我们不难接受罗萨比从资料中得出的这一结论："那种认为海运贸易取代了商队贸易的一般假说，是需要加以限定的。"（1990：367）但是，他接下来的说法值得商榷。他宣称，17世纪的衰落应该归咎于"商

队所通过的大部分亚洲地区经历的政治动乱……总之，中亚商队贸易的
衰落不能完全归因于经济原因"。

　　事实或许如此，但是，这种因果关系为什么不会是反过来的（即干
旱和经济衰落造成了政治动荡）呢？这样讲通常在其他地区和其他时
间更为适用，也更能解释为什么"穿越中国西北地区的商业活动明显
衰落"（Rossabi 1975：264）。但是，在东亚和南亚，只是在17世纪30年
代，气候问题才特别严峻。17世纪初和17世纪末都是中国和印度经济大
扩张的时期，这就使得"衰落"的说法是否适用于中亚也变得可疑了。
更引人深思的是，随着18世纪其他地区的贸易扩展和"商业革命"，跨
中亚贸易再次复兴。斯廷斯加尔德指出，这种贸易转移到了俄国和中国
之间偏北的商路上（1972）。

　　弗莱彻也批驳了那种认为跨大陆贸易被海上贸易取而代之的论点
（或假说），但是他注意到了外蒙古地区从1660年开始的"游牧经济衰
落"（1985）。与斯廷斯加尔德一样，他也注意到，俄国商人建立的偏
北的商路也促成了西伯利亚人口的增长。"布哈拉"商人（并不都来自
布哈拉）原先在偏南的穿越中亚的长途商路上占有垄断地位，但是自
1670年起，他们逐渐被俄国商人取代。弗莱彻还强调了另外三个因素
的作用。一个因素是17世纪的人口缩减，这是欧亚大陆较为普遍的现
象（这个因素在杰克·戈德斯通对1640年以后的危机所做的人口–结构
分析中至关重要，参见本书后面的讨论）。另一个因素是军事技术（即
火器）的发展。正如赫斯指出的，这种进步使战争变得更昂贵了，也
使游牧部落从此在与庞大而富有的国家或帝国的竞争中处于不利地位
（Hess 1973）。

　　弗莱彻提到的第三个因素是，欧亚大陆各部分的地区内贸易都有较
大的发展。这种地区性发展看上去有可能缩小跨中亚贸易的市场。但是
事实上，中亚各个部分或地区并没有因此而放弃作为邻近地区的商品供

应地和销售市场的功能，结果反而使这些地区在经济上和商业上都得到
了发展。例如，我们在前面已经注意到，香料和丝绸贸易实际上越来越
多地利用穿越中亚各地的商队贸易路线。这些商路与欧亚之间的波斯湾
和红海商路互相联结，相辅相成。又如，莫卧儿帝国在印度次大陆南部
的扩张造成了对骡马和其他军事物资的需求。中亚各地区，无论是靠近
波斯的西部地区，还是东边更远的西藏和云南，都"天然地"成为这些
物资的供应地。约翰·理查兹在论述13世纪和14世纪的情况时指出，马
可·波罗和伊本·白图泰等旅行者早已谈到这些中亚地区向印度出售
马匹来牟取暴利的生意（1983）。这种骡马生意持续了很长时间。据记
载，17世纪初，中亚有一年出口了10万匹马，其中卖到莫卧儿帝国军营
的就有1 200匹（Burton 1993：28）。

与之类似的是，蒙古人与中原王朝之间的地区贸易虽然像以前那样
起伏不定，但始终持续进行。蒙古人最后一次严重的军事威胁似乎被明
朝政府遏制住了。但是，明朝政府为了应付这种威胁，不得不把注意力
转向北方，甚至迁都北京，并且牺牲了许多海上的商业机会，在1433年
突然中止了类似郑和的贸易使团的活动。这种地区取向以及战争的新方
式和代价，可以解释许多事件。伊森拜克·托根（Isenbike Togan）对
此做了分析：

本论文的宗旨是，对丝绸之路的衰落这一说法做出进一步的限定，证
明（在17世纪）贸易和商人依然在发挥作用，只不过原先在丝绸之路上
扮演中介角色的一系列国家消亡了。它们的消亡应归因于近代早期定居民
族帝国的扩张。正是在这个时候（1698年），其中的两个帝国，即中华帝
国和俄罗斯帝国彼此之间发生了直接的接触……因此，中介国家丧失了原
来的功能。结果，商人——具体地说是丝绸之路上的（布哈拉）穆斯林商
人——变成了帝国内的商人，他们更多地从事帝国内的贸易活动，而不再

像过去那样从事跨大陆贸易。（Togan 1990：2）

　　但是，正如阿谢德提示的，这些变化也意味着，东西方的跨中亚商队贸易在17世纪的衰落是由地区性的南北贸易来填补的，因此"中亚没有衰落"（Adshead 1993：179，200）。罗萨比对中国从中亚进口的货物做了分类，包括马、骆驼、羊、毛皮、刀剑、玉石、人参以及其他药材，当然还有黄金和白银（1975：139-165）。他罗列了中国的出口商品，包括纺织品、布匹、成药、茶叶和瓷器。另外，从15世纪晚期起，一部分白银取代了原来被列为出口物的纸币，因为纸币只能在中国使用。

　　俄国与中亚的贸易一直很兴旺，到18世纪更加繁荣。首先，来自中亚的商队也不得不带着一些金银来结算他们购买的俄国货物。但是，在18世纪后半期，由于中亚向俄国人出售越来越多的棉花和纺织品，这种贸易就比较平衡了。然后，贸易的天平倒向中亚，俄国不得不向中亚（后来也向中国）出口贵金属（Attman 1981：112-124）。因此，历代沙皇不断地颁布敕令，禁止出口贵金属和金银币。从17世纪中期开始，尤其到18世纪，俄国政府极力保护本国臣民的商业活动，排斥布哈拉人和其他中亚人的竞争（Burton 1993）。

　　伯顿在概述1559年到1718年间布哈拉人的贸易活动时，也把非布哈拉人的贸易活动考虑在内（Burton 1993）。他的论文与所附的地图展示了贸易路线以及大量非奢侈品的日用商品的贸易情况，以及由此显示的劳动分工。交易的商品种类繁多，在此无法全部列出。其中特别值得注意的有：来自世界各地的奴隶（包括来自西方的德意志和东欧的"非基督徒"奴隶，以及来自南方的"非穆斯林"印度奴隶）；骡马和其他牲畜以及各种毛皮和皮制品；各种纤维制品和纺织品；靛青和其他染料；金属和金属器皿，尤其是小型武器；各种陶瓷器皿；各种食品，包括粮食、蔗糖、水果、大黄叶柄；药材；茶叶和烟草；宝石；当然还有贵金属和金银币。贸易路线把希瓦、布哈拉、巴尔赫、撒马尔罕、喀布尔等许许多多中亚的商人聚集区联结起来。这些商路向北经由阿斯特拉罕和奥伦堡通往莫斯科，再从莫斯科通往西欧和东欧；向东沿着古老的丝绸之路直通中国，或者沿东北方向经西伯利亚通往中国。伯顿总结道："纵观这一时期，尽管有各种艰难险阻，（中亚人）还是孜孜不倦地从事贸易活动。他们输送了种类繁多的物品，而且总能适应各种环境变化。甚至在沙皇（设置各种障碍）以后，他们依然继续与莫斯科和西伯利亚通商。"（1993：84）

17世纪上半期，俄国迅速向西伯利亚推进。从此，中国和俄国对中亚和西伯利亚的贸易、领土和政治控制的争夺风云变幻，时起时伏。俄国人似乎更关注（长途）贸易，中国人则似乎更看重政治控制，而实现了政治控制，就能保证该地区的朝贡义务和贸易。双方通过1689年的《尼布楚条约》达成一致，俄国人的贸易活动得到保证，但俄国向中国交出了该地区的政治权力。中国在1858年到1860年间又丧失了这种控制（直到20世纪中期才恢复了一部分）。另外，西部的蒙古人控制了穿越塔里木盆地的丝绸之路北线沿途的绿洲（自汉代以来，中原王朝对这一地带的控制时进时退），由此引发了争夺这一关键地区的斗争，直到清代，这一斗争才尘埃落定。

（11）俄国和波罗的海地区

俄国和波罗的海地区在国际贸易和支付结构中的地位，与奥斯曼帝国和波斯在西亚的地位十分类似。具体地说，俄国和波罗的海地区主要向西欧出口毛皮，也出口木材、大麻纤维、粮食和其他商品，从西欧进口纺织品和其他制成品，而且一直是出口大于进口。这种贸易顺差是用主要来自美洲的贵金属来平衡的。俄国与波罗的海地区之间的贸易、波罗的海地区与西北欧之间的贸易（包括瑞典出口的铜、铁乃至后来的木材）也是同样的模式。

　　波罗的海是三条主要的东西贸易通道之一，另外两条始于俄国的
路线分别是偏北方的经由北冰洋的海上路线和经由中东欧的内陆路
线。不过，也有穿越俄国的南北贸易路线，主要是沿着大河深入奥斯
曼帝国和波斯帝国。位于通向里海的伏尔加河三角洲的阿斯特拉罕，
成为一个重要的国际贸易中心。为了扶植这种贸易和排斥穆斯林，俄
国人设计了一条联结伏尔加河和顿河的运河，但从未付诸实施。俄国
向南方主要出口毛皮以及某些金属制品，从南方主要进口丝绸、棉
花、靛青和其他染料。俄国在这种贸易中严重入超，不得不转手出口
一些金银进行结算。这些金银是它从波罗的海地区和欧洲的贸易顺差
中获得的金银中的一部分。

　　为了促进国内的商业发展和更好地参与国际商业竞争，彼得大帝
扶植商人，允许他们实行市政自治。沙皇还向欧洲和亚洲派出领事，
当然也极力使俄国在波罗的海地区的贸易活动中占据重要地位。为了
使俄国控制下的波罗的海地区贸易取代被外国控制的经阿尔罕格尔
（Archangel，意为"天使长"）中转的贸易，彼得大帝采取了一系列的
措施，其中包括不顾莫斯科的政治势力的强烈反对而建造了圣彼得堡
（该城取自圣彼得的名字，而不是沙皇的名字）和从莫斯科穿越沼泽地
通往圣彼得堡的道路。阿尔罕格尔因此而衰落。另外，彼得大帝还想修
建一个河流-运河联网系统，连通波罗的海、黑海、白海和里海，但没
有成功。此外，"人们在强调波罗的海地区的贸易时，往往会忽略莫斯
科的东方贸易的发展……土耳其、波斯、中亚诸国以及中国也在这种贸
易中扮演着重要角色"，彼得大帝当然也想在繁荣的印度贸易中分得一
杯羹（Oliva 1969：129）。仅阿斯特拉罕就有300多名印度商人长期定
居，在莫斯科、纳尔瓦等地也有印度商人的定居点；印度的纺织品被运
到西伯利亚，再从那里被运到今天的卡什加尔中国城（Barendse 1997：

chap. 1）。

到彼得大帝的统治结束时，在莫斯科地区至少有200家大型工业企
业，其中有69家从事冶金业，46家从事纺织业和皮革业，17家制造军
火。俄国的生铁产量超过了英国，到1785年更超过了整个欧洲的总产量
（Oliva 1969：124）。彼得大帝的经济政策也导致了总体上的贸易顺差。
1725年，俄国的出口额为240万卢布，进口额为160万卢布，盈余80万卢
布（Oliva 1969：130）。

另外，俄国从17世纪前半期开始向西伯利亚迅速扩张，西伯利亚出
口的毛皮越来越多地补充了欧俄毛皮出口的供应。因此，货币也流向远
东，并促成了对西伯利亚的开拓。在西伯利亚和欧亚大陆的东端，俄
国人逐渐成为中国丝绸和茶叶的重要客户。沙皇政府还极力在俄国东
部—中亚—中国一线的地区贸易中，为俄国官方和民间的商人谋求贸易
特权。

我们在前面指出，17世纪末和18世纪初，跨大陆贸易从原来的穿越
中亚的南路转移到穿越俄国的北路。这种变迁在某种程度上是伴随着俄
国人向西伯利亚的移民而发生的。与此相关的一个因素是，跨边界的
中俄贸易越来越频繁。另外，自16世纪中期的伊凡雷帝以来的俄国统治
者，也一直努力诱使丝绸之路改变路线，从俄国领土上通过（Anisimov
1993：255）。在西伯利亚流动和定居的布哈拉商人，最初都受到鼓励和
保护。但是，由于俄国商人不断地呼吁政府限制乃至消灭这种来自外国
的竞争，所以布哈拉商人的活动开始受到越来越多的限制，最终遭到禁
止。俄国商人的请愿声音在17世纪中期的金融和贸易危机时期特别强烈
（见第5章的论述；另参见Burton 1993：54）。到17世纪末彼得大帝在位
时期，俄国商人再次爆发了请愿活动。

1689年，彼得大帝签署了中俄间的《尼布楚条约》，承认了中国的
政治特权，作为回报，俄国人获得了在西伯利亚进行贸易和对华贸易的

特权。在此之后，市场只准俄国人占有，布哈拉人逐渐被清除。一时间，贵金属同时向两个方向流动，但是后来大部分金银锭流向西方，铸币流向东方（Attman 1981：114-124）。不过，彼得大帝下令禁止出口贵金属和非俄国货物。

彼得大帝决心保护和扩大俄国在东方和南方的贸易。他在写给驻波斯大使的指示中问道："……有没有可能给士麦那和阿勒颇的贸易制造障碍，在什么地方做？如何做？"（转引自Anisimov 1993：255）另外，他产生了另外一些相关的想法，包括在1772年发动对波斯的战争（利用萨法维王朝的宫廷内讧造成的暂时虚弱），然后在1773年与土耳其人瓜分波斯的领土和商路，而这一切都是出于商业考虑的。在占领了里海的巴库后，他因"踏上了亚历山大大帝（通向印度）的道路"而"举杯欢庆"（Anisimov 1993：259）。

印度的财富和贸易具有极大的吸引力，使彼得大帝念念不忘地要寻找一条通往印度的水路。他尝试了经由里海、乌浒河和其他河流的路线，还试图改变河道和兴建连通江河的运河。他甚至参与了经由马达加斯加的海上冒险。他派遣了一名使节去完成前往印度的倒霉使命，要求他晋见莫卧儿皇帝，并且"采取各种手段……使他允许与俄国通商"（转引自Anisimov 1993：262）。正如他派往波斯的使节阿尔捷米·沃林斯基（Artemy Volynsky）后来回忆的："按照皇帝陛下的设想，他关注的不仅仅是波斯。如果我们在波斯进展顺利，而且他的圣体还安然无恙，他会尝试着前往印度，他甚至酝酿着到中国去，这是我有幸亲耳听陛下说的。"（Anisimov 1993：263）另外，这位沙皇还派丹麦航海家维图斯·约纳森·白令（Vitus Jonassen Bering，白令海峡和白令海都是以他的名字命名的）去寻找俄国远东地区与美洲之间的通道。但是，所有这些寻找亚洲财富的商业政策和帝国政策，都不得不等沙皇在波罗的海地区和欧洲的雄图大略取得某种满意的结果后才能付诸实践，其成果之一就是建造了圣彼得堡。时至今日，俄国依然而且仍将苦于应付在东方的利益和在西方的利益之间的冲突。

（12）对以中国为中心的世界经济的总结

本章已经确凿无疑地证明，过去确实有一个环绕全球的世界范围的贸易体系和劳动分工。它把各个农业内陆和边陲地带与它们各自的地区商业中心、海港或内陆商业城市都联结在一起，这些反过来发展和保持了频繁而深远的省际、地区间和构成世界体系的国际间的经济关系。这些关系最明显地体现在商人和贸易活动中，体现在由这些贸易活动造成的贸易不平衡中。但是，这些贸易活动也反映了在全球劳动分工背景下广泛的地区间和部门间的互补与竞争。而这一切也反映了亚洲各经济体（特别是中国）的相对（和绝对）分量和支配地位。这种以中国为中心的全球多边贸易，因欧洲人输入了美洲的金钱而得以扩张。实际上，这才使欧洲人越来越多地参与到世界经济中，但是直到18世纪以前，甚至在18世纪，这个世界经济一直被亚洲的生产、竞争力和贸易支配着。

世界经济中的国际劳动分工以及相对的部门生产力和地区竞争力，体现在贸易平衡和货币流向的全球模式中。

在世界经济的结构中，有四个主要地区长期保持着商品贸易的逆差，它们是美洲、日本、非洲和欧洲。前两个地区靠生产出口的白银，来平衡它们长期的贸易逆差。非洲出口黄金和奴隶。从经济角度看，这三个地区都生产世界经济中的其他地区所需的"商品"。第四个贸易逆差地区，即欧洲，本身几乎不能生产任何可以出口来平衡其长期贸易逆差的商品。欧洲在平衡这种逆差时，主要是靠"经营"其他三个贸易逆差地区的出口，从非洲出口到美洲，从美洲出口到亚洲，从亚洲出口到非洲和美洲。欧洲也在某种程度上参与亚洲内部的贸易，尤其是日本与其他地区的贸易。这种亚洲内部的"港脚贸易"（country trade）对于亚洲而言是边缘性的，但对于欧洲则是关键性的，因为欧洲由此获得的利润比它对亚洲贸易的利润更多。

东南亚和西亚也生产一些金银，用于平衡它们的贸易。但是，与欧洲不同，它们也有能力生产其他满足出口需求的商品。东南亚和西亚分别是亚洲核心经济体的东南贸易中转站和西南贸易中转站，因此也都能实现"出口"盈余。中亚在某种程度上也是如此。

在世界经济中，最"核心"的两个重要地区是印度和中国。这种核心地位主要依赖它们在制造业方面拥有的无与伦比的生产力。在印度，这些制造业主要是称雄世界市场的棉纺织业，其次是丝织业，尤其是印度生产力最发达的孟加拉的丝织业。当然，制造业的这种竞争力也依赖农业、运输业和商业的生产力。它们提供了工业所需要的原料、工人的食品以及二者的（进口和出口的）运输和贸易。

另一个甚至更为"核心"的经济体是中国。它的这种更为核心的地位，基于它在工业、农业、（水路）运输和贸易方面拥有的更强大的生产力。中国的这种更大的（实际上是世界经济中最大的）生产力、竞争力及中心地位，表现为它的贸易保持着最大的顺差。这种贸易顺差主要基于它的丝绸和瓷器出口在世界经济中的主导地位，另外它还出口黄金、铜钱以及后来的茶叶。这些出口商品反过来使中国成为世界白银的终极"秘窖"。全世界的白银流向中国，以平衡中国几乎永远保持着的出口顺差。当然，中国完全有能力满足自身对白银的无厌"需求"，因为对于世界经济中其他地区始终需求的进口商品，中国也有一个永不枯竭的供给来源。

回到我们的14世纪的出发点，特别是回到阿布-卢格霍德提出的"13世纪世界体系"（1989），我们会看到一些持续到18世纪的"地区性"模式。对于这些地区模式，可以用几种互不排斥的方式来总结。但是，任何方式都不符合那种流行的"资本主义世界经济"观念。该观念认为，"资本主义世界经济"是从欧洲开始的，只是后来才逐渐扩张，"兼并"了世界上的一个又一个地区，直到西方最终完全主宰了它们。

这一章里的各个小标题以及许多论述，都显示了世界经济的两种可能的地区划分方式。我先是提醒读者，任何地区的界定都可能是武断的，然后将各节的标题分别定为"美洲""非洲""欧洲"等。遗憾的是，迄今为止大多数有关"世界"经济史的论述，几乎都没有超出这三个地区的范围。本章则试图证明，它们在世界经济中只是较小的角色。世界经济也涵盖亚洲的许多地区。当然，出于其他需要，每一个地区也可以用罗盘的刻度加以分割，或者从地理和生态角度划分为核心/边缘、大陆/岛屿、高地/低地、寒带/热带、潮湿地区/干旱地区等，也可以从经济、政治或文化的角度加以划分。

它们也可以被分别纳入大西洋地区、印度洋地区、中国海地区、亚洲腹地等较大的地区，或者北大西洋/南大西洋地区等。当然，在以往的大多数论述中，大西洋地区受到了最多的关注。但是，我认为，其他地区理应受到相对和绝对更多的重视和研究。事实上，这一章关注的就是这些较大的地区，而且在每一节里都用一半甚至更多的篇幅论述各个地区与其东西方邻近地区的经济关系。例如，"印度"一节中对古吉拉特、科罗曼德尔、孟加拉、锡兰等地之间的劳动分工和贸易做了描述，并且强调了它们各自与非洲、中亚、西亚、东南亚、东亚的密切经济联系和劳动分工。

由此，我们也可以看到阿布-卢格霍德所说的"13世纪世界体系"的基本要素在许多个世纪中的延续。在论述世界经济时，阿布-卢格霍德在覆盖欧亚大陆的八个相互重叠的椭圆地区中确定了三个主要地区。这八个椭圆从西向东分别以欧洲、地中海、红海、波斯湾、阿拉伯海、孟加拉湾、中国南海以及亚洲腹地为中心。我们已经看到，虽然在16世纪又增添了一个大西洋椭圆区，但是原来的所有地区继续在世界经济的劳动分工和"国际"贸易体系中扮演着或大或小但绝不平等的角色。

　　但是，我们也看到，其中一些地区确实比其他地区更平等一些，它们的相对地位也发生着某些周期性的或暂时的变化。虽然在18世纪，大西洋取代波罗的海和地中海而成为欧洲贸易的中心，但是它在世界经济和世界贸易中的重要性还远远比不上印度洋地区和中国海地区。我们在前面已经引用的主要由亚洲历史学家写成的一系列著作（在以后各章中还会引用），能够帮助我们把印度洋经济标示在地图上，确确实实地显示出它在历史上的重要性和作用。这一章中有关中国的一节特别指出，当时的东亚存在着一个以中国为中心的亚体系，该体系在世界上的经济分量一直被严重地贬低了，甚至在人们对此有所认识时（这种情况极其罕见）也是如此。滨下的著作（1988，1994）以及阿里吉、滨下、塞尔登的研究报告（1996）都旨在弥补这种严重的缺陷。本书的论述也旨在阐释这种东亚"地区"经济的结构和转变。例如，在这一节里强调了中国与中亚的长期双边关系，中国与朝鲜和日本的三角关系，中国沿海地区、中国南海、东南亚和琉球的商业移民群体和港口，尤其是海外华人的商业群体的重要作用。海外华人在今天仍发挥着至关重要的作用，绝非偶然。

　　当然，本书的着眼点始终是全球经济以及在这种背景下中国和亚洲在世界经济中的地位和作用。因此，我们看到了世界经济的另外一种"地区划分"，这种划分表现为同心圆的形式。在这些同心圆中，中国（以及中国的长江流域或中国南方）应该是最核心的一圈。滨下研究的东亚朝贡–贸易体系（1988，1994）应该是第二圈，比中国更大，至少包括中亚的某些部分、朝鲜、日本和东南亚。但是，我们看到，这个圆圈的边界也是模糊的和不确定的。滨下认为，它扩及南亚。当然，反过来，南亚也与西亚、东非和中亚有着上千年的紧密联系，而中亚也与俄国以及后来与中国日益难解难分。可以说，这些地区组成了更外的一圈，我们或许可以称之为"亚洲地区圈"或"亚非地区圈"。这个亚洲

（－非洲）经济体的可以辨识的经济结构和运动发展到了什么程度，实际上还没有人加以研究（在本书中也没有考察）。

因为本书的着眼点是整个世界经济，所以我们应该把亚洲经济圈放在它的全球经济圈里。在这个全球经济圈里，我们可以依次地考察更小一些的同心圆，即亚洲、东亚（和南亚？）和中国的经济圈。在这些同心圆的外圈，欧洲、大西洋和美洲可以占据它们各自的恰当位置，因为亚洲也与欧洲有经济联系，并且通过欧洲而与美洲有经济联系。这些经济联系包括亚洲直接跨太平洋的贸易活动（第3章将对此做进一步的考察），这种贸易活动也同墨西哥的阿卡普尔科（或利马附近的埃尔卡亚俄）与菲律宾的马尼拉之间的大帆船贸易相联系。这种全球经济的同心圆构图不仅把中国、东亚和亚洲依次看作主要的世界经济地区，而且把欧洲甚至大西洋经济体置于边缘地位。

第3章将进一步考察欧洲人供应的美洲金钱如何流向亚洲——尤其是中国，以及这种流动如何影响了整个世界经济。由于这个统一的世界经济具有一个不平等的结果和不均衡的运动，由此产生了全球经济"发展"的动力，并通过全球生产增长而造成了一种全球经济"发展"的进程。第4章将考察这些发展情况，并用更多的资料验证亚洲在世界经济中的主导地位。第4章还将证明亚洲以及其他地区的技术和制度变革如何造成了这种世界性的发展。必须把这种世界（经济）历史看作在同一时间普遍发生的统一的全球进程来加以分析，只有这样才能充分地理解它。因此，第5章将首先分析这样一些同时出现的发展情况，并由此证明，亚洲经济的扩张一直持续到18世纪中期。第6章则会接着探索后来亚洲衰落而欧洲兴起的原因。

第 3 章

货币周游世界，推动世界旋转

自发现美洲以来，其银矿出产物的市场就在逐渐扩大……欧洲大部分地区都有很大进步……东印度是美洲银矿产物的另一市场……该市场吸收的白银数量日有增加……尤其是在中国和印度斯坦，贵金属的价值……比欧洲高得多，迄今仍是如此……综合这些理由，贵金属由欧洲运往印度，以前一直极为有利，现今仍极为有利。在那里，没有什么别的物品能够获得（比贵金属）更好的价钱……因为在中国以及其他大部分印度市场上……用10盎司[①]，至多12盎司白银就能购得1盎司黄金；在欧洲，则需要14~15盎司……新大陆的白银看来就是以这种方式成为旧大陆两端通商的主要商品之一的。把世界上各相隔遥远的地区联系起来的，大体上也以白银的买卖为媒介。

亚当·斯密 [（1776）1937：202, 204, 205, 206, 207]

---

① 1盎司约合28.349 5克。

世界货币的生产与交换

§

　　自远古时期起，就有了一个非洲-欧亚范围的金银市场。14世纪伟大的历史学家伊本·赫勒敦就指出："如果在马格里布和伊弗里基亚[①]发生了货币短缺，那么在斯拉夫人的国家和欧洲基督教国家就不缺少货币。如果在埃及和叙利亚发生了货币短缺，那么在印度和中国就不缺少货币……这种东西……经常从一个地区转移到另一个地区。"（1969：303）通过哥伦布及其追随者的航海活动，西班牙人又使加勒比海地区的黄金加入了这个市场。1545年和1548年，在秘鲁的波托西（今属玻利维亚）和墨西哥的萨卡特卡斯先后发现了银矿，美洲白银由此开始涌入这个市场。这些新增的白银对世界经济产生了深远的影响，从1600年（甚至更早）起对亚洲各个部分产生了影响。例如，在1621年，一位葡萄牙商人在一篇关于白银的论文中指出："它在全世界到处流荡，直至流到中国。它留在那里，好像到了它的天然中心。"（转引自von Glahn 1996a：433）近年来，人们对白银是如何周游世界的做了概述：

　　对远东贸易的一般方式是，用开往中国的商船转运欧洲或墨西哥出口的白银……在中国用白银交换黄金和商品，然后把这些东西再输入印度，

---

① 从阿尔及利亚东部边疆到埃及边界的北非地区。

用这种收入再购买运回欧洲的货物。(Chaudhuri 1978：182)

事实上，美洲白银几乎无所不在。从波士顿到哈瓦那，从塞维利亚到安特卫普，从摩尔曼斯克到亚历山大港，从君士坦丁堡到科罗曼德尔，从澳门到广州，从长崎到马尼拉，商人们都使用西班牙比索或里亚尔①作为标准的交换媒介；这些商人甚至对千里之外的波托西、利马、墨西哥以及东印度群岛某些地区铸造的银币的纯度都了如指掌。(TePaske 1983：425)

因此，"没有人怀疑有一个白银的世界市场，问题在于如何描述它的模式"(Flynn 1991：337)。亚当·斯密指出："秘鲁的白银价格……肯定不仅对欧洲银矿出产的白银价格有影响，而且对中国银矿出产的白银价格也有某种影响。"[（1776）1937：168] 他认为这个问题十分重要，因此在他的《国富论》一书中用了64页的篇幅来论述"过去四个世纪的银价变动"，而且还在书中其他多处章节讨论它的影响。

本书第2章概述了全球世界市场的存在和运作。货币（尤其是银币）是其循环系统中流通的血液，润滑着生产与交换的轴轮。任何一种货币都既是价值存储器，又是各种货币和商品之间的交换媒介。各种面值和纯度的货币都可以相互兑换或套利，也可以换取其他商品。因此，正是在全球范围内的这种货币之间的套利兑换性以及它们与商品之间的交换性，也使得实际上所有的商品都可以在世界市场中真正地运转起来！

（1）全球大赌场的微观和宏观吸引力

或许，我们有必要首先考虑这样一些问题：为什么这种货币会在世界各地流动，它在什么时候流到什么地方，为什么在原产地会生产这种货币。我们在后面一节将考察货币周游全球的世界性后果。在第2章

① 波斯和阿拉伯货币单位。

里，对"货币向何处流动以及为什么"这一问题的"回答"是，在链条的每一个环节，只要人们想从下一个环节进口，而又没有足够的出口来补偿，他们就会用货币来对贸易赤字进行"结算"。但是，这种回答至少留下了三个没有回答的问题：（1）既然有些人没有足够的出口商品来补偿，他们为什么还要进口商品？（2）为什么另外一些人在出口他们生产的商品时不要其他商品，而要对方用货币来偿付？（3）为什么在原产地会生产这种货币？要知道，生产、运输、保管、铸造和交换这种货币，毕竟需要花费大量的劳动、物资以及金钱。

最后一个问题最容易回答，而这个答案又能引导着我们回答其他两个问题。人们之所以制造这种货币，是因为它（无论采取白银、黄金、铜、贝壳等任何形式）当时是，现在依然是与其他东西一样的商品，生产、销售和买卖货币与生产、销售和买卖其他商品一样能够产生利润，甚至更容易、更有利！当然，要想赚取利润，生产和运输等环节的成本必须低于预期的销售价格。情况通常如此，除非白银的供给增加得太多或太快，迫使其销售价格跌到生产成本之下。西班牙（或西属美洲）生产者和其他生产者有时也会遇到这种情况。这时，他们就不得不寻找技术手段或其他手段来降低生产成本或减少产量和供应量，直至价格重新上升到足以弥补成本的水平。黄金、铜、贝壳、纺织品、食品以及其他各种商品也都是这样。

一旦这种货币被生产出来，它就能够按照一定的利润来出售，它的价格会高一些——相对于其他商品而言，无论后者是某种其他形式的货币还是别的什么。因为货币的价格基本上是由当地的和世界的供求关系决定的，所以它就会从供给相对较大的地方流到相对较小的地方。供大于求的地方的白银价格会低一些，求大于供的地方的价格会高一些，这就吸引着白银从一地流向另一地。因此，正是私人企业或公共（国家）生产者对利润的追求，使得货币从此地的低价市场流向彼地的高价市场，尤其是当低价市场在本地，而高价市场在别的地方时——多么像在周游世界。

当时，这是大贸易公司和国家政府的一项业务，而且往往是一项主要业务。当然，这也是银行家和高利贷者的一项主要业务，还往往是商人、消费者甚至所有人的一项业务。在矿藏丰富的地方，尤其在美洲，白银的供给价格较低，而在越远的地方乃至地球另一面的亚洲，价格就越高。这也就是为什么银币主要是绕着地球向东旅行，远抵亚洲。当然，它也向西流动，先跨越太平洋，再从日本跨越中国海。此外，这也是欧洲人在世界经济中主要的甚至唯一的业务，因为他们在兴旺的亚洲市场上没有别的什么东西可以出售，尤其是由于他们本国的生产不具有竞争能力。除了欧洲从美洲殖民地获得的白银，亚洲人也不想买欧洲的其他东西。

这种货币的套利兑换具有悠久的历史，在美洲被纳入世界经济后不久就变成了世界范围的活动。下面，我们将对此做一些具体的说明。从11世纪到16世纪，在宋代、元代以及明代大部分时期，金属货币的主要流向是，银和铜从中国流向日本，黄金从日本流向中国。由于16世纪以后供求关系的变化，这种流动基本上发生了逆转，日本成为一个白银的主要出口国，后来又成为铜的重要出口国，同时成为黄金的进口国（Yamamura and Kamiki 1983）。在中国，金银的比价从1600年前后的1∶8上涨到17世纪中期和末期的1∶10（即黄金升值，白银贬值）；到18世纪末则翻了一番，达到1∶20（Yang 1952：48）。但是，与世界其他地区相比，中国的金银比价通常是比较低的，有时要低出许多，而白银价格则要高出许多。正如全汉昇在1969年发表的讨论美洲白银流入中国的论文中解释的：

从1592年到17世纪初，在广州用黄金兑换白银的比价是1∶5.5到

1：7，而西班牙的兑换比价是1：12.5到1：14。由此表明，中国的银价是
西班牙银价的2倍。（转引自Flynn and Giraldez 1994：75）

　　西班牙人佩德罗·德·贝扎（Pedro de Baeza）早在1609年就注意到
了这种情况。他指出，二者之间的套汇可以产生75%～80%的利润（von
Glahn 1996a：435）。

　　在16世纪90年代，日本的金银比价是1：10，印度莫卧儿帝国的金
银比价是1：9（Flynn and Giraldez 1994：76）。只要中国的黄金价格比
较低，而白银价格又几乎高出1倍，白银就会被吸引到中国去交换黄
金，中国就会出口黄金。下文引述的欧洲贸易公司发言人的言论证实，
中国是他们的黄金来源之一。众所周知，自16世纪起，葡萄牙与荷兰中
间商先后在这种中日贸易中表现得极其活跃，并从中谋取了大量利润和
贵金属。1600年前后的一份葡萄牙商业文件显示，中国沿海的葡属澳门
与日本之间的贸易利润高达45%（von Glahn 1996a：435）。

　　欧洲人用这些利润来支持他们在东南亚、南亚和西亚各地与欧洲和
美洲之间的贸易。他们的商人和贸易公司，尤其是荷兰东印度公司以及
后来的英国东印度公司，都把参与黄金、白银、铜之间的套利活动作为
他们在世界范围的商业交易活动的主要和基本内容之一。当然，他们也
用这些贵金属来买卖其他各种商品，也与亚洲人一样在亚洲及世界各地
进行这些商品的交易。

　　铜钱是亚洲大部分地区日常使用的最主要、最广泛的通货，但是它
逐渐部分地被白银取代。因此，这里至少有一个三种贵金属并存的世界市
场，但这个世界市场实际上主要建立在银本位的基础上。更确切地说，由
于白银的世界供给飞速增长，以及白银相对于黄金和铜（以及其他货币商
品）的价格的相应下跌，银本位逐渐地在世界市场经济中得以确立。

　　主要产自美洲和日本的白银的世界供给迅速增加，导致了白银相对

于黄金的价格下跌。但是，金银比价在各地因供求关系不同而各不相同，银和铜的比价也是如此——铜主要用于铸造币值较小的钱币。金、银、铜三种贵金属以及多种贵金属和商品的套利交换扩展到全世界各地。这种套利交换也包括贝壳、纺织品和其他交换媒介以及铅、锡和铁等贱金属。

作为货币的贝壳在非洲的奴隶贸易中有很大的需求。在印度许多地区，贝壳与巴旦木（badam，一种波斯坚果）也被民众广泛使用，与铜币争夺地盘。在印度和中国的许多地区，由于开采铜和铸造铜币的成本比开采白银和铸造银币，甚至比开采黄金和铸造金币的成本还要高，因此当铜短缺时或铸币成本太高时，在最偏远的市场上，贝壳就取代了铜币。但是，当非洲奴隶贸易（后来是棕榈油贸易）扩大，吸收了越来越多的贝壳时，流向印度的贝壳就越来越少了。在一些小额交易中，铜币重新取代了贝壳。

实际上，本书中的一些问题也与"低贱"的贝壳相关。西非早就在使用贝壳，伊本·白图泰曾记录了它们在14世纪与黄金的交换价值。到17世纪，贝壳兑换黄金的价值下跌了，可能是由于它们的供给增加得太快，超过了黄金的供给。先是葡萄牙人，然后是荷兰人和英国人，把大量的贝壳运到西非。贝壳的兴衰与奴隶贸易的兴衰是同步的。贝壳的生产中心在马尔代夫，印度人和英国人在那里进行买卖。贝壳从马尔代夫运出有两条路线，一是运到孟加拉，二是运到锡兰，然后被当作压舱物分别装上欧洲商船，主要运往英国与荷兰。它们再从英国与荷兰被转运到西非和西南非，用于购买奴隶。1732年，约翰·巴多（John Bardot）就指出：

　　每英担贝壳的价格忽高忽低，完全取决于是否能碰上欧洲的几个商业民族……把货物运到几内亚和安哥拉海岸，去购买奴隶或其他非洲产品……也相应取决于去几内亚的欧洲冒险家是否有机会获得这些贝壳，以及当时在英国或荷兰恰好有多少贝壳。（转引自Hagendorn and Johnson 1986：47）

因此，贝壳的价格不仅反映了欧洲和非洲的供求变化，也反映了最初在出产地马尔代夫岛屿以及在南亚和东亚"消费"地区的供求变化。

另外一位18世纪的观察家抱怨说："原先用120英担贝壳就能买到一船五六百名黑人，但是这种暴利的时代一去不复返了……（现在）绝不会有用少于12或14桶贝壳就能购买一船奴隶的便宜事了。"（转引自Hagendorn and Johnson 1986：111）一名在西非的商人抱怨说，一名奴隶的价格从100磅①贝壳上涨到136磅，从12支枪上涨到16支枪，从5包巴西烟草上涨到7包，从25匹亚麻布上涨到36匹，从1桶（约40升）法国白兰地上涨到1桶半，从15磅火药上涨到150磅（Hagendorn and Johnson 1986）。不仅贝壳出现通货膨胀，而且商品的相对价格也发生了变化，其中白兰地和火药的相对价格显然膨胀得最快！

在奴隶贸易最高潮的18世纪，有记录的进口贝壳达到2 600万磅（100亿个），平均每10年为200万～300万磅，实际上是100万～500万磅（Hagendorn and Johnson 1986：58-62）。因此，正如珀林指出的，甚至"低贱"的贝壳也与印度洋和大西洋以及邻近的地区和民族的经济、政治和社会进程和事件密切相关（1993：143）。因为它们都是单一的全球市场的组成部分，而这个市场的供求关系调节着价格。这些有差异的和波动的世界价格，甚至是用贝壳，或者是在贝壳与金属通货（其中最重要的是铜钱）或其他通货之间，或者是在货币与其他商品之间来换算和"平衡"的。

———————————

① 1磅约合0.45千克。

珀林还指出，货币不过是另一种商品，但它的支出仅仅是为了抵消贸易赤字。不，货币也是与其他商品一样的名副其实的商品，正是对货币的需求使市场上供应商品和人们用货币购买商品成为可能。因此，这种套利兑换的普遍实践本身已经反映了——或者有助于创造——一个名副其实的世界市场。弗林和吉拉尔德兹说："'世界市场'实际上是分散在全球的一系列相互联系和相互重叠的地区市场。"（1991：341）诸如此类的说法不过是同义反复，因为这些"市场"就是相互重叠和相互联系的。

但是，这种货币是为什么和如何推动世界旋转的？为什么每一个人（的确是所有人！）都希望得到这种货币，以至于推动了它的价格上扬，而且在亚洲（尤其是中国），人们要保有来自世界各地的货币？原因在于，个人、公司和政府能够用货币来购买其他商品，包括贵金属，如黄金和白银。无论在个人和商号的微观层次上，还是在地方、地区、"国家"和世界经济的宏观层次上，货币都润滑着制造业、农业、贸易、国家开支等机制，也润滑着制造和操作这种机制的那些人的手掌。无论当时还是现在，概莫能外。也就是说，货币支撑和制造着有效的需求，而这种需求刺激着供给。当然，无论在哪里，更多的需求只会刺激更多的供给。也就是说，必须要有生产能力或者有通过投资和提高生产效率来扩张生产能力的可能性。

本书的观点是，这种扩张是可能的，而且确实发生了，尤其是在亚洲许多地区。否则，亚洲人就不可能对外国和本地货币产生更多的需求，不可能通过提供商品以及其他货币来购买更多的外国和本地货币。如果商品供给不能扩张，那么商品需求的扩大就会通过所谓的通货膨胀而使现有的商品价格上涨——从而就不会有进口原产地新货币的额外需求！也就是说，新的银、铜货币，乃至以这种货币为依托的补充信贷，使得世界经济、地区经济、"民族"经济和许多地方经济中的生产，即统一的全球经济中的许多部分的生产越来越货币化，从而也刺激了这些生产。

许多人已经论证了这一观点中的宏观供给方面。他们强调，生产和（或）出口货币乃是为了弥补贸易平衡中的赤字。珀林（1993，1994）以及包括我在内的一些人则特别强调这一观点中的宏观需求方面，认为这种货币实际上润滑着生产和贸易的运转机制，而不仅仅是"在美洲挖出来，又埋在亚洲"。与之相辅相成的微观供求论证是，个人生产者和公司乃至公共生产者和贸易者都因各自的利润追求，而必须在全世界的宏观供求货币化或润滑过程中各尽其责。弗林的著作（1986）、弗林和吉拉尔德兹的著作（1995c）都特别强调了这一方面。珀林也认为："一种以需求为中心的架构包容了供给问题，也就是说，它确立了一个更广泛、更具包容性，因而也更复杂的经验现象的范围，因为一种充分的解释必须考虑所有这些经验现象。"（1994：95）

这些论证综合起来，在这里支撑着我的主要论点：只有一个世界经济体系，它有自己的结构和动力。在1400年到1800年间的全球发展中，货币扮演了一个重要角色。在这个全球大赌场中，货币周游世界各地，推动着世界转动，不断地大量供应着血液，润滑着农业、工业和商业的运转机制。

（2）在全球大赌场中的交易和赌博

西属美洲和日本是贵金属的主要出口地。欧洲、奥斯曼帝国、波斯和印度也是出口地，但是它们基本上（而不是全部）出口通过进口得来的贵金属。

非洲和东南亚生产和出口黄金。中国生产的铜钱主要用于国内，但也出口到东南亚和其他地区。中国也生产并向日本等地出口黄金。自17世纪中期起，日本大概是世界上主要的铜出口国。东亚、东南亚和南亚的日常小额交易主要使用铜钱。亚洲人与欧洲人一样，向这种货币生意投入了巨大的经济、社会、政治、军事等方面的"精力"和注意力。因为这种生意往往比其他生意更有利可图。生产和出口作为货币的白银、黄金、铜和锡等的主要地区和一些次要地区，彼此之间进行套利交换。表3-1对这些地区做了归纳。

表3-1 生产和出口货币金属的地区

	主要产地	次要产地
白银	墨西哥 秘鲁 日本	东北欧 波斯 中亚 缅甸、暹罗、越南
黄金	西非和东南非 西属美洲（16世纪） 巴西（自1690年起，18世纪） 东南亚	日本 波斯 中国
铜*	日本 瑞典	
锡*	马来亚	

*铜和锡有时被熔成合金，二者都用于制造低价铸币。

由此可见，白银的主要生产者和出口者是西属美洲和日本；黄金的主要生产者是非洲、西属美洲和东南亚。实际上，世界经济当时是建立在银本位基础上的，当然，黄金和铜乃至锡和贝壳也可以互相兑换。奥斯曼帝国、明代中国和印度都用大量的白银来支撑它们各自的通货体系，但说到底，这些通货体系是由美洲以及日本矿山的巨大而低廉的产出来维系的。

与之前1000年以来的情况一样，黄金主要从东向西通过中亚流向南亚，而这与白银从西向东的流向正好相反。在印度次大陆，黄金流向南方，白银流向北方。二者不仅互相兑换，而且被用于换取其他商品，当然也换取当地的尤其是外来进口的钱币以及其他形式的通货。这种套利活动不仅是威尼斯人以及后来的西班牙人、荷兰人和其他欧洲人的大生意，而且是奥斯曼人、波斯人、次大陆各地的印度人、东南亚人、日本人和中国人的大生意。人们生产出贵金属和铸币，然后往往再绕过半个地球，长距离地运送它们。这些金属有时是被一次性运送的，但更经常的是经过一系列环节来转运。贵金属以及一些贱金属的锭块和铸币也与其他商品一样被买卖，从而产生利润。利润又转化为或被投入其他商品中，其中也包括其他的通货、工资、奴隶和其他"形式"的劳动。

特帕斯科（Tepaske）描述了白银的连锁运动：

由于在卡斯蒂利亚购买了制造品，白银就从西班牙流向英国、法国和低地国家①。西班牙比索从英国、法国、比利时与荷兰港口装船，经过波罗的海或摩尔曼斯克转运到斯堪的纳维亚半岛或俄国，用于购买毛皮。在俄国……（白银）顺着东南方向，沿伏尔加河，经过里海到波斯，再从波斯经陆路或海路到亚洲。西属美洲的白银也从西班牙流经地中海，再向东从陆上商路或海上商路到黎凡特。印度获得白银的途径有三条，或者通过自苏伊士出发，经红海下印度洋的海上运输，或者通过从地中海东端出发，在陆地上经过土耳其和波斯到黑海，最后下印度洋的路线，或者直接从欧洲出发，走达·伽马发现的绕好望角的航海路线。葡萄牙、荷兰和英国商船也使用后一种方式，把西属美洲的财宝直接运到亚洲各个港口来换取亚洲产品。美洲白银抵达东方的最后一种也是长期被人们忽视的途径是，从阿卡普尔科到马尼拉的太平洋路线。（TePaske 1983：433）

17世纪初，西属美洲的白银开始经过西亚或者绕好望角抵达印度。莫卧儿帝国是用白银来管理和维持其财政的。它的货币铸造和流通严重地依赖从外国流入的白银，其中大部分追根溯源是出自美洲的，经过欧

① 指荷兰与比利时。

洲和黎凡特，再沿着波斯湾或红海的航路抵达印度。也有一些产自奥斯曼帝国领地或萨法维王朝统治的波斯。大部分白银不是从绕好望角的海上路线运来的，而是由从埃及、黎凡特、土耳其和俄国出发的商队经由红海或波斯湾运来的（Brenning 1983：479，481，493）。在当时印度最重要的港口苏拉特，大贸易公司（它们绝不是唯一的供应者）提供了来自西方的白银的一半。其中不少于30%是绕好望角运来的，大部分是经由红海、波斯湾和陆地（包括从俄国）运来的。1643年到1644年间，一半以上的白银是经由红海与波斯湾运来的（Steensgaard 1990a：353），另外有20%是从日本经由中国台湾而来的——荷兰东印度公司在中国台湾用白银换取黄金。白银也从中亚流入旁遮普，也可能从中国的西藏、四川、云南和邻国缅甸流入孟加拉。英国东印度公司也用白银从印度以东地区购买黄金。黄金也从西亚、东亚的日本和中国尤其是东南亚流向印度，尤其流向次大陆的南方。然而，印度仅仅是世界白银的第二大"秘窖"，因为印度必须再向东出口一些白银，尤其是把它们再转给中国。

第2章论证了白银从印度向东南亚和中国的转运。但是，约翰·理查兹认为，向东运送的莫卧儿银币很快就以增值的东南亚黄金作为回报（1987：3）。具体地说，按照理查兹的观点，与奥斯曼土耳其帝国和萨法维波斯帝国不同，莫卧儿帝国能够出口足够的商品来支付它的进口，因此不需要货币的净出口。相反，倒是有货币的净进口来增加它自身的供给。

从1640年到1700年，由于印度人和其他亚洲人承担了越来越多的洲际和亚洲内部的贸易和货币运输，欧洲人所占的份额从一半减少到五分之一。但是，1715年，在"银荒"本来就很严重的时候，一支运载金银的西班牙船队因遭遇加勒比飓风而覆没，于是，"经济冲击波从各个方面震撼着印度"（Day 1987：159）。有关1640年前后严重的"银荒"的各种解释和证据，将在第5章中进行考察。

（3）数字游戏

货币的世界存量和流动及其扩展变化，是自亚历山大·冯·洪堡[①]（Alexander von Humboldt）和厄尔·汉密尔顿[②]（Earl Hamilton）以来的一个热门话题。人们对此做了许多估算和修正，将来可能还会不断地重新估算。我们在这里不可能对这些估算加以评述，更不可能再做新的估算。幸好，我们无须做这些工作，就可以研究其中一部分货币是如何润滑着世界主要地区的商业之轮以及如何影响着它们之间的关系的。

布罗代尔和斯普纳曾估计，1500年时，欧洲有大约3 600吨的黄金存量和37 000吨的白银存量（Braudel and Spooner 1967）。雷乔杜里和哈比布调低了这些数字，认为在1500年，整个旧世界有3 600吨黄金和35 000吨白银（Raychaudhuri and Habib 1982：368）。沃德·巴雷特（Ward Barrett）在对1450年到1800年间的世界金银流动情况进行总结时，考察了以前的各种估算（亚历山大·冯·洪堡、厄尔·汉密尔顿、阿道夫·索埃特比尔、米歇尔·莫里诺、斯利施特·范巴思以及本书参考书目中列举的奈夫、阿特曼、特帕斯科、科巴塔、山村和神木等人所做的各种估算），得出的结论是，从1493年到1800年，全世界85%的白银和70%的黄金都出自美洲（1990）。

白银

如果不考虑不同时间的波动情况，根据巴雷特的估算，美洲的白银产量迅速增长，16世纪时总计约为17 000吨，平均年产量为170吨。17世纪时平均年产量上升到420吨，总产量为42 000吨，其中大约31 000吨

[①] 1769—1859年，德国地理学家、博物学家，近代地理学的主要创建人。
[②] 1899—1989年，美国历史学家，经济史研究的先驱之一。

输入欧洲，公共账户占大约四分之一，私人账户占四分之三（TePaske 1983）。欧洲又把40%（即12 000吨）以上的白银运到亚洲，其中荷兰东印度公司和英国东印度公司分别直接输送了4 000～5 000吨。此外，还有6 000吨输出到波罗的海地区，有5 000吨输出到黎凡特，这两个地区留下一部分后，把另外一部分继续向东输出到亚洲。18世纪时，美洲白银总产量为74 000吨，平均年产量为740吨。其中52 000吨输入欧洲，另外40%（即20 000吨）以上被运到亚洲。

因此，按照巴雷特的这些估算，在17世纪和18世纪，美洲生产的白银中大约有70%输入欧洲，其中40%又转运到亚洲。特帕斯科估计，美洲存留的白银的比例要更高一些，有时要高很多，而且在不断增多（1983）。从一种世界金融的角度来看，这可能只不过意味着美洲的白银生产、管理和安全保卫的实际成本要高得多。但是，弗林和其他一些学者则提示，没有输出到欧洲的白银大部分没有留在美洲，而是经太平洋被运往亚洲。

因此，按照巴雷特的估算，从1545年到1800年，美洲出产了133 000吨白银，其中大约75%（即100 000吨）输出到欧洲。而欧洲输入的白银中，有32%（即美洲总产量的24%，即32 000吨）输出到亚洲。但是，向亚洲的输出实际上只是从1600年前后开始的，在此之后，亚洲的白银进口大约占欧洲输入的白银的40%。按照这种算法，在这整个时期，欧洲获得了68 000吨，美洲存留了33 000吨，还有一些白银埋葬在大海里。但是，正如我们下面要指出的，美洲"存留"的白银中还有一部分直接经太平洋被运到亚洲。

美洲的白银生产在16世纪为世界白银存量增加了17 000吨，或者说增加了一半；到1700年，在新的基数上又增加了80%，即42 000吨；到1800年又增加了近80%，即74 000吨。这也就意味着，世界白银存量从1500年的大约35 000吨增加到1800年的168 000吨，几乎增加了4倍。

但是，按照巴雷特的观点，这个数字还没有包括其他地区出产的占世界总量15%的白银。正如我们下面要指出的，这部分白银大多产自日本。

阿图尔·阿特曼（Artur Attman）也根据各种资料做了估算，得出的两个世纪的总数稍有不同（1986a：78）。阿特曼使用的数字是以当时的荷兰元为单位的。根据他的附录上的说明，1荷兰元等于25克白银，100万荷兰元等于25吨（2 500万克）白银。阿特曼估计，美洲在17世纪大约出产了1 300万荷兰元（相当于32 000吨，或每年325吨白银），在18世纪出产了3 000万荷兰元（相当于75 000吨，或每年750吨白银）。他估计，其中大约75%被运到欧洲，欧洲输入的白银中有60%以上（与巴雷特估计的40%不同）被转手输出。如果我们采纳这两种估算的平均数，那么至少有一半而且越来越多的美洲白银被运到东方。在这一半美洲白银中，又有一半以上被直接运到南亚和东亚，有20%以上转运到波罗的海，另外20%转运到黎凡特和西亚——其中又有一部分继续向东流动（Attman 1981：77）。因此，根据阿特曼的估算，美洲白银流到亚洲的总量和份额要高得多。具体地说，不是我们根据巴雷特的估算（1990）而得出的大约32 000吨，而是48 000吨。

但是，至少还有3 000多吨，即平均每年有15吨白银，是从墨西哥的阿卡普尔科以及更早一些时候从秘鲁用马尼拉大帆船直接被运到马尼拉的。这些白银又几乎全部被转运到中国。这种跨太平洋运送的白银本来会更多一些。从1610年到1640年，平均每年有大约20吨，但是在之后的20年里减少到每年不到10吨（Reid 1993：27）。阿特韦尔也提到，从阿卡普尔科运到马尼拉的白银平均每年有143吨，仅1597年一年就有345吨（1982：74）。但是，皮埃尔·肖努估计，有多达25%的美洲白银直接走太平洋航线（转引自Adshead 1988：21）。全汉昇则估计，17世纪时通过这种方式运送的白银多达每年50吨（与波罗的海航线一样多），当然，这些白银最终都流入了中国（转引自Flynn and Giraldez 1995a：204，1995b：16，Flynn 1996）。

跨太平洋的白银贸易中有很大一部分是走私活动，因此没有留下记录，具体数字也无法搞清。为了维持垄断利益，西班牙王室极力限制直接跨太平洋的马尼拉大帆船贸易，因此其中有一部分就成为没有记录的走私活动。也正是因为这个原因，弗林和吉拉尔德兹认为，跨太平洋运送的白银总数始终被低估了（1995b，c）。这也就意味着，在特帕斯科所说的没有经大西洋被运走的美洲白银中，有许多实际上并没有存留在美洲，而是经太平洋被运走了。因此，弗林认为，跨太平洋运送的白银的数量，有时可能相当于通过欧洲流向中国的白银的数量。弗林主要使用全汉昇的估算数字，即每年200万比索或50吨白银，这个数字是前面提到的15吨的3倍多。阿特韦尔根据一份中文资料得出的估算数字是每年57~86吨（1982：74）。但是，弗林也指出："每年跨越太平洋的白银是否超过500万比索（125吨）？确有证据支持如此之高的数字。"因此，他认为，在17世纪，跨太平洋贸易并没有像跨大西洋贸易那样衰落（Flynn and Giraldez 1994：81-82）。

亚洲的白银供应大户是日本。从1560年到1600年，日本每年生产和供应50吨白银，从1600年到1640年，每年生产和供应150~190吨，最高峰的1603年达到200吨（Atwell 1982：71；Reid 1993：27）。里德根据几种估算用表格方式显示，从1620年到1640年，每年为130吨，在17世纪40年代下降到每年70吨，50年代下降到每年50吨，到60年代下降到每年40吨。冯格拉汗所做的估算是，从1550年到1645年的近100年内，总产量将近4 000吨（1996a：439，表3-1），并援引山村和神木的大约8 000吨的估算数字。为了适应白银需求和价格的上涨，日本引进朝鲜的技师和技术。由此，在1560年到1640年的80年间，日本成为一个主要的世界白银生产国和出口国。此后，一般认为，日本的白银生产下降了，而铜的产量和对中国的出口增加了。但是，据池田所报道的近年日本的研究成果（1996）和冯格拉汗引用的数据（1996a），日本的白银出口至少延续到18世纪中期。

此外值得注意的是，日本出口到中国的白银的数量比从太平洋上运来的美洲白银多3 ~ 10倍，平均为6 ~ 7倍。总之，从1560年到1640年，欧洲从美洲共获得19 000吨白银（巴雷特的估算），另外有1 000吨以上的白银从太平洋上运走，而日本的白银出口就多达8 000吨或9 000吨。也就是说，在28 000吨的总量中，仅日本就提供了8 000吨或9 000吨，将近30%。弗林和吉拉尔德兹认为，这个比例在高峰时曾达到30% ~ 40%（1995a：202）。

有几位学者提出假设：如果没有日本对世界白银流动（尤其是流向中国）做出重要贡献，那么这个世界（包括欧洲）将会怎样（Flynn 1991）。或者，如果没有美洲的白银及其与日本的竞争，日本是否能够借助自身在世界白银市场上的一种更强有力的地位，来进行对中国和东南亚的经济和（或）政治征服？欧洲人由于没有支付手段，很可能被排斥在世界贸易之外。上述两种情况无论发生哪一种，或者两种情况同时发生，都会使世界历史完全成为另外一种样子。既然如此，我们就必须赞同山村和神木的要求："早就应该对这个时期日本在世界金融体系中的角色重新进行认真的考察了。"（Yamamura and Kamiki 1983：356）因此，从这种世界金融的角度看，把日本或中国说成是孤立于世界经济之外的种种说法也是站不住脚的。

但是，由于中国还获得了世界白银供给中十分隐秘的一部分，因此最终流入中国的世界白银的数量和份额应该比以上种种估算都要高得多。里德估算的数字是，从1601年到1640年，东亚共获得大约6 000吨白银，平均每年150吨，其中有4 500吨出自日本（1993：27）。几乎所有的白银最终都流入了中国。从1641年到1670年，总供给下降到2 400吨，平均每年80吨，其中大约1 600吨（即平均每年53吨）出自日本。

这样，根据巴雷特的估算，从1600年到1800年，亚洲大陆至少吸收了经欧洲转手的美洲白银32 000吨、经马尼拉转手的3 000吨以及来自日本的大约10 000吨，总数至少为45 000吨。按照阿特曼的估算，欧洲转运到亚洲的白银的比例更高，那么，亚洲应该直接从欧洲获得了52 000吨白银，另外还有从大西洋转经波罗的海和黎凡特而获得的白银，以及通过跨太平洋的海运获得的白银。这些加起来多达68 000吨，占1500年到1800年间有记载的世界白银产量的一半。但是，亚洲（日本除外）也自产白银，尤其是在安纳托利亚、波斯和中亚，其中也有一部分转移到中国。另外，云南和中国其他地区也自产一些白银。

因此，中国获得和使用了世界白银供给中的一个十分巨大的份额。大量白银来自日本，有一些白银是从太平洋上经马尼拉而获得的，有一些是从美洲经欧洲、黎凡特、西亚、南亚和东南亚转运到中国的，也有一些是直接或间接从中亚获得的。根据里德的不完全估计，欧洲商人供应的白银在1610年到1630年间占中国白银进口量的大约14%，在1630年到1660年间占10%，在17世纪60年代占40%（1993：27）。肖努曾经估计，美洲白银的三分之一最终流入中国，另有三分之一流入印度和奥斯曼帝国（转引自Adshead 1993）。魏斐德认为，可能有一半美洲白银最终流入中国（1986：3）。

图3-1主要是把巴雷特和阿特曼的估算加以平衡，示意性地展现世界各地的白银生产和流动。这幅图显示，美洲在16世纪生产了17 000吨白银，几乎都运到了欧洲。该图显示，美洲在17世纪和18世纪分别生产了37 000吨和75 000吨白银，其中各有27 000吨和54 000吨运到欧洲，两个世纪合计81 000吨。在欧洲获得的白银中，有大约一半（39 000吨）又转手到亚洲，其中17世纪为13 000吨，18世纪为26 000吨。这些白银

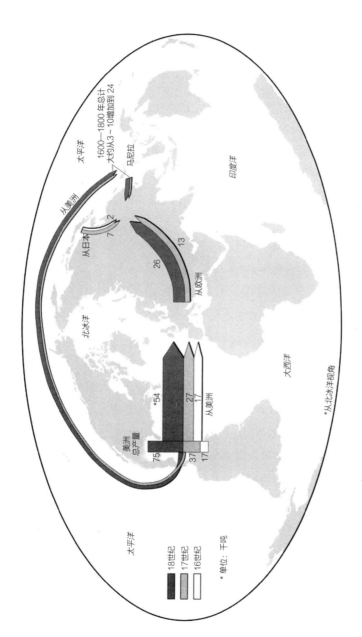

图3-1　世界白银的生产、出口和接收

最终主要流入中国。另外，有3 000～10 000吨甚至可能高达25 000吨白银，是从美洲直接通过太平洋运到亚洲的，而这些白银中的绝大多数最终也流入中国。此外，日本至少生产了9 000吨白银，也被中国吸收。因此，在1800年以前的两个半世纪里，中国最终从欧洲和日本获得了将近48 000吨白银，可能还通过马尼拉获得了10 000吨甚至更多的白银，另外还从亚洲大陆上的东南亚和中亚地区以及中国自身获得一些白银。这些加起来，中国共获得了大约60 000吨白银，大概占世界有记录的白银产量（自1600年起为120 000吨，自1545年起为137 000吨）的一半。

冯格拉汗独立地做出了一种新的估算（1996a）。他使用了现存的白银运输资料，在缺乏这种资料的环节，他把中国出口总值的80%折算成白银进口，以吨作为计算单位。他得出的中国进口白银总数，包括日本、美洲（经马尼拉中转）和印度洋等各种来源（但不包括亚洲陆路来源），从1550年到1600年为大约2 200吨，从1550年到1645年的近100年间为7 200吨。第二时期以及整个时期的估算数字比山村和神木的数字低20%～30%，其部分原因也许在于，冯格拉汗使用了商品出口数字，并且把这些数字按照固定的80%的比例加以折算。而这种估算方法的可靠性是值得商榷的，因为白银供给一直在增加，从而使白银与其他商品的比价下跌。因此，使用固定的商品与白银的折算率，就会低估因购买这些商品而支付给中国的白银的数量。由此也可以解释为什么冯格拉汗的估算低于其他人。对于冯格拉汗这部著作更详细的讨论，可以参见我的另一篇文章（1998b）。

综合上述一些有关白银生产和转移的估算，从16世纪中期到17世纪中期，美洲生产了30 000吨白银，日本生产了大约8 000吨，总计38 000吨。如果减去留在美洲以及在转运中流失了的难以确定的一部分，最终流入中国的7 000～10 000吨的确是一个很可观的数字。也就是说，即使按照冯格拉汗的保守估算，中国也占有了世界白银产量的四分之一到三分之一。这个份额依然高于欧洲、西亚、南亚和东南亚分别占有的份额，更不用说非洲和中亚占有的份额了。（尽管还有一些白银也通过中亚流入中国，但是有关这后两个地区的资料较少。）

黄金

在16世纪，向世界市场供应黄金的是加勒比海地区、墨西哥以及安第斯山脉地区原有的和新开的金矿。自1690年起到18世纪中期，巴西的密纳斯吉拉斯掀起了一股淘金热潮。但是，正如巴雷特指出的，美洲之外也生产了大约30%的黄金。与1500年以前的几个世纪一样，大宗的黄金出自非洲，其中主要出自西非。非洲在16世纪大约出口了50吨黄金，在17世纪出口了近100吨黄金，几乎平均每年1吨。到18世纪，非洲的黄金出口下降到60吨，到该世纪末就不再出口了（Barrett 1983：247；Curtin 1983：240，250）。

其余的黄金供给来自努比亚。努比亚的黄金经埃及出口到君士坦丁堡（伊斯坦布尔），或者经埃塞俄比亚出口到埃及、红海和印度。津巴布韦在1000年间一直是世界黄金的一个重要来源，其产量在15世纪达到1吨的顶峰。奥斯曼帝国也出产黄金，并接受来自巴尔干半岛、鲁梅利亚[①]、克里米亚、高加索和乌拉尔山的黄金（但白银的数量更多）。东南亚各地也生产和出口黄金，如云南、缅甸、马来亚、泰国、占婆（越南）以及一些岛屿，尤其是苏门答腊岛。东南亚的黄金有一部分向北流到东亚，一部分向西流到南亚。中国也生产黄金，在1400年到1800年间的许多时候出口黄金换取白银。

---

① 奥斯曼帝国在巴尔干半岛的领地。

信贷

　　金属通货既通用又稀缺，这就刺激了"信贷前所未有的扩展，包括借贷、抵押、债券、信用证、银票以及可转让证券，这一切在越来越大的范围内代替了贵金属"（Parker 1974：531）。但是，与其他时空中的情况一样，信贷的规模也是随着作为其后盾的金属通货与金银的盈缺而扩大和紧缩的。政治家尤其希望用信贷和纸币来取代短缺的硬通货。但是，这种短缺也使得或允许放贷人提高放贷利率，因而也限制了信贷的实际数量。与今天一样，当时的人们通常用硬通货（金属货币）来谋取纸币和贷款。

　　但是，金银主要是用来做公司借贷的担保，所有的公司以及（印度）国家的贸易都建立在印度银行家的信誉之上。如果"印度公司"没有收到金银，它本来不稳的信誉就会崩溃，人们就不能做任何买卖……为了获得货款和承兑他们的汇票，商人就必须从国外汇来金银。金银不仅被用来做印度境内票据业务票据业务的担保。我们常常可以见到，商人从喀拉拉和古吉拉特开出在穆哈和亚丁结算的汇票，从苏拉特开出在班德孔结算的汇票——班德孔是波斯湾的主要金融中心。但是，这种票据业务依赖中东稳定的硬币来源。
　　当金银匮乏时，就会妨碍古吉拉特土地税的征集；农村的借贷利率就会上涨，从苏拉特开出的用于在布尔汉布尔或阿赫迈达巴德支取土地税的汇票的贴现率也会提高。因为土地税和贵族的"封地"收入也基本上是通过票据汇寄的。（Barendse 1997：chap. 6）

　　如果说我们很难做出或得到有关金属货币的可靠估算，那么甚至可以说，我们绝不可能准确地了解信贷是如何润滑着商业、投资和生产的运转的——实际上，它们本身就以各种形式产生信贷。但是，信贷肯定起了十分重要的作用。尽管直接的资料极其罕见，但是有关1400年到1800年这一时期的情况，我们至少可以在二手文献中寻觅到一些蛛丝马迹。例如，1740年到1745年间，在英国与荷兰东印度公司为抵偿进口而付出的出口支付中，汇票占大约20%，商品和贵金属占80%（Steensgaard 1990c：14）。包括英国东印度公司的汇票在内的许多汇票，是在阿姆斯特丹的金融市场上结算的。这些公司本身也在亚洲金融市场上大量借债，以此来筹措出口商品所需的资金。在亚洲，靛青种植者或咖啡商获得的贷款通常长达12个月，纺织品进货贷款通常为3～4个月（Chaudhuri 1990b：8）。第4章在考察市场和金融机制时，将进一步讨论信贷的作用。

赢家如何使用他们的金钱？

.... § ....

总之，他们是像寓言中所说的那样把金钱囤积起来，还是把它花掉？如果是花掉，那么花在了什么上？

（1）囤积说

对于从小受到从大卫·休谟和亚当·斯密到今天的伊曼纽尔·沃勒斯坦的西方传统熏陶的读者来说，有必要重新考察这样一种说法："在西方挖出钱来，仅仅是为了再埋在东方。"金德尔伯格在《消费者和囤积者》一书中写道："这就使我们触及了问题的核心：传统观念认为，印度和中国的囤积现象反映了金融技术的欠缺；另一些人则认为，印度人和中国人像欧洲人一样大量地使用贵金属，二者孰是孰非？"（Kindleberger 1989：35）

为了解决这个问题，金德尔伯格考察了许多不同的资料。有些资料显示，欧洲也有一些囤积现象。还有许多资料显示，亚洲也有大量的"消费"现象。然而，尽管分析的结果是相反的，金德尔伯格还是不愿意放弃传统的说法：

> 鉴于（印度人）这种对黄金的迷恋，我们很难接受专家们（如乔杜里、珀林和理查兹）的这一观点：印度没有囤积黄金的强烈偏好，却需要进口白银来当作货币使用……我们很难接受专家们的这一论点：东方与西方没有什么不同。（Kindleberger 1989：63，64）

我倒是觉得很难接受金德尔伯格的怀疑立场，因为这种立场的一部分依据在于，他认为印度从来不把黄金当作货币使用。而这种说法至少不适用于印度南部。此外，虽然是说铜钱，但是，这种货币具有"一种惊人的流通速度和范围……在铸造出来以后的一年之内就从该帝国的边远省份进入心脏地区。这是莫卧儿体制的一个惊人特征"，而这也与"认为普通钱币只是在周边地区流通的习惯想法"相抵触（Richards 1987：6–7）。

金德尔伯格还认为：

> 需要解释的是，为什么白银到了中国就止步了……即便这些（有关黄金在中国主要不作为货币使用的）资料被公认带有道听途说、奇闻轶事的色彩，但是根据这些资料也很难赞同专家们的这一结论：中国贪求白银主要是由于货币化的程度很高，说中国比其他国家囤积更多白银的论调是值得商榷的。货币化的程度很高，尤其是在税收方面……（Kindleberger 1989：71）

尽管金德尔伯格这位金融史专家竭力维护囤积论的陈年老调（包括援引从20世纪30年代到80年代报刊上的许多奇闻轶事），但是，他既提不出一个有说服力的理论，也举不出任何令人信服的证据来反驳"主张东方与西方没有什么不同的专家"。

或许更惊人的是，沃勒斯坦近年来也对囤积论的老调做出呼应（1980：108-109）。他不仅写道："进入亚洲（和俄国）的硬币和金银基本上用于'囤积和首饰'，在很长一段时间里，'贸易的平衡'（如果不把白银当作商品看待的话）始终是入超，基本上是互惠的。"（单引号内的文字出自1962年的一部著作。）而且更糟糕的是，他接下来写道："这两个事实恰恰表明，东印度群岛始终处于欧洲的世界经济之外……（这就是）某个世界体系与其外围地区之间的贸易同资本主义世界经济内的贸易的区别。"我是在双重意义上使用"惊人"这个词的。首先，沃勒斯坦的引文本身就足以提醒我们注意他的欧洲的世界经济体系视野和理论的局限性。正如我早已用冗长的篇幅所论证的，这种局限性使他和另一些人无法考虑真实的世界（1994，1995）。奥姆·普拉卡什（Om Prakash）也指出：沃勒斯坦认为，白银涌入欧洲有利于投资扩张和资本主义扩张，但是白银涌入亚洲则只不过是为贵族服务，起装饰作用（1995：8-9）；沃勒斯坦的这种说法既缺乏理论依据，也没有坚实的实证基础。

另外同样令人吃惊的是，沃勒斯坦的欧洲眼罩看来使他无视和曲解史料，因为那些史料会摧毁他的理论的基础。与沃勒斯坦的解释相反，世界范围内的货币向亚洲和俄国的流动恰恰表明，亚洲和俄国、欧洲和美洲一样，是同一个世界经济的组成部分。

（2）货币计量学中的通货膨胀和生产

美洲金银（主要是白银）以及日本白银和铜的注入，造成了新的流动形态和信贷形态。这反过来又促成了世界范围的生产出现明显的甚至

急剧的增长。这种增长满足了新的货币需求，这种"拉动"因素推动了
中国、印度、东南亚和西亚（包括波斯）的工业发展。乔杜里指出：

> 亚洲两大帝国的经济受益于与西方经济关系的发展。金银的大量涌入……
> 仅仅是收入和就业增长的一个标志。纺织品的出口把印度沿海省份变成重
> 要的工业区，由（东印度）公司进口的金银直接进入流通领域，成为购买
> 出口商品的支付手段。（Chaudhuri 1978：462）

经济学家最喜欢用的一个公式就是费雪方程式：MV=PT。它的意
思是，货币数量（M）乘以流通速度（V）等于商品和服务的价格（P）
乘以其生产和销售的交易量（T）。货币计量学假定，如果货币数量增
加，而流通速度和交易量不变，那么商品和服务的价格就应该随着货币
的增加而相应上涨。汉密尔顿等人注意到，在16世纪，新的美洲货币进
入欧洲，于是价格上涨了。这被称作"价格革命"。人们一直在争论，
新增的货币量是否真的像汉密尔顿计算的那么多，货币的流通速度是否
也发生了变化，生产和交易量究竟增加了多少，对这些事件的发生起了
多大作用，总之，究竟是什么因素导致欧洲的价格上涨，以及价格实际
上涨了多少，是在什么时候上涨的。杰克·戈德斯通考察了许多人的观
点，得出了一个有说服力的论断：欧洲（西班牙除外）的通货膨胀主
要是由人口和需求的增长导致的，而不是由新的美洲货币供应造成的
（1991a，b）。

这场争论也不可避免地涉及亚洲，首先是因为一部分美洲货币又离
开了欧洲，其次是因为这部分货币进入亚洲并因而增加了那里的货币供
应量。所以问题就变成，新的美洲货币和（或）人口增长是否也造成了
亚洲的通货膨胀。

新增的货币对印度物价的影响一直是一个有争议的问题。阿齐扎·

哈桑（Aziza Hasan）认为，白银进口确实导致了通货膨胀（1994）。按照她的估算，从1592年到1639年，当白银大量涌入时，流通领域的白银增加了2倍。她的推论是，由于生产不可能跟上这种速度，因此物价肯定会上涨。她在考察了几种商品的价格变化后得出结论：虽然"我们几乎找不到大众消费品价格的资料"，但可以肯定确实发生了通货膨胀。正如我们将会看到的，哈比布等人至少部分地赞同这种说法。

但是，布伦宁（Brenning）对这种说法，即17世纪的印度也与早些时候的欧洲一样遇到了"价格革命"，提出了挑战（Brenning 1983）。他认为，虽然在17世纪20年代、50年代中期和60年代都有过短暂的价格上涨，但是从总体上看，物价在其他时期一直相当稳定，在整个17世纪，物价仅有很小的涨幅。实际上，在17世纪中期的物价上涨和1670年白银进口开始加快以后，物价是稳定的。布伦宁指出，"本地的强劲发展影响了区域的货币历史"（1983：493），但是他没有对此做出明确的解释。然而，甚至哈比布也不愿讨论"是否发生了通货膨胀，如果发生了，原因何在"：

要想澄清17世纪的白银"膨胀"对莫卧儿王朝统治下的印度经济结构的影响这一问题，取决于我们是否能够确定支付行为是用何种铸币在何时进行的。连带的问题是，大量白银流入这个国家是否不仅扩充了原有的存量，而且引起了与这种存量增加大体相当的价格水平的上涨（或白银的贬值）。（Habib 1987：139）

哈比布本人倾向于另外的解释。用白银衡量，物价并没有随着白银供应的增加而上涨；用更常用的铜币衡量，物价和工资则根本没有上涨。随着白银变得越来越多，它相对于铜的价值下降了，在17世纪逐渐取代了铜，成为交换媒介。再者，由于铜被用来制造铜炮，对铜的需求也增加了。另外，哈比布强调，白银的流入也使它与黄金的比价下跌了。卢比的价值相对于白银和黄金确实下跌了，相对于铜的价值先是上升，后来也下跌了。"农产品价格与白银价格的早期变化趋势显然是一致的。"（Habib 1963a：89）

这种论证和分析进一步动摇了印度曾发生通货膨胀的说法，因为物价更多地反映了白银作为一种商品（用黄金和铜的通货来衡量的商品）的贬值，而不是反映了所有商品因通货膨胀而引起的普遍的价格上涨。因此，普拉卡什指出："过去20年的大量研究成果……一致否定了物价普遍上涨的可能性。"（1995：13）勒内·巴伦德斯关于荷兰东印度公司的研究（1997）也表明，印度没有出现普遍的因通货膨胀而引起的物价或工资上涨。桑贾伊·苏布拉马尼亚姆（Sanjay Subrahmanyam）对贵金属价格做了最系统的研究（1994）。他考察了以往的论著和资料，尤其是有关孟加拉、苏拉特、默苏利珀德姆和阿格拉等地的论著和资料。他也得出结论说：

总的来看，印度的资料显示，物价上涨至多是个别现象，仅限于个别地区和个别商品……价格革命的论断尚无法得到证实……经验资料不能支持这种假设……（实际上）利率……有一种下降趋势。（Subrahmanyam 1994：209，53-54）

另外，苏布拉马尼亚姆也考察了有关奥斯曼帝国的类似争论，并得出同样的结论。他的结论吸收了戈德斯通的观点：人口增长推动物价上涨（1991a）。戈德斯通在另一篇文章中也认为，通货膨胀一直维持在较低的水平上；除了17世纪中期，中国实际上没有出现通货膨胀（1991b）。其理由是，产出和流通速度的增长吸收了货币供应的增长。他还怀疑，由于欧洲存在用银制器皿夸富的消费，因此可能有大量的白银被囤积，至少是被封存起来。当然，他也把通货膨胀归因于人口增长。（我们在第5章中还会讨论这些问题。）

中国的情况也一样。生产和人口都增长了，但新增的货币并没有使物价的上涨速度大大地超过人口的增长速度。马立博（1997a，1996）以及他与陈春声（1995）发现，甚至在高度货币化的中国南方，除了个别短暂的米价飞涨时期，在许多个世纪里，米价的上涨是与人口增长紧密相关的，而其他商品的价格则趋于下降。另外，他们引用了其他学者的成果来证明："几乎所有的家庭都在物价昂贵时减少生育，在物价便宜时增加生育。"因此，"如果说所有的中国农民都根据经济形势来调节他们的生育，那么人口的增长……很可能是对经济增长中的重大进展的一个直接反应。"虽然他们谈的是18世纪和19世纪的情况，但这个结论也同样适用于之前的几个世纪。

关于亚洲是否存在普遍的通货膨胀这个问题，作为考察的总结，我们应该赞同苏布拉马尼亚姆的观点：

> 鉴于用主要的金属货币来衡量，南亚和西亚不存在物价的普遍飞涨（至少按照西欧通货膨胀的比率来看）；因此，很显然，货币供应的增长率应该基本上被产出的变化速率以及相反的货币收入周转率抵消了。（Subrahmanyam 1994：218）

"有足够的证据"显示，在印度南部没有出现通货膨胀（Subrahmanyam 1990a：349）；正如理查德·伊顿强调的，在孟加拉也没有出现通货膨胀。我们在后面还将论证，中国也没有出现持续的通货膨胀。

也就是说，从费雪方程式（MV=PT）的角度看，史料显示，在亚洲大部分地区，新增的美洲和日本货币并没有像在欧洲那样引起物价的暴涨。相反，亚洲由于新增了货币，出现了生产和交易的增长，并且通过经济的更广泛的商品化而提高了货币流通速度。人们会说，相对于其人口和经济规模而言，欧洲不仅从其经济体周围获得了而且甚至保留了比面积更大、人口更多的亚洲更多的新货币。这也许能在一定程度上解释欧洲经济比亚洲经济更高的通货膨胀率。但是，这种推理并不足以动摇我们的论点：新增的货币促成了亚洲的生产增长和人口更大的增长。关于这一点，我们将在第4章和第6章中加以论述。

此外，如果戈德斯通的论点是正确的，即人口的增长比货币供应的增长更能推动物价上涨（1991a，b），那么物价也应该上涨。但是，正如我们在第2章指出的和在第4章将要论证的，亚洲（尤其是中国）的人口增长比欧洲快得多，数量也大得多。然而，实际的价格革命却基本上仅限于欧洲。

这种现象进一步支持了我们的推论：新的美洲和日本货币的大量涌入，刺激了亚洲比欧洲更大的生产和人口增长。另外，也有直接的证据表明，这种货币的涌入如何刺激了亚洲的生产、拓殖和人口的扩张。

（3）货币对拓殖和生产扩张的促进

上述有关物价的史实和讨论支持了我们的这一论点：货币的涌入在亚洲既刺激了消费者对商品的需求，也刺激了商品生产的供给。现在，我们来考察一些直接的史实。

印度

在孟加拉和比哈尔被莫卧儿帝国征服和兼并后，它们是生产扩张最明显的地区（Richards 1987：5）。实际上，从1657年到1714年，虽然有大量的白银从国外流入，但与印度其他地区相比，孟加拉的物价比较低，而且一直比较稳定（Prakash 1994：V-165）。普拉卡什从货币计量学的角度尝试了几种可能的解释。如果货币供应的大幅增长并没有引起物价的相应上涨，那么其原因应该是，货币供应的流通速度随着经济的逐渐货币化而加快了，生产的总量增加了。普拉卡什的结论是，虽然货币流通量的增加可以部分地抵消货币供应的增长，生产也应该通过更好地利用已有的能力或改善资源配置而增长。但是，普拉卡什似乎没有考虑这样一种可能性，而且是概率极高的可能性：由于动用了更多的资源，生产能力和生产本身都扩大了，因此生产也增加了。据他估算，孟加拉纺织工人的数量增加到100万，其中只有不超过10%的工人从事英国与荷兰东印度公司出口产品的生产（1994：vii-175，197）。因此，生产的扩张应该主要归因于亚洲人经营的内销市场和出口市场实现了某种结合。最近，普拉卡什在正本清源的探索中，把原因归结为人口的增长和"产出、收入和就业的大幅度净增长，而产出的增长必将引起对货币需求的增长"（1995：13）。但是，他把这些因素看作出口增长的伴随物，甚至在这段论述里依然把"对货币的需求"看作产出增长的派生结果。

　　另外，在莫卧儿帝国衰落和马拉塔人取得地区统治权后，"货币的使用遍及马哈拉施特拉的各个阶层，取代了实物交换；其次……所有的农村居民都被一个由货币、信贷和市场交易组成的网络卷入了更广大的地区经济和世界经济"（Richards 1987：11）。这是理查兹在评述珀林的研究成果（1987，1993）时的结论。而珀林本人总结道："简言之，文献（对私人和政府有关基层地方经济生活的报道的详细而冗长的研究）显示，在这个社会里，货币化已经有比较显著的发展（涉及比较多的民众），与我们所知道的早期殖民时代的情况形成了明显的反差。"（1993：178–189）珀林在另一篇文章中谈得更为具体：

　　　乡村……不仅参与当地的货币市场交易，而且对农业劳动、手工业生产、服兵役和家庭服务等按日或按月支付货币工资。我认为，铜与贝壳的进口恰恰显示了这种活跃的、高度货币化的地方市场中心的存在……同样重要的是，这也证明了，这种货币"交往"也把以农业生产为主的地区与次大陆其他地区连成一气，因而也与国际范围内的各种事件和联系连成一气……但是，强调这样一个事实也很重要，即确实存在着可以对此进行验证的文献，而这些文献却受到了不可思议的忽视。（Perlin 1983：75，74）

但是，珀林也指出："相比之下，早期殖民统治导致了货币活动的大幅缩减。"（1983：78）格罗弗也指出："自英国殖民主义登陆以来，印度的商业生活与17世纪相比明显地恶化了。"（1994：252）

问题在于，货币如何促进了——实际上也拓展了——农业，润滑了制造业的运转机制，当然也推动了贸易向更大的范围发展和深入"维持生存的"农民之中。用凯恩斯的话来说，新的支付手段造成了亚洲自身市场上新的需求，因此也会造成更多的生产。

伊顿考察了在孟加拉为了种植棉花和生产供应纺织工人的粮食而毁林开荒时，伊斯兰教是如何随之而传播的（1993）。16世纪以及17世纪末和18世纪初，由于孟加拉的纺织品生产和出口一再扩大，人们对边疆地区进行开发。不过，这种活动，包括最初开垦丛林（与今天在亚马孙丛林的做法一样），得到了"许多中间商的资助，他们实际上是资本投机商或古典的包税人"（1993：22）。国外白银的涌入造成了货币供给的扩大。他们则把这种供给传送到孟加拉的内陆乃至边疆。

但是，孟加拉的边疆仅仅是随着（甚至由于）新货币的涌入而得到开发的最新区域，而绝不是唯一得到开发的区域。

在这段较长的时间里，不仅在德干高原地区，而且甚至在恒河流域，许多广阔地带都有大量农民定居；在古吉拉特，农村的人口越来越密集，新的村庄如雨后春笋般填补了旧村庄之间的空隙。正如汉布利在《剑桥印度经济史》中指出的，这也是各种层次的城镇（从小市镇到阿格拉这样的大城镇）加速发展的时期……旁遮普变成纺织品生产的一个重要中心，它的产品远销到中东、波斯和中亚……汉布利最近指出，17世纪和18世纪的城市发展是与纺织品生产的发展紧密相连的。（Perlin 1983：67，71）

纺织品生产的发展，棉花和染料的种植、分配和加工，以及供应生产者和商人的食品的生产和分配，都是被新货币的大量涌入刺激起来的。白银的涌入及其造成的旺盛需求并没有导致通货膨胀，因为它们刺激了供给的同步增长。"延长的16世纪"的周期性扩张始于1400年前后，一直持续到18世纪。正如我们在第5章中将要论述的，根本不存在"17世纪危机"。

中国

自16世纪中期起，白银注入中国经济所造成的经济扩张更为壮观。明代经济在银本位的基础上日益货币化，并且至少到17世纪20年代一直在飞速扩张。只是在17世纪中期，由于气候、人口、经济、政治的综合危机和明清王朝的更迭，这种扩张才暂时被打断（详见第5章）。但是，经济很快得到恢复，并且从17世纪末到18世纪又继续扩张。

白银和贸易的刺激作用及其引起的经济扩张，在中国南方尤为显著。这里仅需对中国南方的商业化和经济上的理性选择做一点浮光掠影的提示。马立博引述了当时一位总督的论断："交易皆用白银，白银流通全省。"（1997a）商人们向农民预付定金（这种资本大概也直接或间接来自出口换得的进口白银），日后收取他们的农产品（1997a）。马立博做了一系列概括性的描述，其中有两段特别能说明问题：

白银流回中国（作为出口的回报）……到1600年，这种贸易造成每年有大约20万千克白银流入从宁波到广州的华南和东南沿海地区。对丝绸的旺盛需求引发了土地使用方式的重大变化……（另外）到1700年，大约一半的森林植被遭到破坏（低处种植桑树、棉花、甘蔗和水稻，高处种植玉米和红薯）。(Marks 1996：60，59)

南洋所需求的中国制品，主要是在广州及其附近地区生产和在帝国其他中心收购的。出口贸易的增长对岭南农业经济的影响是间接的，它要经过原棉输入的环节。这里的农民不种棉花而种植甘蔗，用加工制成的蔗糖换取华中和华北的棉花。大部分棉花经过纺织加工再出口到南洋。这样，由于对棉织品的需求不断增长，就推动了甘蔗逐渐取代水稻（占用原有的水田，而种植棉花则需要开垦其他类型的土地）……没有导致（也不需要）另外开垦土地来种植供市场销售的甘蔗，这样就缩减了珠江三角洲及邻近地区的水稻产量，从而增加了市场对稻米的需求。对丝绸的需求增加时，也会出现类似的水稻田被非食品类经济作物挤占的情况。(Marks 1997a)

也就是说，"农民在回应商业刺激时将原有的水稻田改种甘蔗或桑树，而不是开垦新的土地来种植经济作物（如棉花）"（1997a），这乃是一种经济上的理性选择，而且完全适应了市场机制。本书第4章将更详细地考察这种进程的制度机制。

因此，华南地区的进程与孟加拉的情况十分类似。农业和定居区域的边界是随着它们的商业化而扩张的，而这种商业化则是在外界需求的刺激下发生的。这种外界需求也造成了当地的需求和供给，后者则由于从境外流入新的货币而得到金融方面的支持。

亚洲其他地区

里德根据文献资料证明，在东南亚的大陆和岛屿上也发生了类似的进程（1993）。另外，东南亚大陆地区研究专家维克多·利伯曼在谈到16世纪和17世纪的情况时写道：

  国内不断累积的大量需求，定居区域向生产独特的农产品和矿产品的边疆地区的扩展，促进了国内的交换，体现在地方市场的繁衍、各省之间互补性的增强以及货币化程度的提高上……（包括）"资本"文化在农村的弥散和某些地方性资本运用方式的渗透。海外贸易、火器的使用和金银的输入，通过各种复杂的渠道强化和改变着这些进程……

  在18世纪，大陆地区的人口增长、土地复耕和关键部门的商业交换要么恢复到原来的水平，要么加快了速度。这些进展的动力一方面来自外界的需求，这在泰国和越南南部表现得最明显……另一方面来自类似于1680年以前的内部力量的格局。（Lieberman 1996：800-801，802）

  日本也有类似的情况。在这个时期，白银和铜的生产迅速扩张，从而支持了农业和制造业生产、建筑业、城市化以及商业和商业化的超常增长（除了17世纪30年代和40年代，第5章将考察这20年的气候反常和金融与经济困难）。一位16世纪的学者指出："甚至几乎每一个农夫和乡巴佬……都经手大量的金银。"（转引自Atwell 1990：667）这种说法看起来有些言过其实，但是，其他同时代人的记载也印证了这种趋势。这些记载都显示，甚至他们在自己的一生中就见证了当时的日本在货币化、商业化和经济增长方面都显著地跃上一个更高的水平。另外，池田也引用日本学者的研究成果来证实，欧洲人的贸易活动——欧洲人只不过带来了货币——促进了亚洲范围内的生产和迁徙，从而促进了亚洲内部的贸易活动（1996）。

  在胡里·伊斯拉莫格鲁-伊南主编的《奥斯曼帝国与世界经济》（1987）一书中，许多学者谈到了通货膨胀；但是只有一位学者，即穆拉特·齐扎卡（Murat Cizakca）对此做了专门的研究。而他的研究结论似乎无法证实其他人所谓的通货膨胀的说法，倒是能够证实我的基本观点：在亚洲，与其说是价格上涨，不如说是生产高涨。齐扎卡证明，这种"供给方面"的生产和人口扩张，在16世纪和17世纪的奥斯曼帝国领地上也是明显可见的。他对1550年到1650年间布尔萨丝织业的价格做了细致的研究。他发现，在这个时期的前半期，价格确实在急剧上涨，但仅限于生丝；但是到了17世纪，虽然欧洲的白银一直持续不断地流入，价格却又稳定下来。在这一时期乃至更长的时间里，丝织品价格则明显地始终保持稳定（Cizakca 1987：249–251）。齐扎卡本人的"解释和结论"是，最初生丝价格的上涨主要是由于欧洲需求的增长，新的白银供给使得欧洲人也能从土耳其购买生丝了。欧洲的这种需求很可能在欧洲的"17世纪危机"时期衰退了。另一方面，齐扎卡在解释"丝织品价格涨幅较小"的原因时认为："价格上涨被丝织品供应的大幅增加阻滞了……（尤其是）由于帝国境内的各种发展，例如传统的城乡工业的扩张，丝织品的境内供应可能也增加了。"（1987：254）

　　总之，各种迹象显示，新的货币供给，尤其是来自美洲和日本的货币供给，刺激了亚洲许多地区的生产，支持了这些地区的人口增长。我认为，我们能够而且应该对奥斯曼帝国（尤其是安纳托利亚和黎凡特）的经济扩张、波斯萨法维帝国的经济扩张，当然还有俄国在西伯利亚的扩张和移民做出类似的解释。斯廷斯加尔德的发现（1990c：18ff.）也值得重视。他认为，16世纪晚期，欧亚大陆主要国家——日本、中国、印度、奥斯曼帝国、法国和西班牙——面临超常的财政困境，几乎不约而同地进行了财政改革。他认为，导致这种"巧合"的唯一共同因素是，货币供给量突然增加了，尽管（与此相关的？）人口和生产增长也可能是一些因素。另外，我们在第5章和第6章会看到，这种经济扩张在整个17世纪持续进行，并延续到18世纪。

　　另外一个发现对于质疑流行的欧洲中心论和解释这个时期的发展情况则十分重要。那就是，各种迹象显示，欧洲人输入亚洲的美洲货币刺激了亚洲许多地区的生产，并支持了那些地区的人口增长，其作用大于美洲货币在欧洲的作用。这个结论至少可以用两个发现加以证实。第一个发现是，新增的货币驱使欧洲的物价上涨高于亚洲，而在亚洲，虽然新增的货币引起了购买力的增长，但生产也能与之同步增长。人们对于这一发现所能提出的唯一反驳是，流入欧洲的人均货币多于亚洲。但是，本书第4章中对人口、生产、贸易和技术所做的比较可能有助于抵消这种意见。

　　第二个发现也能有助于抵消这种反驳意见，进而证实当时的亚洲继续优于欧洲这一命题。那就是，我们将在第6章中看到，亚洲人口的增长比欧洲要快得多，亚洲人口在世界总人口中的比例上升了6%，而欧洲人口在世界总人口中的比例基本不变（大约为20%）。1750年，虽然亚洲人口还不到世界总人口的66%，但生产总值占世界生产总值的80%（见第4章和第6章）。这也就意味着，亚洲人拥有比欧洲人、非洲人和美洲人更强大的生产能力。这与本章的论点是一致的：正是因为亚洲各地的经济比欧洲经济更灵活，生产能力更强，因此新增的货币能够刺激亚洲的生产比欧洲的生产有更大的发展。下一章将提供更多的证据来论证这个命题。

第 **4** 章

全球经济：比较与联系

　　虽然人们很难"准确地估量"近代早期亚洲的经济总产值……但是人们所能见到的各种资料都证明，东方的经济规模和利润比欧洲要大得多。例如，日本在16世纪后半期是全世界最主要的白银和铜的出口国，它拥有55 000名矿工，白银产量超过秘鲁，铜产量超过瑞典。虽然西方的资料往往强调每年进出日本的约8艘荷兰商船的作用，但事实上，每年80艘左右的中国帆船远比它们更重要。南亚和东亚之间的情况也是如此：欧洲人……及其商船仅为中国人及其船只数量的十分之一；而且，欧洲人的货物主要不是欧洲产品，而是中国的瓷器和丝绸。

　　这两种商品的产量令人瞠目结舌。仅南京一地，众多的陶瓷工厂每年出产100万件精美的瓷器。其中许多是专门为出口而设计的——出口欧洲的瓷器上绘有宫廷图案，出口伊斯兰国家的瓷器上则绘有雅致的抽象图案……在印度，17世纪80年代，仅孟加拉的卡辛巴扎尔城就每年生产200万磅生丝，仅西部古吉拉特一地的棉纺织工人每年就生产并出口300万匹布。相比之下，欧洲最主要的生丝产地墨西拿每年仅出口25万磅生丝……而欧洲最大的纺织业——莱顿的"新布业"，每年仅生产不到10万匹布。在整个近代早期，世界工业的中心是亚洲，而不是欧洲。亚洲也是最强大的国家的所在地。当时最强大的君主不是路易十四或彼得大帝，而是清朝皇帝康熙（1662—1722年在位）和"大莫卧儿"的奥朗则布（1658—1707年在位）。

《泰晤士插图世界史》（1995：206）

数量：人口、生产、生产力、收入和贸易

§

　　所谓的欧洲在现代世界体系中的霸权，是很晚的时候才发展起来的，而且是很不彻底的，从来没有达到独霸天下的程度。实际上，在1400年到1800年这一时期，虽然有些时候被人们说成是"欧洲扩张"和"原始积累"并最终导致成熟的资本主义的时期，但是世界经济依然主要笼罩在亚洲的影响之下。中国的明清帝国、土耳其的奥斯曼帝国、印度的莫卧儿帝国和波斯的萨法维帝国无论在经济上还是政治上都极其强大，只是在这个时期临近结束时才在与欧洲人的对抗中日渐衰微。因此，如果说有什么霸权的话，那么现代世界体系当时处于亚洲的霸权之下，谈不上什么欧洲霸权。同样，在这整个时期，世界经济的实际动力大部分出自亚洲，而不是欧洲。直至1750年或1800年，亚洲人之所以在世界经济和体系中占有举足轻重的地位，不仅是由于人口和产量的庞大规模，而且由于生产力、竞争力和贸易的优势，简言之，由于资本构成方面的优势。此外，与后来欧洲编造的神话相反，亚洲人拥有自己的技术，并且发展出了相应的经济和金融制度。因此，在这几个世纪里，现代世界体系中的（资本）积累和权力的"格局"实际上没有发生很大的变化。中国、日本和印度居于前列，东南亚和西亚紧随其后。从各个方面看，一直苦于贸易逆差的欧洲在世界经济中显然没有亚洲那么重要。另外，欧洲的经济是建立在进口而不是出口的基础上的，而不论在当时

还是在今天，贸易顺差都是工业优势的基本特征。人们也很难发现亚洲列强之间及其与欧洲之间的相对地位有什么重大变化。在18世纪末和19世纪初之前，欧洲还没有成为一个足以向亚洲挑战的"新工业化经济体"。只是在那之后，世界经济的中心才开始转移到欧洲。

亚洲经济活跃群体在亚洲举足轻重的地位和亚洲在世界经济中举足轻重的地位一直被人们忽视，一方面是由于人们的注意力集中于"西方的兴起"，另一方面是由于人们过分地强调欧洲在亚洲的经济和政治渗透。本章将论证和强调这种欧洲扩张论是如何偏离了世界的真实情况的。

但是，这里的论证不会也不可能仅仅局限于对欧洲和亚洲进行比较，或对中国和印度这两个亚洲主要经济体进行比较。分析的重心需要转移到世界范围的经济联系上，这些联系包括生产力、技术以及它们所启动和支持的经济和金融制度。这些联系是在全球范围内发展的，而不是仅仅在某一地区发展的，当然也不是仅仅在欧洲发展的。与欧洲中心论的说法相反，世界经济体系本身绝不是欧洲人"创造"出来的，他们也没有发展出世界"资本主义"。

（1）人口、生产和收入

众所周知，有关19世纪以前甚至20世纪以前的世界和地区人口增长的数据都是推测得来的。但是，对较多的数据以及其中的一些变量加以考察后，我们还是能够看到一幅关于世界和地区相对人口增长速率的比较清晰的和发人深省的图像。人们一直使用卡尔-桑德斯（A. M. Carr-Saunders）关于17世纪和18世纪的估算（1936）以及他对瓦尔特·威尔科克斯（Walter Willcox）的估算（1931）的修正，后者也因此修正了自己原来的估算（参见Willcox 1940）。联合国人口署的相关文件（1953年、1954年以及后来的各种出版物）也对卡尔-桑德斯的结论做了一些修正。科林·克拉克（Colin Clark）利用上述资料以及另外9份资料做了一些估算（1977），我们用表4-2概括了他的估算结果。M. K. 贝内特（M. K. Bennett）根据上述资料和其他资料也得出了自己的估算结果（1954），他的数字是最全面、最详细的，我们据此制作了表4-1。对这些估算结果进行比较我们就会发现，它们与其他一些在此没有引用的估算结果十分接近。我之所以没有引用那些估算结果，是因为它们采用了不同的地区划分方法（例如把俄国的亚洲部分都划入"欧洲"）。但是，我对所引用的估算结果中关键的1750年的数字进行了核对，主要是把它们与约翰·杜兰德（John Durand）对许多人口数字的评估（1967，1974）加以对比，另外还参考了雷纳·麦肯森和海因策·韦沃（Mackensen and Wewer 1973）引用的沃尔夫冈·科尔曼（Wolfgang Kollman）的研究成果（1965）。

　　这些关于世界和地区人口增长的估算基本上都显示了同样的重要历史进程，因此我们使用贝内特的数字（1954）应该不会有太大的偏差。世界（以及欧洲）人口在14世纪出现下降，从1400年起又恢复了增长。世界人口在15世纪增加了大约20%，在16世纪增加了大约10%（这里引用的数字都是表4-1中总数的百分比约数）。但是，减去美洲在哥伦布到来之后发生人口急剧下降后的数字（这些表格都低估了这种情况，可比较本书第2章中引述的减少90%以上的数字），世界其他地区的人口在16世纪依然增长了16%。接着，世界人口加速增长，在17世纪增长了27%，除去美洲则增长了29%。17世纪中期似乎是一个转折和进一步加速的时期。因此，从1650年到1750年的这100年间，世界人口增长了45%。世界人口发展中的这些重大增长得到了生产同步增长的支持，而正如第3章所论述的，生产的增长则是由于世界货币的供给和分配的增长促成的。

　　这种人口增长的地区分布和差异也是很重要的。在15世纪和16世纪，欧洲的人口增长相对快一些，分别达到53%和28%，因此，欧洲人口占世界人口的比例从1400年的12%上升到1600年的18%。但是，在此之后直到1750年，欧洲人口在世界人口中的比例基本维持在19%，到1800

表4-1 世界和各地区的人口增长（单位：百万）

地区	年份										
	1000	1200	1300	1400	1500	1600	1650	1700	1750	1800	1850
欧洲	42	62	73	45	69	89	100	115	140	188	266
整个亚洲	168	203	216	224	254	292	319	402	508	612	743
俄国亚洲部分	3	7	8	9	11	13	14	15	16	17	19
西南亚	32	34	33	27	29	30	30	31	32	33	34
印度	48	51	50	46	54	68	80	100	130	157	190
中国(主体部分)	70	89	99	112	125	140	150	205	270	345	430
日本	4	8	11	14	16	20	23	27	32	28	33
东南亚	11	14	15	16	19	21	22	24	28	32	37
非洲	50	61	67	74	82	90	90	90	90	90	95
美洲	13	23	28	30	41	15	9	10	11	29	59
世界总计	275	348	384	373	446	486	518	617	749	919	1 163

资料来源：M. K. 贝内特（1954：表1）。

年才增加到20%，到1850年增加到23%。但是与此同时，从1600年起，亚洲人口增加得更多，增长速度也更快。根据贝内特的估算，在15世纪和16世纪，亚洲人口已经占世界人口的大约60%，然后增加到1700年的65%，1750年的66%，1800年的67%。原因在于，人口本来就很稠密的亚洲平均每年人口增长0.6%，而欧洲平均每年仅增长0.4%。根据李维–巴齐（Livi-Bacci）后来计算的数字，欧洲的人口增长率仅为0.3%（Livi-Bacci 1992：68）。也就是说，相比之下，欧洲人口的增长速度仅为亚洲的一半或三分之二，亚洲的人口基数本来就庞大，增长的绝对数字当然就更大了。克拉克也肯定了亚洲人口的这种快速增长（1977）。按照他的估算，亚洲人口占世界人口的比例在1500年大约为54%，在1600年和1650年为60%，在1700年、1750年和1800年为66%。麦肯森和韦沃（1973）和杜兰德（1967，1974）也认为，1750年时亚洲所占的比例为66%。

　　另外，在亚洲最重要的地区和经济体，人口增长得更快。在中国和日本，从1600年到1700年人口增长了45%，从1600年到1750年的一个半世纪里则增长了90%；在同样的两个时段中，印度人口的增长分别为47%和89%，整个亚洲则分别为38%和74%，而欧洲仅为29%和57%。克拉克的估算（见表4–2）显示，人口增长速度呈现出一种差距越来越大的趋势：印度从1600年到1750年增长了100%，中国在度过17世纪中期的危机（见第5章）后，从1650年到1750年也增长了100%，而在相同的时段中，欧洲仅分别增长了56%和44%。只有亚洲其他地区，即中亚（部分地区由表4–1上的俄国亚洲部分来代表）、西亚和东南亚的人口增长较慢，分别为9%和19%。贝内特估算，东南亚人口在1750年为2 800万，在1800年为3 200万，克拉克的估算则分别为3 200万和4 000万，但显然是把锡兰包括在内的。即便如此，杜兰德还是认为克拉克的数字太低了（1974）。因此，在1600年到1750年这段时期，按照贝内特的估算（见表4–1），东南亚人口增长了33%，而按照克拉克的估算（见表4–2）

则为100%，即与中国和印度一样。根据第2章中的考察，东南亚与中国和印度有着密切的经济联系，因此后一个数字似乎更合理。按照杜兰德的意见，东南亚的人口增长速度还应该更快一些，在1600年到1750年（或1800年）期间，应该比欧洲要高出许多（1974）。

因此，只有西方（或许还有中亚和非洲）的人口增长比较慢；当然，美洲是负增长。在1500年到1800年的这三个世纪里，非洲的总人口稳定在9 000万（根据另外一些人的估计，包括表4–2的估算，非洲的人口稳定在1亿），因此在世界总人口中的比例逐步下降。由于"哥伦布接触和交流"的后果，美洲人口绝对地下降了，至少下降了75%（根据第2章中引述的更精心的估算，下降了90%）。因此，美洲人口在1500年到1650年间的世界人口中的比例也下降了，在1650年到1750年间仅有缓慢的回升。

总之，尽管对于现有的人口估算有各种不同的修改意见和疑问，但是可以肯定，从1400年到1750年，甚至到1800年，亚洲（尤其是中国和印度）的人口增长比欧洲快得多。遗憾的是，我们没有对同一时期世界和地区生产总值的估算数字，但是可以推测，亚洲之所以有如此之高的人口增长，只有一种可能性，即它的生产也增长得比较快，因此才能支持这种人口增长。根据我们在第2章中的考察，那种认为亚洲的生产或人均收入保持稳定或相对于欧洲来说下降了的理论上的可能性是似是而非的，而且也无法获得实证的支持。下面有关世界总产值和地区比较产值及人均收入的估算将进一步否定这种论点。

当然，我们很难获得有关这一时期的全球生产和收入的准确数据，这一方面是因为很难找到和统计这种数据，另一方面则是因为很少有人想做这件事情。不过，毕竟有一些学者殚精竭虑地对18世纪的一部分情况做出了估算，他们想用这些估算数字作为基线，来评估人们更感兴趣的在此之后的西方和世界经济发展。这对于我们来说就很不错了，因为这些估算至少提供了在我们考察的这个时期接近结束之时的世界和各地区的生产和收入的某些线索。

　　布罗代尔引用了保罗·拜罗克关于1750年的世界和地区生产总值的估算（1992）。按1960年的美元计算，1750年世界国民生产总值为1 550亿美元，其中1 200亿美元的产值（即77%）出自亚洲，350亿美元的产值出自整个"西方"，即欧洲和美洲，还包括俄国与日本——拜罗克在估算时把它们合在一起，是为了强调后来"西方"的发展。如果我们把日本和俄国西伯利亚部分重新划入亚洲，那么亚洲在世界国民生产总值中的比例肯定超过80%。拜罗克本人认为，在1750年的1 480亿美元的国民生产总值中，有1 120亿美元（即76%）出自今天的"第三世界"，其中包括拉丁美洲，另外350亿美元的产值（即24%）出自今天的"发达国家"（包括日本）。拜罗克对于英国工业革命开始以后的1800年所做的估算是，世界总产值为1 830亿美元，其中1 370亿美元（即75%）出自今天的欠发达世界。只有470亿美元，即世界国民生产总值中只有33%出自今天的工业化国家（Bairoch and Levy-Leboyer 1981：5）。到半个世纪之后的1860年，世界国民生产总值上升为2 800亿美元，出自今天的"第三世界"的产值为1 650亿美元，将近60%；出自现在的发达国家的产值为1 150亿美元，刚刚超过40%（参见Bairoch 1992：534）。

表4-2　世界人口（单位：百万）

地区	年份						
	1200	1500	1600	1650	1700	1750	1800
全世界	348	427	498	516	641	731	890
欧洲	51	68	83	90	106	130	173
亚洲	248	231	303	311	420	484	590
中国	123	100	150	100	150	207	315
日本	12	16	18	22	26	26	26

地区	年份						
	1200	1500	1600	1650	1700	1750	1800
印度	75	79	100	150	200	200	190
非洲	61	85	95	100	100	100	100
美洲	23	41	15	13	13	15	25
大洋洲	1	2	2	2	2	2	2

资料来源：科林·克拉克（1977：表3.1）。
克拉克的表3.1还包括对公元14年、350年、600年、800年、1000年和1340年的人口估算，另外还有1500年以后的更具体的估算。

　　显然，在1750年和1800年，亚洲的生产要庞大得多，而且它的生产力和竞争力也强于欧洲和美洲的总和，尽管后者能够从美洲和非洲获得金银。如果我们确定亚洲在18世纪，即我们考察的这个时期的末期能够生产出世界总产值的大约80%，那么我们只能推想在这400年的开端或中期会是怎样一种比例。由于在这400年中，亚非地区和欧洲加上美洲都是按照同样的速度发展，因此原来各地所占的比例与后来是一样的？因为欧洲的发展较快，而且它的美洲殖民地也添加了产值，因此欧洲原来所占的比例更低，而亚非地区所占的比例更高？但是，前面引证的人口增长速度的比较数字会使我们否定这两种假设。相反，15世纪时亚洲在世界生产总值中占的比重是比较低的，之后才逐渐上升，这是因为亚洲各地经济在随后的几个世纪中比欧洲增长得快。前面有关相对人口增长速度的数字、第2章和第3章中的许多资料以及我们关于欧洲的通货膨胀率高于亚洲的论证，都支持这最后一种假设：亚洲的生产也比欧洲增长得快！另外，如果说欧洲的通货膨胀率和物价都高于亚洲，那么它们或许也造成了一种直线上升的偏见，使拜罗克在对国民生产总值的估算中得出西方高于东方的结论。如果是这样的话，那么亚洲和欧洲、美洲之间在实际产值与消费方面的差距可能要比80∶20的比率还大。

特别值得注意的是，上述各种估算都证实，1750年时亚洲人口占世界总人口的66%，而亚洲的产值占世界的80%。也就是说，占世界人口三分之二的亚洲人生产出世界五分之四的产值，而占世界人口五分之一的欧洲人仅生产出其余五分之一产值中的一部分，另外的部分是非洲人和美洲人的贡献。因此，在1750年，亚洲人的平均生产力大大高于欧洲人！毋庸置疑，最能干的亚洲人在中国和印度，那里的人口也增长得更快，他们的生产能力应该比欧洲人更强出许多。在日本，从1600年到1800年，人口只增长了45%，但是农业产量翻了一番，因此生产力肯定有重大提高（Jones 1988：155）。到1800年，日本和英国的棉纺织工人的工资、国民的平均收入、平均寿命和身材的高矮都差不多，但是到19世纪初，日本的平均生活质量可能高于英国（Jones 1988：160，158）。

此外，据拜罗克估算，1800年时中国的人均收入为228美元，高于他对18世纪英国和法国若干年份的估算，因为后者的人均收入为150～200美元。到1850年，中国的人均国民生产总值下降到170美元，当然，印度的国民生产总值在19世纪也下降了，而且很可能在18世纪后半期就已经下降了（Braudel 1992：534）。

实际上，所有的人均收入估算数字也否定了一些人的欧洲中心论偏见。那些人认为，亚洲占有较大的经济比重只不过反映了亚洲的人口比欧洲多。拜罗克考察了各种对世界范围人均收入差异的估算（1993）。他发现，迟至1700年到1750年期间，世界范围的最大差异是1～2.5。但是，他也提到西蒙·库兹涅茨（Simon Kuznets）较近的估算（1～2.4）、戴维·兰德斯的估算（1～2.2和2.6）和安格斯·麦迪逊的估算（1～1.6或1.3甚至1.1）。他还考察了另外7种估算，包括18世纪学者的看法，最后得出的估算数字为1～1.1，或者说，世界各地的收入或生活水准实际上是相同的。

　　或许，最重要的生活水准"指数"——预期寿命——在欧亚各地区大体上差不多（Pomeranz 1997：chap. 1，pp. 8-12）。如果说70岁以上的老人到处可见的话，中国的这项指数确实不低——1726年，将近1%的人口超过70岁，其中还有超过100岁的老人（Ho Ping-ti 1959：214）。

　　按照麦迪逊的估算，中国和西欧在1400年的人均产值和人均收入几乎相同（1991：10）。但是，拜罗克发现，1750年时，欧洲的生活水准低于世界其他地区，尤其低于中国。他在1977年的著作中对此做了进一步的论证（见本书第1章）。而且，他估算，1800年时"发达"地区的人均收入为198美元，所有"欠发达"地区为188美元，而中国为210美元（Bairoch and Levy-Leboyer 1981：14）。何炳棣的人口研究著作早已提示，中国在18世纪的生活水准呈上升趋势，农民的收入不低于法国，肯定高于普鲁士和日本（1959：263，213）。吉尔伯特·罗兹曼（Gilbert Rozman）也做了"国际比较"，得出的结论是：在前现代阶段，中国人至少与其他民族一样能够很好地满足家庭需求（1981：139）。有意思的是，在糖的人均消费方面，中国似乎高于欧洲；要知道，中国只能利用自身的资源来生产糖，而欧洲能够从殖民地奴隶制种植园廉价地进口糖（Pomeranz 1997：chap. 2，pp. 11-15）。在论述印度的情况时，沃勒斯坦引用了哈比布、珀西瓦尔·斯皮尔（Percival Spear）和阿肖克·德塞（Ashok V. Desai）的研究成果（1989：157-158）。这些研究成果都证明，17世纪时印度的人均农业产量和消费水平肯定不低于（可能还高于）当时的欧洲人，而且肯定高于20世纪早期和中期的印度。但是，彭慕兰则认为，当时欧洲人的消费水平高于亚洲人（1997）。

　　也就是说，现有的各种关于世界和地区人口、生产和收入的估算以及前面对世界贸易的论述都证明，至少到1800年，与"西方"任何部分或整体相比，亚洲及其各地经济体都具有更大的生产力和竞争力，在全球经济中更拥有不可比拟的分量和影响。如果不能把这种情况完全归因于亚洲的庞大人口——正如亚洲的人口与其产值的比率及人均收入的数字间接证明的，那么为什么会出现这种情况呢？有关亚洲在世界经济中具有更大的生产力和竞争力的大量直接证据，能够部分地回答这一问题。对此，我们在下面还要详细论述。此外，技术和经济制度也促成了亚洲的这种领先地位。对此，我们将在本章的最后两节中加以讨论。

（2）生产力和竞争力

关于亚洲的绝对和相对生产能力和竞争能力，尤其是在工业生产和世界贸易方面的能力，我们可以看到一些直接的证据。乔杜里指出：

> 即使是在前机器时代，对工业产品的需求也能表明一个社会在专业化和劳动分工方面达到的程度。毫无疑问，从这个角度看，在1500年到1750年这个时期，印度次大陆和中国拥有亚洲最先进和最复杂的经济。（Chaudhuri 1978：204-205）

不仅是亚洲的，而且是全世界最先进的经济！

> 显然，在17世纪的一段时间里，亚洲之所以吸收大量的白银以及一部分黄金，主要是由国际生产成本和价格上的相对差价造成的。直到19世纪欧洲大规模使用机器以后，生产成本的结构才发生了根本变化，欧洲才能克服价格差异的影响。（Chaudhuri 1978：456）

但是，也有人指出，印度纺织业的竞争力主要不是缘于更先进或更复杂的机器生产设备。卡纳卡拉塔·穆昆德（Kanakalatha Mukund）认为，印度人的优势在于其（手工业）工人的高超技艺（1992），而这则部分地缘于各种生产过程中的高度专业化和细密分工。再者，印度的竞争力也依赖一种灵活的组织结构，后者能够根据出口市场对纺织品的规格样式的需求变化而迅速地做出调整。另外，在种植优良的长绒棉方面和印染加工技术方面，印度也处于领先地位。最后，由于食品价格和工资低廉，生产成本很低；而这是由于印度的农业能够以很低的成本生产出这些食品。

乔杜里对亚洲的一些工业生产做了如下概述：

> 可想而知，亚洲文明的三大手工业是棉丝纺织品、包括首饰在内的金属制品以及陶瓷器皿的制造业。另外还有许多次要的手工业，也都具有工业技术和工业组织的全部特征，生产爆竹、砖瓦、乐器、家具、胭脂、香水等，这些都是亚洲大部分地区日常生活的必需品……现存的历史资料，无论是涉及加工过程的还是关于分配体制的，都明明白白地显示，亚洲的大部分手工业都包含一系列中间环节，而职能的划分既是社会职业的划分，也是技术上的分工。在纺织业里，一块印花布或平纹细布需要经过棉农、采摘工、轧棉工、梳棉工、纺纱工、织布工、漂白工、印花工、画图工、轧光工和修补工等一系列工作才能到达公众手里……用金属制成的文物可以列出一份很长的目录。农业器具，建筑物的金属扣栓、金属门和金属锁，炊具，厚重而精致的兵器，宗教用品，钱币和首饰……在亚洲各地都形成活跃的贸易，以各种方式买卖粗布、陶器、铁器和铜器。平民百姓和达官贵人都购买这些简单的日用品。(Chaudhuri 1990a: 302, 319, 323, 305)

有一个笑话说，一名税卡官员感到大惑不解的是，有一个人总是推着一辆什么都不装的手推车通过边界。后来收税官恍然大悟：原来这个人在走私手推车！实际上，这不是笑话，而是严肃的生意——大多数货物，无论产地是哪里，也无论在亚洲各个口岸之间进行的是合法贸易还是非法贸易，都是用亚洲的船只运送的，而这些船只是用亚洲的材料、西亚、南亚、东亚和东南亚的人工以及亚洲的资金建造的。因此，船只、军舰和港口的建造与维修以及相关的金融活动，本身就已经是亚洲各地的一项主要的持续发展并不断扩大的"无形"产业，可能直到19世纪汽船出现为止，欧洲所有小打小闹的觊觎者都难以望其项背。

　　另一项类似的"无形"产业是包括采矿和铸造在内的铸币业。这些钱币主要用于本地、本地区和本国，但也有许多是为出口铸造的。金、银、铜、锡、铁等金属钱币、条块等形状的钱币、贝壳、巴旦木等通货（包括纺织品）的生产、鉴定和兑换，是国家和私人企业的大生意。珀林等学者对此做了大量的研究（1993）。大体上说，人们可以按照表面价值或重量接受钱币，但并不总是如此，尤其是在它们贬值时；对金银条块必须做重量和纯度的鉴定，这会增加商业成本，但也为国家或私人企业提供了另一个商业机会。

　　从世界经济的角度看，在出口大量贵重商品和进口大量白银方面，一马当先的是中国，而不是印度。但是，印度似乎也没有被甩掉多远，也是重要产业中心的聚集地，尤其是棉纺织业。印度也进口大量的金银，尤其是黄金（印度是黄金的"秘窖"）。我们已经在第3章中反驳了那种欧洲中心论的神话：亚洲人接受金银是为了把它们囤积起来。相反，亚洲人之所以挣得金银，首先是因为他们从一开始就更勤劳、更能干；而新增添的金银则接着在亚洲促成了更大的需求和更大规模的生产。

　　西亚凭借着自身的产业基础，如棉纺织业和丝织业，再加上转运亚洲其他地区与欧洲之间的商品，呈现出欣欣向荣的景象。东南亚和中亚也是一派繁荣气象，主要依赖两地之间的金银和商品流通，其次是由于东南亚当地生产丝绸并向日本出口。

　　欧洲人能向东方销售的产品很少，因此主要通过参与亚洲经济本身的"境内贸易"来谋取利润。欧洲的利润主要来自在众多市场之间，尤其是在整个世界经济范围内进行金银、货币和商品的多边交易。过去，没有任何一个大国（或它的商人）能够同时在所有的市场中开展活动，或者说能够把自己在这些市场之间的活动组织成这样一种实现利润最大化的连贯系统。欧洲人之所以能够做到这一点，关键在于他们控制了巨大的金银供给来源。他们的海上能力长期以来是一个很小的非决定性因素；而且正如我们下面要论证的，他们的帝国的或私人的商业公司在组织上也与竞争对手没有什么两样。在16世纪和17世纪早期，欧洲人所做的就是在亚洲各国的黄金和白银的兑换差价之间套利，以及在某些贸易往来（尤其中国和日本的贸易往来）中充当中间人的角色。但是，从世界经济的角度看，至少在从1500年到1800年的这三个世纪中，欧洲所能生产和出口的最重要的商品（实际上是唯一的商品）就是金银——而它是依赖在美洲的殖民地才实现这一点的。

有一点是十分清楚的：欧洲当时并不是向世界经济的其他地区出口产品的主要产业中心。第2章和第3章已经证明，实际上，由于欧洲没有能力出口金银以外的商品，遂导致了长期的支付赤字，从而也导致了金银不断地从欧洲流向亚洲。只有用欧洲在美洲的殖民主义势力范围才能解释欧洲为什么在世界经济中还能生存，如果没有美洲殖民地，欧洲就无法弥补它与亚洲的商品贸易的巨大赤字。即便如此，欧洲也从来没有足够的金钱来实现贫穷可怜的欧洲人的梦想，因为正如一名荷兰商人在1632年向国内通报的："我们不是没有找到商品……而是我们没有造出购买它们的金钱。"（Braudel 1979：221）这个问题直到18世纪末尤其到19世纪才得以解决，此时金钱的流向终于颠倒过来，从东方流向西方了。

（3）1400—1800年的世界贸易

根据前面对亚洲的人口、生产、生产力、竞争力、本地和地区贸易以及各方面持续增长的情况的论证，人们会很自然地得出结论：国际贸易是被亚洲主宰着的。但是，有一种神话却愈演愈烈，那就是：即使在亚洲，世界贸易也是由欧洲人创造和主宰的。我们现在要举出一系列理由来反驳这种神话。

葡萄牙人以及追随其后的普遍的欧洲人"迷惑"了历史学家，使后者把全部注意力放在欧洲人身上，完全夸大了他们在亚洲贸易中的重要性。如果正本清源，这种对葡萄牙人、荷兰人和英国人的盲目迷恋在一定程度上是缘于这样一个事实：正是他们留下了有关亚洲贸易的大部分记载。当然，这些记载更多地反映了他们自己的活动与利益，而不是其亚洲合伙人和亚洲竞争对手的活动与利益。

但是，在对待亚洲贸易中欧洲人的活动的问题上，这种欧洲中心论的立场受到了越来越多的批驳。W. H. 莫兰（W. H. Moreland）在他那部现已成为经典的《印度简史》中指出："葡萄牙人在印度造成的直接影响并不大。"（1936：201）接下来的"猛烈炮火"出自原先在印度尼西亚任职的荷兰官员范勒尔，他用一系列的论断批驳了当时依然盛行的欧洲中心论的观点：

> 亚洲的国际贸易的总体格局基本上维持着原样……当时的葡萄牙人殖民统治并没有为东南亚的商业带来一种新的经济因素……从数量上看，中国人、日本人、暹罗人、爪哇人、印度人……以及阿拉伯人经营的贸易超出葡萄牙人的贸易许多倍……各地的贸易继续安然进行……这条亚洲内部的重要贸易路线依然发挥着重要作用……凡是声称18世纪时（更不用说更早的时候！）有一个"欧洲人的亚洲"的说法，都是无稽之谈。（van Leur 1955：193，118，165，164，165，274）

范勒尔进一步断言："远东的葡萄牙帝国与其说是一种事实，不如说是一种想象。"（1955：75）而且，正如梅林克–罗洛夫斯（Meilink-Roelofsz）反复指出的，这种想象不得不向事实屈服（1962）。梅林克–罗洛夫斯捍卫欧洲中心论的立场，因此她在悉心写成的学术著作中驳斥范勒尔的观点。她明确地宣称，亚洲贸易中的欧洲势力比范勒尔所承认的要大得多，也要早得多。但是，她本人的论证以及她对葡萄牙人的影响的一再否定，似乎进一步支持了范勒尔的观点："直到1800年前后，欧洲才开始超过东方。"（1962：10）她本人的研究局限于东南亚一隅，而那里是亚洲受欧洲影响最大的地区，但是她表示，即使在该地区，当地的和华人间的贸易也能抗拒荷兰人的影响。

现在，越来越多的学者——例如乔杜里（1978）、达斯·古普塔和皮尔逊（A. Das Gupta and M. N. Pearson 1987）、阿拉萨拉特南（Arasaratnam 1986）以及雷乔杜里和哈比布（1982）——肯定了范勒尔的论点：当时的亚洲贸易是一项繁荣昌盛的事业，欧洲人只是作为附加的次要角色跻身其中。

亚洲的胡椒生产仅在16世纪就翻了一番以上，而大部分是被中国人消费掉的（Pearson 1989：40）。只有较少的一部分（肯定不到三分之一）胡椒出口到欧洲；1503年，由亚洲人经陆路穿越西亚运输的香料比葡萄牙商船绕好望角运送的香料多15倍，甚至到1585年，经红海路线运输的香料也是绕好望角运输的香料的4倍（Das Gupta 1979：257）。虽然海上运输是葡萄牙人的主业，但是摩鹿加群岛的丁香中被他们运到欧洲的从未超过15%，而东南亚的胡椒和其他香料则大量地出口到中国。另外，有些挂葡萄牙旗的船只实际上是属于亚洲人的，他们挂这种"便利旗"是为了在某些口岸享受葡萄牙人才能享受的低关税（Barendse 1997：chap. 1）。葡萄牙人通过施展军事和政治的强硬手段来"垄断"贸易和勒索关税，因此他们在亚洲贸易中所占份额虽小，获得的利润却占其总利润的80%，只有20%的利润出自他们开辟的好望角商路贸易

（Das Gupta and Pearson 1987：71，78，84，90；Subrahmanyam 1990a：361）。这可以从1580年出版的一本资料详细的葡萄牙文书籍中得到具体证明，该书以葡萄牙克鲁扎多①为计算单位，记录了各条商路和各次航行的利润。在路程较短的澳门—暹罗、澳门—帕坦②、澳门—帝汶岛的航线上往返一次，利润为1 000克鲁扎多；在澳门—巽他航线上往返一次，利润为6 000 ~ 7 000克鲁扎多；在果阿—马六甲—日本航线上往返一次，利润为35 000克鲁扎多。相比之下，在里斯本—好望角—果阿航线上往返一次，货主仅有10 000 ~ 12 000克鲁扎多的收入，船长也仅有4 000克鲁扎多的收入（见Lourido 1996a：18-19）。

日本的白银出口贸易对于葡萄牙人而言十分重要，但是，从1600年到1620年，他们在这种贸易中所占的份额从未超过日本出口总量的10%，只是在17世纪30年代达到了37%的最大份额（Das Gupta and Pearson 1987：76）。葡萄牙人在印度的情况也大同小异。甚至在16世纪葡萄牙人对亚洲的"渗透"达到顶峰时，古吉拉特的贸易中由他们经手的也只有大约5%。虽然他们的大本营设在果阿，但是在印度西南地区的胡椒生产中，他们插手的部分不到10%。维持葡萄牙的"印度领地"使葡萄牙纳税人和政府承受的负担超过了葡萄牙从印度直接获得的收入。当然，葡萄牙的商人获得了好处，正如其他的欧洲"雇员"从各自的公司获得了好处一样（Barendse 1997：chap. 1）。

葡萄牙在东亚和东南亚规模甚小的贸易活动后来被荷兰人取代。正如我们在第2章中看到的，尽管荷兰人竭尽全力想垄断至少东南亚部分地区的贸易，但是他们从未取得成功。实际上，荷兰人在主要排挤葡萄牙人的过程中抢占的地盘再次被中国人和其他东亚人收复，当时，后

① 金币名称。
② 印度地名。

者在自己的海域——更不用说自己的领土——上的支配地位从未受到严重的挑战。从17世纪晚期起，"欧洲人的渗透实际上被击退了"（Das Gupta and Pearson 1987：67）。欧洲人被中国人击败了。从1680年到1720年，抵达长崎的中国船只的数量增加了2倍；在巴达维亚发生对华人的大屠杀的1740年，抵达那里的中国船只数量达到了顶峰（Das Gupta and Pearson 1987：87）。例如，在1684年长崎港口重新开放后的4年里，平均每年接待近100艘中国船只，平均每星期2艘；到1757年为止的这段更长的时间里，每年也平均接待40艘以上。1700年，中国商船把20 000吨货物运到华南，而欧洲商船仅运走了500吨。1737年，欧洲商船运走的货物为6 000吨，直到18世纪70年代，欧洲人的货运量才达到20 000吨（Marks 1997a）。

P. W. 克莱因（P. W. Klein）的论文（1989）阐述了16世纪到19世纪间毗邻朝鲜、日本和琉球群岛的中国东海以及东南亚所环绕的中国南海的贸易情况。他发现，欧洲人从来没能控制（更谈不上支配）这些贸易活动，甚至连部分的垄断权也没有。在中国东海，贸易完全掌握在亚洲人手中，欧洲人几乎挤不进去。在中国南海，直到17世纪中期，葡萄牙人和荷兰人趁该地区动乱之机才先后勉强获得一个立足点。但是，到17世纪后半期和18世纪，由于东亚在经济和政治上的复兴，这种立足点受到挤压，仅能苟延残喘（包括英国人在内）。克莱因的结论是：

在16世纪和17世纪，欧洲人之所以能够对中国附近海域进行渗透，完全是由于该地区内部和地区间权力关系本身发生了特殊变化。欧洲对该地区经济的影响始终是边缘性的。欧洲在这个世界经济体中的商业活动仅仅是暂时性的，局限于欧洲人在亚洲的极其脆弱而有限的贸易网。在1680年前后，该地区重新建立了权力均势，此后，该地区的海上贸易进入了一个在传统机制的完整架构内兴旺发展的新时期。到18世纪后半期，这种贸易及其机制逐渐损坏……（而且包括）欧洲的商业活动……也濒临瓦解。19世纪的欧洲霸权根本不是建立在前工业时代历史发展的基础上的……（而是建立在）全新的条件和环境之上的。（Klein 1989：86-87）

甚至在欧洲人的商业活动更容易延伸过去的亚洲西端：

阿拉伯海域是中国、东南亚、印度和中东之间进行交流的一个古老而庞大网络的组成部分……欧洲人在那里附着于原有的格局，属于异域商人之列……（他们）很不情愿地与亚洲人合作，他们之间相互信任的程度不可夸大。（Barendse 1997：chap. 1）

我们再来看亚洲贸易在整个世界贸易中的重要性。继范勒尔之后，尼尔斯·斯廷斯加尔德是最同情亚洲的欧洲历史学家之一（1972）。他也认为，葡萄牙对印度洋地区改变甚少，16世纪最重要的事件乃是1576年莫卧儿皇帝阿克巴征服孟加拉（1987：137）。

因此，当我们看到斯廷斯加尔德说亚洲人在印度洋的贸易活动是"边缘性的"、无足轻重的（1990a）时，便不能不感到惊讶。他接着说："这个观点可能像在重申一个明摆着的事实。"他首先引述莫兰（1936）和巴尔·克里什纳（Bal Krishna）的估算：17世纪初，亚洲的长途贸易量为52 000~57 000吨和74 500吨。然后，他把这两个数字与欧洲的货运能力（50万~100万吨）加以比较，从而得出贬低亚洲贸易的结论。但是，成交的货物重量与货运能力之间是很难加以比较的。斯廷斯加尔德也指出，这些印度洋贸易的数字中不包括沿海运输，而沿海运输本身的规模更大，而且也是长途贸易的一个组成部分，因为长途贸易也依赖转运贸易。欧洲船只主要往返于距离不太长的波罗的海和地中海沿岸，大多没有沿印度洋或东南亚海域航行的距离长。因此，这种比较似乎不足以衡量印度（更不用说亚洲）与欧洲在世界贸易中的相对分量。

另外，正如本书第2章中指出的，亚洲的内陆贸易和海上贸易的互补性大于竞争性。巴伦德斯也指出：

> 陆上贸易和海上贸易之间的关系很复杂：在二者之间进行选择，一方面取决于途经的流通区域，另一方面取决于"通行费用"。陆上长途贸易并没有被海外贸易取代。在有些情况下，海上贸易甚至还刺激了陆上长途贸易。在另一些情况下，特别是在陆上长途贸易变得危险时，商业活动就部分地转移到海上路线，例如17世纪晚期的印度就是如此……沿海贸易依赖内地贸易。许多市场都是内地大城市的沿海卫星城，例如胜利城的巴塞罗尔、比贾布尔的达波尔以及从名字上就显示出与拉合尔的关系的拉豪利邦达尔。制造业和政府的中心都位于内陆，大宗的农产品都是在那里进行调配的。（Barendse 1997：chap. 1）

我们在第2章中指出，内陆长途贸易也在兴旺发展。在印度和中亚，每头牛负载100～150千克货物，总数达10 000～20 000头牲畜的驮队并不罕见，多达40 000头牲畜的驮队也并非没有（Brenning 1990：69；Burton 1993：26）。有的驮队还有上千辆牛车，每辆车配有10～12头役牛。商队客栈彼此相距一天的路程，能够容纳总数多达上万的客人和牲畜（Burton 1993：25）。在17世纪，仅班贾拉斯这一个商会平均每年就运送8.21亿吨英里[①]的货物，这些货物的平均行程为720英里。相比之下，两个世纪以后，1882年时，印度的全部铁路运载量仅为2 500吨

---

① 货物运输的计量单位，货物重量与运输距离的乘积。

英里（Habib 1990：377）。

各种迹象显示，亚洲与欧洲的贸易虽然在这几个世纪中增长了，但与亚洲内部贸易（包括长途贸易）相比，始终是一个很小的数字。英国东印度公司主管乔舒亚·柴尔德（Joshua Childe）在1688年指出，仅在几个印度港口进行的亚洲贸易量就相当于欧洲人经手的贸易量总和的10倍（转引自Palat and Wallerstein 1990：26）。

根据上面对亚洲贸易的概述，尤其是克莱因对中国海域贸易的分析（1989），卡尔-路德维希·霍尔特弗列里奇（Carl-Ludwig Holtfrerich）的说法（1984：4）就特别值得注意。克莱因的文章就收在他主编的论文集里，他在导言中断言："欧洲主宰了这整个时期。"霍尔特弗列里奇还宣称，在1720年和1750年，欧洲在世界贸易中的份额分别为69%和72%，而印度只占11%和7%（1984：5，表1-2，表上列出的各个时期中的另外12%属于拉丁美洲，8%属于"其他地区"）。

本书中所讨论的证据和克莱因对中国海域的中国贸易（不是欧洲贸易）的分析（1989），都否定了这种自吹自擂的欧洲中心主义的论断。另外，根据斯廷斯加尔德计算的1752年到1754年间的数字（1990d：150），亚洲向欧洲的出口量虽然不大（在亚洲贸易中仅占很小的份额），却一直多于欧洲从美洲的进口量。（欧洲向美洲的出口量较大，但还赶不上欧洲人向亚洲等其他地区的出口量。）1626年，伊比利亚半岛的一位匿名学者甚至写了一篇"论文"，在标题中宣称要"论证……从贸易角度看东印度比西印度更重要，因此我们发现了东方贸易失败和我们眼看着西班牙沦入悲惨的贫困状态的原因"（Lourido 1996b：19）。

特里·博斯韦尔和乔亚·米斯拉提供了一个形象的例子，表明了欧洲中心论的有色眼镜如何遮蔽了西方人的目光，使他们看不到世界经济和贸易的大部分情况，甚至也扭曲了他们对欧洲的"世界经济"的感知。首先，他们表示，在沃勒斯坦和他们的心目中："尽管存在着贸易联系，但是非洲和亚洲依然外在于（世界体系）。无论是逻辑曲线还是长波影响，都应用不到它们身上。"其次，他们与沃勒斯坦的分歧在于："我们认为，即便说亚洲整体外在于世界体系，也有理由把东亚贸易视为世界体系中一个领先的部门。"（Boswell and Misra 1995：466，477）因此，他们在计算"全球"贸易时把"东亚贸易"包括在内，仅仅是为了指出这样一个情况："数以千计的船只参与波罗的海贸易，相比之下，只有数以百计的船只参与大西洋贸易和亚洲贸易。"由于后两种贸易的行程更长一些，因此他们让它们在"全球贸易"的计算中占有更多一点的分量（1995：471–472）。可悲的是，由于目光短浅，他们在东西方贸易中仅看到有数百艘船只可以纳入他们所谓的"全球贸易"中，而没有看到也没有统计亚洲内部贸易活动中数以千计的船只，霍尔特弗列里奇虽然低估了它们，但至少还把它们算入其中（1989）。波斯韦尔和米斯拉还掉进了另一个他们自己布置的陷阱。首先，他们宣称："东亚贸易呈现出一种与大西洋贸易和全球贸易不同的（循环）模式，（这一发现本身）就进一步表明后二者是外在于前者的。"（1995：472）他们甚至没有考虑到，"东亚贸易"不同于东西方贸易之处可能恰是一种补偿，正如有短处就有长处。这样考虑就会使他们的发现变成相反的证据：亚洲及其贸易不是"外在于"而是内在于这个体系！接着，他们宣称，他们对偶然的上下波动循环所做的进一步研究恰恰表明："这一发现表明，与人们的预期相反，亚洲贸易对于资本主义世界经济具有更关键的作用！"（1995：478）当然，他们所"预期"的是他们自己的欧洲中心论有色眼镜制造的效果，但是这反而证明，这种有色眼镜甚至扭曲了他们自己对"欧洲的世界体系"的分析，当然也蒙蔽了他们，使他们看不到亚洲存在着一个大得多的世界经济和贸易。

总之，直到19世纪，亚洲经济和亚洲内部贸易的规模一直比欧洲贸

易及其对亚洲的侵入大得多。或者，我们可以借用达斯·古普塔和皮尔逊在《1500—1800年的印度和印度洋》一书中的论断:

> 一个至关重要的论点是，当欧洲人在海洋上赫然出现时，他们却不是主角。毋宁说，他们是以各种成功的方式加入一个正在发展的结构中……在16世纪的印度洋历史中，连续性比葡萄牙人的影响所造成的断裂起着更重要的作用。(Das Gupta and Pearson 1987: 1, 31)

甚至欧洲主义者布罗代尔也一贯认为，直到16世纪末以后，世界经济的重心才开始向西转移，直到18世纪末和19世纪才转移到西方。实际上，"直到18世纪末才开始发生变化，而且在某种程度上，这是一场'内部通婚'的竞争。欧洲人终于脱颖而出，并且改变了这个结构，但他们是从一个亚洲的历史环境里突围出来的"(Das Gupta and Pearson 1987: 20)。

因此，尽管欧洲人获得了美洲的金银并以此买通进入亚洲的世界经济的道路，但是在1500年以后的三个世纪里，他们一直是一个小角色，而且不得不适应（而不是制定!）亚洲的世界经济的游戏规则。另外，亚洲人在世界经济中依然是成功的竞争者。如果按照流行的欧洲中心论的"见识"，亚洲人缺少科学、技术以及制度性基础，那么他们如何能做到这一点? 答案是，亚洲人并不缺少这些东西，而且在这些领域里常常技高一筹。因此，我们现在就来考察现实世界中科学、技术和制度的发展情况，看看它们与欧洲中心论的神话所宣扬的东西是如何大相径庭的。

质量：科学与技术

.... § ....

（1）贬低亚洲科技的欧洲中心论

流行的欧洲中心论的神话宣称，在1400年到1800年这段时期，或者至少从1500年开始，欧洲在技术上一直优于亚洲。另外，欧洲中心论在科学技术方面的偏见通常也扩展到制度方面，对此我们将在下一节中加以考察。这里集中探讨以下几个问题：（1）总体上看，当时究竟是欧洲的科技还是亚洲的科技更先进？这种情况延续到什么时候？（2）在从中国引进指南针、火药、印刷术等之后，是否只有欧洲的技术在发展，而中国和亚洲其他地区的技术就不再发展了？（3）1500年以后，技术是否沿着从欧洲到亚洲的方向扩散？（4）技术的发展仅仅是欧洲或中国或其他地区的一种当地的和地区性的进程，还是世界经济的力量影响当地而造成的一种全球进程？下面将对这些问题做出解答，但可以预先宣布，所有的解答都与流行的欧洲中心论在科技方面的"见识"针锋相对，至少是提出重大质疑。

技术从来不是独立发展的，而是迅速地扩散或适应相同的或不同的环境。具体地说，技术的选择、应用和"进步"其实是对机会成本的合理回应，而机会成本则是由世界经济和当地供求状况决定的。也就是说，不论在哪里，技术的进步都主要取决于世界经济的"发展"，而不是主要取决于地区的、民族的、当地的特点，更不是取决于文化特征。而技术的制度形式受世界经济"发展"的影响则小一些。

但是，在这方面经常被人们提到的专家贝尔纳（J. D. Bernal），则把西方科技的兴起归因于西方本土资本主义的兴起——他使用了与马克思和韦伯相同的词句（1969）。罗伯特·默顿（Robert Merton）论述"科学、技术与社会"的经典著作完全是一套韦伯主义的话语，甚至与韦伯关于新教伦理与"资本主义精神"的论点直接挂钩（1938）。正如本书第1章指出的，这就使他得出的有关科学技术的论点变得十分可疑；斯蒂芬·桑德森也对他的论点提出了批评（1995：324ff.）。罗斯托关于现代经济起源的"核心论点"则更加彻底和明确：现代经济完全是借助于科学革命而从现代欧洲起步的（1975）。

这种关于科学技术革命的历史和作用的研究，似乎远比它引以为据的科学技术更带有意识形态的动机。例如，卡洛·奇波拉就赞同地援引过一位西方的技术史"专家"小林恩·怀特的论断："欧洲之所以在1500年前后能够跃居全球支配地位，是因为向亚洲挑战的欧洲拥有任何亚洲文明都望尘莫及的工业能力和技术。"（1976：207）我们在前面已经看到，如果事实与怀特的欧洲中心论的说法恰恰相反的话，那么欧洲在1500年根本没有上升到"支配"地位。

查尔斯·辛格（Charles Singer）等人编写的《技术史》第2卷中承认并且强调，从公元500年到1500年，"在技术方面，西方几乎没有传给东方任何东西。技术的流向是相反的"（1957：vol. 2，756）。书中复制了李约瑟（Joseph Needham）的一张图表（1954），上面列出了中国的几十项创造发明与欧洲最初采用它们之间的时间差。大多数时间差都长达10～15个世纪（铁铧犁则相差25个世纪）；少数的时间差为3～6个世纪；火炮和金属活字印刷术的时间差最短，也有一个世纪。"基本上是模仿，有时对技术和原型加以改造，由此……西方的产品最终达到了完美。"（Singer et al. 1957：vol. 2，756）

然而，这些叙述本身也过于偏重欧洲的情况。欧洲确实承受了许多技术传播的结果，但是在1500年以前的1000年间，技术主要是在东亚、东南亚、南亚和西亚之间流传，尤其是在中国和波斯之间交流。在这些技术流传到欧洲之前，其中大部分必须先经过伊斯兰世界，尤其是当时穆斯林统治的西班牙。1085年，基督教势力夺取了托莱多，缴获了那里的伊斯兰学者和重要图书，后来又夺取了科尔多瓦，从而大大推进了技术知识在欧洲的"西进"。拜占庭帝国以及后来的蒙古人也促成了知识从东向西的传播。

辛格等人在第3卷中论述1500年到1750年这段时期时，则明确地专注于西方了。书中不加比较就断言："但是可以肯定，到1500年局势已经发生了变化，由于欧洲拥有巨大的海陆军事优势，欧洲对远东的控制几乎是不可避免的结局。"另外，书中还宣称："可以认定，在17世纪，欧洲总体上拥有比世界其他地区更高的技术效能"；其原因可以归结为欧洲尤其是英国的"（更）自由的社会制度""宗教的凝聚力"以及其他的"文明"特征。书中也提到，所有这些"绝非与（欧洲在丝绸和瓷器制造方面的）低劣落后格格不入"，但是书中根本没有提及棉纺织业和其他产业（Singer et al. 1957：vol. 3，709-710，711，716，711）。

但是，这里所说的社会文化的优越性，不过是我们在第1章里已经批驳过的欧洲中心论偏见，我们在下面考察制度之后还必须加以批驳。从理论上说，欧洲在陶瓷业、丝织业和棉纺织业等重要产业方面是落后的，但可能在其他技术方面是比较先进的。但是，《技术史》对于"可以认定"的东西并没有提供任何经过比较的证据，而我们将会看到，出自其他方面的证据并不支持这部多卷本历史著作中的假定。实际上，在20余年后，戴维·阿诺德（David Arnold）就已经指出："现在人们越来越意识到，在15世纪和16世纪，欧洲与中国、印度和伊斯兰世界之间的技术差距是比较小的。"（1983：40）

欧洲中心论对科学史的处理也大同小异，虽然在17世纪中期以前，科学是否不再局限于发明者的独立活动而对西方的技术产生了某种影响，是很值得怀疑的。一些著名的多卷本历史著作就体现了流行的极端的欧洲中心论对科学史的处理方式。克龙比（A. C. Crombie）在回顾13至17世纪的中世纪和近代早期的科学时，甚至根本不提及西欧以外的任何科学（1959）。贝尔纳的《科学史》（1969）第1卷在论述科学如何从中世纪破土而出时，给了中国一些荣誉，对西亚也有所肯定。但是，贝尔纳的第2卷从1440年开始就再也不提及欧洲之外的科学了。贝尔纳仅仅在第1卷中提到：只是由于李约瑟的研究成果，"我们才开始看到中国的技术发展对整个世界的巨大意义"（1969：vol. 1，311）。遗憾的是，在贝尔纳写作时，李约瑟刚刚开始推进他的重大研究。因此，在紧接着的一段文字里，贝尔纳就又老调重弹了，甚至引用李约瑟的成果来论证："中国的这种早期的技术进展以及印度和伊斯兰国家幅度较小的进展，本来有一个很好的开端，但是到15世纪以前止步不前了，结果……停留在一个较高的却静止的技术水平上。"（1969：vol. 1，312）于是，在贝尔纳的第2卷里，亚洲消失了。我们在下面会看到，实际情况恰恰相反。

弗洛里斯·科恩（H. Floris Cohen）最近发表的一部视野开阔的著作《科学革命的历史研究》（1994）乍一看似乎别开生面，但是细读之后也令人大失所望。科恩着重区分了科学与科学在技术中的应用，紧扣为什么在欧洲而不是在别的什么地方发生"科学革命"这一"重大问题"，考察了大量的相关研究文献。当然，他的考察反映了我们前面提到的韦伯、默顿、贝尔纳和李约瑟等人以及其他一些学者在这方面的探索。科恩对李约瑟很重视，用了64页的篇幅来评述他的研究成果。他还用39页的篇幅来论述"西欧之外""没有出现"近代早期科学的伊斯兰世界和其他地区的情况。这一部分占了全书的五分之一。

但是，在科恩对这一"重大问题"的整个考察中，贯穿的主线其实是：唯有欧洲才是科学的社会温床。显然，这是韦伯主义的命题，而且早就被默顿应用于科学史。遗憾的是，它也曾经是李约瑟最初的马克思主义和韦伯主义的出发点。在李约瑟发现了有关中国科技的越来越多的资料后，他努力使自己摆脱这种欧洲中心论的原罪。正如科恩也看到的，李约瑟的这种"原罪"是直接从马克思那里继承来的。但是，李约瑟一直未能如愿，这可能是因为他全神贯注于中国，没有顾得上修正他对欧洲本身的种族中心观。科恩也同样未能跳出旧的窠臼。

实际上，就像考察经济和社会活动那样，当我们像科恩那样超出欧洲范围仔细地考察世界范围的科学和技术时，我们的研究越深入，就越难为宣扬17世纪或现代以前任何世纪的（欧洲的！）科学革命作用的欧洲中心论的论点找到历史依据。另外值得一提的例子是内森·席文（Nathan Sivin）的文章《为什么中国没有发生科学革命——或者中国没有发生科学革命吗？》（1982）。席文考察并反驳了一些有关这个问题的欧洲中心论假说，但是他没有提出同样重要的问题：科学革命对技术的发展有着怎样的影响（如果存在这种影响的话）？

科恩也没有提出这个问题，他对这一"革命"及其作用的考察，甚至被他的出发点和结论搅得更加混乱。科恩似乎一开始就接受了科学只出现在欧洲的命题，因此他基本否定了李约瑟的论断：1644年明朝结束时，中国和欧洲的科学并没有明显的差距。但是，科恩对李约瑟等人有关欧洲之外地区的著作的评述又表明，其他地区不仅有科学，而且还在继续发展。这显然支持了人们的怀疑：所谓的"东方-西方"之间在社会和体制上的差异是一种神话，而不是事实。而且，这种怀疑还会得到下面提供的证据的支持。但是，如果其他地区也有科学，那么科恩为什么把注意力首先放在欧洲？

或许更重要的是，虽然科恩坚持科学与技术是有区别的，但他不想费神去研究科学是否（以及如何）影响技术。然而，在著名的17世纪科学革命发生后的两个世纪里，科学实际上对欧洲的技术和工业发展根本没有做出任何贡献。

深入研究了西方科学对一般的技术乃至工业 "革命" 的所谓贡献后，我们就很容易解释史蒂文·沙平（Steven Shapin）著作（1996）的卷首语："根本没有什么17世纪科学革命，本书（的一节）对此做了阐述。"从弗朗西斯·培根到托马斯·库恩（Thomas Kuhn）的一系列权威学者的结论是，不论这些科学进展是否具有 "革命性"，似乎对任何技术都没有直接影响，对一个世纪以后才开始的工业 "革命" 肯定没有影响。

培根指出："说科学的发现者们对机械技术及其发明者做出了贡献，这对他们而言是过分的夸奖。"（转引自Adams 1996：56）三个世纪后，《科学革命的结构》（1970）的作者库恩指出："我认为，不是别的，而是神话蒙蔽着我们，使我们无法清楚地认识到，除了最近的这个阶段，在人类历史的其他所有阶段上，智力需求的发展几乎无需与技术发生关系。"（Kuhn 1969；转引自Adams 1966：56-57）相关的严肃研究都表明，这个最近的 "阶段" 是从19世纪后半期才开始的，是在1870年以后才真正开始的，而这已经是在科学 "革命" 过了两个世纪以后，在工业 "革命" 发生一个世纪以后。沙平专门用一章讨论 "（科学）知识有什么用途"，他的小标题分别是 "自然哲学""国家权力""宗教的婢女""自然与上帝""智慧与意志"，但没有技术。他也断言："现在看来，无论在17世纪还是在18世纪，科学革命的'高级理论'不可能对经济上实用的技术有任何持续而直接的影响。"（Shapin 1996：140）

另外，罗伯特·亚当斯（Robert Adams）的《火之途：一个人类学家对西方技术的探究》（1996）考察了技术与科学之间的各种关系，包括 "17世纪科学革命"。他引述了大量有关技术乃至产业革命的研究。基于这些研究和他本人的研究，亚当斯至少在十几处做出论断：在19世纪晚期之前，科学家及其科学对技术创新没有做出任何明显的重要贡献

（1996：56，60，62，65，67，72，98，101，131，137，256）。亚当斯写道："工业革命的重点技术几乎没有可以被认为是直接以科学为基础的。它们至多被描述成在一些重要方面以手工业为基础的。"因此，他的结论是："直到进入19世纪，科学理论与技术创新的关系还是相对不太重要的。"（1996：131，101）亚当斯最大度的结论是："应该强调的是，科学发现不是技术创新浪潮背后的唯一发动或促进力量，它显然也不是必要条件。"（1996：256）纵观18世纪的英国，在680名科学家中只有36%的人，在240名工程师中只有18%的人，在"著名的应用科学家和工程师"中只有8%的人曾经与牛津大学或剑桥大学有联系；另外，在后一种人中有70%以上根本没有受过大学教育（1996：72）。因此，亚当斯和其他一些学者把技术进步主要归因于手工业技术、创业精神乃至宗教。亚当斯甚至认为，技术对科学的发展所起的推动作用远远大于科学对技术的推动作用。

最后，虽然内森·罗森伯格（Nathan Rosenberg）和伯泽尔（L. E. Birdzell）将西方"致富"的原因完全归结为欧洲在各方面的发展，但是甚至他们也承认：

很显然，经济增长与科学的领先之间的联系不是直截了当的。不仅西方的科学进展和经济进展在时间上是分开的（伽利略与工业革命的开端相隔150～200年），而且事实上，直到1875年前后甚至更晚的时候，西方经济中应用的技术仍大多发端于并非科学家的人，而且这些人往往几乎没有受过科学训练。除了化学家，科学研究与技术人员在行业上的分离是相当彻底的。（Rosenberg and Birdzell 1986：242）

还应指出的是，牛顿崇信炼金术；欧洲的一个利用科学测量手段的例子是，威尼斯的齐奥万·玛利亚·博纳尔多（Giovan Maria

Bonardo）在1589年的著作《换算成我们的长度单位的所有领域的大小和距离》中写道："地狱与我们之间的距离是3 758又四分之一英里，宽度为2 505又二分之一英里；天堂与我们之间的距离是1 799 995 500英里。"（转引自Cipolla 1976：226）

　　因此，不胜枚举的证据表明，17世纪或18世纪甚至19世纪的科学对技术或工业革命的所谓贡献，不过是库恩所说的"神话"。既然如此，从有关17世纪科学革命的"重大问题"到有关"东方的衰落"和"西方的（暂时）兴起"的"重大问题"，岂不都是无的放矢吗？基本如此，至少在我们所谈论的1800年以前的这个时间框架内是完全没有意义的。因此，科恩作为结语而提出的问题十分正当且值得称赞："'科学革命'（这个用了50年的老概念）是否正在走所有历史概念的老路？"他回答说："可能是因为这个概念迄今已经履行了其一度有用的职责，已经到了抛弃它的时候了。说到底，历史概念不过是隐喻，人们千万要注意具体地对待它们。"（1994：500）

　　除了感叹，我们也不要太过乐观了：这种欧洲中心论的神话看来仍具有生命力，而且在亚洲人中也是如此。亚洲人由此而产生的对科学技术发展的曲解甚至更令人吃惊！例如，阿尼鲁德哈·罗易（Aniruddha Roy）和S. K. 巴格齐（S. K. Bagchi）把哈比布称为印度中世纪技术史研究的先驱（1986：v）。阿赫桑·凯萨尔（Ahsan Qaisar）也对哈比布深表谢意，因为他的研究著作《印度对欧洲技术和文化的反响》（1982）是根据哈比布的建议撰写的。实际上，哈比布本人也为罗易和巴格齐主编的著作写了论述同一主题的一章。另外，哈比布在另一篇文章中也写道："即便还没有对史料进行详细的研究，但是要否认印度在17世纪（在技术方面）肯定已经被西欧超越了这一观点，则是愚蠢之举。"（1969：1）对哈比布提出的一些证据，我们在下面将会加以考察。正如我们在第3章中已经看到的，普拉卡什驳斥了哈比布的许多推论，还驳斥了亚洲和欧洲的许多所谓"差异"（1994）。他断言，亚洲在近代早期的世界经济中扮演了被广泛低估了的关键性角色。但是，甚至普拉卡什也写道："在科技知识领域里，欧洲相对于亚洲具有无可置疑的全面优势。"（1995：6）

罗易·麦克劳德（Roy McLeod）和迪帕克·库马尔（Deepak Kumar）主编的著作（1995）也对1700年到1947年间西方技术及其向印度的转移进行了研究；尽管副标题中的起始时间是1700年，他们却明确地宣布不考虑前殖民时代；但是正如我们下面要评述的，该书的一些撰稿者（如英克斯特、桑帕尔）其实论述了这个时期。尽管如此，这两位主编在该书的导言中还是提出了一些没有依据的论断，而至少有一位撰稿者的论证其实是驳斥这些论断的。两位主编写道："（在英国人统治之前的印度）技术的变革肯定无法与欧洲相比。技术的全部进程都是循着熟练技巧的方向发展（我们要问，难道欧洲不是这样吗？），而且局限于当地市场（我们要问，如果真的如此，当时印度怎么会支配世界市场？）。欧洲旅行者……对某些印度产品感到不可思议，但是从来都对印度的风俗持批判态度。"（1995：11-12）但是，甚至该书的第一位撰稿者伊安·英斯克特（Ian Inkster）就考察和驳斥了所谓印度的文化基础低劣的论点。两位主编宣称，诸如此类的"修饰词"（更文雅的偏见！）"表明印度经济与原工业化时期的欧洲、德川幕府时期的日本乃至明代中国相比是孱弱的"（1995：12）。呜呼，他们是反着看世界的；因为根据本书中的所有证据，经济强弱的次序正好是颠倒的：中国最强，欧洲最弱，日本和印度介于二者之间。

值得注意的是，这些亚洲学者的论著都是研究技术从欧洲向印度的传播以及当地对技术有选择的接受，而没有研究相反的过程。但是正如我们下面要论述的，这种传播是双向的；两地以及其他地区的接受和适应，是根据当地的环境而对共同的世界经济发展所做出的反应。

就中国而言，李约瑟的皇皇巨著《中国科技史》享有盛誉，但是可能由于它过于博大精深，因而没有得到学术界的充分考察。科林·罗南

（Colin Ronan）整理出一部四卷本的节本（1986），李约瑟本人写了一篇概述——"科学与中国对世界的影响"（1964）。他对一些人的批评做了明确的反驳："就技术的影响而言，在文艺复兴之时和之前，中国占据着一个强大的支配地位……世界受中国古代和中世纪的顽强的手工业者之赐，远远大于受亚历山大时代的技工和能言善辩的神学家之赐。"（1964：238）李约瑟列出的清单上不仅有众所周知的火药、造纸术、印刷术和指南针，他还考察了钢铁冶炼技术、机械钟表，以及把旋转运动变成直线运动的传动带和传动链、拱桥和铁索桥、深井钻探设备等工程技术发明，水上航行用的明轮船、前桅帆、后桅帆、密封舱和尾舵等以及其他许多东西。

另外，李约瑟还认为，在中国，科学研究活动受到扶持，技术的革新和应用在近代早期没有中断，在天文学和宇宙论领域，在解剖学、免疫学和药学等医学领域也都有所发展。李约瑟断然否定欧洲人的这一说法：中国人只是发明，而不想或不懂如何应用。虽然他考察了东方和西方在某些方面的平行发展，但他也推测了它们相互影响和交流的渠道和程度。

关于印度也有类似的研究论著，只是在卷帙规模上稍逊于李约瑟的鸿篇巨制。例如，库普拉姆（G. Kuppuram）和库姆达马尼（K. Kumudamani）就写了一部12卷的印度科技史（1990），拉赫曼（A. Rahman）也主编了一部印度科技史（1984）。这两部著作都显示，不仅在1500年以前，而且在1500年以后，印度的科学和技术也一直在发展。达拉姆帕尔（Dharampal）收集了18世纪欧洲人的文章（1971），这些文章显示了欧洲人对印度科技的兴趣以及从中获得的好处。在17世纪和18世纪，印度的数学和天文学相当先进，因此欧洲人引进了印度的天文图表及相关著作。在医学方面，接种（牛痘）预防天花的原理和做法都来自印度。我们在后面还要谈到，印度还输出造船、纺织和冶金方面的科技。

与之类似的是，纳斯尔（Nasr 1976）、阿赫曼德·哈桑和唐纳德·希尔（al-Hassan and Hill 1986）撰写和编纂了自古以来伊斯兰世界科技发展和扩散的历史。乔治·萨里巴（George Saliba）提供了许多例子，证明在文艺复兴前后乃至17世纪阿拉伯科学对文艺复兴的重大影响（1996）。这里只需举出萨里巴谈到的一个例子：哥白尼通过文字资料了解了阿拉伯的各种学说，而这些学说对他的"革命"起了至关重要的作用。

因此，无论像辛格那样宣称"可以认定欧洲拥有巨大的海陆军事优势"，还是像哈比布那样宣称"即便还没有对史料进行详细的研究，但是要否认（欧洲在其他领域的技术优势），则是愚蠢之举"，都是没有充分依据的。还是应该像古迪（1996）和布劳特（1997）开始做的那样，更谨慎地考察有关亚洲人能力的资料，尤其是在这两个领域。辛格撰写的技术史中提到的欧洲人占有优势的另一个领域是煤铁业，哈比布和另外一些人还提到了印刷业和纺织业。只要稍加研究就会发现，亚洲许多地区的技术要"先进"得多，而且在1400年以后的几个世纪中，这些技术还在发展。在全球性竞争更激烈的陆军和海军技术方面尤其如此。而且，恰恰是对这两个领域的比较研究（Grant 1996），驳斥了所谓的"奥斯曼帝国的衰落"，我们在第5章和第6章中还将从其他方面做出论证。另外，技术上的先进也体现在一些更具有"地方性"的领域，如水利工程和其他公共工程、铁器业和其他冶金业（包括兵器制造以及炼钢业）、造纸和印刷术以及其他的诸如陶瓷业和纺织业等出口产业。

火炮

我在上面之所以说"其他的"出口产业，是因为兵器业和造船业也是重要的出口产业。奥斯曼帝国、莫卧儿帝国和中国的明清帝国被称作"火药帝国"（McNeill 1989）不是没有缘由的。它们发展了最新、最好的武器和其他军事技术，当时世界上凡是能够使用这些武器而且负担得起这方面开支的统治集团，都竭力购买或仿造这些武器（Pacey 1990；另参见本书第5章）。但是，奇波拉的《火炮与帆船》（1967）和麦克尼尔的《火药帝国的时代，1450—1800年》（1989）反复宣称，欧洲的火炮（尤其是装在船上的火炮）始终要比其他民族的火炮先进得多。

　　但是，奇波拉和麦克尼尔也提供了某些相反的证据。他们两人都论述了奥斯曼帝国的军事技术和实力的发展。奥斯曼人（以及泰国人）擅于兵器制造，欧洲人和印度人都承认这一点，而且模仿、改造和复制奥斯曼的大型和小型兵器制造技术，以适应自己的环境和需求。麦克尼尔断言："直到1600年前后，奥斯曼军队在技术上以及在其他军事效能方面一直处于领先行列。"（1989：33）奇波拉同样承认奥斯曼帝国在军事技术上的这种高水准（1967：chap. 2）。乔纳森·格兰特（Jonathan Grant）经过比较研究也肯定了这一点（1996）。虽然这三位学者都指出，17世纪时奥斯曼帝国在军事上变得虚弱（因此败于俄国），但是前两位学者还是强调，在18世纪后半期以前，欧洲军事技术的发展还无法开始改变亚洲任何地区以陆地为基础的力量格局。

　　在海上和沿海地区，欧洲人的坚船利炮确实拥有某些军事技术上的优势，但是奇波拉和麦克尼尔也都承认，这种优势还不足以使欧洲人获得他们所向往的任何经济垄断地位。一位奥斯曼君主曾经说，1571年欧洲海军在勒班陀的胜利不过是烧焦了他的一点胡须（转引自Cipolla 1967：101）。在16世纪，葡萄牙人利用他们在霍尔木兹、果阿和澳门的基地而侵入阿拉伯海、印度洋和中国海，但这只是有限的和暂时的。到17世纪，荷兰人的挺进在很大程度上取代了葡萄牙人，但是正如我们在前面看到的，他们也未能在亚洲海域取得垄断地位，甚至在"荷属"东南亚也未能如愿。

　　欧洲人的枪炮更没有对中国和日本造成重大的军事冲击，倒是在火炮技术方面出现了反向的传播。在欧洲中心论的神话里，中国人发明了火药，但不会利用它。李约瑟已经把这种神话批驳得体无完肤（1981）。他历数了最迟自公元1000年起中国军队如何广泛地将火药用于发射器、燃烧器和喷火器。而且，中国人还发展和使用了50多种抛射火箭，其中包括两级火箭，在第一级升空后再点燃第二级推进器。最初的火箭发射装置是固定的，后来则改进成活动的。而欧洲人在13世纪末以前还没有把火药应用于军事，直到在东地中海受到火器的重创后，他们才醒悟过来。此外，正如杰弗里·帕克（Geoffrey Parker）描述的，中国人和日本人也迅速地采纳和改造了外国先进的火炮技术：

> 火器、要塞、常备军和战船，长期以来都是中国、朝鲜和日本的军事传统的组成部分。铜炮和铁炮在1300年前后向西传到欧洲，在此之前已经在中国得到充分发展。但是……到1500年，西方制造的——由土耳其或欧洲铸工制造的——铜炮和铁炮比东方的火炮更具威力，也更灵活……它们大概最早是在16世纪20年代，随着一支人数众多的奥斯曼使团而传到明代中国的……对于大多数中国人来说，第一次见到西式火器是在16世纪40年代后期，当时在福建一带活动的倭寇手中持有这种武器……在1635年以前，中国北部边疆就采用了西方武器。（Parker 1991：185，186）

如果说欧洲人有"优势"，也仅限于海军火炮，而且在当时也是暂时的。诚然，或许正如荷属东印度总督雅恩·皮特森·科恩（Jan Pieterszon Coen）在1614年指出的："不经过战争就无法维持贸易，没有贸易就无法维持战争。"（转引自Tracy 1991：180）但科恩是荷兰人，他是想控制印度尼西亚的几个小岛，遇到的阻力是比较小的。但是，即便在那些地方，荷兰人也与他们之前的葡萄牙人一样，从未能够对香料贸易实行经济垄断。如果说欧洲人在陆地军事技术方面真的有什么优势，那么这种军事技术没有也不可能在亚洲任何地区有效地施展——除非它们被直接模仿和改造。曾经有人认为，欧洲人对亚洲的入侵之所以局限于少数沿海港口，原因之一就是他们没有深入内陆的军事能力（与欧洲人在美洲以及后来在非洲的情况不同）。这或许道出了真相。但是，虽然特雷西（Tracy 1991）及其主编的著作中的撰稿者如帕克竭力复兴这种"解释"，他们却对亚洲多数经济体所拥有的更强大的力量避而不谈。另外，正如今天核武器不可能被长期垄断一样，任何武器技术都会迅速地扩散到有钱购买的人手中。

造船业

在16世纪的欧洲，造船业当然属于"高技术"产业（Pacey 1990：72）。但无可置疑的是，早在几个世纪之前，中国就有了更大、更好、数量更多的船只，抵达的地方也更远。一个突出的例子是，15世纪初郑和曾几次率领通商舰队前往非洲。这些舰队的规模和船只之大，远远超过哥伦布和达·伽马的船队（后者几乎晚了一个世纪，却仍需雇用一名阿拉伯领航员）。另一个例子是1274年元代中国进攻日本的舰队与1588年西班牙进攻英国的"无敌舰队"之间的差异。二者都是被天气而不是被防御者打败的，但是中国舰队拥有2 000多艘船，而西班牙舰队只有132艘船。

后来，尤其是在明朝官方政策不再重视海域之后，欧洲的造船业是否真的超过了中国的造船业？欧洲人通常做出肯定的回答，但这种回答其实是大可怀疑的。李约瑟在《中国科技史》第4卷中对航海活动做了考察（1964），罗南对此做了概述（1986）。他们引述了一个欧洲人在1669年的说法："中国的船只比已知世界的其他地方所有的船只的总和还要多。这在许多欧洲人看来是不可思议的。"这个欧洲人还解释了他为什么确信这个事实（Ronan 1986：89）。在李约瑟的详尽研究和罗南的概述中，还引述了17世纪和18世纪许多航海家和船员的言论，这些人都对中国船只的质量表示惊叹。另外，李约瑟和罗南还详细列举了中国的造船技术、航海技术、推进技术、驾驶技术和设备技术。这些技术不亚于或优于其他各国，因此被其他各国模仿或改造。这些技术方面的创新包括船身的形状、密封舱的分割、排水和作战灭火用的抽水机械。李约瑟总结说：

> 看来我们几乎只能得出这样一个结论：显然，中国的航海技术具有明显的优势……我们的全部分析显示，欧洲的航海技术从东亚和东南亚航海民族的贡献中获益之多，很可能远远超出人们通常的想象。轻视（他们）的态度是过于草率了。（Ronan 1986：210，272）

实际上，西班牙人甚至在菲律宾购买船只，而且在那里维修他们的船只，利用在他们抵达那里之前就有的技术和手艺（Pacey 1990：65-68，123-128）。英国东印度公司也采用同样的做法，只是在程度上差一些（Barendse 1997：chap. 1）。

史实表明，南亚的造船业同样如此。与中国和欧洲的造船业不同，印度造船业没有用铁钉来固定远洋船的甲板。如果这仅仅是因为铁相对短缺而昂贵的话，那就说明印度人在采用这项技术时过于节约，因为他们采纳了其他合适的外来技术（Sangwan 1995：139）。他们采用的是纤维结和捻缝技术。由于以上种种原因，印度造的船更结实耐用，当时的欧洲人就赞扬印度船的质量——关于这一点，可以参见凯萨尔（1982：22）和桑万（1995：140）援引的言论。另外，欧洲人购买了许多印度船，既是因为这些船更结实耐用，也是因为它们比欧洲船便宜，1619年时，一艘500吨的印度船大约能便宜1 000英镑（Qaisar 1982：22）。

英国东印度公司也在孟买经营自己的船坞（从苏拉特招募造船木工），并于1736年以后，在孟买和印度其他地区建造大船。葡萄牙人和后来的荷兰人早在英国人之前就这样做了；实际上，阿姆斯特丹为了保护自己的造船业而禁止荷兰人购买印度大船。印度的造船成本比葡

萄牙、荷兰和英国低30%～50%。另外，印度制造的船只更适合在印
度洋水域航行，它们在印度洋的使用寿命是欧洲制造的船只的2～3倍
（Barendse 1997：chap. 1）。在18世纪的最后20年里，英国东印度公司和
英国海军至少在印度订购了70艘船，在19世纪初的20年里订购了大约
300艘船。当时就有人指出：

　　我们确实发现，有许多原因诱使我们在这个国家建造船只。这里的木
材、铁制品和木工都十分便宜。这里的活儿比英国做得更实在，各个部件
做得更得当，它们与甲板一样，只需要用到绳索和白垩。（转引自Barendse
1997：chap. 1）

　　萨特帕尔·桑万（Satpal Sangwan）的结论是："这一时期印度造
的船与世界上任何地方造的船相比，质量毫不逊色，甚至技高一筹。"
（1995：140）爱德蒙·戈斯（Edmond Gosse）也同声相应："说他们
建造出了世界上无与伦比的船只，并非言过其实。"（转引自Barendse
1997：chap. 1）这些船一般不会装配火炮。然而，由于竞争的需要，装
配火炮的船逐渐增多了。为了吓唬海盗，有些印度船只建造得很像欧洲
战舰（Barendse 1997：chap. 1）。总之，正如佩西指出的：

　　因此，亚洲以高超的制造技术而著称……到18世纪初，印度的某些
（造船）技术明显地优于欧洲同行……印度人和欧洲人相互学习的热忱简直
令人瞠目……欧洲人对印度和菲律宾造船业的依赖，也是西方人剥削亚洲
的知识和技能的一部分。（Pacey 1990：67-69）

　　尽管哈比布对印度的技术水平在总体上持怀疑态度，但他也承认，
印度造船业曾经发生过"一次没有载入史册的革命"，在某些方面优于

欧洲（1969：15-16）。但他依然断言，这并不能消除他所谓的落后差距。

毫无疑问，亚洲人也利用和改造欧洲的造船技术和航海技术，甚至利用欧洲的技术人员。这反而证明，与其他领域一样，竞争性的航海业的技术进步与发展是世界性的，是由世界经济推动的。另外，"只要还有'替代性的'或'适用的'本地技术能够在一定程度上合理地满足印度人的需要，欧洲的同类技术就会被置于一旁"（Qaisar 1982：139）。

印刷业

印刷业之所以特别引人注意，不仅因为它是一项重要的产业，而且因为它是传播知识、科学与技术的服务性产业，而且反映了文化的"理性程度"和社会的"开放程度"。因此，中国发明和使用活字印刷术比其他地区早500年，其意义也就非同小可了。彩印在中国始于1340年；五色彩印始于16世纪80年代，17至18世纪在中国和日本得到广泛采用（流传之广肯定超过西方）。金属活字印刷术始于朝鲜半岛，而且很快就传到其他地区，但是在很长时间里未能进入伊斯兰世界。正如卜正民指出的，中国的印刷技术严格地说可能没有发生大的变化（1998）。但是，从经济和社会角度看，印刷、发行和识字程度都得到了大发展，肯定造成了比欧洲广泛得多的影响——甚至包括伪造纸币，直至明朝政府停止纸币的流通。

纺织业

工业革命的一个主要部门显然是纺织业。我们在前面已经看到了中国、波斯和孟加拉丝织业在世界经济中的优势地位，以及印度棉织业的主宰地位。它们都是制造业中质高价廉的产业，比起军火业和造船业来，它们在世界上拥有更强的竞争力。正如我们前面指出的，纺织品生产也把农业、机器制造业、运输业、植物染料业、矿产化学工业以及金融业联系了起来。为了生产和出售物美价廉的纺织品，就必须在这些产业中实行生产竞争与合作。印度则是其中的佼佼者。

另外，止步不前必然失败，必须通过不断地改进技术和降低成本，才能保持自身的竞争力。至少在1400年到1800年这四个世纪里，印度保持了竞争优势。印度还输入了新的技术，尤其是从奥斯曼帝国和波斯输入印染技术以及熟练工人。莫卧儿时代的一部著作中列出了印染45种色调的77种不同的工艺。印度还与中国和波斯交流陶瓷业的新技术。英国人也向印度学习基本的印染技术（Chapman 1972：12）。

奇怪的是，哈比布虽然承认印度人并非从来就抵制技术变革，却仍然贬低印度的技术水平，甚至否认印度纺织业的技术进步（1969）。维甲亚·拉马斯瓦米（Vijaya Ramaswamy）考察了有关哈比布提到的一些纺织技术的资料后指出，印度采纳这些技术的时间比哈比布设想的要早得多（1980）。拉马斯瓦米的结论是：

> 至少在（印度）纺织业领域，把技术的发展说成是突然的迸发，说成是外力作用的结果……或者说成是16世纪从欧洲引进的，实在是大错特错。印度的工业不仅有技能专业化和劳动成本低廉的优点，而且正如前面已经比较详细地阐述过的，当地的纺织技术也在逐渐地发展，并且融入了某些引进的技术。（Ramaswamy 1980：241）

毫无疑问，在纺织业这项世界上竞争最激烈的产业里，世界上任何地区提供给消费者的选择以及对生产技术的选择，都要参照其他地区的情况加以决定和改变。我们在第6章中将对英国工业革命（尤其是纺织业的动力）做更深入的考察。

这里，我们仅需引用佩西在这方面的论述（他引用了布罗代尔的论述）：

印度的纺织业拥有充足的劳动力，工资又很低廉。因此，几乎没有任何促使印度商人实行生产机械化的刺激。正如布罗代尔指出的，这种刺激"迂回地起作用"。英国人为了在价格和质量上与印度花布竞争而发明了新机器，另外还引进了印染技术……由于在英国有了许多新的应用方式，在印度、伊朗和土耳其使用了许多个世纪的技术在英国得到了迅速的扩展。（Pacey 1990：121，120）

我们在第6章中讨论英国工业革命背后的世界经济竞争时，将会再回到布罗代尔的论点。我们将会看到，与今天东亚各个新工业化经济体一样，英国是借助保护主义和其他对国内棉纺织业的刺激，通过实行国内市场的"进口替代"而开始工业化的。然后，英国推行面向世界市场的"出口拉动"。到1800年，英国生产的棉布中有七分之四出口（Steams 1993：24）；出口的棉布占英国总出口的四分之一，到1850年占总出口的一半（Braudel 1992：572）。

冶金、煤炭和动力

人们通常认为，欧洲的优势主要体现在冶金业和相关的煤炭开采以及（煤炭）燃料和机械动力的使用方面（包括在煤矿中使用的机械动力）。首先应该指出，这种发展直到19世纪才成为工业革命的一部分。在18世纪的大部分时间里，人们还没有如此大量地使用煤炭。只要人们还能普遍地获得木炭，而且价格低廉，就不会用更昂贵的煤炭来取代它。在不容易获得煤炭的地区（尤其是南亚）更是如此。在英国，木炭价格在18世纪前半期大幅上涨，而到该世纪中期，煤炭价格下跌，从而使人们用煤炭和木炭来炼铁的成本变得比较低廉了。

中国人也早就在使用煤炭，如果说他们没有很重视它，可能是出于成本上的考虑，肯定不是因为缺乏适当的技术。因为中国人早就在许多类似的技术方面发展得无与伦比，例如，水利工程以及修建和维护广泛的运河系统和其他公共工程的技术。正如彭慕兰指出的，遗憾的是，与英国不同，中国的煤炭富矿远离工业中心（1997）。另外，他们的木炭炼铁技术领先其他地区许多个世纪。

在16世纪和17世纪，炼钢技术也在日本、印度和波斯得到了高度发展。有一些资料显示，1790年英国进口印度的伍兹钢①样品，经过专业实验室的化验，发现其质量与瑞典生产的钢不相上下，而优于英国当时生产的钢。另外，18世纪末印度有10 000台冶炼炉，其中许多冶炼炉能够比英国谢菲尔德的冶炼炉更快（用2.5个小时而不是4个小时）、更便宜地生产钢铁（Dharampal 1971；Kuppuram and Kumudamani 1990）。

亚洲虽然人力丰富，但有些地区的劳动力并不便宜，因此机械装置（包括金属部件）得到了发展和应用。中国、印度和波斯都使用水车或水磨，这些水车和水磨为灌溉、农业、工业及其他方面提供了动力。亚洲许多地区在水利和农业的其他改良措施方面和农田的开垦方面都成绩非凡。条播耧犁在印度的最初发展以及后来在亚洲的广泛使用，对于提高农业生产力特别重要。

我们在后面还要论证，中国和印度的农业生产力及相关技术确实与欧洲一样"发达"。按单位面积的平均可耕地计算，亚洲确实有能力养活更多的人；我们在后面将会看到，中国南方的农业效率比欧洲任何地区都要高。

运 输

拉塞尔·梅纳德（Russel Menard）考察了14至18世纪是否有一场"欧洲的运输革命"，最后得出的结论是否定的（1991：274）。货运费用

———————————
① 用小坩埚炼成的钢。

几乎没有下降，商品之所以更容易流通，不是因为运输成本降低了，而是因为商品更便宜了——包括来自亚洲的商品。与此同时，亚洲许多地区的水陆运输则借助机械发明而得到顺利发展。彭慕兰发现，总体上看，欧洲在陆路运输方面相对于亚洲毫无优势可言（1997）；更具体地看，哈比布估算的印度运输业的吨英里数在总量上是沃纳·桑巴特估算的德国运输业数字（1967）的5倍多，按人均算可能略少一点。

1776年，亚当·斯密把中国和印度廉价的江河、运河运输业与欧洲的同类运输业做了比较，宣称前者更优越（1937：637-638）。亚洲运输业使用大量的人力，乃是经济上固有的有利条件。但是，中国、印度、中亚、波斯和奥斯曼帝国在港口、运河、道路和驿站等基础设施上的投资也很大，从各方面看都有较高的效率和竞争力。亚洲内部和周边的"国际"运输就更发达、更有竞争力；我们在后面还会一再地看到，欧洲人正是由于参与了这种"发展"而获益匪浅。

总之，人们通常认为，欧洲的"技术优势"可以追溯到1500年，而事实却与此大相径庭。只要把欧洲和亚洲的技术加以比较，至少就会对这个欧洲中心论的论点提出严重的质疑。

（2）世界的技术发展

我们还可以基于另外两个更重要的理由，对这个强调欧洲优势的论点提出质疑。第一个理由是，正如我们已经指出的，只要有这样一个情况存在，欧洲就不可能有这种优势，其他地方的人也不可能有这种优势。这就是，技术实际上是在来来回回地扩散的。其方式包括：购买或盗窃有技术含量的物品；仿造它们；通过自愿和强制（如奴隶制）迁徙和雇用熟练工匠、工程师和航海人员而造成生产工艺和生产组织的转移；通过出版物了解技术；通过工业间谍获得技术。

另外，为了增加产量和扩大出口，亚洲人也需要并且也鼓励发展技术。例如，有证据表明，在15世纪和16世纪初的中国，不仅生产和出口都增长了，而且支撑着这种出口生产的生产能力和技术进步也有重大的发展。这在陶瓷业、丝织业和棉织业、印刷出版业（出现了用铜铅合金铸造的活字模）、制糖业以及水地和旱地农业（包括对农产品的加工和引进美洲新作物）中表现得尤为明显。毫无疑问，在16世纪和17世纪，印度也发展和改进了技术，提高了生产力，尤其是在竞争激烈的纺织业和武器制造业方面。

　　第二个更重要的理由是从第一个理由引申出来的：根本就没有什么欧洲的技术！在一个实行劳动分工和存在激烈竞争的世界经济里，民族的、地区的或部门的技术优势是无法维持的，原因在于至少有一些实际的或潜在的竞争对手热衷于并且完全能够获得这种技术。也就是说，技术的发展是一个世界经济进程，它发生在世界经济体系的结构里，也是由于世界经济体系的结构而发生的。诚然，这个世界经济体系过去（现在依然）在结构上是不平等的，在时间上是不平衡的。但是，这不等于说技术的发展或者其他方面的发展主要取决于当地的、地区的、民族的、文化的因素；也不等于说，在这个世界经济体系里，任何地方的任何民族拥有任何根本性的"垄断"地位或"优势"。正如我们下面要论证的，更不能说任何所谓的"优势"是基于"独特的"的制度、文化、文明或种族的！

机制：经济和金融制度

§

　　如果说在亚洲的许多地区，以生产、生产力和技术为基础的贸易和消费绝对地和相对地处于前列，那么我们就可以推想，那里也应该相应地有必要的制度"基础"来促成经济的发展。这样思考自然就会对马克思、韦伯及其众多信徒传播的那种欧洲中心论的"说法"产生严重的怀疑："亚细亚生产方式"停滞不前、死气沉沉，而欧洲的制度则在不断进步。不过，还是让我们来比较一下相关的经济和金融制度，探索一下它们的起源。

我们先来考虑一般的制度和具体的政治或国家制度的角色。长期以来，历史学、社会科学和经济学（更不用说一般的公众）把注意力都集中在各种制度上。他们有时明确地、但更经常的是含蓄地把各种人类行为和历史事件归因于这些制度。甚至索尔斯坦·凡勃伦（Thorstein Veblen）等人还有一种自报家门的"制度经济学"；诺贝尔经济学奖得主道格拉斯·诺思对整个经济史、尤其是"西方的兴起"也做了某种程度的制度分析。另外，大家都特别偏重法律、政治制度——简言之，国家制度。

在西方，强调这些制度对于"解释"历史——包括经济史、西方的兴起和资本主义——的重要性，一直是古典政治经济学、马克思主义政治经济学、韦伯社会学、大部分历史学以及希梅尔法尔布（G. Himmelfarb）所辩护的"政治史"（1987）的一个核心信条。虽然许多人已经抨击"把国家请回来"（Skoepol 1985）的主张，但还不够坚决。欧洲的国家及其法律等方面的制度往往被说成对资本主义的兴起、西方的兴起、工业革命和现代化等起了很大的乃至决定性的作用。赞成这些"解释"的人会认为，本书对制度和国家没有给予充分的或足够的经济层面的分析。

然而，本书第2、3章以及第4章的前面几节已经多次论及国家及其对经济的干预。例如，中国、日本、印度、波斯和奥斯曼帝国的国家（政府）向运河及其他交通基础设施倾注了大量的投入，并且组织相关的维护工作；这些国家扩展疆域、组织移民和开垦耕地；它们还提供军事支持来促进"民族"经济利益。因此，所谓的亚洲"东方专制"国家无力促进经济发展的说法完全是无稽之谈。

另一种欧洲中心论的"理论"讲的是国际性国家体系（international state system）。据说，1648年《威斯特伐利亚和约》之后欧洲的（不是中国的！）"战国"及其"国际体系"使欧洲的（不是亚洲的！）某种合作性竞争制度化了，由此促成了各国经济（至少是军备技术）的发展。遗憾的是，事实也否定了这种国际性国家体系的命题。虽然明清帝国和莫卧儿帝国的国家要比欧洲小国庞大得多，但不能说它们因此就缺少活力，无所欲求。它们也卷进各种战争。东南亚的情况与欧洲一样，各个城邦和"民族"国家之间也相互竞争。而且，正如我们在第2章中看到的，在西亚，在奥斯曼帝国与萨法维帝国之间，在它们与欧洲国家之间，经济、政治和军事等方面的竞争也是寻常现象。这种说明是否对这些政治和制度因素给予了充分的注意，是可以商榷的。

但是，问题主要不在于是否对制度给予了充分的注意，而在于对这些制度的经济分析是否充分。因为本书的一个主题恰恰是，与其说制度是经济进程及其各种变动的决定因素，不如说是它们的衍生物；制度仅仅是利用而不是决定经济进程及其变动。也就是说，制度是经济进程衍生的适应性工具，而不是经济进程的原因或波兰尼所说的社会温床。而且，要对这个问题做出判断，不能把制度当作万应灵药，而是要用分析方法。本书所做的世界、地区和部门的经济分析能够在多大程度上解释各种事件和历史进程，比用制度来解释更好还是更糟，读者将自有结论。按照本书的解释，即使说制度不是经济变动造成的，制度也必须使自己适应经济变动。

在这方面，至少令我感到欣慰的是，还有一位学者即格雷姆·斯努克斯（Graeme Snooks）也持有相同的见解：

（制度）并非起着一种根本原因的作用。本书的观点是，人类社会的运动是由基本的经济力量——"首要的动力机制"——推动的，制度通过"次要的机制"对这些力量做出反应，而不是推动这些力量。（Snooks 1996：399）

对于各种人类社会的瓦解——包括我们在第6章中将要论述的"东方的衰落"，斯努克斯认为：

（瓦解乃是）通过运作策略起作用的基本经济力量发生变化的结果，而不是社会复合体造成的制度问题的后果。诚然，制度问题强化了基本问题，但它们基本上是一种反映……（Snooks 1996：399）

另外，斯努克斯也谈到了工业革命和"西方的兴起"，尤其谈到诺思所做的制度分析。他认为：

（这种分析）无论在方法论上还是在解释上，都恰好与我截然相反……他关注的是制度在引导增长过程时的作用，而我关注的是基本的经济力量的作用，我认为基本的经济力量决定着社会的进步及其制度变迁和意识形态变迁。（Snooks 1996：131）

谈到工业革命时，他认为：

（技术）范式变化的原因在于，各种经济力量在一个激烈竞争的环境里持续不断地推动，再加上自然的、人力的和物质资源的要素赠予——相对的要素价格——发生根本变化。（Snooks 1996：403）

这也是我在第6章中将要分析的"西方的兴起"及其工业革命的经

济基础。在此，我们将对某些早期的经济和金融制度做一比较，看看它们本身在全球经济中是如何被激烈竞争的环境塑造的。我们将会看到，在亚洲许多地区它们是如何适应这种环境并因而促进——既不是决定也不是阻碍——经济增长的。实际上，在1800年以前，亚洲许多地区的制度比欧洲更有效率。

（1）亚洲和欧洲的制度比较与联系

以本章这最后一节的篇幅，不可能概述金融和商业制度的历史。我只想讨论一个问题，或者说是一个常见的假定：欧洲的这类制度比其他地区发展得更"先进"，因此欧洲向外"输出"它的各种制度，而其他地区只能采用它们。这就是绝大部分欧洲-西方历史学和社会理论（更准确地说是假设）在这个问题上所传递的信息。这种信息至少是从马克思、韦伯和西方经济史学家到社会科学家和新闻工作者一脉相传的。大部分作品都是基于对欧洲以外情况的茫然无知或偏见而写成的。虽然韦伯对欧洲和亚洲的宗教、社会和制度做了许多研究，但是像他这样的早期权威学者基本上就成了后来和当下研究者援引的"权威"。后者当中很少有人再去辛苦地深入探索，甚至根本不去想一想，面对已经众所周知的其他事实，他们所接受的"理论"究竟能否自圆其说。

遗憾的是，有关欧洲以外地区的这些制度的直接资料是不完整的，只有比较少的历史学家和社会理论家去艰辛地考察它们。但是，有一批亚洲历史学家提供了有关制度组织的资料，而大部分是作为研究经济活动的背景或顺便提到的。我在本书中的许多地方都援引了他们的成果，而且我们可以用他们的研究来考察制度的情况。另外还有少数（主要是西方的）历史学家具有较广阔的视野，也根据这些研究以及自己的研究做出了某些归纳总结。但是，他们只是在不同程度上克服了自身的西方欧洲中心论偏见。我指的主要是范勒尔（1995）、斯廷斯加尔德（1972，

1990c）、布罗代尔（1979，1992）和伊懋可（1973），尤其是珀林（1990，1993，1994），因为他彻底抛弃了欧洲中心论。

下面的论证将借助他们的研究成果。我的宗旨和能力都不允许我对制度全貌做一番详细的甚至不太完整的概述。但是，流行的欧洲中心论的制度解说和相关理论也大量地借助各种论证，只不过其中有许多是错误的论证。我在选择时当然是有立场的，例如，我将论证，如果生产和商业的结构和进程确实如本书其他地方所证明的那样，那么我们就应该问，造成这种情况的可能是或应该是何种制度组织。

根据这一任务，我们就要提出下列问题并寻求它们的答案。例如，在那里有什么样的经济、生产、商业、贸易和金融等方面的活动？本书的宗旨就是勾画和总结这种活动。什么样的金融-商业等经济制度和政治、社会制度促成了不同地区的这种活动？对此，我们将援引某些资料，主要援引权威成果。这些制度有什么历史渊源？尤其是，它们是否是本地区"内生的"或至少是早已存在的？在回答时，我们将尽可能详细地钩稽资料。如何对不同地区的制度加以比较？对此，我们将凭借现有的研究，同时做出尽量合理的论证。

（2）全球的制度联系

除了这种"比较"的角度，还有一个更重要的"联系"的角度。这些制度的发展是否基本上是相互独立的，只是反映各个地区不同的或相似的文化、历史和环境？或者，这些制度是否对共同的问题和挑战做出共同的反应？或者，是不是有一种相互依存的制度发展趋势，构成了一个共同的、相互依存的经济结构和进程的组成部分？如果确是这样，那么这种相互依存是不是从一个地方扩散到另一个地方？具体地说，是不是从欧洲扩散到其他地区？或者，这种环球的相互依存的制度发展是不是一个相互依存的世界经济结构和进程的组成部分？这是最关键的问题。它已超出了彭慕兰的结论：欧洲和西方的经济制度本身是在满足贸易需求的过程中发展的（1997）。但是，正如普拉卡什指出的，亚洲也是如此：“毋庸赘言，在莫卧儿帝国时期的印度经济中，货币供给的增加与金融方式的发展之间有一种重要的有机联系。”（1995：12）但是与其他地区一样，印度的货币供给（更不用说需求）本身当然也是全球经济运作的一个侧面。

关于各种制度是如何基于世界背景而发生适应性转变的，或许很难找到充分的证据来确立一个令人信服的例证。但是，在这种情况下可以说，“提出恰当的问题比获得半个正确答案更重要”。或者用珀林的话说：“我们应该考虑……追问，在‘世界’历史的同一时刻，是否可能存在着类似的甚至同样的力量，对各地这些不同类型的政治经济施加影响，因而是否可能存在着更大的结构性力量。”（1990：50）珀林接着写道：

　　我们不仅需要加以比较，还需要进而试着对更宏观的结构做出一些结论。例如，或许可以说，（印度的）社会进步和原始资本主义关系这一背景……以及亚洲其他地区的类似发展……构成了欧洲逐渐卷入次大陆的一个基本前提条件……也构成了欧洲在其中逐渐建立霸权的国际交换–依附体系的一部分前提条件……总之，欧洲和亚洲的商品制造业乃是更广阔的国际发展的一个组成部分。世界不同地区的商业资本的兴起，欧洲、亚洲和北美面向市场的制造业的兴起，日益扩大的农民生产被整合进国际商品流通网络，这一切都需要从一个涵盖国际贸易和劳动分工的相关框架来考虑。（Perlin 1990：89–90）

当然，这也正是本书的宗旨，而且也是我和吉尔斯于1993年发表的两篇论文的宗旨。那两篇论文涵盖了一个更长的长时段。我们下面讨论近代早期的金融和商业制度时，也始终不离这个宗旨。

　　为了说明我的意图，我们不妨首先诉诸某些权威。布罗代尔在《15至18世纪的物质文明、经济和资本主义》第2卷标题为"欧洲以外的世界"的一节里写道："欧洲在交换领域（与世界其他地区）是否处于同一个发展阶段……这是一个需要回答的关键问题。"（1979：114）他的回答是，欧洲当时确实处于同一阶段，或者说，"世界其他人口稠密地区，即同样得天独厚的地区"也处于同一阶段或同一水平。这也就意味着，布罗代尔、马克思、韦伯以及他们的信徒得出了错误的结论。

　　有一点是明确无误的：世界经济中的主要结构变迁甚至主要制度变迁，并不是由于欧洲制度的扩散造成的。例如：

　　西方商人的到来扩大了亚洲瓷器市场，但并没有改变其基本模式……商业活动也许没有被完整地记载下来，但是南洋的市场发展应该是一如既往的。正如前面指出的，自14世纪以来，南洋对日用器皿的需求是始终如一的。（Ho Chuimei 1994：48）

　　另外，商业组织也没有发生根本改变：

　　（华南的）郑氏家族首先于1658年动了向海外销售日本瓷器的念头，荷兰东印度公司在第二年迅速做出反应，也接手这项生意……郑氏家族的商业和政治情报网的效率肯定至少不逊于其主要对手清朝政府与荷兰人的情报网……可以说，郑氏的组织具有某些与荷兰东印度公司相同的特点。（Ho Chuimei 1994：44）

　　因此，我们应该赞同乔杜里的论述：

　　劳动分工、工业生产以及长途贸易，乃是自远古以来社会共同生活的组成部分。我们在任何时代、任何地方都难以找到有哪一个社会不具有基于相对价值观念、货币和市场的交换经济的某些特征。凡是从事维持生存的农业和工业生产的共同体，几乎肯定会与那些受市场机制和资本控制的影响的共同体相互依存……虽然缺乏固定资本，但是商业资本主义乃是亚洲手工业者和农民日常生活中的一个事实……作为商业活动的资本主义在印度洋几乎无所不在……当然，印度洋的长途贸易无论怎样界定，也是一种资本主义活动……织布工、纺纱工、蚕农、金属工匠以及香料种植园主，都是通过价格机制来获得回报。长途贸易、商业资本主义和面向出口市场的生产三者之间的联系一直是很紧密的……（Chaudhuri 1978：207，220，214，222）

而且，这种经济联系还是世界性的。

关于进一步的证据，我们可以援引乔杜里对亚洲不同地区制造业的制度和组织的概述：

在中国和印度都可以发现，日益壮大的劳动力队伍非常灵活地在农业和工业之间流动……亚洲历史中有许多例子显示，手工业者为了寻找更好的机会而在各地流动和迁徙……迁徙和流动是应对自然灾害、政治压迫、经济萎缩等的一个通用手段……许多现有的资料显示，在印度和中国各地，当商业萧条时，失业工人为了挣钱而转向农业劳动，如帮助农民收获庄稼……无论在中东、印度还是中国，在市场销售和工业生产之间都显现出一种垂直联系……每当买方的竞争力疲软时，商人对手工业者的支配就成为一种现实。史料还显示，无论亚洲商人是在印度还是在中东或中国活动，他们都会为了满足特定的商业需求而直接干预工业生产……某些地区成为出口商品产地的真正原因是，甚至在非机械生产时代，工业的地理分布也受到劳动力的相对价格、生活用品以及资本的强烈影响，因为这些因素的空间配置是很不均衡的……中东、印度和中国都有一些地区专门生产供应国内外的纺织品……亚洲许多地区都形成了面向出口的工业，直到18世纪后半期，欧洲才有能力对这些出口工业提出挑战……（Chaudhuri 1990a：313，306，299，318，303，309，310-311，301）

珍妮特·阿布-卢格霍德也指出，在13世纪，整个欧亚大陆的经济发展的水平和制度具有"惊人的相似性，远远超过其差异性"（1989：12ff.）。如果说有差异，那就是欧洲落后于亚洲。她援引了奇波拉的说法：自罗马帝国衰落后，一直到13世纪和14世纪，欧洲始终是一个"欠发达地区……一块野蛮人盘踞的土地"（Abu-Lughod 1989：99；另参见Cipolla 1976：206）。但是，很奇怪，在没有提供超出她的论述时间框架的任何证据的情况下，阿布-卢格霍德就宣布，欧洲到16世纪就遥遥领先了。现有的证据能够支持她对早期历史的论断，但否定她的后一说法。

甚至欧洲主义者布罗代尔也承认：

从埃及到日本，我们处处可以发现真正的资本家、批发商、零售商以及众多的附属人员、代理商、中间人、货币兑换商和金融家。在交换的技术、可行性和保障方面，这些商人集团都可以与西方的同行一较高下。（Braudel 1992：486）

在《15至18世纪的物质文明、经济和资本主义》的第2卷中，布罗代尔断言："欧洲人的出现丝毫没有改变原来的状况。葡萄牙、荷兰、英国和法国的商人都向穆斯林、班扬（印度的商人种姓）或（日本）京都的高利贷者借钱。"（1979：219）实际上，欧洲人不仅为了在亚洲用钱而借贷，而且是向当地已有的金融机构借贷，他们实际上还采用了它们的运作方式。布罗代尔把桑巴特称作欧洲理性主义特殊论的"最直言不讳的辩护者"，并接着追问：

最后，在资本主义运用的理性手段的单子上，除了复式簿记还有其他的工具：汇票、银行、交易所、市场、背书、贴现等。但这些手段在西方世界之外，在西方奉若神明的理性之外也完全可以找到……同企业主的革新精神相比，贸易量的扩大更为重要……与欧洲一样，世界其他地区多少个世纪以来就懂得生产的必要性、贸易的规则和货币的流通。(Braudel 1979：575，581）

实际上，正是世界的生产、贸易和货币流动从一开始就吸引着欧洲，并使之有可能扩大自己的生产和贸易，并在发现美洲金银后的三个世纪里，携带着美洲金银加入这个世界经济体。因此，经济、生产、贸易、商业和金融方面的必要制度肯定早就存在，而且将一直延续发展，这样欧洲人才可能加入这个游戏。实际上，正如彭慕兰反复指出的，产权和法律制度也是如此，早在亚洲各地确立并不断发展（1997）。

印度

在此，我们似乎可以不必详述这些制度的形式，而是借助权威人士举出的有关南亚和东南亚的一个小例子来说明问题：

（印度的）银行体系效率很高，遍布全国；由大商号和大银号开出的本票或汇票，在印度各地以及伊朗和中亚的喀布尔、赫拉特、塔什干等地都享有很好的声誉……代理人、经纪人、掮客、中间人等组成了一个复杂的网络……其中包括一个迅速传递市场价格动态的灵活系统。(Nehru 1960：192）

如果说现代印度的第一位总理尼赫鲁在其《印度的发现》一书中可能对自己的国家有所偏爱的话，那么葡萄牙人托姆·皮雷斯也应该同样偏爱自己的国家，但是他却建议：

我国想当公司职员和代理商的人都应该去（印度的坎贝）……向古吉拉特的印度人学习，因为在那里，经营贸易本身就是一门学问。[Pires（1517?）1942/44：42]

近年也有两位学者得出了类似的见解：

有证据表明，有一个极其发达的阶层经营着货币、商业信贷、贷款、商品保险……他们无疑与农村小资产阶级有着密切联系……这是把一定份额的农业剩余转移到商业阶层手中的一种重要联系……现在还不清楚葡萄牙人是否在很有限的地区或部门给印度的商业和工业生产造成了任何组织上的变化……从各种表象看，他们是利用现有的（生产和商业）机制。（Ganguli 1964：57，68）

自16世纪晚期以来，有价证券资本家是印度政治经济活动中的特有人物。这些企业家包税并介入地方农产品贸易，能够调动军事资源（军用牲畜、武器和人力），并且多次在印度洋贸易的大游戏里掀起波澜。（Bayly 1990：259）

我们再援引一位当事人的言论，也许至少能展现生动的画面和某些当地风情。苏拉特的一家英国工厂的主管杰拉德·阿温吉尔（Gerard Aungier）于1677年向伦敦的东印度公司总部报告称：

我们充分注意到你们关于降低胡椒在欧洲的价格的建议和你们要求在这里也降低价格的命令；在这方面，我们一直不敢稍有松懈，但是毫无成效。因为这些国家的胡椒消费量很大，因此有许多商人从事这方面的经营。他们把它运往异地以及德干高原和马拉巴尔。因此，不可能把价格压

低到你们限定的程度。（转引自 Chaudhuri 1994：275）

　　格罗弗对 17 世纪和 18 世纪印度北部的乡村社会做了全面的考察后强调，印度的商业活动渗透到与海岸、港口和欧洲人遥不相及的穷乡僻壤（1994：219–255）。哈比布用一个保险费率的例子展示了印度西部和东部这种商业和运输业的高效和安全：在 17 世纪中期，315 英里、550 英里和 675 英里的距离（按直线距离计算，短于实际距离）分别收取被保险物资价值的 0.5%、2.5% 和 1%（1969：71）。

　　哈比布对莫卧儿帝国时期印度经济和殖民主义入侵前的印度商人群体所做的研究（1969，1980，1990），毫无疑义地证明了（印度）商业和金融业的"发展"。市场是开放的、竞争性的，既有豪门巨商，也有小商小贩。信贷被普遍使用。艾哈迈达巴德的商人几乎完全用票据支付和清理债务，几乎所有的汇票和支付字据都能兑换成贴现的商业票据（1969：73）。显示金融市场的"发展"的另一个证据是，月利率从 1%到 50%不等，与英国与荷兰的利率差不多（1990：393）。

　　另外一位学者做了如下总结：

　　（欧洲的）公司官员所做的记录，展现了一幅有关印度南部农业商品生产的复杂多变而高度分化的图景……学者们支持这样一种观点：……在英国统治之前的三个世纪里，分布不均但普遍的贸易扩张、资本积累、劳动专业化和生产多样化等造成了国家税收的商业资源……（因而）产生了国家得以榨取捐税的商业经济。（Ludden 1990：236，216–217）

　　当地农产品和工业品的生产者和销售者，都被纳入信贷或实物预支的复杂体系中。珀林认为："事实上，信贷和金融是根据一种包括各种组织层次和社会层次的放债人的复杂安排而运作的……覆盖了较大比例的农产品"（1983：73），更不用说工业品了。

　　这些机制和制度则使得（放债人）通过向众多生产者——沉重的租税和极低的产品销售价格使后者难以应付气候和价格的波动——提供信贷而占有很高比例的收入……并且能够打破空间和时间的阻隔，使商业交易变得多样化。（Perlin 1983：98）

　　制造商利用信贷来购买原料，雇用手工业者，并向他们支付工资。另外一些手工业者也是在领取工资的条件下为国家垄断部门劳动的，还有一些手工业者则从事独立劳动（Ganguli 1964：47ff.）。他们都是一个面向当地市场、地区市场和出口市场的金融、信贷、分配、贸易和生产的"体系"的组成部分，而这些市场长期以来就是（而且今后仍将是）世界市场的组成部分。当欧洲人加入进来时，例如荷兰东印度公司进入印度阿格拉附近地区时，他们进入了"一个覆盖了广阔地域的三角网络，一个使公司能够在若干地点之间调度周转的结构，（这）仅仅是一个具有汇款机制和信贷机制的组织体系的一端，这个体系覆盖了印度次大陆的大部分，而且远远地伸展到印度次大陆之外"（Perlin 1990：268）。

　　伯顿·斯坦对殖民主义入侵前印度经济的这种情况做了部分的考察（1980），也肯定了印度商业化的普遍性以及乡村和城镇之间、星罗棋布的大小城市商业中心之间的广泛而密切的生产和商业联系。斯坦和苏布拉马尼亚姆在他们的合集《南亚的制度与经济变迁》（1996）的导论中还指出，合集中的文章有一条主线，即经济活动与制度结构始终在经济变化中相互作用，对经济环境和经济需求的变动做出反应。斯坦还指出，印度健全的金融体系不仅向印度的生产者和商人提供了大量资本，而且也向英国东印度公司以及欧洲个体商人提供了大量资本，使他们能够在印度境内外开展经营活动（1989）。

印度贸易在许多个世纪里——在上千年的时间里（Frank 1993a）——向西延伸到中亚、波斯、美索不达米亚、安纳托利亚、黎凡特、阿拉伯半岛、埃及和东非。当然，那些地区也有类似的——和有联系的——生产、商业和金融制度。阿拉伯和穆斯林贸易在欧洲的"黑暗时代"就很繁荣，在近代早期继续兴旺发展，尽管阿拉伯商人越来越受到东、西两方竞争的挤压。例如，伊本·赫勒敦也论述过14世纪穆斯林和其他人的贸易情况：

> 货物稀少，价格就会上涨。反之……货物丰富，价格就会下跌……经商是用增加本金、贱买贵卖的办法谋取利润，奴隶、粮食、牲畜、武器和布匹都可买卖。盈余就是利润……由此可见，收益和利润都是或大部分是劳动所得……再者，真主创造了两个宝藏，即金矿和银矿，使金银成为一切资本积累的价值尺度。世上之人偏爱金银和财产。即使有时获得了别的东西，也只是为了最终获得（金银）。其他东西都受制于市场波动……利润可以出自易货贸易；商人为了谋利或者（携带商品）奔走各地，或者囤积居奇、待价而沽。这便是经商……经商是谋利的自然途径。但是，几乎无商不奸，贱买贵卖，谋取利差。有盈余才有利可图。因此，法律允许商业中的狡诈，因为（经商）有赌博因素。（Ibn Khaldun 1969：298-300）

阿布-卢格霍德也论述了伊斯兰世界的商业，考察了许多金融手段和经济制度（1989：201-209）。亚伯拉罕·尤多维茨（Abraham Udovitch）等人考察了穆斯林的"商业技术"（1970）；虽然早期的穆斯林甚至穆罕默德本人就是商人，这个事实本身就足以说明问题，但马克西姆·罗丹松（Maxime Rodinson）仍专门探讨了伊斯兰教与资本主义和商业的相互兼容性（1970，1972）。布鲁斯·马斯特斯（Bruce

Masters）在对阿勒颇的研究中，竭力找出奥斯曼帝国经济政策与欧洲经济政策的区别（1988）。但是他对商旅贸易、商人、商业制度、货币、信贷和投资的描述，都显示了奥斯曼帝国经济的彻底商业化和货币化。他对债务诉讼记录的考察"为我们提供了一幅曲折的债务循环图像，这种债务循环把乡村地区同城市里的各种有钱有势的人联系在一起"（1988：156–167）。另外，马斯特斯还强调妇女独立而活跃地参与奥斯曼帝国经济活动的表现。

在东南亚，印度穆斯林商人和其他商人也占据着稳固而不断壮大的地盘。马来族和其他民族也形成了自己的商业金融制度结构，并且允许来自西方的阿拉伯人、波斯人、印度人以及后来的欧洲人和来自北方的中国人进入这些结构。

中国

毫无疑问，中国人（和日本人等）与这种国际劳动分工和贸易有联系。而本书的一个论点是，他们在生产领域占有一种优势地位。我们已经考察了中国的一部分长途对外贸易。在这方面，当然正如王赓武所说，"中国人与其他贸易民族一样从事远洋贸易"（Wang 1990：402ff.）。尽管明朝政府加以限制，但华南地区仍继续与海外通商，"海外华人"群体和外国人都参与这种贸易。特别重要的一批海外华人，尤其是在长崎、马尼拉和巴达维亚定居的"福建人"（Hokkiens）都从事中国贸易。

但是，中国国内肯定也有必要的和互补的生产、商业和金融制度。有意思的是，似乎宋元时期的制度基础比明清时期还好（Yang 1952，Ma 1971，Elvin 1973）。但是，珀林认为："我所看到的所有文献都显示，在中国的流通领域里有一种实际货币和计算货币的空间组织方式，基本上类似于殖民地时期以前的印度、中近东、近代早期的欧洲以及西属美洲的组织方式。"（1990：280）珀林在更早的一部著作里写道："南亚在遭受殖民主义侵略之前，与当时的中国一样，发生了一种根本性的变化，使社会、经济和政府的基本面貌有所改观。"（1983：66）当然，这就是说，它们以及欧洲都参与了同一个全球经济的同一发展！因此，阿布-卢格霍德在评述中国的"商业活动和制度"时，很自然地援引了加藤的话，说"汉人"的商会与欧洲的行会很相像（1989：309ff.）。

我们在第2章就已经看到，自11世纪和12世纪的宋代以来，中国的经济在工业化、商业化、货币化和城市化方面远远超过世界其他地区。伊懋可（Mark Elvin）在回顾18世纪以前几个世纪的情况时做了一些总结：

> 中国的经济已经商业化了。这种发展的一个标志就是，经营结构变得越来越复杂了……（另外一个标志是）介入跨地区贸易的钱庄、票号和商会的成长……（以及）地方市场网络的密度增加……企业家也并不缺乏才干。这里有一份关于陕西庆阳县如何降低燃料价格的记载……我们因此可以得出结论：在中国前现代的最后三个世纪里，涌现出远比以前多得多的私人经济组织；其中既有量变，也有质变。特别是乡村工业通过愈益细密的市场网络而得以协调，城镇工业通过这个网络而获得原料和顾客，并形成管理大批雇佣工人的新结构。（Elvin 1973：172，299，284）

例如，伊懋可描述了川、鄂、陕三省的制铁厂，那里的工厂有六七台冶铁炉，需要雇用上千名工人；他还引述了一份当时关于江西瓷器制造中心景德镇的记载：

> 万杵之声殷地，火光烛天，夜令人不能寝，戏目之曰：四时雷电镇。[①]（Elvin 1973：285）

---

① 原文出自王世懋《二酉委谭摘录》。

伊懋可的结论是：

经济上的进取精神到传统中国的晚期似乎仍很活跃。人们对于比较价格有敏锐的意识，这明显地体现在它对技术的影响上（例如，随着木柴愈益稀少和昂贵，人们在制盐时便用蒸发技术取代熬制技术）……因此可以推测，（人们）对许多或大多数技术的选择都是出于完全理性的短期考虑。（Elvin 1973：300）

由于中国南方缺少可以用于造船的优质硬木树，致使木材价格上涨，造船业遂向木材丰富而便宜的暹罗和马来亚转移（Marks 1997a）。

谈到华南的情况时，马立博还指出："到18世纪中期，岭南的农业经济体系大部分已经商业化了，比起同一时期的英国、法国和美国，这里有更大比例的粮食进入市场，市场也运转得更加有效。"（1996：77）吴清江（音）也证明，不仅是他专门研究的18世纪的厦门，而且厦门所在的福建省也已经相当广泛地商业化了（Ng 1983）。另外，他还考察了福建与其他地区之间复杂的贸易和迁移关系，这种关系远及海峡对岸的台湾、沿海而下的广州和澳门以及重庆和四川其他地区的长江流域稻米产区，甚至远及中国东北。他不仅分析了政府通过根据季节或其他情况出售储备粮来干预市场、稳定物价的做法，而且认为："沿海水路网络的漕运已经超出了单纯的救济目的，而变得高度商业化了。"（1983：130）至于长江流域的商业发展和商业制度，我们在第2章中已经根据王国斌的研究（1997）做了论述。

彭慕兰指出，中国农民把他们的产品投放到市场的比例要高于西欧农民，因此中国农民也比西欧农民更有竞争力（1997：chap. 1, pp. 30-31）。与此同时，中国农民也比西欧农民有更多的参与面向市场的手工业生产的自由。彭慕兰还证明，中国的财产权和土地买卖自由比西欧多。

另外，农业有一种地区专业化的趋势（Gernet 1982：427–428），经济作物（尤其是桑树）的种植尤为明显。许多农业生产越来越商业化，有力地支持了工业和出口经济。例如，养蚕用的桑叶的价格在早、午、晚都有变化。土地可以买卖，尤其是卖给想成为绅士的商人，结果地主逐渐被称为"财主"（Brook 1998）。

有一段写于1609年的文字，或许足以让人感受到当时的一种风气：

> 出贾既多，士田不重。操资交捷，起落不常……末富居多，本富尽少。富者愈富，贫者愈贫。起者独雄，落者辟易。资爱有属，产自无恒……富者百人而一，贫者十人而九。贫者既不能敌富，少者反可以制多。金令司天，钱神卓地。（转引自Brook 1998）①

但是，中国农业及农产品市场的制度结构明显地适应着生态和经济环境及社会需求的变动，而且比同一时期的英国更有适应能力。在这两个国家，粮食价格都是随着收成好坏而波动的。但是，中国南方的粮价波动没有英国那么剧烈，不是因为市场的作用更小，而是因为市场运作得更好！在中国南方，由于种植两季作物而使产量增加，由于加强了水利建设而使收成相对稳定，地方储备和跨地区贸易也使供给得到调节。马立博的比较研究显示："在消除恶劣气候对其农业经济的影响方面，中国南方的农民、政府官员和粮食商人比英国的同时代人做得更好。"（1977a）马立博把这种成功归因于"以水利工程为代表的先进技术、官仓体系和有效的市场机制等，这些都有助于减轻气候变化对中国南方农业收成和稻米价格的影响"——比18世纪的英国更有效。

---

① 原文出自顾炎武《天下郡国利病书·凤宁徽》引《歙志风土论》，四部丛刊本，第二函第十一册。

对中国和西欧各地的市场制度做了许多细致的比较后，彭慕兰也得出结论：

> 在我们转向土地和劳动力的要素市场时，我们惊讶地发现，中国人似乎至少与1800年以前的西欧人一样拥有符合近代欧洲关于有效的经济制度的观念……例如，中国在使用劳动力方面与使用土地的情况相似，看来至少与欧洲一样符合"市场经济"的原则，而且似乎做得更好……另外，中国家庭劳动的使用方式虽然蒙上了许多恶名，但仔细考察就会发现，这些方式与西北欧一样，很灵活地适应着机会变化和价格信号。西欧最发达的部分绝不是独一无二的，而且似乎与欧亚大陆其他人口稠密的核心地区具有共同的关键性经济特征：商业化，产品、土地和劳动的商品化，市场驱动的增长，根据经济潮流对家庭生育和劳动配置的调节……（Pomeranz 1977：chap. 1，pp. 51-52）

实际上，国家所造成的税收、市场和其他刺激，不仅有助于垦殖新的土地，而且鼓励着千百万人流向劳动力紧缺地区。

另外，彭慕兰也对中国和欧洲的长途粮食运输做了比较，当时二者都需要由商业机构通过某种市场网络来分配。在18世纪的中国北方，每年的长途粮食贸易养活着600万～1 000万的成年男子。这是波罗的海地区平常时期粮食贸易量的10～15倍，高峰时期的3倍。实际上，运到中国南方一个省的粮食所养活的人，就比整个波罗的海地区的粮食贸易养活的人还多（1977：chap. 1，p. 5）。

伊懋可注意到，这些发展也促成和支持了城市化——反之亦然（1973）。除了有一段时间逊于日本，中国的城市化无论规模还是速度都超过世界其他地区。宋代两个城市的人口就高达500万（Frank and Gills 1993：177，转引自Gernet 1985）。伊懋可发现，近代早期的城市化比例为6%~7.5%，城市人口有600万，而这种估算"无疑低估了大城市的人口"。中国依然是世界上城市化程度最高的国家，只是把首席地位让给了近邻日本。但是，到1900年，中国城市人口下降到大约总人口的4%，也就是说远低于13世纪的水平（Elvin 1993：175，178）。

总之，很显然，与欧洲中心论的神话相反，"洲际贸易（也包括大量的地区和地方贸易）中的所有企业家都是按照理性运作，尽量充分地利用自己的资源，不仅东印度公司和利物浦奴隶贸易商人，而且印度尼西亚或马拉巴尔的胡椒种植者、印度商人或非洲的奴隶出口商都是如此"（Steensgaard 1990c：16）。因此，后来的欧洲中心论对亚洲人和非洲人的贬低（或波兰尼式的抬高）是没有史实依据的。二者肯定没有受到所谓的"亚细亚生产方式"（马克思）、"水利-官僚社会"（魏特夫）、缺乏"理性"或甚至"不具理性"（韦伯、桑巴特）等因素的压制。所谓的"再分配社会"（波兰尼）或其他的所谓"传统社会"（勒纳、罗斯托以及各种现代化理论家）的说法也是无的放矢。

这种欧洲中心论的近视病也传染了那些研究"现代世界体系"的人。例如，沃勒斯坦主编的《评论》发表了托尼·波特（Tony Porter）的一篇隐含着新意的文章（1995）。波特沿着安格斯·卡梅伦（Angus Cameron）的思路，确定和分析了从公元1000年至今这整个时期里的长波"逻辑曲线"周期，描述了这些周期中的"全球"金融和霸权，也包括"世界生产"。可惜的是，他使用的"世界生产"的数据取自乔舒亚·戈德斯坦（Joshua Goldstein）的著作（1988），而后者所谓的"世界"仅限于欧洲。这是无关紧要的，因为波特所谓的金融制度和"霸权"也无关紧要。事实上，在欧洲以外的世界经济中也有重要的金融制度和创新，也有经济周期，但是没有产生霸权。而波特似乎并不关心这个事实。但是，正如我们在上面和第2章中指出的，他所分析的荷兰和欧洲其他国家的金融制度是与亚洲的金融制度紧密相连的，是依附于亚洲的金融制度的。波特在他提出的"全球金融创新模式"中几乎无视亚洲，从而也败坏了他对欧洲的"实际"历史以及欧洲所谓独立的"世界经济"的分析。遗憾的是，乔万尼·阿里吉的著作《漫长的20世纪》（1994）也是如此。这部著作本来可以成为一部经典之作，荣获大奖，但也无法摆脱欧洲中心论的偏见，完全专注于欧洲的金融创新（见本书第6章的评论）。

这一切对于所谓的资本主义的欧洲起源论究竟意味着什么，我们留待总结性的第7章来探讨——我们先要考察更多的否定这一命题的证据，因为这一命题本身与它的传播一样是十分可疑的。

总的来说，这一章考察了全球各地的人口、生产、收入、生产力、贸易、技术以及经济和金融制度，对主要地区做了比较，得出的结论是：它们都是单一的全球经济的市场结构和发展运动的组成部分和产物。我们指出，相较而言，亚洲许多地区的发展不仅在1400年（即我们论述的这个时期的开端）远远领先于欧洲，而且直到1750年至1800年（即这个时期结束时）也依然如此。再者，历史地看，我们的考察表明，与欧洲制造出来的流行"见识"相反，欧洲在1800年以后的"起飞"并不是基于欧洲特有的科学、技术和制度"准备"。欧洲的发展也不是基于在"文艺复兴"时期获得的所谓"抢先位置"，更不是基于古希腊和犹太教留下的所谓理性和科学的优秀"遗产"。所有这些流行的"见识"，不过是建立在神话基础上的欧洲中心论意识形态，而不是建立在真正的历史学或社会科学基础上的。相反，哪怕是稍微做些充分的研究，就必然会把"西方的兴起"看作世界"其他地区"更早和同时的发展所派生的结果。这正是后面几章要论证的内容。

为了总结我们的"比较"分析，在我们进行全球分析之前，不妨看看另一位考察亚洲"衰落"和欧洲"兴起"时间表的学者的结论。罗兹·墨菲（Rhoades Murphey）为了估量东方和西方的相对"效率"，对军事实力、经济繁荣和扩张、技术发展和政治凝聚力的总和做了评估：

大概从17世纪末或18世纪初开始，西方在许多方面的效率达到了一种上升状态，这个时间很可能与亚洲大部分传统（原文如此！）秩序的效率出现下降状态的时间吻合。西方的兴起和东方的衰落是绝对的，它们在时间上的重叠构成了对立模式。（Murphey 1977：5）

墨菲画了一条"西方"的上升曲线和一条"亚洲"的下降曲线，二者在1815年交叉。在印度的交叉点稍早一些，在1750年前后或更早一点，而在中国的交叉点晚一些。也就是说，墨菲对亚洲和欧洲的总体"效率"的这种印象主义的但完全独立的估计也支持了本书的论点：至少到1800年，亚洲在世界上仍占有优势。

以上的论述只是构成了后面分析的基础。在第5章中，我们将分析世界经济的各不同部分如何同时回应同样的、往往是周期性的全球经济力量。这种分析也为我们在第6章中的探索做了准备：亚洲各经济体什么时候以及为什么同时衰落了？西方如何以及为什么不仅仅是相对于亚洲而"兴起"？为什么说这种兴衰是整个世界经济本身的结构与运动所产生的全球性、地区性和部门性后果？然后，我们再来看世界经济的结构性和周期性力量，这些力量仅仅是在19世纪和20世纪才颠倒了东西方关系，而且从现象上看也是如此。

第 **5** 章
横向整合的宏观历史

  但是，事实上，大多数欧美大学所耕耘的史学领域造就了一种微观历史观，甚至是一种地方眼界……历史学家对于纵向的联系（如传统的延续等）很敏感，但是对于横向的联系则视而不见……无论用各种专题研究拼凑起来的历史"学科"的马赛克是多么绚丽多彩，如果没有一种宏观历史、一种尝试性的总体联系图式、至少是一种历史的平行论述，那么我们就不可能看清某一社会的历史独特性的全部意义……整合史学就是探索、描述和解释这种相互联系的历史现象。其方法说起来很简单，但做起来不容易：首先需要寻找历史平行现象（世界上各个不同社会里大体同时发生的类似发展现象），然后判断它们相互之间是否有因果联系……为了发现近代早期的相互联系和横向连续性，必须深入政治和制度史表象的背后，考察近代早期的经济、社会和文化发展。在这样做了之后，我们会发现，在17世纪，日本、中国西藏、伊朗、安纳托利亚和伊比利亚半岛在表面上彼此相互隔绝，但实际上都回应着同样一些相互联系的、至少是相似的人口、经济乃至社会的力量。

约瑟夫·弗莱彻（1985：39，38）

我在前面几章里对全球经济和世界经济的结构做了勾画，但是对它的历时性运动仅仅是点到为止，尚未充分揭示。因此，这一章将运用某些分析方法来研究这种历时性运动，区分各种历时性和周期性的运动。因为，如果确实有一个涵盖全球的单个世界经济体系，而且它有一个把各地区、各部门联系起来的结构，那么我们就有理由推断，在某一地区或部门发生的变化应该至少可能在另一个或多个地区或部门产生了反响。我们在第3章中看到了全球经济的通货流动如何影响到全球经济的参与者，甚至影响到最远的角落。此外，我们在第4章中看到了这种全球经济结构及其进程如何有助于塑造和修正哪怕是"地方性的"制度，如何有助于造就新的技术来适应环境变化。实际上，不仅体系的一部分能够影响另一部分，而且整个体系的相互关联的结构和运动甚至会影响到每一个部分。

因此，为了解释和理解任何一种地方的或地区的进程，或许也都有必要研究这些进程如何受到当时其他地方的事件或整个世界经济体系中同时发生的进程的影响以及如何做出回应。正是出于这个想法，我很早以前就呼吁：

无论对经历不同时间的同一事物的叙述可能多么有用，历史学家对人类的历史理解所做的基本的（最必要的和最初步的）贡献乃是成功地叙述历史进程中同一时间的不同地点的不同事物。这种考察和叙述整个历史进程中或整个体系转变过程中的不同事件的同时性的尝试本身——尽管从人们对经验信息和完备理论的要求看，这种尝试在实际涵盖空间和时间时也许千疮百孔——乃是向着正确方向迈出的重要步骤（尤其是在今天，这一代人需要对这单一世界的单一历史进程有一种历史的眼光和理解，为此他们必须"重写历史"才能满足这种需求）。（Frank 1978a：21）

在那之后，约瑟夫·弗莱彻发出了更强烈的呼吁，即本章的卷首引语。但是他因过早地亡故而未能付诸实践。因此，我们应该努力按照他的建议开始去做。此外，约瑟夫·熊彼特（Joseph Schumpeter）早在1939年就说过，经济周期或商业周期不是可以摘除的扁桃体，而是有机体的心搏。布罗代尔和沃勒斯坦的著作也提供了重要的证据：世界经济有其自身的周期性心搏。甚至各种散见的证据也显示，这种周期性心搏是共同性的，甚至远至天涯海角，从而构成了另外一个重要证据：那些偏远地区也是单一的世界经济的真正组成部分。

乔治·莫德尔斯基曾经建议：我们应该首先确定这个体系，然后再试图确定其中的各种周期。但是，也许反过来操作效果更好：先确定影响着广大地区的各种周期的同时性，这样也能提供显示这个体系的广度和边界的主要证据。我在论证青铜时代的世界体系的周期时就是这样做的（1993a）。在论证现代世界体系时，为了达到这种结果，应该而且也能够发现和分析更多的证据。遗憾的是，只有少数历史学家不辞辛苦地去发现证据，来证明各种周期是否以及如何超越所谓的各种世界经济体的界线而相互重合。但是，莫德尔斯基和汤普森现在采用这种办法来确定世界体系的各种联系和范围（1996）。这样做就能在很大程度上揭示出若干个世界经济体是否真的构成了一个世界经济——几乎很少有历史学家认为它真的存在！还是让我们来在黑暗中摸索一下，对这种横向整合的宏观历史（弗莱彻语）做些探索，看看它可能在我们关心的问题上投下什么样的光亮。

同时性不是巧合

§

让我们先把目光放大到我们论述的这个时期之前的一段时间，简略地考察一下沃勒斯坦对1250年到1450年间欧洲范围的周期性衰落的论述（1992：587）。其论述方式"是那些论述欧洲中世纪晚期和近代早期的学者明确阐释和普遍赞同的"。布罗代尔在对同一时期的考察中，强调13世纪末香槟地区市场的衰落。他说：

　　这些时间也与一系列危机恰好重合，这些危机虽然持续时间不等，对当时从佛罗伦萨到伦敦的整个欧洲的影响程度不等，但是与黑死病一起宣告了14世纪大衰退的到来。（Braudel 1992：114）

　　但是，这种衰落仅仅局限于欧洲吗？不！阿布–卢格霍德（1989）以及我和吉尔斯（1992；另参见Frank and Gills 1993）探讨了它在整个非洲–欧亚大陆的反响——这种衰落导致了本书探讨的这个时期。此外，印度历史学家乔杜里也谈到布罗代尔把13世纪和14世纪柬埔寨的衰落归因于生态变化，并且指出美索不达米亚的灌溉农业也在同一时期荒芜了。他还探讨是什么原因导致了"锡兰在大约1236年后突然的灾难性毁灭"：

　　首先，我们可以指出，僧伽罗人的衰退并非个例。从13世纪20年代到14世纪50年代，是亚洲许多社会陷入深刻危机的一个时期……毫无疑问，在印度洋的各个地区都发生了……几乎毁灭性的人口灾难……这些事件难道都是巧合吗？（Chaudhuri 1990a：246-268）

　　我们再回到本书研究的这个时期。琳达·达林在考察奥斯曼帝国与另外一些地区的事件时写道："我们应该把在这些不同国家同时发生的这些潮流当作进行新的研究和概括的一个出发点。这些事件很有可能……不是单纯的表面相似，而是具有结构上的联系。"（1994：96）

　　与之相似的是，斯廷斯加尔德在谈到整个欧亚大陆时说：

把16世纪遍及欧亚大陆的金融动荡说成是一种巧合，是令人难以置信
的。我能发现的相互联系是金银存量的增加，以及与之伴随的金银在欧亚
大陆的不平衡流动。（Steensgaard 1990c：20）

斯廷斯加尔德还指出，贝利（C. A. Bayly）也发现："东半球大部
分地区的历史学明显地出现相似的模式，而作者们往往并不知情，否
则就能够帮助他们分辨出这种超出欧洲帝国的18世纪危机的原因。"
（Steensgaard 1990c：22，转引贝利的话，但未注明出处）

最引人注目的是，阿萨尔·阿里（M. Athar Ali）认为：

难道所有这些现象都纯属巧合吗？在我看来，肯定同一命运恰恰在同
一时间征服了印度和伊斯兰的广大世界，但又归因于各个地区完全不同的
（或者说各种混杂的）因素，这似乎有些强词夺理。即使我们的探索最终一
无所获，我们也应该看一看是否能发现造成这些稳定程度不等的帝国统统
瓦解的某些共同因素。（Ali 1975：386）

第6章将讨论为什么阿里认为这些现象不是巧合，我的解释是什
么，与阿里的解释有何不同。我还将考察"东方的衰落"和"西方的兴
起"的原因和后果。不过，在思考这个重大问题之前，我们需要为此奠
定一个基础，先来探究乔杜里、斯廷斯加尔德、达林和阿里提出的上述
问题和建议。在利用弗莱彻提出的横向整合的宏观历史时，他们还能成
为我们进行研究和分析的向导。

近年来，有些学者在横向整合的历史方面进行了创新的尝试，其中包
括戈德斯通（1991a，b）、一些研究"17世纪危机"的学者、研究康德拉
捷夫周期的莫德尔斯基和汤普森（1996）、马克·梅茨勒（Metzler 1994）
以及我和吉尔斯（1993）。下面，我们将对其中一些尝试进行简略的评述。

研究横向整合的宏观历史

.... § ....

（1）人口-结构分析

戈德斯通的"人口-结构"分析（1991a），是沿着这个方向所做的一个创新尝试。他考察了近现代世界历史上几个时期几乎同时发生的事件，尤其是17世纪40年代明代中国、奥斯曼帝国和英国的政府崩溃或内乱。他证明了在整个欧亚地区有一种普遍的和重复的周期共振，但是他的人口-结构分析几乎没有涉及国际进程，而是仅限于"民族的"周期性经济进程和其他经济进程，他还特别否定了任何世界范围的通货流动进程。戈德斯通解释说：

> 我的基本结论极其简洁，这就是：从1500年到1800年，欧洲、中国和中东周期性的政府崩溃乃是一个基本进程的结果……最主要的趋势是，在相对固定的经济和社会结构的背景下，人口增长导致了物价变动、资源转移以及农业-官僚制国家难以应付的社会需求的增加。（Goldstone 1991a：459）

与其他一些批评者不同，我认为戈德斯通的长时段人口-结构解释是令人信服的，至少值得重视和进一步探讨。但是，他把"17世纪危机"普遍化的说法则需要商榷。我曾写过肯定的书评（1993b），下面还会谈到我的一些批评意见。我对他否定短时段的货币因素的说法提出质疑，在我看来，这些因素完全能够配合甚至强化他所分析的长时段的结构-人口因素。

（2）有一个"17世纪危机"吗？

人们对所谓的"17世纪危机"做了大量的思考和讨论，也做了某些分析。有许多著作都论述了它在欧洲的情况或起源（Hobsbawm 1954，1960，Aston 1970，De Vries 1976，Frank 1978a，Wallerstein 1980）。关于"危机"的准确起讫时间，它是否超出大西洋经济体的范围，如果超出了这个范围，它是否可能与一个"小冰河时期"有关等这样一些问题，至今还是有争议的。因为这个危机包括粮食歉收和饥荒、疾病流行、人口下降以及经济萧条和政治动荡。有证据显示，在从1620年到1690年的17世纪的70年间，在某些时候——但不总是同时——在欧亚的许多地区，尤其是日本、中国、东南亚、中亚和奥斯曼帝国发生了气候、人口、社会、经济和政治的危机。

另外，戈德斯通准确地指出，在16世纪，人口急剧增长，但粮食生产并没有相应的增长，结果至少在明代中国（1644年）、奥斯曼帝国和英国（1640年）引发了人口–结构危机和政治动乱，甚至导致了政治崩溃的局面（1991a）。在欧洲，整个地中海地区，尤其是葡萄牙、西班牙和意大利都衰落了。

我们在此有必要重新考察"17世纪危机"是否具有世界性，尤其是否包括亚洲在内，是否真的长达一个世纪（至少长达半个世纪）之久。换言之，"危机"是否基本上局限于欧洲（尼德兰此时却在经历"黄金时代"）以及其他某些地区；亚洲的危机持续了多长时间？是什么性质？这些问题及其答案对于我们的研究之所以十分重要，有如下原因。首先，任何横向整合的宏观历史研究都必须考察这个时期，不仅是进行一项重要的个案研究，而且因为它能揭示何种经济力量在多大程度上同时在世界各地起作用。如果危机真的是全球性的，要么是因为世界性周期的"B"下降阶段（康德拉捷夫的术语）在起作用，要么是（或者同时是）因为像许多人所主张的那样，欧洲已经在世界经济中具有足够大的影响力，能够把世界其他地区一起拉下水。如果没有证据能够证明亚洲存在这种危机，也就意味着欧洲的事件还没有这种足以影响世界经济的分量，因此也就根本不存在所谓17世纪的世界危机。

这个问题的论证对于我们的研究之所以十分重要，另一个原因在于，这将使我们能够在下一章里考察1400年从亚洲开始的和1450年从欧洲开始的"A"阶段上升持续了多长时间。而这又将使我们能够考察我和吉尔斯提出的500年长周期运动（1992；1993）是否持续到近代早期。这方面的证据和论证也将在第6章的分析中起重要作用：为什么"东方的衰落先于西方的兴起"（阿布–卢格霍德的说法，1989：388）。进一步说，"17世纪危机"存在与否的证据将提供必要的背景，使我们能够考察被确定在17世纪范围内的危机的时间长度、类型和性质。我特别关注1640年前后20年的危机，并将在下一节里加以讨论。

世界性的"17世纪危机"存在与否及其波及范围的问题，早就成为某些人尤其是《现代亚洲研究》杂志（1990）一些文章考察和讨论的对象。阿谢德（Adshead）提出了中国17世纪总危机的论点（1973：272）。他认为："欧洲的危机实际上在世界范围内产生了反响……不仅影响了欧洲，而且影响了伊斯兰世界和东亚。"由此，人们提出并考察了一些相关的问题：17世纪是否有一场普遍而持久的危机？答案看来是否定的。在多大程度上有一场持续的危机？它波及了哪些地区？在世界或亚洲大部分或许多地区是否有这方面的证据？答案看来也是否定的。在世界若干地区（包括亚洲），是否同时有一场时间较短的经济和政治危机？答案看来是肯定的，即在17世纪30年代和40年代。这些不同地区或国家的危机是否相关？答案看来也是肯定的。这些危机能否归咎于戈德斯通强调的人口原因？这种说法值得商榷。那么，它们是否都与气候因素和农业收成问题有联系呢？很可能如此。那么它们是否也与共同的货币问题有关，或者是由共同的货币问题引起的呢？这是一个特别有争议的问题，我倾向于持肯定意见的一派。下面，我就来谈谈我的看法。

我们先来看看其中的一些证据。东南亚研究专家安东尼·里德认为，东南亚肯定经历了"17世纪危机"，这种经历在亚洲是普遍性的（1990）。他指出，在该世纪中期以及稍后的时间里，东南亚因为特别依赖贸易的发展，因此出口价格的降低造成了生产的低落，在经济上损失很大，马尼拉等地的贸易无论是数量还是在世界贸易中的比例都下降了。里德或许过多地强调了马尼拉"危机"的东南亚效应，以及马尼拉在西属美洲与中国和日本之间的中介角色。缅甸的勃固是在1599年遭到灭顶之灾的，从时间上看也不能归因于17世纪中期的危机。不过，关于东爪哇和中爪哇，里德特别强调17世纪前期到中期长达75年的干旱，以及从1645年到1672年连续的低降雨量（1990：92-95）。17世纪30年代和40年代，缅甸和印度尼西亚遭受了旱灾和饥荒；暹罗和柬埔寨盛产稻米的冲积平原大概也降雨不足。这种经济萧条也对在东南亚活动的荷兰人和其他欧洲商人产生了负面影响（Reid 1990，Tarling 1992：488-493）。里德也注意到有关欧洲人占领的东南亚某些地点人口减少的报道，但是他认为，正因为这些地方是占领区，这些报道可能不具有代表性。

的确，里德特别关注的东南亚岛屿和马来半岛不应该具有代表性。利伯曼在对里德这部著作的评论中写道："所谓的17世纪衰退根本不存在……在我看来，17世纪分水岭的说法基本不能用于大陆地区。"（1996：802，801）利伯曼特别提出了"延长的16世纪"，并且证明，东南亚大陆地区的繁荣一直持续到18世纪（1996：800）。

里德把利伯曼的评论送给我，请我参考。但是他坚持认为，东南亚普遍经历了"17世纪危机"，而且似乎还坚持他更早的主张："17世纪危机"可能是世界性的，包括亚洲在内。他是在《现代亚洲研究》杂志

（1990）上提出这种主张的，但是同一期杂志上的其他文章否定了这种见解。

　　亚洲其他地区（以及美洲）的证据也不太能够支持里德的见解。在同一期《现代亚洲研究》上，约翰·理查兹实际上也带着这个问题考察了印度的情况。他特别强调的是，除了17世纪30年代的饥荒，在莫卧儿王朝统治的印度丝毫没有显示出这种长期"危机"甚至短期"危机"的迹象。相反，人口、城市化、生产、生产力、政府的收入和储备都与前几个世纪一样在继续扩大。地方性的、地区性的和地区间的贸易也在发展。

　　正如本书第2章中对印度贸易的评述和第3章中对农业、城市化和制造业的扩展与通货流入及物价水平之间关系的论述所显示的，印度在17世纪是很繁荣的。所有的证据都支持着同一个结论：印度的经济在整个17世纪都在继续扩张。另外，大多数现有的各种资料都证明，印度的海外贸易，尤其是由印度人经营的海外贸易仍在发展。由于对东南亚贸易是印度贸易的重要组成部分，因此，这似乎也否定了里德所谓该地区商业明显衰落的论点。有意思的是，虽然里德有资料来论证1640年以后东南亚群岛四种关键出口商品的衰减。但是，他写到印度的情况时是这样说的：印度的"进口想必在1650年以后急剧衰落了，尽管我们只有荷兰东印度公司布匹进口的数字，这方面的衰落比总体衰落要缓慢一些"（1997：4）。我突出了句子中的"想必"一词。很显然，他没有资料来证明这种衰落，而荷兰东印度公司的衰落则与上述的欧洲商人被印度商人取代的情况完全一致。

　　在同一期的《现代亚洲研究》上，威廉·阿特韦尔考察了"东亚的普遍危机"问题。显然，他在整个17世纪找不到任何蛛丝马迹。但是，正如我在下面要援引的其他文章一样，阿特韦尔也发现了气候问题（如火山尘埃和天气变冷），这种因素似乎导致了17世纪30年代和40年代中国和日本的农作物（尤其是稻米）产量大幅下降。这两个国家的经济和政治状况都一度严重恶化，包括饥荒不断、商贸衰退、企业倒闭、出口缩减和外销压价等。另外，阿特韦尔强调，中国和日本的短期经济危机是相互关联的：都有共同的气候问题；在贸易上相互依赖；都有共同的货币问题（1986，1990）。阿特韦尔是"银货危机"的主要鼓吹者，他认为这种危机是促成1644年明王朝垮台的一个重要因素。这一点我们将在下一节里加以考察。

但是，朝鲜也与中国和日本关系密切，而阿特韦尔却无法论证朝鲜同时面临的相关的经济问题，似乎朝鲜的问题仅仅是因为它还没有从几十年前与中国和日本的武装冲突中恢复过来。此外，我们在第2章中也指出中亚的经济活动和贸易出现了某种衰落迹象，至少有一种转移迹象，而中亚也与中国有密切联系。另外，俄国的经济在整个17世纪一直在扩展。

那么，是否存在一个普遍的"17世纪危机"呢？弗莱彻也提出了这个问题（1985：54）。看来，答案是否定的。另外，阿特韦尔也写道："总之，说东亚作为一个地区在17世纪经历了一场长期危机的论点，是让人很难接受的。"（1990：681）正如我们在前面指出的，这种说法对于南亚地区和北亚的俄国西伯利亚地区就更不适用了，这两个地区都在大规模地开拓。斯廷斯加尔德也做了总结："这里发表的三篇文章（指《现代亚洲研究》同一期上阿特韦尔、里德和理查兹的文章）尽管才华横溢、资料翔实，但都未能为亚洲存在'17世纪危机'的观点提供坚实的基础……它们甚至无法让读者确信，'17世纪危机'的概念对于研究亚洲历史是有用的。"（1990b：686，688）言之凿凿，我们不能不表示赞同。

西亚也不存在普遍的"17世纪危机"。波斯的萨法维王朝结束于1724年，但是把这归因于17世纪中期的一次危机，可能追溯得远了一点。正如戈德斯通所分析的，奥斯曼帝国也问题丛生，但它能转危为安

（1991a）；而且，正如前面指出的，伊斯拉莫格鲁-伊南（1987）和琳达·达林（1992）驳斥了那种说奥斯曼帝国在17世纪就衰落了的论点。苏莱雅·法洛奇的观点也与他们大体一致，他为《奥斯曼帝国经济社会史》撰写了"危机与变迁，1590—1699年"一章。他对"17世纪危机"这个一般命题能否用于奥斯曼帝国进行了一番斟酌，结论是不能。布尔萨的纺织品生产和海外贸易因利润日减而衰落了（Faroqhi 1994：454-456）；但是，随着生产的区域化和分散化发展，在其他地区形成了纺织品生产中心，阿勒颇和伊兹密尔等产销一体的城市加强了各自与内陆的商业联系，这与我所论证的同一时期拉丁美洲的情况很相似（1978a）。

那种认为在1600年前后奥斯曼帝国的经济就开始完全变成欧洲的世界经济体的附属物的推断，看来是过于草率了。应该说，（在17世纪初到18世纪中期）经历了一个持续的"经济自立"的时期……奥斯曼帝国的部分行业重整旗鼓，还有一些行业……是新兴的……换言之，奥斯曼帝国的经济具有自身的潜力，不是毫无生气和不堪一击的。甚至到18世纪……那些全面衰落的论断也应该被视为没有根据的假设。（Faroqhi 1994：525-526，469）

布鲁斯·麦高恩（Bruce McGowan）在为伊纳尔西克（Inalcik）和夸塔尔特（Quataert）主编的《奥斯曼帝国经济社会史》撰写的一章中指出："奥斯曼帝国政府在18世纪进行了大量的财政改革，仅就此而言，就足以打破至今在历史学家中盛行的那种停滞论的神话。"（1994：710）

在我过去的一部论述欧洲经济的著作中，有一章讨论"17世纪的萧条"（1978a：89-91，94）。我特别强调，当时印度的经济在扩展，西亚"自16世纪以来（与欧洲相比）没有质的变化"，北大西洋的渔业和北美殖民地也在发展。至于拉丁美洲，我认为在白银的生产和出口方面有所衰退（这一直是一个引起人们探讨的问题），但是，其他的经济活动和拉丁美洲范围内的地区间贸易都在发展。

总之，很显然，根本不存在普遍化的、长期的"17世纪危机"。阿谢德提出，"欧洲危机实际上具有世界性的反响"（1973：272）。虽然里德专门从亚洲整体的情况予以论证（1990），但是这个命题肯定不符合实际。从世界经济的角度和亚洲的情况看，地区性的或国家的危机基本上是局部的，而且只有二三十年的时间。日本在17世纪中期就很快恢复过来，中国在17世纪末也恢复了元气。欧洲的葡萄牙、西班牙和意大利发生了较普遍的衰落，但是尼德兰和英国从中获利。在下一章中，我们将探究亚洲经济在17世纪的持续扩展对我们的主要论点有什么意义。这里我想先考察一下，既然不存在一种普遍的"17世纪危机"，那么这个世纪中有哪些短期的危机。

（3）1640年的银货危机

17世纪中期，尤其是日本和中国确实发生了二三十年的短期危机。这似乎主要是由气候与货币问题引起的，当然也可能是一次世界经济的康德拉捷夫"B"下降阶段的组成部分，而这种下降阶段通常会持续二三十年。

人们往往忽视中国的货币经济与邻邦和世界经济的关系史，对日本也是如此，更不用说朝鲜了。即使对此有所思考，通常也是否定这种关系。15世纪时，中国的白银产量总共仅有4 000吨（Cartier 1981：459）。戈德斯通认为，中国对欧洲的贸易量从未超过中国经济总量的1%，往往不到0.3%，而中国从日本进口的白银数量很大（1991a：371-375）。在丹尼斯·弗林等人提出的新论证的影响下，戈德斯通对自己的观点做了一些修改（1996年的私人通信）。

但是，戈德斯通明确地否定货币问题是危机的起因之一，他甚至在论述中国的一节中使用这样的标题——"财政危机，并非通货危机"
（1991a：371）。他否定阿特韦尔（1977，1982，1986）和阿谢德（1973）
的设想：17世纪30年代，西属美洲和日本的白银生产和出口的衰减促成
了明朝的衰亡。他承认，1640年前后，明朝政府在征集租税以及供养军
队方面遇到了严重的困难。但是，戈德斯通——以及莫鲁格尼和夏为忠
（1989）、冯格拉汗（1996a）——批驳了阿特韦尔把白银供给说成一个
重要因素的论点：

　　白银进口的急剧衰减……对于晚明经济造成了灾难性的后果……许多
人无法交纳租税和还债……由于军饷和装备不足，明朝政府……失去控
制……先是无力镇压内部的起义，继而无力应付满族人对中原王朝的入
侵……（这）肯定加剧了它的困境，破坏了统治的稳定基础。（Atwell
1982：89，90）

　　阿特韦尔在另一篇文章中还写道：

　　这些不受帝国官僚政府控制的因素也使晚明的经济恶化了。其中一个
并非不重要的因素是帝国的货币体系……白银在经济中起了越来越重要的
作用……16世纪后期外来白银的大量涌入反而导致了（货币供给的）失
控……秘鲁、墨西哥和日本白银生产的波动、马德里和江户的保护主义情
绪、海盗活动和海难，这一切都使中国的对外贸易关系变得极不稳定，在
我们讨论的这段时期（1620—1644年）尤其变化莫测。在17世纪30年代
末和40年代初，这种波动恰好与侵袭中国和东亚其他地区的恶劣天气及洪
灾、旱灾、歉收等重合，造成了特别严重的影响。（Atwell 1988：589）

　　弗林和吉拉尔德兹认为，明朝的财政和政治统治早在17世纪初就被

进口白银的供给增长削弱了（1995b，c）。由于明代的市价以及税款额都是按白银来固定计算的，因此白银供给的增长使它们都贬值了。白银供给的突然衰减则使银和铜、银和粮食之间的比价有所上升。实际情况很可能如此，但是也不必以此来否认白银供给的突然衰减对明朝财政进一步的打击。

莫鲁格尼和夏为忠全面地反驳了这个论点（1989：61，67）。他们认为，"明朝末年（指17世纪二三十年代），这种（日本白银）贸易达到了顶点"，而"（包括美洲白银在内的整个）白银贸易是在明朝垮台之后而不是在此之前达到顶点的"。但是，根据他们对中国进口的日本白银和通过马尼拉、中国台湾及其他渠道进口的白银的全部可考资料所做的重新考察，我们看到了相反的情况。按照他们的计算，17世纪30年代前半期，从日本进口的白银的数量在120吨上下波动，在1637年和1639年上升到当时的最高数量200吨和170吨，然后在17世纪40年代前半期又跌落到平均每年105吨。他们认为，人们在塞维利亚看到的越过大西洋而来的西属美洲白银的减少，并不意味着美洲白银生产的衰退，这是因为跨太平洋的白银货运量平均为总产量的17%，在17世纪最初30年增加到总产量的25%，40年代增加到40%以上。"西班牙所损失的至少一部分就是中国所得到的。"（1989：63）

但是，根据他们书中的表1，在1621年到1630年的10年间，运到马尼拉的白银总量从900万比索（23吨）下降到700万比索（18吨），在1641年到1650年的10年间又降到400万比索（10吨）。"（中国和马尼拉之间的）贸易唯一重大的衰减发生在1636年至1641年间。"（1989：64）但是，他们反驳阿特韦尔的论点，宣称明朝面临的问题应完全归因于"内部因素，而不能归因于国际白银运动的波动"（1989：67），却似乎没有被他们提供的数据证明：跨太平洋而来的白银每年减少了13吨（从23吨减少到10吨），从日本进口的白银在17世纪40年代前半期减少到105吨，在1643年（即明朝结束的前一年）甚至减少到70吨；而从日本进口的白银在17世纪30年代末大约每年为180吨，在17世纪30年代初大约每年为120吨。根据里德的综合统计，各种来源的白银（几乎都输入中国）的总供给量在17世纪前10年平均每年为150吨，在20年代为178吨，在30年代为162吨（1993：27）。然后，这种供给在40年代突然下跌到每年89吨，在50年代下跌到每年68吨，在60年代回升到每年82吨（其中40%是由欧洲商人供应的）。

白银短缺的另一个标志大概是银和铜的比价。恩迪米恩·威尔金森（Endymoin Wilkinson）在讨论"1628—1660年的市场崩溃和金融波动"（1980：30，27-29）时，强调米价在歉收和饥荒年份的大幅上涨以及白银与铜钱之间比价的变化。用当时较流行的、后来更通用的铜钱来衡量，米价在1628年到1632年间上涨了9倍，在1642年达到最高峰，然后在高位上波动，到1662年降到原来的2倍，到1689年才跌落。如果用银两来衡量，到1642年为止，米价仅涨了4倍，到1663年就恢复到17世纪30年代的水平。威尔金森还强调，到1642年，铜银比价逐渐上升了1倍多，然后就开始疯涨，到1647年高出原来的比价8倍之多。到1662年缓慢回落到之前的水平，此后直到17世纪80年代都在更高或近似的水平上波动。

与莫鲁格尼和夏为忠一样，威尔金森把铜兑换银的比价下跌归因于铜钱成色的急剧下降。事实也确实如此。威尔金森的观点发表于阿特韦尔以及最近关于白银短缺的讨论之前。而莫鲁格尼在最近的讨论期间，依然把铜钱贬值的主要原因归咎于铜钱成色的急剧下降（1996年的私人通信）。但是，银兑换铜的价格相应增加了2~9倍，则可能是白银短缺的表现，这是值得探究的。同一时期由气候和歉收造成的粮食短缺因经济、政治和社会动荡而加剧了，而这些又体现为耕地价格急剧下跌。这种形势加上白银短缺以及白银对铜的比价上涨，也能解释为什么米价按铜钱衡量而不是按当时更值钱的白银衡量，上涨了2倍，而且较长时间居高不下。简言之，中国国内大米和铜钱按白银计算的价格似乎反映了白银的短缺，这是值得探究的。在17世纪30年代末是这样，在40年代更是这样，在50年代依然如此，只是稍有缓解。因此，我只能赞同阿特韦尔等人的观点：白银供给确实对明清迭代的原因和后果都有影响。

另一个证据是，明朝政府在1643年考虑重新发行纸币的建议。建议遭到否定是由于政治上的虚弱，可能也由于担心再发生以往的通货膨胀，而通货膨胀会进一步造成政治上的危害。鉴于白银继续短缺，甚至缺口越来越大，清朝初期政府被迫（或有能力）在1650年到1662年间印发了有限的纸币。后来纸币又被废止（Yang 1952：67-68）——是由于白银的供给又恢复了吗？

冯格拉汗也向明代银货危机论提出了挑战（1996a）。他的论证更翔实，理论也更精密。与莫鲁格尼和夏为忠一样，冯格拉汗否定了证明明代有一场银货危机的证据和推理。"尽管对葡萄牙人进行限制和驱逐，日本的白银出口在1636年到1639年间达到了前所未有的数量，在17世纪40年代初期保持着一个很高的水平。"（1996a：437）他也不相信经由马尼拉或印度的白银供给有很大的变化。因此，"这里汇集的白银流动的资料丝毫没有显示出明朝末年中国的白银进口有什么急剧的缩减……总之，在明朝末年，中国经济没有发生任何白银进口的突然萎缩"（1996a：440）。

而且，冯格拉汗还在理论上对明代银货危机论做了一些辩驳。他认为，更重要的不是白银流入，而是白银存量（而且，与之前一个世纪的进口相比，白银进口仅下降了4%）。此外，中国物价的下跌先于白银输入的衰减；他也讨论了银铜比价的变化和铜钱成色的下降——这在前面已经谈过了。但是，我在讨论这一问题时也对中国的通货膨胀问题提出了异议，而冯格拉汗的资料和论证也支持了我在这方面的观点。另外，他认为，当白银稀缺时，白银和黄金的比价下跌，因为白银价格会上涨。这听起来十分令人信服，但是他对黄金供给的变化没有提出任何证据，因为（正如他在私人通信中承认的）这方面还没有被人充分地研究。

但是，最有意思的也是最能给人启示的，是冯格拉汗绘制的表格，尤其是表5。他用表5展示了自己对中国白银进口的估算（参见本书第3章中的论述）。他承认这些估算是保守的。按照他的估算，1631年到1635年间为436吨，1636年到1640年间为573吨（其中496吨是从日本进口的），1641年到1645年间为249吨（其中209吨从日本进口），1646年到1655年间为186吨，此后进口量重新上升（1996a：444）。值得注意的是，与他的明确说法相反，他的数字（与莫鲁格尼和夏为忠一样，数字与论断恰好相反）显示，在明朝于1644年终结前夕和之后一段时间，白银进口量明显减少了一半以上。也就是说，冯格拉汗自己的估算也与我们前面提到的他的说法相抵触：日本的白银出口"保持着一个很高的水平"，"明朝末年中国的白银进口没有缩减"。那么，我们如何看待他（以及莫鲁格尼和夏为忠）的其他论证呢？（关于我在这方面的看法，参见1998b。）

另外，阿特韦尔还指出，当时的中国学者已经意识到这种外来白银的影响（1982：90）。而且，日本及其统治者当时也承受着类似的压力。与中国一样，气候变冷（或许又是一次小冰河时期？）引发了粮食短缺和疾病流行，而白银产量的下降造成了货币和财政的瓶颈。

实际上，在这个时期，欧亚许多地区都遭遇了气候变冷、疾病增多、人口增长停滞或地区性的负增长、贸易停顿、货币供给困难等问题。已经衰弱的明朝政府更是备受困扰。这些问题引发了经济停滞、国内的动乱和政府的财政军事困难，结果是无力抵御满族对中原王朝的入侵。1639年，日本开始限制长崎的对外贸易。虽然中国的对日贸易仍继续进行，并且实际上取代了其他国家的贸易，但是中国商人无法应付他们在马尼拉的债务，从而导致了1640年20 000名华人被屠杀。供应中国的白银急剧减少，引发了中国南方的通货紧缩和经济衰退，与此同时，恶劣的天气和严重的蝗灾、涝灾及旱灾也破坏了其他地区的农业。内外交困的政府变本加厉地征税，但是手头缺少白银和现金的南方人虚与委蛇、尽量拖欠。另外一位学者这样描述：

> 1644年初，拖欠的军饷累积起来高达几百万两银子，而从南方运来的税款仅有几万两。帝国粮仓实际上已经空虚……北京被围困时，御林军已经五个月没有关饷了……军心涣散，军纪荡然无存。（明朝）居然能维持到这个时候，不能不说是个奇迹。（魏斐德语，转引自Atwell 1988：637）

阿特韦尔指出，日本缩减白银出口，使已经减少的产量能够更多地用于国内，日本在管理对内和对外的货币体系方面比中国更成功（1986：235）。日本禁止出口白银，提升了白银的价值，再次使出口黄金变得有利可图；但是日本的白银出口也并没有停止（Ikeda 1996；参见本书第3章）。有一点阿特韦尔和另外一些学者没有讲到，但我们至少可以推测，那就是：由于日本可以获得的自产白银不断增多，因此日本统治者能够更好地管理他们的通货，抵御金融风暴，而明朝政府则在这场风暴中沉没。

明朝政府先是亡于中国北方的起义，然后又被满族征服——取而代之的清朝持续到1911年。但是，白银短缺在其中起的重大作用似乎是不可避免的——虽然莫鲁格尼、夏为忠与冯格拉汗否认这一点，但他们提供的证据却是相反的。正如阿特韦尔总结的："明朝垮台的部分原因在于它没有继续运转的资金。"（1986：229）但是，在1647年广东总督给皇帝的奏折中，甚至清初统治者也不得不承认："贸易（实际上）接近停顿……因此，很显然，澳门来人做生意，广东就繁华；不来人，广东就遭殃。"因为葡萄牙人没把白银带来（转引自Atwell 1986：233）。马尼拉与澳门之间的白银贸易在17世纪30年代为43吨，但是在1640年葡萄牙人推翻了西班牙的统治后，葡萄牙商人不再与西属马尼拉做生意（Atwell 1982：87），尽管这在一定程度上也是我们下面要分析的对白银短缺的一种反应。1636年到1640年间，对向马尼拉出口白银征收的税额减少了一半以上；自那时起，从中国开往马尼拉的船只的数量在1641年到1645年间从123艘减至83艘，在1646年到1650年间减至58艘，在1556年到1660年间只有25艘（Adshead 1988：209）。

短期的白银短缺和通货危机，不一定就与戈德斯通对17世纪40年代中国、英国和奥斯曼帝国的长期结构–人口和财政–政治危机的解释（1991a）无法协调。相反，白银短缺危机也可能对上述国家（或许还有世界其他地区）的变动产生类似的消极影响。有意思的是，亚当·斯密早在1776年就注意到了这个时期世界白银市场供给的变化：

到1630年与1640年之间或1636年前后，美洲矿山的发现所导致的银价低落似乎已告完成，而且与谷价相比，银价似乎跌到了从未有过的低点。到了现在这个世纪（指18世纪），（当白银生产重新增加时）银价多少趋于上升，这种上升的趋势或许在上个世纪末以前即已开始。（Smith 1937：192）

也就是说，亚当·斯密也注意到，当白银供给的增长快于其他商品（尤其是小麦，当时被称作"谷物"）供给的增长时，首先会引起其他物价的上涨。但是，在17世纪30年代中期，显然由于白银供给的衰退，这种通货膨胀出现了停顿，在该世纪中期之后才又卷土重来。

白银（和黄金？）的短缺似乎在俄国也有反响。俄国沙皇每隔一段时间就会下令禁止出口金银，甚至禁止金银币的出口。但是，在17世纪中期，这种禁令特别频繁，而且纳税也必须交纳金银。17世纪60年代，卢布的含银量在此前20多年间已经下降了，为了增加贵金属的供给，政府鼓励外国人携带货币到俄国，但是强行压低外国货币与俄国卢布兑换的比价（Burton 1993：60–61）。

达林对奥斯曼帝国在17世纪衰落的神话提出异议，建议使用"更中性的术语来'分散化'（和）'坚实化'"（1992）。戈德斯通把奥斯曼帝国的危机称作财政危机，但否认这种危机与贸易有关，更与外界的货币供给无关，他偶尔才提到这种货币供给的衰退。但是他没有注意到，自1580年起，由于西班牙的低廉白银和波斯钱币的强劲竞争，奥斯曼铸币被逐出了商业流通领域。奥斯曼人用西班牙白银和波斯钱币维持了经济的发展，因此在1640年以后，他们自己的铸币就完全停止使用了（Sahillioglu 1983，Brenning 1983，Chaudhuri 1978，Pamuk 1994）。财政危机成为17世纪的一种常态，某些城乡经济活动陷于停滞乃至衰退（Pamuk 1994）。但正如我们在下面将会看到的，有些活动转移到了安纳托利亚的其他地区，并没有发生普遍的经济衰退。人们很难分清在这些"国内"事件中何者为因，何者为果，但无论何种事件，都肯定是白银输入缩减——尤其是17世纪30年代的白银输入缩减——的结果。

但是，戈德斯通还对把白银与奥斯曼帝国危机和1640年的英国革命联系起来的说法提出异议，而且否认贸易是一个重要因素（1991a：367，378–379）。他把英国革命归因于三个因素。第一个因素是政府的财政困境。第二个因素是精英集团成员之间的阶级内部冲突——精英集团几乎都卷入了商业活动（1991a：80–81）。但是，与其他地区一样，英国政府在1640年也找不到足够的钱来供养军队。在这场"革命"之后，商业利益在政治上享有比以前更大的分量（Hill 1967：99，129）。另外，里奇和威尔逊则强调，1639年到1640年间乃是英国以及欧洲其他地区价格明显下跌的三个时期中的第一个时期（另外两个时期是1645年到1646年间和1657年初）。因此，他们强调："在1640年到1660年间整个欧洲的这三个连续周期……是不能用地方原因来解释的……整个经济节奏……肯定是全欧性的，甚至可能遍及世界。"（Rich and Wilson 1967：439-440）

再回到西班牙白银。从美洲运到西班牙的白银的准确数量一直是有争议的。加西亚-巴盖罗·冈萨雷斯（A. Garcia-Baquero Gonzales）重新对此做了考察，而且考虑到没有记载的白银走私（1994：119）。他得出的结论是，在17世纪前半期，美洲和西班牙之间的货运吨数下降了三分之一，白银进口量下降了三分之二。这种下降在1640年前后加剧了。

实际上，葡萄牙在1640年摆脱西班牙的统治，也是由西班牙跨大西洋的白银运输量下降引发的，这一年加泰罗尼亚的造反也可能肇始于此。（一位考古学家朋友在巴塞罗那郊区的卡斯特尔德费尔斯发掘出一个外国钱币地窖，是它的主人在1640年到1643年间埋藏的，显然是为了躲避当时的动乱。）与中国明朝政府和英国政府一样，西班牙政府也遇到了金融困难，无法维持足够的军事力量。它的岁入之所以下降，首先是因为白银产量太多而导致白银贬值，接着在17世纪30年代因美洲银矿缩减生产和输出而导致白银短缺（Flynn 1982）。当马德里的宗主权受到西边的葡萄牙人和东边的加泰隆人的威胁时，马德里优先考虑的是得到法国支持的加泰隆人的挑战，因而牺牲了在葡萄牙的统治地位。西班牙史权威J. H. 埃利奥特（J. H. Elliot）在那篇论"西班牙的衰落"的著名文章中认为，西班牙的衰落是"从1640年底开始的，当时西班牙及其国际势力明显地走向瓦解"（转引自Flynn and Giraldez 1995b：33）。

葡萄牙对果阿的"印度贸易"也在1640年达到"顶点"，并由此开始了一段"沉闷"时期（Ames 1991：17，23）。另外，葡萄牙在1642年签订了它的第一个商务条约。这是1703年《梅休因条约》的三个先例中的第一例（另外两个是1654年和1667年签订的条约），《梅休因条约》使葡萄牙在付出一些代价的情况下获得了它所希望得到的英国保护。1640年以后，葡萄牙迫使荷兰资本退出位于葡属巴西的蔗糖种植园，荷兰人只得转移到英属巴巴多斯，把那里变成蔗糖种植园（Harlow 1926，Frank 1978a，b）。1640年，荷兰东印度公司对亚洲的出口（主要是白银）也相对减少（Rich and Wilson 1967：309）。

正如我们在前面指出的，在地球另一边发生的这些事件损害了葡萄牙商人与马尼拉的跨太平洋运来的西班牙白银来源的关系，从而也对中国产生了有害的影响。但是，从另一方面看，中国的各种变化很可能先是支持了西班牙的兴起，然后又促成了它的衰落。弗林和吉拉尔德兹反复强调："关于西班牙帝国的兴起与衰落，最好是从以中国为中心的世界经济的背景来考察。"（1995a，b）其理由在于，中国对白银的需求不断扩大，先是抬高了白银的价格，从而增加了西班牙的财富，但是后来由于白银供大于求，迫使白银价格压低到西班牙人的生产成本的水平，甚至低于成本。西班牙王权遭到了沉重的打击，原因在于，运到西班牙的美洲白银越来越多，导致银价下跌，国王政府财政收入的购买力下降了。与同一时期的明朝政府一样，西班牙政府为了遏制财政收入的恶化而加强对民间经济的压榨。民间经济因此遭到了多重损害：捐税越来越重，自身收入越来越少，白银生产和流通的缩减——日益跌落的白银市场价格再也无法弥补其日益增加的生产成本。这些市场力量在1640年前后造成了白银生产的突然萎缩，动摇了西班牙经济的整个基础。

总之，在"17世纪危机"期间，亚洲长期持续的"A"阶段扩张被40年代发展到顶峰的世界通货危机打断。大规模的白银生产导致白银相对于黄金的比价下跌。白银价格的下跌和按白银计算的通货膨胀导致了利润率的急剧下降，从而导致了拉丁美洲、中欧、波斯和日本等出口产地的白银生产衰退。实际上，虽然日本在前一阶段因大量出口白银而出现经济景气，但日本最终为了对付这种危机而严格禁止白银（合法）出口。日本回应这一危机时采取的著名的"锁国"政策，也可以用这种世界体系背景来解释，即用这种全面贸易赤字的经济地位来解释。但是，正如前面已经指出的，这种"锁国"政策并没有终止贸易活动，而是调整了贸易活动——解决对外的贸易逆差，调整国内的各种利益。

　　日本以及一些欧洲国家之所以经受住了这场金融−经济风暴，可能在很大程度上应归因于它们仍然拥有白银的来源和供给，而对于不幸的明朝来说，这种来源和供给萎缩得太厉害了。但是，由于日本的"锁国"政策、葡萄牙反对西班牙的斗争、荷兰公司与英国公司的角逐、清朝征讨南明的战争等政治事件，东亚的某些贸易也出现了严重的中断。而这些政治事件也可以运用这个银本位世界因白银短缺造成的通货危机来解释。具体地说，对白银短缺造成的这种通货危机给予更多的关注，或许能够从长远的角度帮助解释日本的"政治"决策，即闭关自守，仅向荷兰人开放一个门户，因为荷兰人（与葡萄牙人不同）为日本提供了出口其他商品（不仅是白银）的可能性。实际上，中国部分地退出海上贸易的原因，也应该根据类似的金融背景来重新进行分析。但是，当经济增长和政治稳定很快恢复后，一个经过改组的世界经济就摆脱了17世纪中期的"小危机"。总体上看，正如我们在前面看到的，还有许多关于17世纪经济增长的证据。

　　目前的讨论肇始于阿谢德的建议：应该把中国的危机和1644年明朝的崩溃与白银短缺联系起来考察（1973）。但是，无论这种观点正确与否，它都无法支持声称中国也有一场"普遍的"危机的说法。中国的危机肯定不同于阿谢德所说的"1590年到1680年间欧洲经济的长期萎缩"（1973：272），更不是由后者引起的。因此，尽管阿谢德首先提出中国和欧洲都对同样的世界范围的力量做出反应的论点很值得称赞，但是我们不能赞同他的结论：中国和欧洲在17世纪"分道扬镳"（1973：278ff.）。他不仅主张有一个普遍的"17世纪危机"，而且认为，中国和欧洲做出了不同的反应，中国靠老办法而得以恢复，欧洲则是通过变革原有的制度结构而摆脱了危机。但是，正如我们在第2、3、4章中看到的，中国的制度结构也适应和促进了——至少是不阻碍——18世纪的经济增长。由于阿谢德坚持欧洲中心论的偏见，这不仅误导了他对世界通货危机的分析，使他贬低他也承认的中国经济在18世纪的恢复和增长，而且使他重复那种老调：欧洲的经济增长毕竟主要源于欧洲某些"独特的"制度。他认为，这些制度是欧洲在回应"17世纪危机"时形成的——而中国没有！这就再次把欧洲的果实说成先于亚洲和世界经济的树干。我们更不能接受的是阿谢德得出这种结论的推理过程："塞维利亚是世界范围货币体系的中心，这个体系的崩溃促成了17世纪远方的亚洲革命……越来越多的证据显示，欧洲的危机实际上产生了世界范围的反响。"（1973：272）错了，塞维利亚不是任何世界体系的中心。尽管白银在那里进进出出，但依然处于边缘的欧洲不可能产生这种世界范围的深远反响。无论金钱可能产生什么反响（而且我们认为它确实产生了多方面的深远反响），但是任何欧洲中心论的眼光都会阻碍和误导对这些世界范围反响的分析和解释！

这正是以往大多数人对这一时期进行分析时的重大局限，因为这些分析（包括我自己的分析在内）完全是以欧洲为中心的。有些分析（包括我自己的分析，参见1978a）试图用以五六十年为一个周期的康德拉捷夫长周期及其长达二三十年的危机论来分析17世纪。但是，康德拉捷夫周期完全是建立在欧洲经济（至多是大西洋经济）的基础上的。正如前面指出的，我发现，在这个时期，例如印度和拉丁美洲（更不用说尼德兰了）正处于一个明显的经济扩张时期。这种情况被解释为（或者说被错误地解释为），当中心或核心地区的猫走开或忙于应付自身的康德拉捷夫周期性危机时，依附地区的老鼠就玩得更痛快。我的《低度发展的发展》（1966）一文和《资本主义与拉丁美洲的低度发展》（1967）一书就是这样解释的。然而，我现在的观点与当年不同，也与沃勒斯坦至今坚持的观点不同。我认为，欧洲和（或）大西洋经济不是世界经济的中心或核心，这至少部分地否定了以前的分析。当然，即使正如我们前面看到的，不存在普遍性的"（整个）17世纪的危机"；但是，我们还是可以而且最好把17世纪中期这个时期理解为一种世界经济的康德拉捷夫的"B"阶段危机的体现，而且这种危机也呈现为通货危机的形式。

（4）康德拉捷夫分析

在我以前论述从1492年到1789年这段时期的那部著作（1978a）中，虽然我当时是从以欧洲为中心的世界资本主义经济的角度考虑问题的，但我已经试图从17世纪或更早的时候开始确定康德拉捷夫周期。从那时起，沃勒斯坦也逐渐地从康德拉捷夫"长"周期的角度，来论述他所谓的以欧洲为中心的"现代世界体系"的兴起和发展。他在第1卷（1974）起步时还有些犹豫不定，从1450年到1640年间普遍扩张的"延长的16世纪"的角度来描述欧洲的世界经济的起源。在第2卷（1980）分析1600年到1750年间的（现代世界体系的）"巩固"时期和第3卷（1989）分析1730年到1840年间的"第二个大扩张时代"时，他越来越多地运用比较短的康德拉捷夫长周期。乔舒亚·戈德斯坦也是用康德拉捷夫"长"周期来研究重大战争的发生时间的（1988）。他的研究利用了布罗代尔（1992）和我（1978a）对前几个世纪的研究成果，并追溯到16世纪。

更近的情况是，莫德尔斯基和汤普森把世界范围的康德拉捷夫分析推至更远的时间，试图从公元930年开始确定大约50年一循环的周期

（1996）。这就使我们现在这个阶段成为第19个康德拉捷夫周期，而不是第5个周期（康德拉捷夫的大多数追随者的看法），也不是大约第11个或第12个周期（Frank 1978a，Goldstein 1988）。莫德尔斯基和汤普森在930年到1250年间的宋代中国发现了连续4个康德拉捷夫周期。但是从那以后，他们认为，康德拉捷夫波动的技术创新动力和世界经济中心转移到了西欧（我认为这正是他们研究的主要局限所在）。在他们看来，推动他们所谓的19次康德拉捷夫周期的"技术创新"的发源地，从1190年以后的第5个康德拉捷夫周期开始从中国转移到欧洲："继宋代中国之后，变革的领导权转移到热那亚和威尼斯，然后又向西转移到葡萄牙，最后转移到全球体系的主导国家。"（1996；原未刊稿1994：225，表7-2，表8-3）

　　但是，根据前面所展示的许多证据，世界经济及其领导中心（如果有这种领导中心的话）至少到1800年为止都始终在亚洲。这种明显的矛盾至少可以通过考察莫德尔斯基和汤普森所确认的技术创新部门来解决。最初的4个康德拉捷夫周期是从印刷术和造纸术开始的，这些技术创新都发生在中国。从他们所谓的始于1190年的第5个康德拉捷夫周期起，技术创新都发生在欧洲。但是，让我们来看看这些欧洲的技术创新的实际情况。始于1190年的第5个康德拉捷夫周期的创新是香槟市场。然后，直到第12个康德拉捷夫周期结束的16世纪80年代，技术创新先后是黑海贸易、威尼斯大帆船舰队、胡椒、几内亚黄金、印度香料、波罗的海–大西洋贸易。在17世纪，第13个和第14个康德拉捷夫周期的中心分别是"美洲–亚洲贸易（种植园）和美洲–亚洲贸易"。最后，直到1740年以后才轮到棉花和铁（但是似乎早了一点，因为英国的棉纺织技术发明是从18世纪60年代才开始的）。19世纪的创新是蒸汽的利用、铁路以及钢、化学和电气。20世纪的创新是汽车、宇航、电子技术以及信息产业。

无论如何，从第6个康德拉捷夫周期（1250年）到第14个康德拉捷夫周期（1688—1740年），除了两个例外，其他所有创新都与亚洲贸易有关：黑海贸易、威尼斯大帆船、胡椒、香料，尤其是"亚洲贸易"。两个例外是几内亚的黄金（也是用于支持亚洲贸易的）和波罗的海-大西洋贸易。另外，在始于1740年（虽然太早了点）的第15个康德拉捷夫周期之前，这些创新没有一项发生在工业和制造业部门。看来，莫德尔斯基和汤普森在辨认世界经济的欧洲"中心"发生的"创新"时，也不免犯"张冠李戴"的错误。因为这些创新不过是欧洲人争取从亚洲的真正经济活动中心谋取好处的漫长努力的反映。莫德尔斯基和汤普森承认，从第5个到第9个康德拉捷夫周期，"在另外两三个世纪里，包括哥伦布时代在内……中国市场仍然是世界贸易的磁石"（1996；原未刊稿1994：217）。

在正式的文本中，莫德尔斯基和汤普森讲得更明确——但也更自相矛盾：

从15世纪末开始的历次康德拉捷夫波动之间的共同点，是那种努力发现从欧洲到亚洲的新路线的尝试……中世纪欧洲乃是一个从英国到中国的更大的经济体系中的区域性亚体系……但是，我们认为，这4个康德拉捷夫波动（从第5个到第8个）是以意大利城邦（尤其是热那亚和威尼斯）的贸易活动为中心的，从而维持了从宋代中国的最初冲动到欧洲各国在全球大扩张之间的康德拉捷夫波动链条的连续性……但是，经过这些地点的转移，欧洲亚体系的主导贸易部门的最终焦点是调整亚洲高价值商品向欧洲的流动。（Modelski and Thompson 1996：177，191）

说得不错，但是他们至少把中国和亚洲其他磁石具有巨大吸引力的时间减少了三个世纪，而且否定了它们后来依然保持的对欧洲的吸引力。他们自己也指出："葡萄牙通往印度的路线，乃是嫁接在传统的长途贸易网络上的"，"因为亚洲贸易是整个荷兰网络的关键部分"，而且长期以来也是整个欧洲贸易网络的关键部分（1996；原未刊稿1994：154，113）。也许就像他们所说的那样："世界强国在其处于学习阶段时，就造成了大多数根本性的经济创新。"（1996；原未刊稿1994：97）就此而言，欧洲人在学习上是很吃力的，因为，至少在欧洲人抵达亚洲后的三个世纪里，世界上的经济和政治强国还是在亚洲！因此，既然莫德尔斯基和汤普森提出"世界"经济的康德拉捷夫波动的关键是"主导部门"和"创新"的情况，那么更多地看看亚洲在这些"主导部门"和"创新"中的情况，可能会对人们有所裨益。说到底，正如第4章中已经论证的，所谓的18世纪末之前欧洲技术的"领先地位"，主要是19世纪和20世纪欧洲中心论的神话的产物。

梅茨勒也扩展了对康德拉捷夫周期的横向空间搜索（1994）。他认为，日本和（更明显的）中国都经历了50年一循环的康德拉捷夫波动，其时间至少与以欧洲和美洲为基础的"典型的"康德拉捷夫波动一致。他提示，它们可能有一种体系上的联系，或者用弗莱彻的话来说，在整个世界经济中有横向联系。这种提示足以促使人们进行远比现在更深入的研究。根据我们前面对17世纪40年代的通货危机和可能存在的康德拉捷夫危机的论证，尤其能肯定这一点。对于其他陷入通货、经济和政治困境的时期，例如从1688年到1690年（这一时期的困境可能促成了印度西海岸的苏拉特和东海岸的默苏利珀德姆的衰落）以及1720年以后这两段时期，都可以从康德拉捷夫周期和通货的角度来进行类似的研究。

（5）1762—1790年康德拉捷夫"B"阶段：危机和衰退

1762年到1790年间是另一个可以通过康德拉捷夫周期来分析的下降的"B"阶段。在这一时期，法国、尼德兰、圣多米尼克–海地、英属北美殖民地（后来的美利坚合众国）、印度以及其他地区发生了重大的政治剧变，被称为"工业革命"的技术变革也发端于此时。我（1978a）和沃勒斯坦（1989）曾经从欧洲和大西洋的"世界"经济的角度对这个时期做过分析，这里再把它放在另外一种世界经济的脉络中重新加以考察。

　　虽然我在1978年进行分析时，将传统的康德拉捷夫周期的起点仅追溯到1790年，但是我认为，这种周期早就开始了。我把1762年到1790年间作为康德拉捷夫周期的"B"下降阶段，并进行了考察（1978a）。近年来，我把自己原来对这个时期所做的研究（1994，1995）与布罗代尔的研究（1992）做了比较。布罗代尔一方面宣称："（欧洲的）世界-经济是最大限度的共振平面……这种世界-经济千方百计地在一个广大的范围造成统一的价格，就像动脉系统把血液分配到整个肌体一样。"（1992：83）但是，另一方面他又指出："以欧洲为中心的世界-经济的影响，应该很快就超出了任何被认为是最大限度的界限。"由此，他陷入了困惑："真正令人惊异的是，欧洲局势的韵律超越了它们本身的世界-经济的严格界限。"（1992：76）

　　当然，我们是在探讨一个世界经济里的世界经济周期。关于布罗代尔和沃勒斯坦的"世界-经济"（带连字符的）与吉尔斯和我的"世界经济"（不带连字符的）之间的区别，请参见我（1995）以及我和吉尔斯（1993）的著作（其中也收录了沃勒斯坦的一篇答复）。布罗代尔的著作中提供了相关的证据，虽然他本人并不承认这一点。布罗代尔复制了一幅关于1742年到1785年间俄国出口贸易及其贸易收支的逐年波动曲线图（1992：76）。他指出，"可能是购买军火造成的结果，在1772年和1782年出现了两次短暂的（贸易）盈余下降"（1992：463），但是他没有做出任何评论。实际上，这幅曲线图还显示，在1762年到1763年间有一次大幅下降，而且这三次下降都与俄国出口大幅下降的曲线一致，而不一定都与进口军火相关。

　　不过，这三次短暂下降也都发生在三个世界经济衰退的年份。布罗代尔在另外论述阿姆斯特丹情况的一章中，对这三次世界经济衰退做了一些讨论（1992：267–273）。但是，他没有把世界经济衰退与俄国同时发生的上述情况联系起来。布罗代尔在另外一章中复制了一幅1745年到1776年间英国与北美殖民地的贸易收支曲线图。图中显示，同样在1760年到1763年间和1772年到1773年间，英国的进口大幅下降，出口也有下降（这幅曲线图没有延伸到80年代）。而布罗代尔既没有寻找这两条曲线之间的联系，也没有寻找其中任何一条曲线（更不用说两条曲线）与它们所体现的世界经济衰退之间的联系。从他对这些经济衰退的评论看，他的这种遗漏就显得更奇怪了。关于第一次经济衰退，他写道："由于通货短缺，危机蔓延开来，造成大量的破产；危机不仅出现在阿姆斯特丹，而且蔓延到柏林、汉堡、阿尔托纳、不来梅、莱比锡和斯德哥尔摩，在伦敦也造成了严重的后果。"（1992：269）谈到第二次衰退时，布罗代尔指出，1771年到1772年间欧洲各地农业普遍严重歉收，挪威和德国出现饥荒。他还指出：

　　这次严重的危机很可能因同样发生在1771年到1772年间的印度大饥荒的后果而变得更加严重，使东印度公司的运转陷入混乱。那么，这次严重的危机的原因何在？毫无疑问，上述各种因素都起了作用，但是信用危机周期性发作不是一个实际原因吗？……当时的人们总是把这种危机与某些重大破产事件联系起来。（Braudel 1992：268）

　　最后，在论述北美殖民地的一章里，布罗代尔谈到：

　　1774年12月16日的波士顿倾茶事件，当时一些反抗者化装成印第安人，登上停靠在波士顿港口的3艘东印度公司货船，把船上的货物扔到大海

里。这个事件虽小，却标志着殖民地——未来的美利坚合众国——与英国决裂的开端。(Braudel 1992：419)

　　然而，布罗代尔还是没有把美洲发生在同一些年份的事件与他所分析的世界其他地区的事件联系起来。一位对"格局"特别敏感的世界史学者为什么会是这样，甚至根本不去寻找其中的联系？沃勒斯坦至少还提到，在七年战争结束后的1763年出现了一次"战后衰退"，而且大段论述了在经历了与美国革命相关的战争后于18世纪80年代出现的"战后贸易萧条"（1979：198，228）。但是，沃勒斯坦也没有提到在这二者之间于18世纪70年代发生的衰退，而正是这一次衰退引发了美国革命。

　　然而，如果我们按照弗莱彻的建议去分析，我们就会看到，所有这些事件和其他一些事件都通过一系列世界经济体系的商业循环而相互联系，都处于我在20年前考察过的那个康德拉捷夫长周期的危机阶段（1978a）。概括地说，1763年结束七年战争的《巴黎和约》，就是在始于1761年的衰退和长期下降趋势的影响下签订的。从1764年起，英国的《食糖条例》《驻营条例》《印花税条例》和《汤森条例》也都是在这种情况下发布的，这些法令和条例引起了北美殖民地居民的极大不满；更严重的措施是禁止发行债券和纸币，从而使殖民地的通货膨胀形势和债务人的困境变得更加严峻。但是，北美殖民地轻而易举地解决了这些问题，尤其是周期性的复苏继之而来——直到1773年开始了又一轮的衰退。另外，1770年到1771年间的孟加拉大饥荒，也使英国东印度公司找到了一个大发横财的机会。它请求国会给予救济，结果获得了1773年的《茶叶条例》，取得了向美洲市场倾销茶叶的授权。北美人则用布罗代尔提到的方式把这些茶叶倒进大海。英国在1774年用《魁北克法案》和《不可容忍法令》进行报复，从而使经济冲突迅速演化为政治压迫。这反而激发了北美人民对1775年4月19日莱克星顿和康科德"响彻世界的枪声"与1776年《独立宣言》的支持。

18世纪80年代的衰退造成了英国和俄国贸易收支的变化——布罗代尔指出了这种变化，但在一定程度上做出了错误的诊断。这场衰退甚至在法国和新建立的美国产生了更重要的反响——点燃了1789年的法国革命和导致了美国新宪法的诞生。在邦联制的美国，18世纪80年代初的衰退以及1785年到1786年间更严重的经济滑坡引发了大规模的民众政治运动，例如1786年的谢司起义；两次经济危机激发了人们对联邦主义者的支持和对《邦联条例》的否定，由此才使1787年美国宪法取代了《邦联条例》（Frank 1978a：206-208）。在大西洋的另一端，这场衰退致使尼德兰在18世纪80年代中期发生了巴达维亚革命——这场革命"一直没有受到足够的重视，其实这是欧洲大陆的第一场革命，是法国革命的先声"（Braudel 1992：275）。这场衰退也引发了法国革命（Frank 1978a）。

另外，18世纪的最后30余年也是印度"衰落"加速的时期。18世纪60年代，在奥斯曼帝国的经济中也出现了急剧下降的曲线，似乎与大西洋各地经济的康德拉捷夫危机阶段有联系；中国的经济也在这段时间开始衰落。我们将在第6章中对这些情况做详细的考察。

（6）一种更广阔的横向整合的宏观历史？

弗莱彻建议，我们"首先需要寻找历史平行现象（世界上各个不同社会里大体同时发生的类似发展现象），然后判断它们相互之间是否有因果联系"（1985）。如果我们遵循这种建议去做，就会发现，世界历史上所有横向同时发生的事件都不是如乔杜里所猜想的那种巧合，而是如弗莱彻提示的那样，是一种"整合的横向历史"中的"相互联系的历史现象"。弗雷德里克·特加特（Frederick Teggart）早在《罗马和中国：

历史事件相关联系研究》（1939）中就提出了这种研究方法并付诸实践。他的这部著作显示，研究整合的世界历史是可行的（而且，特加特、吉尔斯和我都认为是必要的），不仅对于近现代史，而且对于古代史甚至史前史都是可行的。例如，我和吉尔斯就考察了从公元1700年追溯到公元前1700年非洲-欧亚范围的长周期（1992；1993），我在《青铜时代的世界体系周期》一文中还追溯到了公元前3000年（1993a）。

　　这种更长远的历史视角也使我们能够对不同历史时期进行比较，这些比较使我们有可能确定横向整合历史的各种可能的模式。这些模式可能反映出体系的"特征"，如世界经济体系的空间的和部分之间的不平等的结构、时间上不平衡的进程与发展。沃勒斯坦（1974）和我（1978a，b）以及其他一些人阐释了过去500年间"现代世界体系"的"经济"特征，莫德尔斯基和汤普森（1992）则阐释了其"政治"特征。我和吉尔斯把对这些外表特征相同的研究扩展为对"五千年世界经济体系"的研究（1993），莫德尔斯基和汤普森（1993）以及蔡斯-邓恩和霍尔（1997）则做了更深入的探讨。

　　上述研究的一个焦点是体系中导致"世界体系中的霸权转移"（吉尔斯的说法）的那些结构方面的和时间方面的（可能是周期性的）特征。我和吉尔斯不是单纯从蒙古历史的角度，而是从横向整合历史的角度，探讨了成吉思汗领导的蒙古人在13世纪的兴衰对于世界体系的意义（1992，1993）。从这种比较的视角看，如果按照艾伯特·伯格森的建议（1996年的私人通信），用蒙古人的命运来类比"西方的兴起"，或许能够给人以启示。

　　从结构角度看，蒙古人与欧洲人的相似之处在于，他们都处于（半）边缘或（半）边陲地区，都向往并且侵入了"核心"地区与"核心"经济体——后者主要是东亚，其次是西亚。实际上，中国是引力的中心，也是这两个被蔡斯-邓恩和霍尔称作"边疆国家"（1977）的势力觊觎的首要目标。中国也往往是世界体系范围创新的发源地。蒙古人不仅先后侵犯中国和西亚，而且先后在中国和西亚建立了元朝和其他蒙古汗国。吸引欧洲人的磁石也始终是中国，这是哥伦布和麦哲伦向西跨越大西洋所要抵达的目标。他们的后继者在多少个世代里沉溺于开辟从北大西洋和加拿大北部抵达中国的"西北通道"的梦想（直到核潜艇与原子能破冰船出现后，这条通道才"打开"），同时沉溺于开辟从欧洲经北冰洋到中国的东北通道的梦想。欧洲人最终设法在中国海的某些通商口岸撬开了一个半殖民地的"门户"，并在沿路的西亚和南亚的许多地区建立了殖民统治。与先前的蒙古人一样，欧洲人也连带地侵犯日本和东南亚。蒙古人的海上进攻声势浩大，但没有成功。欧洲人的海上入侵规模甚小，却更为成功（虽然在日本仅仅触动了边缘）。

从我和吉尔斯对世界体系范围的长时段周期的角度看，值得重视的是，蒙古人和欧洲人都是在亚洲这些原来的经济"核心"处于长期的经济衰落的"B"阶段时，从边缘侵入东亚和西亚，并取得了（相对的和暂时的）成功。我和吉尔斯认为，蒙古人入侵最初取得的成功，至少在一定程度上应归因于东亚和西亚被侵略地区政治和经济状况的恶化，这些地区的经济早在蒙古人到来之前就呈现出衰落景象（1992，1993）——例如巴格达在1258年被蒙古人攻占之前的情况（Frank 1992）。

此外，我和吉尔斯认为，蒙古人的"太平盛世"虽然改善了贸易环境，但毕竟是"昙花一现"（1992）。我们认为，根本原因在于，这种基本的恶劣经济条件使蒙古人的庞大帝国不可能持久存在，而最终变成地区性碎片。有人认为，蒙古人因部族内讧而在政治上虚弱无力，使他们不可能在马背上治理天下。我们认为，那种经济条件比贸易保障或所谓蒙古人在政治上的虚弱无力更重要（顺带地说，蒙古人从来也没有想在马背上治理天下）。迄今为止，在亚洲处于又一个下降的"B"阶段时，欧洲和西方的冒险和入侵活动要成功得多，这应该归因于它们（同时在世界范围内）进入工业化的新经济阶段，但是它们也很快呈现出地区特征。正如我们在下一章中将要论述的，这种工业化的创新对世界经济体系中的地位和周期的意义要么没有得到全面的估量，要么被人们错误地理解了。此外，从长远的历史视角看，从1800年算起到现在毕竟不到两个世纪，关于这种西方的"创新"活动及其世界经济后果的最终证据还没有水落石出！

　　总之，尽管历史拼图中的每一片看上去都可能是绚丽多彩的，但是只有把它们放在整合的宏观历史中的适当位置上，才能更充分地鉴赏它们。正如弗莱彻指出的，如果不这样做，我们就无法充分理解各个社会或事件的"特殊性"的含义。如果我们想理解为什么东方"衰落"而西方"兴起"，就必须这样做。当然，说起来容易做起来难。下一章就是"做"的一个初步尝试。我们将会看到，无论把"西方的兴起"与蒙古人的兴起加以比较是否有所裨益，我们都必须从世界体系的角度来考察"西方的兴起"。这种比较确实会提示我们，一个原先的边缘地区能够利用亚洲"核心"的政治经济衰落的（暂时的？）时机而再次兴起。

第 **6** 章

西方为什么能够（暂时地）胜出？

　　面对世界历史，也就意味着面对一些有关人类命运的终极问题……我们应该把历史尤其是世界历史看作对一种未来希望的反映……逃避全球视野的挑战，也就是不敢面对历史学家的中心任务——译解历史的意义。在一个危机时代中拒绝世界历史，也就是拒绝承担历史学家的根本责任——用一种有意义的和有益的方式，让社会反思自己的过去……世界历史已经变成一项追求世界统一性的事业。

　　　　　　保罗·科斯特洛（1964：213，8-9，215）

这一章考察的问题是，为什么西方能够（暂时地）胜出。在这一章里将提供两个答案，并对这两个答案之间的关系进行探讨。一个答案是，亚洲人变得衰弱了，另一个答案是，欧洲人变得强大了。这听起来好像是陈词滥调，但是我们还要进一步考虑：是什么使亚洲人变得虚弱，是什么使欧洲人变得强大，是什么把这两个过程联系在一起。另外，这个问题和答案本身也不是什么陈词滥调，因为其他各种"解释"实际上都基于某种假设或论断：亚洲原来是而且被认为始终是"传统的"（社会）。这些"解释"还宣称，欧洲先是凭借自身力量使自身"现代化"，从而脱颖而出，然后又慷慨地把这种"现代化"送给亚洲和其他地区。由于西方的这种"示范作用"，有些地区自愿地接受了这种"文明"和"进步"的赠予。另外一些地区则不得不接受殖民主义和帝国主义强加的这种礼物。据说，其他的亚洲人，更不用说非洲人、拉丁美洲人甚至某些欧洲人（以及少数北美洲人）因浸润于他们的传统而衰弱。

前面几章的论证已经显示：亚洲人并不比欧洲人更"传统"，实际上远不如欧洲人那么"传统"。而且，正如我们下面要论证的，欧洲人自身没有任何创造，更谈不上靠自身力量搞"现代化"了。这种观点从根本上推翻了19世纪以来的历史学和社会科学，也推翻了鼓吹"东方是东方，西方是西方，两者永不相遇"①的人文科学。它们实际上发生了交汇，但根本不是以欧洲中心论所谓的方式。问题是为什么会发生这种交汇？

我在前面几章里试图逐渐搭起一个脚手架，目的就是基于整个世界经济的结构和运动来建构一个初步的答案。第2章勾画了全球经济的生产和贸易轮廓以及地区间联系。第3章考察了金钱是如何在世界流通体系中运行并刺激世界旋转的。第4章考察了随之产生的世界人口和经济总量、技术性质和制度机制，并且考察了亚洲几个地区是如何维持甚至加强了它们在全球

---

① 这句诗出自英国诗人吉卜林（J. R. Kipling）于1900年发表的《东西方之歌》。

的优势。第5章提出了一种全球宏观历史分析的方法，借助这种方法我们就会发现，世界各地的各种事件和进程往往与共同的经济周期相关联。

这一章将要探讨1400年到1800年间亚洲在世界经济中的优势，在19世纪和20世纪是否以及如何转变为自身的劣势和西方的优势。这种转换的发生也许是由某些世界经济联系和某种机制造成的，至少是由它们创造了条件。第5章对这些联系和机制做了探讨：自1400年开始的长期扩张周期（或者说"A"阶段）似乎持续到了18世纪，但是从那以后转入衰落的"B"阶段，至少对于亚洲来说是这种情况。世界经济的周期（尤其是世界经济的危机）既产生了危险，又造成了机遇——正如中文里"危机"这个词的含义。但是，因为各个经济部门和地区在整个世界经济中的位置和角色不同，它们在危机时的情况也不同。由此，我们可以根据前几章得出的结论和建构的脚手架来探讨"东方的衰落和西方的兴起"的原因与后果了。这一章分成4节：（1）是否有一种长达几个世纪的世界经济"滑行"周期（在亚洲，该周期的扩张的"A"阶段转入收缩的"B"阶段）？（2）亚洲的"衰落"是什么时候以及如何表现出来的？（3）欧洲和西方是如何"兴起"的？（4）这种衰落和兴起是如何通过全球与地区的人口、经济和生态运动而在世界经济的结构中联系起来的？

是否有一个长周期的滑行轨道？

§

我们在第5章中看到，普遍的"17世纪危机"是不存在的，自1400年起从亚洲开始的长期全球经济扩张，至少持续到18世纪中期。这个结论使我们可以按照我和吉尔斯提出的500年长周期而进入近代早期。写作本书的最初动力之一，就是要探讨这样一个问题：如果承认早在1500年以前就存在着一个具有"A/B"交替阶段的长周期的古老世界体系（1993），那么这对于沃勒斯坦的1500年以后的"现代世界体系"意味着什么？在这些周期中，每一个扩张的"A"阶段之后都会出现一个收缩的"B"阶段，每个阶段都持续2～3个世纪。我们经过追溯、辨认和确定后发现，自公元前1700年以来，非洲–欧亚大部分地区共同经历着这种周期性演变（Gills and Frank 1992；Frank and Gills 1993），后来又把这一时间向前推到公元前3000年（Frank 1993a）。这样就出现了一个问题：这些长周期是否持续到近代早期？如果确实如此，那么会产生什么后果？

　　在此，我们不想回顾这些长周期的整个历史，但是需要指出，从1000年至1050年到1250年至1300年是一个新的重要扩张时期。在此期间，宋代中国在重要技术、生产、商业发展方面和总的经济发展方面尤为突出。麦克尼尔认为，中国是当时世界上最重要的"中心"（1983）。莫德尔斯基和汤普森把他们考察的从公元930年开始的大约50年一循环的康德拉捷夫周期的最初4个周期都放在中国（1996）。沃勒斯坦也指出："在各种有关中世纪晚期和近代早期的论著中，已经清晰地论述并广泛地接受了扩张与收缩的模式……例如，1050年到1250年间是欧洲扩张时期（十字军、殖民运动）……1250年到1450年间的'危机'或大收缩也包括了黑死病。"（1992：586-588）阿布–卢格霍德认为，这个最后阶段的第一个百年，即1250年到1350年间，是第一个扩张时期，自1300年起则是收缩时期（1989）。她的这个结论是基于她对整个非洲–欧亚地区的"13世纪世界体系"的分析而得出的。我和吉尔斯则考察了整个非洲–欧亚世界经济体系中直到1250年前后的扩张的"A"阶段和直到1450年前后的收缩的"B"阶段（1992，1993）。

　　我和吉尔斯把1450年前后定为一个新的"A"阶段的开端（1992），

这或许很接近沃勒斯坦对欧洲的世界–经济的分析（1974）。拉维·帕拉特（Ravi Palat）和沃勒斯坦把1400年定为印度一次大扩张的开端（1990），而当时我们对此没有给予足够的重视。现在再来回顾世界经济，这次扩张确实是从1400年开始的，但不仅在印度如此，在东南亚也是如此，很可能在中国也是如此。

在世界经济边缘的西端，威尼斯人和热那亚人在黑海和东地中海的活动，以及热那亚人通过地中海向西进入大西洋的扩张活动，都是这次世界经济扩张的次要组成部分。西班牙在伊比利亚半岛的"收复失地运动"以及伊比利亚人深入大西洋的创举也都是如此。他们先是抵达亚速尔群岛、马德拉群岛和加那利群岛，接着又沿西非海岸绕行。伊比利亚人的这次扩张又为寻找和发现一条通往金银遍地的东亚的航路奠定了基础。伊比利亚人沿着两条路线航行，一条是向西的环球航行路线，穿越大西洋，然后或者经由霍恩角和巴拿马，或者经由墨西哥，再跨越太平洋；另一条路线是向东沿非洲海岸绕过好望角到达东方。后一条路线不仅比较短，而且能够更快、更多地分沾印度洋和中国南海沿岸地区的财富。直到发现了美洲的金银财富之后，向西航行才变得有利可图。这一发现使欧洲人第一次真正有机会在亚洲支配的全球赌场中下赌注。另外，首先（和主要）是亚洲经济从1400年起再次扩大了商业活动和实现了繁荣。

问题是，上述的长周期中的这个扩张的"A"阶段持续到什么时候？当我们把这种周期运动追溯到公元前1700年时，我们实际上停在了1450年，"暂时接受"了其他学者描述的自那时开始的周期运动的"基本轮廓"（Gills and Frank 1992；Frank and Gills 1993：180）。

安德鲁·博斯沃思（Andrew Bosworth）在根据城市发展资料修改自己过去对这个周期及其阶段的起讫时间的研究结论时写道："吉尔斯和弗兰克似乎过早地听到了长时段周期的丧钟……转而投身于较短的康德拉捷夫波动（如果这确实是他们的立场）。这两个现象……并不一定是互不相容的。"（1995：224）的确，那实际上可能是我们的实用立场，但在理论上，我们也考虑到这两种周期在原则上是互相包容的。这实际上就是前面第5章讨论"通货分析与1640年的危机"时的主旨，尽管我还没有论述在一个长周期阶段里如何包容若干个康德拉捷夫周期（参见本书第5章中对莫德尔斯基和汤普森的观点的评述）。

　　但是，更值得考察的问题是，这个（可能的）"A"阶段持续了多长时间。回答是，至少持续到1750年。博斯沃思也根据他的城市发展资料提出了类似的问题，得出的结论是，这些资料也"肯定"了有一个较长的"A"阶段的观点：由于有一个16世纪的下降曲线，对于世界上全部25个最大城市来说，长周期并不完全适用；但是，"东亚的相对城市等级（反映了25个大城市中东亚最大城市的发展）直到1650年前后一直很高，在那以后，它才与欧洲–大西洋城市体系的发展速度同步。这种'蹒跚'状态持续了一个多世纪"（1995：221–222）。在他的表8–4中，东亚和欧洲–大西洋城市的相对城市等级曲线直到1825年才相交，此时亚洲的经济政治力量都已经式微了。1850年，伦敦取代北京，成为世界上最大的城市。正如第4章中已经指出的，罗兹·墨菲也把东方衰落与西方兴起的交叉点定在1815年前后（1977）。

　　因此，这再次表明，这个（迄今最后一个）世界经济长周期的扩张阶段——至少在亚洲——持续了三个多世纪之久，即从15世纪开始，贯穿整个17世纪，至少持续到18世纪前半期，甚至到18世纪末。前面考察的17世纪的证据，也支持这种始于1400年到1450年间，贯穿整个17世纪，至少持续到18世纪初的"延长的16世纪"的扩张的概念。另外，正如第4章中已经指出的，生产的大扩张和人口的增长主要发生在亚洲，而欧洲在很晚近的时候才赶上来。两地的经济扩张都是由于欧洲人带来美洲金钱而刺激起来的。从世界历史的现实与发展的角度看，正是（完全是）因为有了美洲金钱，欧洲人才扩大了对世界经济中这种以亚洲为主的生产扩张的参与。另外，我们必须得出结论：当时世界经济中最强大、最活跃的部分一直在中国和印度。

因此，我认为，这两个以及亚洲其他重要经济体曾经具有而且继续具有一种长周期的经济增长模式，这种增长在达到其扩张的"A"阶段的最高转折点后，转入收缩的"B"阶段。另外，这些亚洲经济体之间当然是相互关联的。因此，一旦扩张或收缩发生时，它们几乎同时经历这种扩张和收缩的阶段，这不可能是"巧合"，对此也无须惊讶。但是，这些亚洲经济体不仅相互关联，而且都是统一的全球经济的组成部分。可以推测，这个统一的全球经济具有自身的长期发展周期。这里要论证的是，在1750年到1800年间，尤其对于亚洲最核心的经济体来说，自大约1400年开始的这种长周期的上升"A"阶段达到了最高转折点，转向继之而来的长时间的"B"阶段。另外，正如我在以前（1978a）和第5章中所证明的，从1762年到1790年是较短的康德拉捷夫长周期的一个"B"阶段。

长期扩张的"A"阶段在18世纪晚期的亚洲走到尽头，随后是（周期性的？）衰落。这使当时尚处于边缘的西方第一次真正有机会改善自己在世界经济体系中的相对和绝对地位。直到那时，西方才能进一步进入一个（暂时的？）主宰时期。我们现在有一个可以类比的局势：目前的世界经济危机使同样处于世界经济边缘的所谓"新工业化经济体"得以兴起。我们会发现，与这些东亚"新工业化经济体"一样，欧洲当时先是实行"进口替代"（当时是在"主导"工业，即原先依赖亚洲进口的纺织品制造业），然后也逐渐实行"出口拉动"——先是面向西非和美洲相对受保护的市场，然后面向整个世界市场。

历史上也有相似的情况。正如蔡斯-邓恩和霍尔所说的，有些（并非所有的）处于边缘或边陲的"边疆国家"对处于"核心"的经济体、社会或政治体（或帝国）发起了革故鼎新的挑战（1997）。有些（半）边陲的经济体在世界经济体系的中心发生危机时抓住机会（同时避开危险）而获得好处（Gills and Frank 1992；Frank and Gills 1993）。特别需要强调的是，可以毫不夸大地说，这种地位变化（正如抢座位游戏一样）每一次都主要取决于在体系中心发生并波及整个体系的比较突然的危机，而不是主要取决于原先的（半）边陲地区或其新兴的"领先"部门的长期"准备"或可预见的"兴起"。

因此，我们就需要进一步探讨在18世纪晚期，是否从亚洲开始了世界政治经济衰落的"B"阶段，从而有利于原先位置相对边缘的、此时迅速上升的欧洲人。以前我们已经确认的世界体系周期（Gills and Frank 1992；Frank and Gills 1993）暗含的意思是，众多大国——奥斯曼帝国、莫卧儿帝国、萨法维帝国、清帝国和哈布斯堡帝国——同时"没落"，应该伴随着一场世界体系危机和一个"B"阶段。在这一章结束时，我们将对这个长周期（其"B"阶段似乎是18世纪末在亚洲开始的）的历史连续性进行一点反思。对相关理论问题的探讨将放在第7章。

我们还应该提出一些重要的历史问题：亚洲的政治经济衰落究竟是从什么时候（准确的时间）开始的？原因何在？这些衰落过程是不是一个长周期的"B"阶段的组成部分？这些相互关联的问题也涉及更深远的理论和意识形态问题：这些东方国家的衰落是由"西方的兴起"引起的，还是仅仅因此而加速？

东方的衰落先于西方的兴起

§

这个标题出自阿布-卢格霍德的大作《在欧洲霸权之前》（1989）。

遗憾的是，她的回溯局限于1350年以前。我们看到，"东方"经历了更长的时间才"衰落"，"西方"在很晚近的时候才真正"兴起"。我们对亚洲各经济体以及奥斯曼帝国、萨法维帝国、莫卧儿帝国和清帝国衰落的原因知之甚少。实际上，对于亚洲18世纪的讨论一直是含糊不清、众说纷纭的：

在很长一段时间里，在有关印度尼西亚、印度以及阿拉伯国家的历史著述中，18世纪一直被视为衰落时期。英国人把这种衰落当作（大英）帝国的辩护理由；荷兰人在这个时期看到的是尊贵的（东印度）公司的没落；阿拉伯人仅仅把这个时期当作他们的现代时期的背景。近年来，这种衰落说受到了研究各个重要地区的历史学家的批评……（有些人警告说）不应简单地把政治分裂当作衰败的证据……（但是）就经济的大部分特征而言，现有的少量证据更多地显示出（经济发展的）连续性，而不是急剧的变化。（Das Gupta and Pearson 1987：132-133）

但是，我们应该遵照弗莱彻的劝告，在体系中寻找导致亚洲最终"衰落"的进程和原因。而且，我在研究更早的时期时就使用了这种方法，并且尝试着得出一些重要结论（Frank and Gills 1993；Frank 1993a）。因此，我们也应该探讨东方的衰落和西方的兴起是否以及如何有一种体系上的联系。

阿萨尔·阿里近年来也在研究同样的问题。尽管他所做的回答似乎不太令人满意，但他对这个问题的表述很值得在此转述。他指出，莫卧儿帝国的衰亡一直被归结为各种"内部"因素——从女人祸国到各种制度弊病，后者在剥削农民时既无能又严酷，由此激发了日益强烈的民族主义。他认为，人们从来没有尝试过把所有相关因素加以综合；但是，在进行这种综合的尝试之前，应该先把它们放在"适当的脉络"中。阿里指出：

在了解有关莫卧儿帝国崩溃的学术讨论时，我吃惊地发现，这一讨论的眼界竟然如此狭窄。在18世纪前半期，不仅莫卧儿帝国崩溃了，而且萨法维帝国也崩溃了，乌兹别克汗国也土崩瓦解，奥斯曼帝国也开始进入缓慢但不可逆转的衰落进程。（Ali 1975：386）

阿里接着提出，如果断言同一种命运在同一时间征服了这些重大地区纯属巧合，那就过于强词夺理了。因此，我们应该遵循弗莱彻的建议，探讨是否有可能发现这些同时发生的事件背后的某种共同原因。阿里接着说：

这里也有一个或许可以成为我们研究线索的明显之点。帝国的崩溃恰好在西方殖民列强（尤其是英国和俄国）武装进攻的冲击之前。但是在这二者之间，有一个短暂的间隔。由此产生了一个问题：甚至在欧洲挟着军事优势与东方国家直接对峙之前，西方的兴起是否就以某些迄今尚不知晓的方式颠覆了东方的政体和社会。在我们有关中东和印度的经济史研究中，对于欧洲和亚洲之间的新商业关系引起的这些国家的贸易和市场模式的变化，迄今没有人尝试着做出总体分析。这是一个令人遗憾的空白。（Ali 1975：386）

但是，阿里在解答这个问题时所做的尝试是不能令人满意的，因为他竟然一开始就断言："1500年到1700年间的主要事件当然是欧洲的兴起，欧洲从而成为世界贸易中心。"（1975：387）本书所汇集的证据否定了他的这个出发点，因而要求我们寻找一种新的解释。阿里接着表示，欧洲的经济势力肯定不仅相对地，而且绝对地破坏和削弱了亚洲各经济体（1975：388）。这种推测也与有关16世纪的证据，尤其是有关17世纪的证据以及有关18世纪前期的证据相抵触。相反，在这些时期，亚洲各经济体变得更强大了。

阿里又认为，由于亚洲的收入被转移给欧洲人而无法落入亚洲统治阶级手中，因此，亚洲统治阶级为了维持自身的收支平衡而不得不加强对农民的剥削，这"当然就导致了大帝国的终结"（1975：388）。然而，剥削的加强，尤其是对农民剥削的加强，与其说是统治阶级收入减少的结果，不如说是由于统治阶级有了越来越多的市场机会，可以通过剥削农民获得收入。这是种植园和其他农业出口经济的普遍经验（Frank 1967）。这就使社会经济出现两极分化，富者愈富，穷者愈穷。后面我们还会看到17世纪和18世纪印度和中国在这方面的大量证据。

在这种情况下，由于经济扩张伴随着收入与社会地位的两极分化，从而也导致了造成经济扩张的那种进程本身的萎缩。因此，亚洲帝国的政治稳定之所以会遭到破坏，主要不是由于阿里所说的欧洲人在这些帝国经济内的竞争。亚洲内部的经济和政治局势之所以愈益紧张，更多的是由于欧洲人的白银供给以及随之而来的在世界经济中（尤其是在亚洲的国内和出口市场上）购买力、收入和需求的增长。可想而知，这使得收入分配越来越扭曲，而且正如我们在后面将会看到的，进而导致了对有效需求的制约以及愈益严重的政治紧张局势。

直到18世纪后半期，尤其是最后30年，奥斯曼帝国、莫卧儿帝国和清帝国的衰落趋势才愈演愈烈。或许是由于波斯和印度自18世纪中期起先后逐渐丧失了纺织品的竞争优势，而且金银流向出现逆转（出口大于进口），因此这两个国家也就最轻易、最迅速地衰落了。

除了萨法维王朝的波斯或帖木儿王朝和布哈拉王朝的中亚，印度的衰落看来是最早发生的，而且我们能看到的相关研究也最多。因此，我们先来考察印度，然后再考察亚洲其他部分。

（1）印度的衰落

有关印度的历史研究长期以来一直在争论：孟加拉以及印度其他地区先后发生的饥荒和工业凋零，是不是以及在多大程度上是由英国殖民主义造成的。具有讽刺意味的是，持西方观点的学者和印度民族主义学者一致认为，1757年英国在孟加拉的普拉西战役中的胜利，乃是历史上最重要的分水岭。持西方观点的人往往声称，英国把文明和发展带给了印度。一些19世纪的印度民族主义学者（参见Chandra 1966）和许多20世纪的苏联、印度及其他"反帝"学者（包括我过去的论著，参见1978a）都认为，印度的衰落是那场战役失败的结果，那场战役导致了英国在印度的殖民统治普遍化。由此开始了英国东印度公司"对孟加拉的洗劫"、纺织业的毁灭、土地占有的柴明达尔（大土地占有）和莱特瓦尔（小土地占有）结构、对印度资本的"榨取"等。

在此，我们不想继续这场争论，但是我们需要追问，印度以及其他地区的经济衰落究竟是从什么时候、从什么地方开始的。有人主张是从1757年以后才开始的，有人〔如阿米亚·巴格齐（Amiya Bagchi）〕主张是从1800年以后才开始的，有人（如伯顿·斯坦）主张实际上是从1830年前后才开始的。但是，这些人都肯定至少会看到一些相反的证据。这些证据显示，在这些日期之前，就已经开始出现值得重视的经济衰落现象了。流行的说法是，在欧洲人到来之前，印度和亚洲其他地区处于"停滞"状态。与这种说法相反，我们在第2、3、4章以及第5章关于"17世纪危机"的那一节里看到，在印度，基本的经济增长也同样持续到18世纪。这也是伯顿·斯坦对有关18世纪印度的历史证据的总结性结论（1989）。但是，在他看来，直到大约1830年，英国的政策并没有在印度造成重大的经济破坏。

其他人则认为，早在大约一个世纪之前，印度的经济就开始衰落了。"从18世纪30年代初起，孟加拉的丝绸和棉布生产就明显地衰落了。"（1995年与穆赫吉的私人通信）穆赫吉举出了孟加拉丝绸生产中心卡辛巴扎尔的资料（1994），当地有一批商人向英国东印度公司供应丝绸。从1733年到1737年，平均每年有55名商人，共投资17 000卢比；到1748年至1750年间，商人人数下降到36人，投资减至7 000卢比。1754年发生危机后，这些商人就在一夜之间从工厂记录中消失了。采购–供应问题变得越来越严重；与印度沿海地区一样，内陆地区也日益凋敝。另外，由于中国人在孟买和马德拉斯的竞争力越来越强，对孟加拉丝绸的需求也在减少。穆赫吉还研究了孟加拉最重要的棉布产地朱格迪亚（1990/1991）。当时，那里的"生产领域危机也日益逼近"。那里也出现了一系列采购问题，如交货拖延、供应短缺、质量下降、突然的价格上涨以及普遍的不守信用等。因此，在外国资本比较强大和本地商人组织过于孱弱这两个因素的作用下，"到18世纪中期，工业凋敝的某些迹象就已经显露出来了"（1990/1991：128）。奇怪的是，理查德·伊顿在对孟加拉边境的研究中，几乎或根本没有发现任何经济衰落的迹象，至多发现了在18世纪中期以前，孟加拉境内的经济活动有一种从西向东转移的趋势（1993）。

P. J. 马歇尔（P. J. Marshall）也指出："孟加拉的稳定持续了几十年，在18世纪40年代开始破碎。最近的一项研究展现了一幅凄凉的画面……"（1987：290）接着，他引述了乔杜里的结论："孟加拉的经济被推到了全面崩溃的边缘。"（1978）乔杜里本人的著作中具体地谈到了"纺织品生产的瓦解"（1978：308）。另外，乔杜里还指出："18世纪30年代是印度南部的厄运时期……18世纪中期的英法战争进一步破坏了已经陷入困境的贸易，马德拉斯受到的损害尤其严重。"（1978：309，294）辛纳帕赫·阿拉萨拉特南（Sinnappah Arasaratnam）在考察科罗曼德尔贸易是否陷入停滞或衰落时写道："毫无疑问，（尤其在1735年以后）这个地区的经济活动出现了衰退，商业活动当然也出现了衰退。"
（1986：211）

雷乔杜里和哈比布在《剑桥印度经济史》第1卷中也认为：

18世纪初，比孟加拉航运业的衰落更重要的是，古吉拉特庞大的海运业崩溃了。在此还应该指出的是，虽然政治保障的逐渐丧失起了加速作用，但古吉拉特海上贸易早在法律和秩序的崩溃真正开始之前就开始衰落了……莫卧儿帝国的苏拉特港的衰落以及以港口为基地的船队的消失——实际数字从1701年的112艘下降到1750年的20艘——被认为是该时期印度洋贸易最重要的变化。（Raychaudhuri and Habib 1982：433）

但是，西海岸的苏拉特、东部的默苏利珀德姆与其他科罗曼德尔地区沿海中心以及它们的内陆地区在18世纪初的衰落，乃是莫卧儿帝国、萨法维帝国和奥斯曼帝国同时衰败的一个后果（Das Gupta and Pearson 1987：140）。欧洲人趁着亚洲的这种衰落和亚洲竞争对手倒霉之机，占据了商业竞争的有利地位。马歇尔指出：

无论英国人是否提供服务来与他们竞争，这一时期都是亚洲商船的艰难岁月……只是在印度同行迅速衰弱之时……英国人在西印度贸易中的势力才开始扩大……18世纪初，所有的亚洲商船似乎都丧失了在东南亚和中国的立足点，而把地盘让给来自马德拉斯和加尔各答的英国商船。（Marshall 1987：293，292）

但是，印度的经济困难似乎在18世纪的30年代和40年代蔓延开来并日益加深，而且严重地影响了一直具有很强经济实力的地区（如孟加拉）。另外，在18世纪30年代和40年代，荷兰与英国的东印度公司平均每年从亚洲的进口额（按申报价值和销售价值计算）也下降了（但是在18世纪50年代又恢复过来），从而"证明了这种假设：这是欧亚贸易激烈竞争的时期"（Steensgaard 1990d：112-113）。1740年，华商在荷属巴达维亚遭到大屠杀。这也是一个"欧洲殖民贸易全面衰退"（Steensgaard 1990d：110）的时期和战争（始于1739年的詹金斯的耳朵战争与1740年爆发的奥地利王位继承战争）的时期。沃尔特·多恩（Walter Dorn）指出，后者"本质上是一场商业战争，是（争夺海外贸易的）商业竞争对手之间的厮杀"（1963：164）。但是，不仅是多恩这样看。亚当·斯密早就认为："上一次同样应算在殖民地账上的战争，（就是）1739年开始的西班牙战争。"[（1776）1937：899]

让我们再回到印度，看来确实有必要进一步地探讨，政治困境以及欧洲殖民主义是不是步印度各地（以及其他地区）早已开始并继续发展的经济衰落的后尘而来，是不是仅仅加速了这种衰落的进程。同时也有必要探讨，甚至在欧洲殖民主义对衰落地区进行政治军事介入之前，这种衰落是否、如何以及在多大程度上与欧洲的兴起有关，甚至是否在一定程度上是由欧洲的兴起造成的。

阿拉萨拉特南在考虑这个问题时，考察了科罗曼德尔海岸（1995）。荷兰人在东南亚的殖民活动以及英国人在对华贸易中的谋利活动，也同时损害了科罗曼德尔海岸及其印度商人的利益。荷兰东印度公司在印度尼西亚尤其是爪哇的政治和商业控制及其对马六甲的遏制，也割断了科罗曼德尔与东南亚之间的长期纽带。这种纽带乃是我们在前面所勾画的更广泛的贸易网络的一部分，既是双边关系，也是多边关系，此时双方都遭受了严重的损失。英国东印度公司与中国的直接联系日益发展，也在一定程度上把科罗曼德尔排挤出了原先的重要贸易活动。阿拉萨拉特南对18世纪早期和中期科罗曼德尔的某些商业变化和"最关键的特征"——对东南亚贸易的衰落——做了如下概括：

　　就科罗曼德尔而言，由于欧洲人的贸易活动具有新的形式和新的方向，因而极大地损害了该地区的传统贸易……这条（东南亚）命脉在17世纪被荷兰人粗暴地破坏了。印度与摩鹿加群岛、望加锡、西里伯斯、班特姆、北爪哇港口以及苏门答腊岛西岸的贸易联系被逐一地割断了。经过一系列的陆海军事行动后，这些港口和市场不再允许竞争性贸易活动。这就意味着对科罗曼德尔的批发商关闭了一个可以谋利的纺织品出口市场，也意味着从他们手中夺走了向科罗曼德尔进口香料的生意。这还意味着，他们无法向印度进口一些有利可图的矿产（金和锡）。应该强调的是，这些都是用粗暴的武力手段而非高超的商业技巧造成的……18世纪后半期对华贸易的高涨及其引起的亚洲地区间贸易的变化，成为对科罗曼德尔贸易的最后一击……与孟加拉一样，科罗曼德尔的金银不断外流，用于购买中国的出口物，从而导致资本的普遍短缺。在这种新兴的贸易模式中，科罗曼德尔的商人几乎没有或根本没有任何用武之地……随着英国人对这个国家的重要部分的直接控制日益扩大，科罗曼德尔商人作为中间商的作用也日益丧失……随着欧洲人权力的增长，（印度政治权力的代理人）对它的依附和支持也愈益增强。在欧洲人与印度商人发生冲突时，他们坚决地站在欧洲人一边，帮助欧洲人损害印度商人的利益。他们还站在欧洲主子一边来反对内陆势力，为了前者的利益而损害后者的利益。（Arasaratnam 1995：xiv-28，29，40，41）

　　总之，有确凿的证据显示，印度的衰落，尤其是孟加拉纺织业的衰落，早在1757年普拉西战役之前就开始了。与之相伴的莫卧儿帝国以及其他地区的政治失序，使亚洲人难以抵抗欧洲穷凶极恶的商人势力、海军力量以及最终的政治力量。18世纪中期，欧洲人从当地运输业和商人手中夺取了印度洋一带的贸易经营权，并在一个新的范围内进行贸易活动。印度是第一个开始"落入"欧洲霸权之下的亚洲政治经济大国。

（2）亚洲其他地区的衰落

亚洲其他地区，尤其是西亚、东南亚和东亚也出现了同样的情况。奥斯曼帝国的经济扩张似乎在17世纪末达到了顶峰。18世纪前半期，奥斯曼帝国的经济逐渐衰落，到该世纪的最后30年更加急剧地衰落。18世纪晚期，欧洲人的新工业中心的兴起及其商业优势的加强，逐渐破坏了奥斯曼帝国的经济权势。到18世纪和19世纪之交，随着拿破仑远征埃及，奥斯曼帝国的政治权势也因欧洲人的强大而黯然失色了。

在18世纪，奥斯曼帝国的对外贸易在不断扩大的世界贸易中的总体份额先是保持不变，然后逐渐下降。具体地看，对欧洲的贸易衰落了，另外，法国人逐渐取代英国人，成为奥斯曼帝国的欧洲贸易伙伴。此外，18世纪晚期，奥斯曼帝国的出口贸易，甚至国内市场都开始受到外国竞争的损害；与法国的联系，尤其是与美洲的联系为害最为明显。北美的廉价棉花开始取代安纳托利亚的棉花，加勒比海地区的廉价咖啡开始取代通过开罗出口的阿拉伯咖啡。加勒比海地区的砂糖侵入了奥斯曼帝国的国内市场。而这些具有竞争力的产品，都是美洲用奴隶劳动生产出来的。

奥斯曼帝国经济的"衰落"似乎是在1760年以后开始加速的。这种"衰落"的迹象包括：从农村地区向城市地区迁徙的人口增多了；从绝对数量和相对比重看，地主的农业用地越来越多地免除了捐税；与此同时，征税负担越来越多地落到剩下的已经陷入贫困的农业人口身上；从而加剧了他们的贫困，迫使他们离开土地，并且使得财产和收入的分配差距越来越大；农产品及其他原材料的生产与出口增长得十分缓慢；尽管它们在出口总额中的份额急剧上升，但这是由于棉织品和工业制品的出口份额下降了。尤其是到1760年以后，棉纺织业和棉布出口都衰落了；对外贸易的一部分被奥斯曼帝国境内的地区间贸易取而代之。

由于中央机构的威力减弱，地方分裂势力增强，奥斯曼帝国政府的控制能力日益衰弱。伊斯坦布尔和另外一些城市从市场上获取的财政收入越来越少了。查尔斯·伊萨维（Charles Issawi）引述的历史文献也证实，在奥斯曼帝国的各个港口城市，奥斯曼人和法国人的竞争能力此消彼长（1966：30-37）。

根据有关奥斯曼帝国纺织业和其他工业的各种研究成果，18世纪60年代也是一个转折和衰落时期（参见Islamoglu-Inan 1987；及Mehmet Genc）。在阿勒颇，1750年已开始显露衰落迹象（Masters 1988：30ff.）。伊纳尔西克和夸塔尔特总结道："对这些趋势的描述还是基于不完整的资料做出的，但是它们符合有关18世纪末和19世纪初风雨飘摇的商业状况的基本印象。"（1994：703）胡里·伊斯拉莫格鲁甚至怀疑奥斯曼帝国经济"衰落"的说法，理由是19世纪中期奥斯曼帝国的纺织品在国内外与英国纺织品的竞争中取得了部分的胜利（1996年的私人通信）。

这些学者没有探讨而我们要考虑的问题是，18世纪末奥斯曼帝国的这种"风雨飘摇的商业状况"是不是、为什么是以及在多大程度上是欧洲—大西洋经济自1762年起的康德拉捷夫"B"阶段的组成部分。这个"B"阶段的出现可能缩减了奥斯曼帝国在西方的市场，增强了殖民地奴隶生产在西方的竞争力。很显然，奥斯曼人不可能（至少不太可能）从世纪之交开始的"A"阶段复兴中分享好处，而欧洲人则能够享受这种复兴。伊南提到的棉织品出口，有可能从这种复兴中分沾某些好处。但是，进入19世纪后，欧洲人在很大程度上摧毁了奥斯曼帝国的纺织业，并且阻止了穆罕默德·阿里在埃及建设这一工业的努力（Issawi 1966）。

在清代中国，衰落来得晚一些。中国在18世纪无疑经历了经济和人口的增长。由于明清之际的政权交替和国家重建，中国直到大约1683年才从第5章中讨论的17世纪中期危机中恢复过来。这时，中国台湾被收复，对于贸易的各种限制也取消了。接着，中国开始出现了真正的经济繁荣景象。但是到18世纪20年代，白银进口突然急剧下降，到该世纪中期下降得更严重，到1760年以后才重新上升，在18世纪80年代达到了特别高的水平（Lin 1990）。1793年，由英国赴华使臣马戛尔尼转达的乾隆皇帝致英国国王乔治三世的著名敕谕中写道："其实天朝……种种贵重之物，梯航毕集，无所不有，尔之正使等所亲见。然从不贵奇巧，并无更需尔国制办物件……原不借外夷货物以通有无。"[①]（Frank 1978a：160）

沃尔弗拉姆·埃伯哈德（Wolfram Eberhard）把清代中国内部衰败的开端定在1744年的山东起义和1775年的白莲教起义（1997）——我们知道，当时正值前面分析的1762年到1790年间的康德拉捷夫"B"阶段，在此期间发生了美国革命等事件。直到18世纪末，欧洲人才在中国海域取代了中国商人；甚至到这个时候，贸易平衡还是严重地向中国倾斜（Marks 1996：64）。众所周知，只是由于英国人诉诸在印度专门为中国生产的鸦片，才在19世纪最终扭转了这种形势。

因此，中国经济直到19世纪初才急剧失序。鸦片贸易及其引起的大量白银外流动摇了整个经济体系，这种衰败过程在鸦片战争和清帝国"崩溃"时达到顶峰。维克多·利皮特（Victor Lippit）的文章《中国低度发展的发展》（收入Huang 1980）主要讨论了19世纪中国的情况。利皮特言之凿凿地批驳了大多数有关中国低度发展的流行解释所依据的历史和理论基础。这些解释的基点是"家族制度"（马里恩·利维）、"前工业社会阶段论"（A. 埃克斯坦、费正清、杨联陞）以及"贫困的怪圈"（拉格纳尔·纳斯克）等。而这些无一能解释1800年以前中国的成就，也不足以解释为什么1800年以后中国没有取得过去那种成功（参见Lippit 1987）。

---

① 原文出自《清高宗实录》卷一千四百三十五。

　　但是，利皮特过于强调中国官僚体制和阶级结构的致命影响。实际上，我在为黄宗智主编的那本书撰写的文章（1980）中已经指出，从几个方面看，收入这本书中的利皮特的文章使用了不恰当的标题，其中一点是，他认为18世纪中国的经济处于停滞状态，而其实中国经济仍在扩张。诚然，他自己后来也修正了这个判断（1987：40，42），承认了从16世纪到18世纪"新的经济扩张"和"蒸蒸日上的经济活动"。但是，他一直把19世纪的"低度发展"归结为阶级矛盾造成的内部虚弱，根本不考虑中国在世界经济中的地位所产生的各种影响。

　　在18世纪的最后30年中，东南亚大陆地区也出现了某些经济衰落和社会政治危机的迹象（Tarling 1992：572–595）。但是，安东尼·里德及其同道的研究成果使这幅画面变得复杂了。这个修正派的论点是："从大约1760年起，该地区出现了一种特有的商业扩张"，而荷兰东印度公司的大多数指标显示了该公司的衰落。抵达马六甲的船只从1761年的188艘增加到1785年的539艘。其中，马来人当船长的船只分别为54艘和242艘，中国人当船长的船只分别为55艘和170艘，英国人当船长的船只分别为17艘和37艘。所有船只中的将近一半和几乎全部新增加的船只都来自夏克河①，只有20艘来自中国，大约40艘来自印度（Reid 1977：表1，表2）。但是，里德也发现，东南亚的砂糖出口在1760年达到顶峰，荷兰东印度公司向东南亚群岛进口的纺织品从272 000匹下降到102 000匹（1977：表5）。里德的评论是："汇总的相关数据显示，纺织品出口和进口一样，恰恰是在文献资料最缺乏的18世纪末出现了新的上升趋势。"（1977）这些已发现以及尚未发现的情况也提出了一个问题：1760年以后是否真的有这种上升趋势？不仅缺乏文献资料，而且荷兰东印度公司对印度贸易的衰落可能也不仅仅反

---

① 印度尼西亚地名。

映了二者的经济衰落（这种衰落或许对英国东印度公司有利，因为该
公司从印度港口出发的船只数量在1765年到1785年间一直很稳定）。
从依然相对繁华的中国港口出发的船只从7艘增加到21艘，但是在数量
上与东南亚内部之间的船只相比是微不足道的（Reid 1977：表2）。另
外，任何意义上的东南亚"特有的商业扩张"，都肯定会与世界其他地
区的周期性潮流发生冲突。实际上，根据里德的表4，东南亚平均每年
出口胡椒、咖啡和砂糖的价值（以西班牙元为单位）在18世纪50年代
为864 000元，在60年代为1 236 000元，在70年代为1 043 000元，在80
年代为1 076 000元，在90年代为1 310 000元。也就是说，从1750年到
1800年的50年间增长了50%，而在1760年以后仅增长了5%（尽管在70
年代和80年代出现了绝对数量的下降）！看来，这很难说是一次"特有
的商业扩张"。如果再深入思考一下，这更像是东南亚茶杯中的风浪。
因此，东南亚也很可能是与其他地区保持同步的。

　　我们需要更多的经验资料，来确定18世纪中期重要地区和（或）亚
洲普遍的经济衰落以及与之伴随的或继之而来的人口增长率衰变。这样
就能把18世纪晚期和19世纪欧洲相对优势的兴起，置于一种完全不同的
眼光和历史视野中。就此而言，无论是欧洲中心论的欧洲特殊论，还是
印度、中国和其他亚洲民族主义对这个时期的解释都是远远不够的。或
许当时确实有一个长波经济周期，在这个周期的下降的"B"阶段，亚
洲各地区和帝国一个接一个地衰落了。然后，就像今天东亚的各"新工
业化经济体"一样，原先处于边缘的欧洲人以及后来的北美人从亚洲的
这次周期性"B"阶段衰落中渔利：正是在这个时候，欧洲人下赌注式
地宣称自己在世界经济中的领导地位和霸权——不过是暂时性的！但
是，不仅"西方的兴起"是继"东方的衰落"而来的，而且二者是同一
个全球经济中相互密切联系的两个部分，在结构和运动周期上相互依
存。这就是我在下面几节中所要证明的内容。

西方是如何兴起的？

§

那么，西方是如何兴起并（暂时地）赢得这场竞争的呢？本书的导论中考察了一些流行的理论和答案，而这些理论和答案都主张某种欧洲特殊论乃至西方特殊论，甚至是各种欧洲特殊论乃至西方特殊论的综合。导论中也指出，所有这些马克思主义的、韦伯主义的或其他的理论，都有欧洲中心论的根本缺陷。布劳特在《殖民者的世界模式：地理传播论和欧洲中心历史学》（1993a）一书中，详细地分析了十几种答案及其缺陷。我们在第1章中也谈到了古迪、赛义德、伯纳尔、阿明、霍金奇、蒂贝布、刘易斯和威根等人是如何破除这种欧洲中心论的神话的。但是，他们主要致力于对公开和隐蔽的意识形态进行思想批判。第1章中还谈到了我本人对布罗代尔和沃勒斯坦分别提出的不同形式的"现代资本主义世界–经济体系"的批评（1994，1995）。但是，虽然我和吉尔斯对1500年以前的世界历史提出了另外一种世界体系解释（1993），我自己以前的工作也主要局限于提出批评。

本书的历史实证部分已经证明，从1400年到1800年，更不用说更早的时候，世界的真实情况与流行理论的说法完全不同。欧洲中心论历史学和"经典"社会理论以及沃勒斯坦的"现代世界体系"所认为或宣称的欧洲的支配地位根本不存在。直到大约1800年为止，世界经济绝不是想象中的以欧洲为中心的，也不能在任何重要方面用所谓从欧洲起源的（和由欧洲体现的）"资本主义"来界定或标示。更谈不上有什么欧洲人或西方引发、扩散、传播或维护的任何真正的"资本主义发展"。这些只是欧洲中心论的想象产物，甚至正如伯纳尔已经着重指出的，只是迟至19世纪以后的产物。由此产生的一个相关问题是，是否早已有某种"资本主义低度发展（的发展）"（Frank 1966，1967）。就拉丁美洲和加勒比海地区而言，这种论点很可能还站得住脚，就非洲进行奴隶贸易的地区而言，可能也站得住脚。按照这种论点，印度直到1757年的普拉西战役之后才开始这种进程（Frank 1975，1978a）。但是，这种考察没有提出这样一个问题：印度和亚洲其他地区的衰落在多大程度上是欧洲以及"资本主义""强加"给它们的。

前面几节中的数据已经明白无误地显示，世界经济主要是以亚洲为基础的。在哥伦布和达·伽马之前的几个世纪里，欧洲人就一直嚷嚷着要依附它。正是这个原因驱使着他们寻找实现这一目标的各种道路，尤其是最佳道路。但是，在这些欧洲开拓者（不是世界开拓者！）之后的几个世纪里，欧洲人仍在十分艰难而缓慢地爬行，勉强地搭上亚洲经济列车。直到19世纪，他们才在车头找到了一席之地。

（1）爬上亚洲的肩膀

那么，西方是如何兴起的呢？严格地说，欧洲人先是买了亚洲列车上的一个座位，然后买了一节车厢。名副其实的贫穷可怜的欧洲人，怎么能买得起亚洲经济列车上哪怕是三等车厢的车票呢？欧洲人想办法找到了钱，或者是偷窃，或者是勒索，或者是挣到了钱。那么他们究竟是怎么找到钱的呢？

最基本的途径有两条，或者说三条。最重要的途径是，欧洲人从他们在美洲发现的金银矿那里获得了金钱。第二条途径是，他们在那个最好的赢利行业中"制造"了更多的金钱，主要是开采白银，更准确地说是强迫美洲当地人为他们开采白银。欧洲人也参与他们在美洲经营的或对美洲经营的其他各种赢利的商业活动，其中最重要的是巴西、加勒比海地区和北美南部的奴隶种植园；当然，他们也经营、维持和扩大这些种植园中的奴隶贸易。按照布劳特的统计，在这种有利可图的生意中，欧洲人大概始终雇用和剥削着100万名劳动力（1993a：195）。欧洲人通过向美洲的这些工人和其他阶层的人销售欧洲制造的产品而挣得更多的金钱。这些产品在其他地方是找不到市场的，因为它们在亚洲没有竞争力。

但是，凯恩斯所谓的收益增殖率也在欧洲起了作用：先是通过注入美洲金钱，继而又通过把从美洲、非洲和"三角贸易"（尤其是奴隶贸易）获得的利润用于在欧洲投资。当然，欧洲也从前面提到的面向美洲和非洲的商品生产和出口中获取利润。在本书前面的实证论述中，提示了欧洲的这些发现与制造资金的来源与机制。这里无须再详细加以论述，因为相关的研究和阐释已经不计其数。但是，这些研究都没有探索我们下面要谈到的一些后果，也没有得出相关的必要结论。

为了避免啰唆，也为了避免使用马克思关于"资本的每一个毛孔都流淌着血和汗"的说法，这里只需引用大家都宠爱的学者亚当·斯密的论述：

自发现美洲以来，其银矿出产物的市场就在逐渐扩大。第一，欧洲市场已逐渐扩大。英格兰、荷兰、法兰西、德意志，甚至瑞典、丹麦和俄罗斯，都在农业和制造业方面有相当大的进展……第二，美洲本地是它自身银矿产物的新市场。随着该地农业、工业和人口的进步……对金银的需求自然也增加得更快。英属殖民地完全是一个新市场……但是，美洲的发现做出了一种更根本的（贡献）。美洲的发现为欧洲各种商品开辟了一个无穷的新市场，因而引起了新的劳动分工和技术改进，而在以前通商范围狭隘、大部分产品缺少市场的时候，这是绝不会发生的。劳动生产力改进了，欧洲各国的产品增加了，居民的实际收入和财富也随之增加了。[Smith（1776）1937：202，416]

正如斯密所了解的，正是美洲造成了欧洲居民实际收入和财富的增长。另外，斯密反复重申，甚至波兰、匈牙利以及欧洲其他没有与美洲直接进行贸易活动的地区，也因此使自己的工业获得了间接的好处。此外，正如彭慕兰强调和分析的，欧洲人对土著奴隶和从非洲输入的奴隶的剥削，再加上美洲的资源，不仅为欧洲的消费与投资提供了额外的资源，而且减轻了欧洲自身资源稀缺的压力（1997）。

斯密也承认，亚洲在经济上远比欧洲发达和富裕。"在东印度的孟加拉，在中国的一些东部省份，农业和制造业的改良看来也是源远流长的……甚至这三个国家（中国、埃及和印度斯坦）——各种资料显示，它们曾经是世界上最富有的国家，主要是以其在农业和制造业方面的优势而著称的……（现在，即1776年）中国是远比欧洲任何部分都要富有的国家。"〔（1776）1937：20，348，169〕

另外，斯密也懂得贫穷的欧洲人如何使用他们新近获得的钱财来购买搭乘亚洲列车的车票。接着前面援引的论述，斯密写道：

第三，东印度是美洲银矿产物的另一市场。自发现这些银矿以来，该市场所吸收的银量日有增加……综合这些理由，贵金属由欧洲运往印度，以前一直极为有利，现今仍极为有利。在那里，没有什么别的物品能够获得（比贵金属）更好的价钱（把白银运到中国更有利）……新大陆的白银看来就是以这种方式成为旧大陆两端通商的主要商品之一的。把世界上相隔遥远的各地区联络起来的，大体上也以白银的买卖为媒介……东印度的贸易由于为欧洲商品开辟了一个市场，或者用近似的说法，为那些商品所购买的金银开辟了一个市场，就一定会增加欧洲商品的年产量……欧洲不再是面向世界极小部分的制造业者和运输业者……现在（1776年）已经变成面向美洲众多兴旺的耕作者的制造业者，和面向亚洲、非洲和美洲几乎所有民族的运输业者，并在若干方面亦是面向他们的制造业者了。〔Smith

（1776）1937：206，207，417，591]

　　正如斯密指出的，由于两个相互关联的原因，亚洲市场对于欧洲人来说是与白银同样重要的东西。首先，白银是他们唯一的支付手段。其次，因此欧洲人的主要实业就是把白银当作一种商品来生产和交易。这是欧洲人从他们在亚洲内部的贸易以及亚洲和欧洲之间的贸易中获取利润的主要来源。

　　布罗代尔宣称，"作为一名研究地中海地区的历史学家"，他"惊讶地"发现，18世纪晚期的红海贸易依然与16世纪一样，是西属美洲白银流向印度及其周边地区的"中枢渠道"。布罗代尔写道："贵金属的这种流向对于印度经济，无疑还有中国经济的最活跃部分的运转而言，是至关重要的。"（1992：491）印度"事实上在许多个世纪里屈从于一种货币经济，部分原因在于它与地中海世界的联系"（1992：498）。"据说，坎贝（古吉拉特的另一个名称）之所以能够生存下来，完全是因为它的一只手伸向亚丁，另一只手伸向马六甲。"（1992：528）黄金和白银"也是使整个庞大机器从其农民基础到社会顶端和商业世界能够运转的必不可少的机制"（1992：500）。布罗代尔的结论是："说到底，欧洲人不得不求助于贵金属，特别是美洲的白银，因为这是进入这些贸易的钥匙。"（1992：217）"从一开始，西属美洲就不可避免地成为世界历史的一个决定性因素。"（1992：414）"或许，不正是美洲……才是欧洲强大的真正原因吗？"（1992：387）

　　这也正是布劳特的解释（1977，1992，1993a）。他在这些方面似乎是亚当·斯密的现代"化身"。对于贫穷可怜的欧洲人是如何设法进入兴旺的亚洲市场的这一问题，他们两人都熟悉和解释了两个基本答案：（1）他们利用了从美洲获得的金钱；（2）他们利用了从他们在（对）美洲和非洲的生产与进出口中获得的利润，以及他们在这些过程中在欧洲的投资所获得的利润。

但是，前面暗示的第三个答案是，欧洲人也用美洲白银货币和他们获得的利润买到了"进入"亚洲财富的资格。正如斯密指出的，也正如前面考察的各种证据所显示的，欧洲是用它的商品来换取亚洲的产品，几乎可以说，它唯一能够在亚洲出售的商品就是美洲的金银。另外，也正如前面论证的，欧洲利用它的白银购买力，挤进了被欧洲人称作"港脚贸易"的亚洲内部贸易。正如前面指出的，白银（以及黄金）贸易乃是各欧洲公司的支柱。例如，荷兰东印度公司的战略可以概括如下：

> 欧洲的贵金属、主要用中国丝绸和其他商品换得的日本白银、主要用日本白银和印尼胡椒在中国台湾换得的黄金，都主要被用于投资印度纺织品。这些纺织品大部分被用于换取印尼胡椒及其他香料，但也被运到欧洲以及亚洲各地的工厂。大宗胡椒及其他香料被出口到欧洲，但也有一部分被用于投资到印度、波斯、中国台湾和日本等亚洲各地的工厂。波斯和中国的生丝也被运到欧洲……17世纪时，荷兰人参与亚洲内部贸易的模式在一定程度上是由对日贸易的必要性决定的，因为日本是当时该公司获取贵金属的最重要来源……在一些年份里，从日本获得的贵金属比从荷兰运到巴达维亚的贵金属更多。（Prakesh 1994：192，193）

荷兰东印度公司总监科恩在1619年关于荷兰贸易的描述更为形象，也更常被人们引用：

> 我们可以用古吉拉特的布匹，在苏门答腊岛沿海换取胡椒和黄金；用来自（科罗曼德尔）海岸的里亚尔和棉花在班特姆换取胡椒；用檀香、胡椒和里亚尔换取中国的商品和黄金；用中国商品换取日本的白银；用科罗曼德尔海岸的布匹换取中国的香料、物品和黄金；用苏拉特的布匹换取香料；用阿

拉伯的商品和里亚尔换取香料和其他各种奢侈品——用一种货物换取另一种
货物。而且，这一切都无须花费尼德兰的一分钱，只要有了船，我们就有了
最重要的香料。那么，我们会失去什么呢？毫无所失，只要有些船，再用一
点水注入水泵引动……［我指的是，只要有足够的（钱）就可以建立豪华的
亚洲贸易］因此，绅士们，高明的长官们，没有什么能够阻止东印度公司获
得世界上最豪华的贸易。（转引自Steensgaard 1987：139）

　　也就是说，欧洲人竭力挤进"世界上最豪华的贸易"，但是这使得
荷兰人向这口亚洲财富和资本水井里注入了不止"一点水（指钱）"。
当然，这笔钱来自美洲。于是，欧洲人通过参与亚洲内部的"港脚贸
易"而获得的利润，要多于他们向欧洲进口亚洲产品而获得的利润，尽
管后者中有许多又再出口到非洲和美洲，为他们提供了新的利润。总
之，欧洲人可以通过参与亚洲内部贸易，从这些最富饶的亚洲经济体中
获得利润；而他们之所以能够最终达到这一目的，完全归功于他们掌握
的美洲白银。

　　如果没有这些白银——以及如果没有这些白银在欧洲造成的劳动分
工和利润，欧洲人就根本无法在亚洲市场的竞争中插入一脚，甚至连一
个脚趾也插不进来。只是由于他们掌握的美洲金钱，而不是由于任何
"独特的"欧洲"素质"——亚当·斯密早在1776年就发现，欧洲的"素
质"一直远远达不到亚洲的标准——才使欧洲人能够购买搭乘亚洲经济
列车的车票，获得一个三等厢的座位。这是从需求的一面来看欧洲人在
亚洲的"生意"。从彭慕兰强调的供给方面（1997）看，欧洲人掌握的
美洲金钱使他们能够购买用亚洲的劳动和资源生产出的实用商品。这些
商品不仅促进了欧洲的消费和投资，而且减轻了欧洲的资源压力。

　　换一个比方，美洲为欧洲人供应的赌注使他们能够进入亚洲经济赌
场。为什么他们最终能够在那里发财？完全是由于他们拥有起伏不定但

源源不断的美洲金银。正是这种来源使欧洲人在众多亚洲竞争者中拥有了自己的竞争优势，因为其他人没有美洲大树上结出的金钱。但是，尽管欧洲人拥有这种资源和优势，他们在亚洲经济（实际上是世界经济）的牌桌上也不过是一个小赌家。然而，欧洲人把他们的美洲赌注押在了他们在亚洲的全部家当上，在那里坚持了三个世纪。虽然欧洲人也把他们在亚洲挣得的一部分钱拿出来购买亚洲经济牌桌边更多更好的座位，但是他们之所以能够坚持这种做法，完全是因为他们得到了美洲持续不断的现金供给。有资料显示，甚至到了18世纪，欧洲人仍没有其他东西可以提供给亚洲人，因为当时的欧洲制造业依然没有竞争力。斯密夸大了欧洲工业品在世界范围的销售情况，我们只能把他所做的"在某种程度上的"这一限定理解为"几乎没有"。

可以肯定，欧洲人根本没有什么独特的（更不用说高超的）种族的、理性的、组织的或资本主义精神的优势，使他们能够在亚洲提供和传播其他什么东西或做些其他什么事情。正如我们在下面以及在总结时会进一步考察的，欧洲人有的只是亚历山大·格申克龙（Alexander Gerschenkron）所说的某些"落后的优势"（1962），而这种优势是由蔡斯-邓恩和霍尔指出的位于世界经济的（半）边陲地位（1997）而造成的！

那么，欧洲人在亚洲的这种原本看来毫无希望的赌博怎么居然会取得成功，而且最终中了头彩？原因很简单：在欧洲人从美洲和非洲以及亚洲积聚他们的力量时，亚洲的经济和政治在18世纪日益衰弱，最终正如罗兹·墨菲绘制的曲线图（1977）所显示的，两条曲线在1815年前后相交了。但是，在此之前的半个世纪里，另外一个——第四个——因素加入了欧洲-亚洲的方程式。众所周知，虽然亚当·斯密主要针对殖民主义垄断而写了"论殖民地"一章，但是他认为殖民地没有付出什么。另外，斯密是在英国和欧洲工业革命的重大技术革新之前写的。我们在此不想讨论是否真的有这样一次"革命"，是否像罗斯托（1962）等人所说的，资本积累率真的"起飞"了。

（2）技术变革的供给与需求

工业革命最重要的研究者之一哈特韦尔（R. M. Hartwell）指出：

> 克拉潘（clapham）在1910年写道："即使……'这次'工业革命的历史是一个'被榨干的橘子'，里面还会剩下数量惊人的橘汁。"实际上，半个世纪以来，人们对工业革命的兴趣有增无减……例如，关于工业革命的起因，有些是空白，有些失之简单化，有些则含混不清。主要动力是什么？或者哪些动力起了作用？农业革命？人口增长？技术革新？贸易扩大？资本积累？这些因素都有人进行论证。是否应该在非经济因素中寻求解释？宗教、社会结构、科学、哲学和法律的变化？……似乎还没有什么一致的意见。最棘手的问题是确定这种刺激在多大程度上是外源的（即该经济体之外的），例如通过国际贸易而产生的需求增长……这种刺激在多大程度上是内源的（即在该经济体内部产生的）？（Hartwell 1971：131，110，115）

但真正的问题是，人们所说的经济体是什么？我的观点是，澄清混乱的钥匙应该在哈特韦尔的最后一句话中寻找：虽然克拉潘所说的那只橘子在近一个世纪的时间里已经被无数次压榨，但始终仅仅被看作一个英国的、欧洲的至多是"西方"的水果。此外，格雷姆·斯努克斯也曾写道："对于一片需要长期深翻的土地，我们不过刚刚划破了地皮……我们需要从一种与以往完全不同的角度来考察工业革命。"（1994：1-2）斯努克斯及其主编的《工业革命是必然的吗？》一书的撰稿者们提出了一些不同的角度，但是他们在追根溯源时依然局限于欧洲，探讨欧洲1 000年来以及"整个前现代时期英国（和西欧）的运动特征"（1994：11，43ff.）。因此，尽管甚至到今天他们的角度也是"完全不同的"，但是他们之中无人真正试图对整棵橘树做出一个全球整体性的世界经济体系解释，而只有这样的解释才符合我在开篇时引述的利奥波德·冯·兰克的格言："实际上，只有普遍历史，没有别的历史。"

问题在于，为什么在同一个世界经济和体系里，到1800年前后，原来一直落后的欧洲、接着是美国"突然"在经济和政治上都赶上并超过了亚洲。重要的是，我们应该看到，这种努力和胜利乃是统一的全球经济竞争的一个组成部分，而且正是这个全球经济的结构和运转产生了这种变化。也就是说，欧洲（西欧）和美国先后出现了一系列众所周知的技术进展和其他方面的进展，而且把它们应用于新的生产过程中。但是，决不能像斯努克斯在他的"工业革命新视角"（1994，1996）中依然主张的那样，在追溯这些变化的根源时仅仅限于或主要限于欧洲1 000年的历史。罗伯特·亚当斯在"探讨西方技术"时也是如此。虽然他追溯到了东地中海和西亚的青铜时代和黑铁时代，但是他也基本上限于对欧洲的考察。

然而，工业革命时期的这些技术进展不应该被仅仅视为欧洲的成就。更恰当地说，它们乃是世界发展过程的产物，而世界发展过程的空间焦点以前长期在东方徘徊，当时才开始向西方移动和在西方穿行。真正关键的问题与其说是促成工业革命的"独特的"西方特征或因素是什么，不如说是为什么以及如何发生了这种从东向西的工业转移。

我们在前面已经看到，这种转移的原因应该在"东方的衰落"和"西方的兴起"这两个方面来寻找。对于"为什么与如何"这一问题，迄今流行的"答案"有三个缺陷。首先，它们错误地把原因归结到所谓的欧洲"独特性"或优势。布劳特等人已经证明，这种观点是没有任何历史依据的。其次，它们仅在欧洲自身寻找欧洲兴起的原因，因而不去分析相关的（若干）东方地区的衰落。这两个张冠李戴的错误中还隐含着第三个错误：他们没有在整个世界经济的结构和运转中寻找"西方的兴起"与"东方的衰落"的原因。我们已经看到，欧洲在18世纪之前为什么以及如何在经济竞赛中大大落后，它又是如何主要借助从美洲获得的金钱来购得亚洲列车的车票，并逐渐取代车上的一些乘客，从而改善自己的地位。

　　但是，还有一个未解决的问题：在亚洲人的游戏中，西欧人和美国人后来为什么以及如何能够借助于工业革命的技术进步战胜亚洲人？我们现在可能还得不出一个令人完全满意的答案——但是，那样一个答案也肯定会超越从马克思到韦伯以及他们的追随者所提供的各种欧洲中心论的荒谬答案。一种世界经济分析肯定优于那些荒谬的答案，尽管我们在下面是以很粗浅的方式论述有限的因素，提出有限的假设和证据。

　　通过发明和应用节约人力的机器而取得的技术进步，通常被认为是在一个高工资的经济体制中（尤其是在北美）谋求利润的产物。高工资产生了一种刺激，促使人们为了降低生产成本而用节约人力的机器取代高工资的人力。正如包括马克思在内的许多学者指出的，北美的工资一直比较高，原因在于人口与土地资源的比例比较低，而且边疆的扩张为低工资的工人提供了出路。因此，人们一直认为，在19世纪和20世纪，促使人们发明、改进和应用节约人力的机器的那种动力，逐渐从欧洲越过大西洋转移到美国——因为世界市场的竞争要求降低生产成本和维持或取得市场份额。

　　我们可以而且应该把这种分析与论证应用到欧洲工业革命期间机器的发明、改进和使用上。18世纪英国经济增长的80%——1740年到1780年间经济增长的30%——都被归因于生产力的增长（Inkster 1991：67）。欧洲人也处于世界经济的竞赛与角逐中（美国人还远逊于欧洲人），他们为了争取市场而不得不首先与亚洲人竞争。但是，相对而

言，欧洲人也是高工资−高成本的生产者。这就是为什么我们在前面看
到欧洲人基本上没有东西能够卖给亚洲人。亚洲人的生产力要大得多，
而工资成本要低得多，因而具有很强的竞争力。为什么呢？原因在于亚
洲许多地区的人口−土地资源的比例比人烟稀少的欧洲要高。

　　另外，正如本杰明·希金斯（Benjamin Higgins）指出的，欧洲也
有边疆——先是在美洲，后是在澳大利亚（1991）。的确，在19世纪，
欧洲人越过大西洋向美洲移民，也有助于降低人口−土地资源的比例。
因此，欧洲较低的人口比例以及作为安全阀的向美洲移民这二者产生的
发明机器的刺激，要比亚洲人口−资源状况产生的刺激大得多。

　　亚当·斯密写作时正值工业革命的各项发明初露端倪，他在"论劳
动工资"一章的末尾写道：

　　充足的劳动报酬……鼓励普通人民的勤勉。劳动工资是勤勉的奖励。勤
勉就像人类的其他品质一样，越受奖励越勤奋……高工资地区的劳动者总
是比低工资地区的劳动者更加活跃、勤勉和敏捷……食品的高价，由于减少
了用于维持劳动的资金，使雇主倾向于减少现有的雇工……（当）劳动工资
提高时……雇用很多劳动者的资本家，为自己的利益打算，势必……力图把
他和他的工人所能想到的最好的机械提供给工人。在某一家工厂内劳动者间
发生的事实，由于同一个理由，也在大社会的劳动者之间发生着。劳动者的
人数越多，他们的分工当然就越精密。更多的人从事发明对各人操作最适用
的机械，所以这种机械就容易被发明出来。由于这些改进，许多商品都能用
比以前少得多的劳动生产出来。于是，劳动价格的提高就超过了劳动量的减
少所抵偿的部分。[Smith（1776）1937：81，83，86]

　　在之后的"论改良的进展对于制造品真实价格的影响"一节中，斯
密指出，17世纪和18世纪时，粗金属制品的生产成本已经下降了，未来

会更显著地下降。他也发现，纺织业"没有出现这种明显的价格（或生产成本）下降"。虽然斯密谈到了粗精毛纺织业中出现的三种主要技术进步和许多细小进步，但是他在1776年并没有提到棉纺织业的任何技术进步或"工业革命"！

马森（A. E. Musson）在《18世纪的科学、技术和经济增长》的导言中指出：

> 但是，看来几乎没有什么疑问，无论发明的动力是什么，革新者和企业家肯定都受到这样一些经济因素的影响，如相对价格、市场前景、利润前景等。在这方面，人们对具体企业做了大量的专门历史研究。这些成果已经广为人知，而且数量庞大，无法在此一一列举。（Musson 1972：53）

但是，尤其是在像纺织业这样竞争激烈的产业里，这些相对的价格和利润前景当然是相对于世界市场前景而言的。正是纺织业这样的产业，在英国开启了工业革命的进程。

实际上，斯密在1776年就已经从这个角度对英国、印度和中国加以比较了。在讨论它们在运输业方面的相对价格时，他发现，与欧洲的陆路运输费用相比，中国和印度的内河交通已经节约了人力，降低了许多产品的实际价格与名义价格。

同理，纺织品的漂白过去是靠阳光暴晒来完成的，在英国这种阳光很少的国家，发明和应用氯气漂白法也就理所当然了。由于烧制木炭的木材日益短缺，以煤作为工业革命的燃料的方法也就应运而生，并且显得更为经济（中国也缺乏烧制木炭的木材，但是那里的资本供给不足，煤炭也很昂贵）。

哈特韦尔指出："人们公认，18世纪（英国）没有资本短缺现象，但是承认这一点的含义是什么，人们并不是总能充分理解。"（1971：268）

甚至哈特韦尔本人也没有认识到，没有得到充分理解的最主要的含义是，英国是与其他"经济体"通过统一的世界范围的劳动分工和商品与金钱的流通而相互联系的。因此，相对的供求不足和劳动与资本的可得性这二者造成的竞争力量不仅在英国起作用，也在世界范围内起作用。也就是说，结合供求这两个方面的分析，也必须扩展到整个统一的全球经济中。实际上，斯密在比较欧洲和亚洲运输业的人力和其他成本时就开始这样做了。因此，令人不解、当然也令人无法接受的是，虽然斯努克斯也强调相对的要素价格（1996），但是他主编的那部著作的撰稿者如里格利（Wrigley 1994）把分析局限于英国和西欧的竞争。诚然，里格利重新考察了从亚当·斯密到大卫·李嘉图等古典经济学家有关劳动、资本、土地和其他自然资源的相对价格的论述，但是与这些古典经济学家不同（例如，李嘉图提出了国际比较优势法则），里格利的注意力只放在英国。斯努克斯的视野开阔一些，但是他也认为："工业革命是从一大群势均力敌的西欧小王国之间上千年的激烈竞争中产生的。"（1994：15）

然而，最确凿无疑的事实是，在工业革命的首要领域纺织品市场中，英国和西欧首先不得不与印度和中国以及西亚展开竞争。因此，相对的供求差异造成了世界各地不同的地区和部门的比较价格和比较优势。这些结构差异于是成为一个基础，在这个基础上，统一的全球经济中的各个企业、部门和地区从微观经济的角度，在劳动、土地、资本和节约人力的技术方面做出不同的理性反应。我认为，我们应该在这里（而不是在欧洲"内部"环境中）寻找在世界经济的某些部分中产生对技术进步的刺激与选择的原因。这并不是说，欧洲"内部"环境与经济决策过程无关。问题在于，欧洲（或曼彻斯特，或瓦特的蒸汽机工场）的"内部"环境乃是由欧洲参与世界经济造成的。也就是说，世界经济体系自身的结构与运动造成了不同的比较成本、比较优势以及对于世界各地同一进程的不同的理性反应。

我们很高兴地看到，阿里吉得出了一个相似的结论，尽管这个结论还有很大的局限性：

> 我们的观点是，英国三次工业扩张（14世纪、16世纪和17世纪初、18世纪晚期）之间的主要历史联系在于，它们都是资本主义世界经济的一种不断的金融扩张、重建与改造的组成部分。英国从一开始就被纳入其中。金融扩张的同时必然会强化欧洲贸易和积累体系对政府与商业机制施加的竞争压力。在这种压力下，主要由于各地对自身在世界经济的结构变动中的地位优势与劣势所做的不同反应，有些地区的工农业生产衰落了，另外一些地区的工农业生产兴盛了。（Arrighi 1994：209）

实际上，这里所说的世界经济的结构和进程不仅是欧洲的，而且是整个世界的。另外，这里涉及的阶段、工业以及重建的程度也值得注意：继内夫（Nef 1934）和沃勒斯坦等人之后，阿里吉与他们一样，强调的是长达几个世纪的工业"扩张"，而不是"革命"。在每一个周期的相应时候，纺织业就成为中心部门，这很可能是因为它是生产性行业（不同于金融服务部门），竞争最激烈。但是，第一次调整只是改善了英国相对于佛兰德的竞争地位，第二次调整只是改善了英国相对于北欧和南欧的竞争地位。直到第三次调整，才大大地改变了英国在世界范围内的竞争地位。即便是第三次调整，也需要花费半个多世纪的时间，直到1816年，英国出口到原先的领先竞争者印度的纺织品价值，才超过了它从印度进口的纺织品的价值。

我们在此不可能详述这种世界性发展历程，但是我们可以引述18世纪初和19世纪初的对比资料来说明问题。第5章已经提到，自1642年起，有三个条约使葡萄牙人控制的市场对英国人开放，1703年英国与葡萄牙的《梅休因条约》巩固了英国进入这一市场的权利。1702年12月，英国政府要人梅休因（J. Methuen）就明确地大声宣布："这项协定将在葡萄牙产生影响，他们目前所有的粗制滥造的纺织业和其他贵重物品的制造业都将立刻停产关张，没有哪个民族的布匹和货物能（在葡萄牙人的市场上）与英国的产品竞争。"他的葡萄牙对手路易斯·达·库尼亚（Luis da Cunha）至少有部分的同感："英国人的目的是增强他们的制造业，摧毁在葡萄牙刚刚起步的制造业。"（转引自Sideri 1970：57，59）我曾指出，最后的结果颇具讽刺意味：在一个世纪之后，李嘉图为了捍卫英国工业，在论证他的"比较成本优势法则"时举的是英国纺织品换取葡萄牙酒的例子（1978a，b）。

谈到世界纺织品市场的竞争，我们可以援引布罗代尔的论述：

刺激是绕着弯子起作用的——（通过印度的出口物）刺激欧洲受到威胁的工业。英国采取的第一个步骤是，在18世纪的大部分时间里对印度纺织品关闭大门，而把印度纺织品转口到欧洲和美国。然后，它竭力把这个有利可图的市场抢到自己手中——这只有通过大幅降低人力成本才能实现。机器革命从棉纺织业开始，肯定不是偶然的……英国受制于国内的高物价和高劳动成本，从而成为欧洲费用最高的国家，无法应付法国与荷兰在离它最近的市场上的竞争。它被赶到地中海、黎凡特、意大利和西班牙等地的市场……（但是）它在最早被它切实征服的市场之一葡萄牙的市场……以及俄国市场上依然独领风骚。（Braudel 1992：522，575）

亚当·斯密在1776年就发现："应该记住，制造业的完善完全取决于劳动分工……事实证明，（这）必然受到市场程度的调节。"他在同一段里补充说："如果没有一个广泛的国外市场，它们就不可能兴旺发达。"［（1776）1937：644］斯密也许读过马修·博尔顿（Matthew Boulton）在1769年给他的合伙人詹姆斯·瓦特的信。信中这样写道：

"我不值得花费时间只为三个国家制造（你的引擎），但是，我发现为了全世界而制造它是值得的。"（转引自Mokyr 1990：245）那么，为什么莫基尔（Mokyr）、斯努克斯等人在分析工业革命的原因时主要从英国的角度（至多从西欧的角度）来考察要素价格和产品竞争呢？到1800年，英国生产的棉布中有七分之四出口（Stearns 1993：24），占英国全部出口的四分之一，到1650年占了一半（Braudel 1992：572）。到1839年，比利时人纳塔利斯·布里瓦安（Natalis Brivoinne）在回顾时指出：

　　欧洲在许多个世纪里依赖印度最贵重的产品和最广泛的消费品——平纹细布、印花布、本色布、细毛料……只能用香料来换取它们……由此使欧洲日益贫穷。印度拥有既廉价又熟练的劳动力的优势。由于制造方式的变革……印度工人无力竞争……（于是）贸易平衡从此对我们有利。（转引自Wallerstein 1989：24）

　　接下来是交通运输业的竞争（或者说是一直进行的竞争，但此时形势发生了逆转）。在这个领域里，亚洲过去也占据优势。正如我们在第4章中看到的，欧洲在三个世纪里一直未能大幅降低运输成本，直到19世纪，以蒸汽为动力的火车和轮船才使欧洲人在世界贸易中长驱直入。

　　世界市场上的亿万次微观经济决策，也有宏观经济方面的原因与后果。这些宏观经济关系引起了马克思主义者以及其他"供给侧"经济学家的分析，也引起了凯恩斯主义者以及其他"需求侧"经济学家的分析。帕西涅蒂（Pasinetti 1981）等学者为了理解技术进步，熊彼特（1939）等学者为了追溯长周期波，都把这两种分析结合起来。我们在此无法切实地对这些分析进行评价，只是想指出经济学进行一场真正的"革命"是多么重要。这种革命应该最终实现微观分析与宏观分析、供给侧分析与需求侧分析、周期分析与"发展"分析的两方、四方乃至六方"联姻"，最终创造一个世界经济–人口–生态范围的经济分析"大家庭"。关于在什么地方以及如何探索这样一种经济分析，请参见我以前的一些评论和一般性意见（1991c，1996）。

但是，我们所能做的，也是我们应该做的，至少是提出问题：在一个康德拉捷夫长周期模式中，甚至在更长的世界经济周期的模式中，工业革命的技术进展为什么以及在哪里成为宏观经济背景中重要的微观经济选择（因此也必须用后者来解释和说明）？或者反过来，微观经济为什么以及在哪里选择了工业革命的技术进步？

因此，或许可以说，世界经济状况已经成熟到可以使某些企业、部门和地区通过"新工业化经济体"的措施来改善它们的微观和宏观地位。而且，只有在世界经济状况已经成熟到适当的时机时，人们才能采取这些措施；这些措施比那些实行者先前所做的任何长期"准备"都更关键。

我们已经看到欧洲人在亚洲市场乃至世界经济中没有竞争力的状况是如何被他们能够诉诸美洲金银来源的事实抵消的，即便当时只是部分地抵销。另外，这种金银的流动和供给必须不断地得到充实。但是，美洲金银供给哪怕是出现暂时的短缺或下降，例如在17世纪一段时间内出现的情况，也肯定会使欧洲人基本上退出亚洲的生意。因此，美洲金银供给问题就对欧洲人产生了暂时的或越来越大的刺激，促使他们通过降低自己的生产成本来在世界市场上竞争。这种选择将能维持甚至扩大他们对美洲白银的获取与依赖，以及获取用他们的银钱来担保的亚洲信贷。我们能否证明，18世纪中期以后，欧洲获取美洲金银的可能性开始相对下降，从而威胁了欧洲对市场（份额）的渗透？如果是这样，就会刺激欧洲人通过降低自己的生产劳动成本来保护和提高自己在世界市场上的竞争力。

我早就主张把1762年以后的一段时期看作康德拉捷夫"B"阶段。在这个时期，虽然墨西哥的白银供给再次增加（但巴西的黄金供给逐渐枯竭），但欧洲人在国内外的利润都下降了，尤其是从加勒比海地区的甘蔗种植园和奴隶贸易中获取的利润（1978a）。我还认为，这个康德拉捷夫"B"阶段导致了18世纪最后30余年工业革命的各项发明（以及美国和法国的政治革命）。亚洲各经济体和帝国在同一时间的逐渐（长周期的？）衰弱和这个康德拉捷夫"B"阶段，为某些原先十分边缘的经济体和部门提供了最佳机遇和刺激，使它们能够在世界经济中争夺更好的竞争位置。欧洲一些地区和部门抓住了这个机遇，变成新工业化经济体（与今天某些东亚人一样）。他们通过使用节约人力和产生动力的机器来降低生产成本，从而造成了扩大世界市场份额的新机会——先是在欧洲市场上实行进口替代，然后实行面向世界市场的出口导向。欧洲较高的工资和生产要素成本，提供了这方面的机遇和刺激。

至少还有两个（相互关联的）情况也帮助了欧洲人。一个情况在前面已经提到，即他们在一些亚洲市场上的本地的和其他的竞争对手陷入了经济和政治困境。

但是，他们的亚洲竞争对手不仅陷入了各自和普遍的（周期性的？）衰落，而且欧洲人对亚洲更猛烈的入侵也加速了他们的政治经济的衰落。在那里，当地人进入市场竞争——更不用说参与出口竞争——也受到政治和军事的压制。由此出现了印度原先最富裕地区的"孟加拉洗劫"以及英国人对印度其他部分的征服与殖民地化，由此也出现了19世纪通过向欧洲资本"门户开放"而导致的中国的半殖民地化。欧洲人的这些以及其他殖民活动既为工业生产开辟了殖民地市场，也为英国对本国工业的投资提供了资本。到世纪之交，中国的生产力仍保持着很高的水平，也许到19世纪的一段时间里仍高于日本的水平（Inkster 1991：233）。因此，由于中国在经济上还很富饶，在政治上还很强大，很难渗透进去，英国人便不得不用印度生产的鸦片来迫使中国"开放门户"——尽管英国人在19世纪费尽心机，接管中国的企图却从未取得很大的成功。

尽管我们对这些经济和政治困境还没有一个充分的"解释"，但是在此有一个建议：应该从亚当·斯密就欧洲情况和伊懋可就中国情况所分析的微观经济需求状况（1973）的背景中来寻找这种解释。不过，我们应该把这种背景扩大到世界经济的范围。下面，我们将讨论另外一个情况，即资本的供给与来源。

（3）资本的供给与来源

有利于欧洲人更猛烈入侵的另一个情况，是他们（尤其是英国人）的资本的供给与来源。哈特韦尔在评述了一些学者关于资本供给的著作后明确指出："人们公认，18世纪（英国）没有资本短缺现象，但是承认这一点的含义是什么，人们并不是总能充分理解。"（1971：268）哈特韦尔讨论的含义之一（转引自Hill 1967）是，农业和商业的资本乃是"数量惊人的（资本）从国外——通过奴隶贸易，尤其是自18世纪60年代以来通过有组织地掠夺印度——流入英国"的结果（1971：269）。这就是马克思所说的通过殖民剥削方式进行的"原始"资本积累。

殖民地是否付出（代价）的问题引起了长时间的争论。亚当·斯密写道：

我们的西印度殖民地栽种甘蔗的利润特别大，在欧美两洲，没有什么耕种事业能与之相比。栽种烟草的利润虽然比不上栽种甘蔗，但是高于（在英国）栽种谷物。[Smith（1776）1937：366]

然而，与拜罗克等学者一样，帕特里克·奥布赖恩曾在几处否认海外贸易和殖民剥削对欧洲的资本积累与工业化有什么重大作用（1982，1990）。因为根据他的计算，18世纪晚期由此获得的利润不超过欧洲国民生产总值的2%。不过，他进一步表示："无论是数量分析还是历史研究，都无法平息有关远洋贸易对工业革命的意义的争论……就欧洲（甚至英国）的工业化历史而言，'世界视野'（布罗代尔的一个标题）对于欧洲的意义，似乎不如'欧洲视野'对于世界的意义那样大。"（1990：177）遗憾得很，奥布赖恩以及其他许多学者都大错特错了。因为正如布罗代尔所说，欧洲的消费大于它自身的收入，它的投资大于自身的节余。它之所以能够这样做，主要是由于整个世界经济的结构与发展的作用。

尽管拜罗克、奥布赖恩等人否认这些外部作用，何塞·阿鲁达（José Arruda）还是重新考察了有关资本与市场的殖民主义来源，最后得出的结论是：

> 总之，在殖民地的商业投资成为商业资本循环中的一部分，与重商主义政策的制约密切相连，对于西欧的经济增长起了重大的、战略性的促进作用。它们为投资开辟了新领域——对于资本的增长、流动和流通至关重要的领域……殖民地有所付出。（Arruda 1991：420）

的确，殖民地有所付出。它们不仅几乎无偿地供应了金钱，而且供应了奴隶劳动、廉价的砂糖、烟草、木材、棉花以及其他在美洲生产、供欧洲消费的产品。此外，正是美洲的金钱使欧洲人能够从亚洲买到丝绸、棉织品和香料，而且使他们能够通过参与亚洲境内的"港脚贸易"而赚到更多的钱。

因此，与我们现在的议题直接相关的一项工作是，对欧洲和亚洲的"力量"于1815年开始发生逆转之前，欧洲直接从殖民地（包括普拉西战役之后的印度）获得的利润进行统计。欧内斯特·曼德尔（Ernest Mandel）估计，从1500年到1800年，欧洲殖民掠夺的总值为10亿英镑金币，其中仅在1750年到1800年间，英国就从印度掠夺了1亿~1.5亿英镑金币（1968：119-120）。这批资本的流入即便不能说是英国新工业革命的全部资本，至少也促进了英国对新工业革命的投资，尤其是在蒸汽机和纺织技术方面的投资。例如，正如埃里克·威廉斯（Eric Williams）所回顾的："西印度积累的资本在资金上支持了瓦特和蒸汽机。博尔顿和瓦特曾获得贷款。"（1966：102-103）但是，到1800年，投入以蒸汽为动力的产业中的资本依然少于英国从殖民地获得的利润。研究这一时期英国经济的学者菲利斯·迪恩（Phyllis Deane）以严谨著称，他详细阐述了"对外贸易促进第一次工业革命的六种主要方式"（1965；我对此曾详加引用，参见1978a：227）。

或许正如罗伯特·德内马克所建议的，对于殖民地资本的流入是否以及在多大程度上起了作用这一问题，另外一个"测试方法"是看它是否驱使利率下降，从而使人们在英国和欧洲其他部分的投资更低廉、更容易。货币史专家约翰·芒罗（John Munro）对我的询问所做的回答是，在英国，利率从17世纪90年代初的12%和1694年英格兰银行建立后的8%下降到1752年的3%（1966年的私人通信）。此时，英国的利率已经在阿姆斯特丹的金融市场上变得具有竞争力了，从而使阿姆斯特丹的金融市场成为一个资本流入英国的漏斗，而英格兰银行则越来越"控制"了这些资本。

这种趋势只是偶尔被战时暂时的利率上涨打断。迪金森（P. G. M. Dickinson）对这种趋势做了论证（1967：470）。根据他的统计，17世纪90年代英国公债的利率为7%～14%，1707年到1714年间为6%～7%，此后到18世纪30年代为5%，然后下降到3%～4%，到1750年降到3%。迪金森还发现，私人借贷的利率紧紧追随着公债利率，尤其是在大量的荷兰资金流入英国市场时。虽然这些资金中有许多是由英格兰银行经营的，用于支持公债，但是也有一些资本流入了私人投资，而且公债本身也解放了私人资本，使之可以到其他经济领域投资。

当时的英国人就已经清楚地了解并欢迎这种利率下降，并且讨论了无数个"英国宪制"理由，以推动这种利率普及到英属爱尔兰最偏远的角落（Dickinson 1967）。亚当·斯密指出，经过一代代英国君主的修改，最高法定利率逐步从10%减到5%，但是"它们看来是跟在市场利率变动之后，而不是走在前头"[（1776）1937：78-79]。因此，在他看来，这与对资本的需求有关，反过来也与资本的供给有关。

除了英格兰银行，"三姐妹"中的另外两姐妹——英国东印度公司和南海公司——也对英国资本存量的增加与经营做出了重大贡献。

这些以及其他资本来源，包括阿姆斯特丹漏斗，当然都是直接从殖民地获得资本的。但是，它们也有间接而同样重要的影响，因为伦敦和阿姆斯特丹的利率下降是由于它们参与整个全球经济的世界范围的结构与运转而派生出的产物。

因此，除非这些国内的制度理由中的哪一项或全部能被证明比资本的流动和存量及其世界范围的来源的根本性增加更重要，德内马克的假设似乎可以得到充分的证明。但是，拥有资本只是进行投资的必要条件，而非充分条件。正如哈特韦尔强调的，仅仅获得可用于投资的资本的供给及其国际贸易乃至殖民剥削的来源，还不足以引发或解释对工业革命中能够降低成本、节约人力和产生动力的设备的实际投资。这种实际投资需要宏观和微观经济的刺激。

但是，在一个全球经济中，任何地方的和部门的微观经济刺激，无论在哪里都与竞争性地参与整个宏观经济的世界经济结构和运动有关，实际上也是由这种参与派生出来的。这就是我的第三个主要论点：在统一的全球经济和体系中，"东方的衰落"和"西方的兴起"肯定是互相联系的。问题是，它们是如何联系起来的？

一种全球经济的人口解释

§

让我们再次从全球人口和经济的角度来回顾亚洲衰落和欧洲兴起的过程。这种回顾会向我们展示，亚洲在前几个世纪的经济生产和人口的扩张本身却反过来阻止了1800年以后的继续扩张。前面几章已经考察了长期的全球经济扩张，尤其是亚洲的经济扩张，指出这种扩张是由欧洲人供应的美洲金钱支持的，但不是由此启动的。我们还指出，这种扩张的程度在亚洲比在欧洲大得多。我们在第3章和第4章中指出，新增的美洲金钱似乎在欧洲造成了通货膨胀，而在亚洲则造成了生产、拓殖和人口的较大扩张。但是，亚洲的人口与土地资源的比例从一开始就较高；因此，在亚洲许多地区，这种扩张大大增加了资源压力。如果说这种情况在欧洲没有那么严重（或者说，正如下面要论证的，欧洲有更多的排放阀），那么全球性扩张就会扩大东方和西方之间人口−资源比例的相对和绝对差距。

（1）一个人口经济模式

至少从亚当·斯密、大卫·李嘉图和托马斯·马尔萨斯以来，人口与一般的经济增长及具体的技术发展之间的关系就一直是争论不休的话题。大多数人口学专家和发展经济学专家至今仍众说纷纭。例如，多米尼克·萨尔瓦托雷（Dominick Salvatore）就指出，时至今日，联合国、世界银行以及美国国家研究委员会人口增长与经济发展组提交的报告依然得出了相互冲突的结论（1988：xiii）。后者于1986年发表的著名报告中考察了大量的相关文献，概括地提出了9个不同的争论问题，但仅仅试探着得出一些有待商榷的结论。

　　因此，像我这样贸然闯入这一争论的人可能会一无所获。例如，仅仅就解释自18世纪中期起欧洲人口增长加快的原因而言，专家们的观点就从死亡率下降转移到了出生率上升。但是，著名历史学家威廉·兰格（William Langer）最近提出的论断是，对这个问题"不可能做出极其确定的解释或盖棺定论"（1985：5）。因此，思考整个世界范围的人口、经济和技术发展之间的关系及其地区差异，就更是没有把握的事情了。的确，正如罗纳德·李（Ronald Lee）在论述他专业性很强的模式和分析尝试时所说的："我们能否在这样一个框架中来解释非洲、中国和欧洲的相对技术成就？……当然，在这样普遍的范围内来考察这样高度抽象的问题会有很大的困难，甚至陷入荒谬的境地。但是，我确信，这些问题极有意思，因此值得探讨。"（1986：96-97）我很同意；不仅这些问题有意思，而且考察它们对于理解世界历史的真相也是至关重要的。但是，正如本书始终主张的，这就需要在更大的普遍性层次上，即全球层次上来考察这些问题。由于专家们哪怕仅仅是因为害怕被别人斥责为荒谬而不敢涉足那么大的范围，所以就只能让一个傻乎乎的外行来冒犯更荒谬错误的风险了。

　　李考察了托马斯·马尔萨斯和埃斯特·博瑟鲁普（Esther Boserup）之间的"争论"（1981），提出了一个"动态综合"（1986）。马尔萨斯认为，由于报酬递减律的作用，越来越大的资源压力本身就会限制人口的增长。在后来马尔萨斯主义的复兴之前，马尔萨斯的观点似乎受到世界人口迅速和大量增长的挑战，因为技术的发展扩大了资源的供给和（或）回报，因此使报酬递减律失效了。博瑟鲁普在她研究人口与技术变迁长时段趋势的专著（1981）中向前迈进了一步——或者说是回到了斯密，因为在斯密看来，人口增长会造成更大的资源回报。博瑟鲁普提出，人口增长以及相应的资源压力增大本身会造成技术进步，从而使报酬递减律失效。李把普赖尔和莫勒（Pryor and Maurer 1983）视为开拓者，紧随其后，力求对马尔萨斯和博瑟鲁普两家对立的观点做一番"综合"。由此，他至少建立了六个不同的模式，阐释人口与技术的变化或不变可能会如何相互作用。

我提出的关于大约1800年之前欧洲先于亚洲发生的迅速技术变革的微观和宏观经济"解释"，可以说是基于李的一个假设模式的变种。我的解释不是马尔萨斯式的，因为他不考虑这种技术变革；也不是博瑟鲁普式的，因为她把这种技术发展归因于人口的迅速增长。因此，与李的模式不同，我的主张不是他们对立观点的综合，而是对二者的否定。实际上，我的主张是与博瑟鲁普对立的，而不是与马尔萨斯对立的。我的主张比李的观点"更抽象、更概括"：亚洲更高的人口增长阻碍了由于和基于对节约人力和产生动力的机械的供求而发生的技术进步，欧洲较低的人口增长则产生了这种刺激——在与亚洲的竞争中！在李的六个"假设模式"中，有一两个考虑到了这种可能性，但是李似乎没有深入探讨这种可能性。我的论证远不如李的模式、表格和方程式那么精致，但是我的方法可能更贴近现实，因为我引进了三个新的变量，把李的模式变得更复杂而充实了——但最终简化成一个符合真实世界的解释。这三个新因素是：（1）我把亚洲、非洲和欧洲放进同一个全球经济的世界经济篮子里，这也是本书主要的论点和思路；（2）我对各经济区域内的收入分配、劳动供给及其价格和对产品的需求都加以区分，进而也对整个竞争的世界经济中的各地区经济之间加以比较（基于第一个因素）；（3）我强调可以用于投资的资本和各个地区的这种资本来源（或资本缺乏，或资本流入），而不是那些投入资本、生产节约人力和（或）产生动力的设备和机械的经济区域。

由于李没有对这三个变量给予应有的注意，因此他没有注意到加入这三个变量后可能造成的模式"运动"。我可以先简略地描述一下这种

"运动"：在1800年前后，欧洲发生了技术进步，而亚洲没有发生，因为亚洲具有更高的人口增长，但其收入分配也更加两极分化，而且缺乏资本。非洲也没有发生这种技术进步，因为那里的人口与资源的比例比欧洲低得多；而且，非洲根本没有像欧洲那样获得外界的可用于投资的资本。

（2）一种高水平均衡的陷阱？

让我们再来重新回顾自1400年开始的这个长期的"A"阶段扩张，看看亚洲和欧洲的经济与社会为什么会以及如何日益分化。正如我们在第2、3、4章中看到的，自1400年开始的世界经济扩张伴有生产的重大增长。正如我们在第2、4章中看到的，这也使得亚洲主要经济体尤其自17世纪中期以后出现人口大增长。因此，正是世界经济扩张在亚洲主要核心经济体和社会产生了这些后果，而且这些后果在亚洲比在比较边缘的欧洲更明显。因为更富饶的亚洲经济对新的美洲货币的流入做出了"更好的"回应。

一方面，欧洲、美洲和非洲不那么富饶、也更边缘的经济，不可能那么迅速和大规模地通过更高的生产力做出回应（正如我们在第4章中看到的），欧洲反而至少经历了更严重的通货膨胀（正如第3章中指出的）。另外，正如我们在第4章中看到的，直到1750年，欧洲的人口增长仍维持在较低的水平。从1600年到1750年，人口增长率仅仅是18世纪后半期的四分之一（Livi-Bacci 1992：68）。因此，欧洲的工资也一直比亚洲高。

另一方面，在亚洲主要经济体，世界和地区经济增长促成了人口增长并强化了生产对资源的压力，使收入分配出现两极分化，从而制约了国内对大众消费品的有效需求。正如下面将要指出的，同一个结构和进程迫使生产的工资成本下降，而又没有强化促使人们向节约人力和产生动力的生产技术进行投资的价格刺激。亚当·斯密注意到，与欧洲相比，"中国下层人民"更高的劳动供给和劳动者更严重的贫困状态使他们心甘情愿拿更低的工资［（1776）1937：72］。另外，马立博认为，在中国，与人口增长相比，水稻生产的较快增长和大米价格的较慢增长抵消了提高生产力，尤其是使用节约人力的机械的投资欲望（1997a）。诚然，正如第4章中已经指出的，中国以及亚洲其他地区的农业改良（可能还有出生率的提高和死亡率的降低）走在了欧洲的前面。"但是，当然很矛盾的是，由此引起的中国人口的增长反而阻碍了在工业发展的基础上自立的经济增长。"（1997a）

伊懋可援引斯密的相关论述，作为他对所谓的"高水平均衡的陷阱"（high-level equilibrium trap）所做的著名论证的一部分（1973）。他力图解释，为什么中国似乎在其他条件和"前提"都很充分（正如我们在考察生产、贸易、制度和技术时看到的）的时候，却没有发生工业革命。伊懋可的核心观点是，在人力丰富而土地和其他资源缺乏的基础上，中国的农业、运输和制造业技术在前几个世纪的发展已经到了极限。例如，放牧的草场极其缺乏，不断增加的庞大人口使农业用地严重不足，却使劳动力十分廉价。因此，低廉的水路运输和昂贵的牲畜饲料就使人力运输成为合理的选择。例如，1742年的一份材料中提到，一种水泵可以节省灌溉农田所需劳力的五分之四。但是，制造这种机械需要用铜，而铜是极其昂贵的——也就是要牺牲货币，因为流通的货币是用铜制造的。因此，投资制造这种水泵是不经济的，也是不合理的。

伊懋可认为，未能"发展"的原因不是制度缺陷或其他缺陷，恰恰相反，而是基于这些制度和其他条件上的生产、资源利用和人口的迅速增长，从而造成资源短缺，这比劳力更珍贵：

显然，许多资源的短缺情况越来越严重。许多地区缺少建造房屋、船只以及机械的木材。燃料……纺织纤维……耕畜也都短缺。金属，尤其是铜……还有铁和银也供给不足。最重要的是良田短缺，这个时期新开垦的土地质量急剧下降。造成这些短缺的主要原因，当然是在技术相对停滞的条件下人口的持续增长……到18世纪晚期达到了报酬急剧递减的程度。（Elvin 1973：314）

但是，伊懋可认为：

正是传统经济的发展，使有利可图的发明变得越来越困难。由于农业的盈余减少以及人均收入和人均需求下降，由于劳力越来越廉价而资源和资本越来越昂贵……农民和商人的合理策略取向不是节约人力的机械，而是经济地使用资源与固定资本……一旦出现某种短缺，基于廉价运输的商业灵活性是比发明机器更迅速、更可靠的补救办法。这种形势可以被描述成一种"高水平均衡的陷阱"。（Elvin 1973：314）

李沿着博瑟鲁普的思路，也认为中国人口密度太高，无法"支持……实现技术突破所需的……进一步的集体投资……中国会日益陷入一种高密度的人口和中等技术的引力平衡"（1986：124），很像是伊懋可所说的"高水平均衡的陷阱"。在这种陷阱中，高密度的人口、昂贵的资源、稀缺的资本造成劳动力的廉价，因而对节约人力的技术进行投资既不合理，也不经济。印度的情况也是如此。斯坦认为，印度的精英消费和国家军事开支的扩大"把越来越沉重的需求压在劳动者身上，降低了他们的消费，也逐渐泯灭了他们自身的生存追求，在18世纪晚期尤其如此"（1989：11）。我们在前面考察印度以及亚洲其他地区的衰落时，已经看到了这种情况。由类似的供求决定的实物交换，支撑着燃料供给和其他能源的选择与发展。它们的供给范围可能受到大宗原料运输成本的限制而限于当地或本地区，尽管也有一些木材被运到千里之外。但是，对这些产生生产动力的物资的需求主要受制于成本考虑，而成本考虑也取决于世界范围相互竞争的或受保护产品的市场价格，例如纺织工业就需要这些物资作为燃料。

利皮特在否定伊懋可的观点时提出的理由是，中国的生产剩余额很高（1987）。这种理由似是而非，是站不住脚的。可用于投资的剩余与资本是投资的必要条件，但不是充分条件。我已经指出，问题不仅仅是有没有可用于投资的剩余，而是把它们投资到节约人力和产生动力的技术中是否合理。毕竟，中国人对跨地区的运河及其他基础设施投入了巨大的资金。我认为，伊懋可说得对：中国人具有经济理性，因此他们在一种中国和地区经济范围的供求视野和计算中回避了某些投资。这也肯定了我的观点：尤其在出口产业中，这种经济理性肯定会扩展到世界范围，无论是中国还是其他地区。

也就是说，这个观点既能够且应该应用到别的地区，也能够且应该应用于世界范围。亚洲的许多生产和出口，尤其是中国丝绸的生产和出口，是高劳动供给和低劳动成本条件下的高度劳动密集型产业。印度的情况也是如此，先前几个世纪的经济增长与扩张产生了类似的供求关系。在印度，也不是"停滞"，而是相反的情况——经济扩张、人口增长甚至制度变革，总之是资本积累的（正常）进程——必然导致开始出现报酬递减。

《剑桥印度经济史》中指出："（在印度）劳动力极其廉价……使节省劳动的机械变得多余。"（Raychaudhuri and Habib 1982：295）哈比布在别的地方也指出，印度有充裕的熟练劳动力和"技艺补偿"，因此采用节省劳动的机械就变得不经济了（Roy and Bagchi 1986：6-7；尽管该书在附录第143页引述了巴格齐的反对意见）。

因此，伊懋可的思路和分析不仅可以应用于中国，也可以应用于东南亚、印度、波斯、奥斯曼帝国或其他地区——从一种世界经济的观点来看，可以应用于任何一个地区。其中也包括欧洲。在欧洲，伊懋可有关中国的劳动力剩余和资本短缺的论点（或该论点在亚洲其他地区的应用）恰好与亚当·斯密关于英国和欧洲的论点以及后来一些人关于北美的论点相反相成：由于劳动力短缺，因而资本相对剩余。

在欧洲，较高的工资和较高的需求，再加上可以获得资本，包括从国外流入的资本，就使得对节约人力的技术进行投资变得既合理又可行。这种论点也适用于有关动力设备的投资。英国的木炭和劳动力价格较高，因而促使人们转向煤炭和以机械为动力的生产工艺。此后，即使在拥有更多剩余劳动力和（或）更缺少非机械动力的地区，煤炭和以机械为动力的生产工艺也变得更经济了。当然，这里还要补充的是，欧洲与中国、印度及亚洲其他部分之间在世界经济的市场上的竞争，使得这种节约人力和产生能源的技术对于欧洲人来说在经济上是合理的，但对于亚洲人来说则不是。

当收入分配不平等时，这种情况就更明显了。这时，收入金字塔的顶部不会产生降低劳动成本的强烈需求，而金字塔底部的低收入会维持工资水平或驱使工资下降。因此，收入分配越是不平等，就越会阻碍节约人力机械的革新，阻碍对产生动力的工艺的投资。那么，我们对于收入分配究竟应该怎么看呢？

戈德斯通认为，无论劳动力的使用是如何组织的，农业社会的人口增长会使收入与财富越来越集中，并且会压低工资和有效需求（1991a）。而且，我们已经证明，更多的货币和更多的人口也是相辅相成的。所有这些常见的原因，到时就会破坏经济的活力和政治的稳定。是否有证据显示亚洲在17世纪和18世纪出现了这样一种进程呢？答案是肯定的。

我们确实有理由认为，正是生产和人口的长期增长本身反而促成了至少这两者后来增长率的衰落。亚洲的证据显示，其生产和人口的增长造成了资源压力，使经济与社会都出现了两极分化，收入分配越来越不平等。

贫富差距的拉大改变了社会金字塔的"上层"。正如卜正民关于明代中国经济和社会的历史著作《纵乐的困惑》（1998）中所描述的，各种人（尤其是商人和投机商）的向上流动和铺张浪费都加剧了。按照利皮特的估算，19世纪时，士绅和其他人榨取的经济剩余至少占国民收入的30%（1987：90）。早先的经济繁荣很可能产生了更大数量和更高比例的剩余。人们还描述了印度在19世纪衰落以前由于经济扩张而发生的类似情况。实际上，彭慕兰在对印度和中国（以及欧洲）的相关资料进行比较后确信，印度的财富与收入分配比其他地区更扭曲（1996年的私人通信）。社会金字塔顶部对奢侈品和舶来品的需求越来越大，从而使购买力偏离了当地和地区消费品的大众市场。

在社会金字塔的底部，有些人"被淘汰出局"（穷困潦倒），完全被边缘化了。大批失去生计的农民变成低工资工人，组成了一支日益庞大的廉价劳动力后备军。在这个处于社会底层的庞大（或许还在扩大）的人群中，低收入也压低了他们在商品市场上的有效需求，扩大了生产内销和出口产品的廉价劳动力的供给。

就印度而言，哈比布解释了"莫卧儿帝国（如何）成为自己的掘墓人"（1963a：351）。莫卧儿帝国的统治阶级通过剥削农民生产的剩余，攫取了国家的大量财富。哈比布援引了当时人们的两段评论："富人的穷奢极侈与平民的饥寒交迫"之间的反差之大，几乎是前所未有的；"农村被迫承受苛捐杂税，以维持庞大宫廷的奢华生活和供养庞大的军队来确保民众的屈从，农村因此而遭到毁灭"（1963a：320）。这必然会降低大众的收入与国内有效需求，导致劳动力价格低廉。实际上，哈比布也证明，农民受到的剥削越来越重，因而逃离土地，从而可想而知

地增加了城市和其他方面的廉价劳动力供给（1963a：324–329）。这种
情况也大大促成了莫卧儿王朝的垮台和马拉塔人的取而代之，而后者甚
至变本加厉地剥削农民。阿里也援引哈比布的观点来证明，农业方面的
剥削日益沉重，从而导致了农民起义和柴明达尔起义（1975）。（正如
恩格斯与霍布斯鲍姆后来指出的，在英国工业革命时期，挣钱谋生的机
会越多，对工人的剥削越重。）

　　那么，亚洲的收入分配与欧洲（尤其是英国）相比如何呢？亚当·
斯密在谈到中国时指出，那里最穷阶层的贫困程度远超过欧洲，因此欧
洲的最低收入也比中国或许还有亚洲其他地区的最低收入高［（1776）
1937：72］。另外，斯密还指出，中国和印度的实际劳动工资以及劳
工用工资所能购买的生活必需品的实际数量，也低于欧洲大多数地区
［（1776）1937：206］。

　　但是，彭慕兰则认为，印度的收入分配确实比欧洲更不平等，但中
国则比欧洲更平等（1997，及1996年的私人通信）。不过，他也指出，
中国劳工能够获得农村的家庭支持来解决某些生计问题，而欧洲和英国
的城市工人已经没有这种支持了。彭慕兰认为，因此，即使中国的收入
分配与欧洲的不平等程度一样，中国工人也能接受比英国或西欧更低的
工资。就此而言，中国农村的家庭支持就可以被认为是相当于印度那种
更不平等的收入分配的一种"功能替代品"。

　　但更重要的是，彭慕兰的看法可以换成另一种说法：无论中国的收
入分配比较而言是什么情况，工资商品①还是比欧洲尤其是工资较高的
英国相对地——甚至可能绝对地——低廉。也就是说，相对于机器和其
他动力的成本而言，由于工资商品低廉，即使中国和英国的收入分配状
况相似，在中国使用更多的人力和更少的资本就比在英国更经济和合

————————————

① 指用工资购买的商品。

理。但是，不管这些低廉的谋生工资商品是通过什么制度机制分配的，它们只有通过中国的那种农业才能获得，这种农业比英国和欧洲的农业更具有生产力，因而能够更廉价地生产这些工资商品。这些看法也就肯定了另外两个观点，或者至少与那两个观点前后呼应：正如马立博所宣称的（参见本书第4章），中国的农业更有效率（1997a）；另外，正如伊懋可（1973）和我所认为的，正是中国生产效率较高的农业，阻碍了其他经济领域里节约人力的技术革新和从事资本经营的投资。

从相应的物价水平的差异中，或许也能找到另外的答案。货币计量学说（认为物价随货币量的增加而上涨）也许不太容易理解。但是事实表明，一般来说，距离白银/货币来源越近，就越容易获得白银/货币，物价水平就越高；距离货币来源越远，就越难获得货币，物价水平就越低。正如我们已经看到的，欧洲肯定更接近美洲银矿，因此也比西亚、南亚和东亚更早、更多地获得白银供给。我们不是看到欧洲（更不用说北美）较高的物价和较高的工资结合在一起，依然使大多数欧洲人过着与大多数亚洲人一样甚至更差的生活，而亚洲社会金字塔底层却提供了更多的低工资劳动供给吗？在这种情况下，正如拜罗克、麦迪逊等人所说的，欧洲的高工资与亚洲的低工资也应该是与很可能相近的生活水平相匹配的，甚至是与欧洲可能更低的生活水平相匹配的。如果说这种收入分配在亚洲更不平等，或者如果中国甚至印度也有前面所说的那种低廉工资商品的"功能替代品"，那么亚洲的低工资就与其低生活水平更匹配了。这种情况也就使欧洲商品在世界市场（尤其是亚洲市场）甚至欧洲市场上都竞争不过亚洲商品。

是否有证据支持、否定或修正这种说法呢？的确有。我们有关于从1400年到1800年这一时期末期的相对人口－土地资源比例的证据，也有基于以前的人口增长率而推测出的早期变化的证据。另外，我们在第4章中也展示了有关世界和欧亚主要地区之间的比较人口增长率的证据。

（3）有关1500—1750年的证据

为了解释为什么工业革命发生在欧洲和美国，而没有发生在亚洲甚至非洲，就需要一种更好的世界经济理论。这种相对工资水平的微观假设以及相关的长周期的宏观假设，乃是这种世界经济理论的组成部分。那么，我们能够检验这种微观假设以及相关的宏观假设吗？

这方面的证据当然很丰富，而且有些证据已经在前面援引过：亚洲的工资比欧洲低得多，因此欧洲的生产没有竞争力。至于人口与土地资源的相对比例，拜罗克考察了人口与耕地面积的比例，并追溯了1800年前后亚洲的这种比例（1996：154–155）。他发现，亚洲的比例高达3～4倍，1700年前后，中国和印度平均每公顷分别为3.6人和3.8人，而法国和英国分别为1.1人和1.5人（日本在1880年的比例却是每公顷5人）。

当然，人口及其增长的数据很难找，也很不确定，有关经济增长的数据更是如此，有关人口增长与经济增长对资源的压力的数据就更难寻觅了。但是，表4–1和表4–2根据各种不同的数据来源，对世界和各地区人口数据做了总结，显示出一个很有意义的模式。我们发现，很可能是由于第2章和第4章中勾画的经济原因和营养原因，世界人口在1400年以后开始恢复，在1600年以后，尤其从17世纪中期起形成一条向上的曲线。但是，我们在第4章中也看到，从1600年到1750年，欧洲一直稳定地保持着世界人口的18%～19%。在同一时期，亚洲在世界人口中的份额从60%增加到66%。这是因为，在人口已经很稠密的亚洲，人口以每年0.6%的速度增长，而欧洲的增长率仅为0.4%，根据李维–巴齐后来估算的数字，此时欧洲人口的增长率仅为0.3%（1992：68），也就是亚洲的二分之一或三分之二。于是，按照表4–1和表4–2的估算，从1600年到1750年，欧洲人口增加了57%，而整个亚洲的人口增加了87%，中国和印度增加了90%。另外，在资源已经稀缺的亚洲，人口的绝对增长是欧洲的4倍多，从1600年到1700年增加了1.1亿，到1750年增加了2.16亿，而欧洲仅仅分别增加了2 600万和5 100万。

因此，亚洲人口与土地资源的比例比欧洲增长得快。这种差异本身就暗示着，亚洲的廉价劳动力资源的增长比欧洲快得多。如果亚洲的收入分配的不平等程度也逐渐变得比欧洲更大，那么廉价劳动力就更多了。这种推理是基于前面谈到的两个原因：亚洲人口的增长更迅速；亚洲的生产和收入有更大幅度的增长。非洲的人口保持稳定或有所下降，对收入分配产生了什么影响，我们无法确知。但是我们知道，与欧洲不同，非洲没有从外面流入的可用于投资的大量资本，也没有像欧洲那样在世界市场上与亚洲进行激烈的竞争。因此，非洲不可能产生促使人们发明节约人力的技术的刺激。李没有详细阐述理由，只是表示非洲也可能由于其他原因而陷入一种"低水平均衡的陷阱"。

（4）1750年的转折

在18世纪后半期，人口为什么以及如何发生了变化？历史学家和人口学家指出，在大约1750年，人口增长率开始出现了一种尚未得到解释的变化。表4-1显示，从1650年到1700年，再到1750年，世界人口每50年增长大约20%，但是从1750年到1800年则出现了更高的增长率，即增长了23%。然而，亚洲在1750年以前的增长率是26%，从1750年到1800年则仅有20%；印度的增长率从1750年之前50年的30%跌落到之后50年的20%。在表4-2中，克拉克的估算显示了这段时期的另外一种增长率（1977）。在第一个50年中，世界人口总数增长了24%，在第二个50年中仅增长了14%，从1750年到1800年又恢复到21%。中国的人口增长率在第一个和第三个50年都在50%左右，在从1700年到1750年的这个中间阶段却令人费解地仅为40%左右。另外，克拉克的估算还显示，印度的人口增长率出现了一个大跌落，从1700年之前半个世纪的33%下降到1750

年之后半个世纪的零，绝对数字在1750年到1800年间（1757年的普拉西战役之后）下降了0.5%。

　　其他估算数据则显示，亚洲人口增长率下降更多，而欧洲人口增长率有所上升。根据联合国至今仍在使用的卡尔–桑德斯的估算（1936），世界人口增长率在1750年以前的一个世纪里平均每年为0.3%左右，在之后的半个世纪里则下降到平均每年0.2%，甚至0.1%。其中主要是因为亚洲在1750年到1800年间从平均每年0.6%急速下降到平均每年0.13%或0.14%。根据更新的估算，在亚洲内部，中国的人口增长率为1%，而印度在经济衰落及被英国征服和殖民化的时期人口增长率仅为0.1%（Nam and Gustavus 1976：11）。因此，所有这些人口估算尽管有所差异，但都明确显示，亚洲人口在18世纪从高增长率转向了低增长率。

　　从表4–1看，欧洲的人口增长则加速了，从1650年到1700年间的15%上升到1750年到1800年间的34%，以及1800年到1850年间的41%。在表4–2中，欧洲人口增长率也从第一个50年的17%上升到第二个50年的23%，又继续上升到第三个50年（即1750—1800年）的33%。也就是说，欧洲人口增长率突然从原先的年均0.3%或0.4%跳跃到1750年到1800年间的年均1.6%。李维–巴齐的最新估算数字（1992：68）是，欧洲人口年平均增长率在1600年到1750年间为0.15%，在1750年到1800年间为0.63%（低于亚洲同期数字）。无论这些估算有多大差异，但无可争议的是，欧洲人口增长率突然上升了，而亚洲则没有出现这种情况，而且印度的情况可能相反。另外，这些趋势继续发展，甚至在19世纪前半期还加速了。

　　过去有一种说法，认为由于工业革命对童工的需求不断增加，因此生育率高于死亡率，导致了这种人口增长的加速。这种说法很容易被驳倒。因为这种人口增长的加速并不限于新兴工业化的英国乃至西北欧，在东欧和俄国更为明显。俄国向西伯利亚的扩张支持了它的人口增长，而东欧和俄国的工业化速度总体上比西欧慢。正如兰格所说的，我们也许永远搞不清欧洲人口突然起飞的确切原因，但是我们知道欧洲确实出现了这种情况，而亚洲没有（1985）。

那么，1750年以后亚洲和欧洲的人口趋势发生逆转这一事实，是否会否定我对亚洲和欧洲命运逆转以及工业革命首先发生在欧洲的原因的解释呢？不会。我们可以对这一事实做出两种解释吗？是的。

1750年以后亚洲和欧洲的人口增长率的绝对和相对变化，不一定会破坏我提出的解释，甚至可能为这种解释提供新的支持。首先，亚洲较低的人口增长率乃是亚洲衰落的一种表现和证据，而亚洲的衰落乃是我的解释的核心内容。同理，欧洲人口及其增长率的上升，也是"欧洲兴起"和西方兴起在经济方面的表现和证据。附带地说，有人会说，在这种情况下确实有一种博瑟鲁普效应！博瑟鲁普认为，在18世纪中期以前，欧洲的人口与土地资源的比例不利于农业或工业的技术创新（1981）。她强调，只是在那以后，欧洲的人口增长才提供了这种刺激，而且在此前夕，欧洲没有出现农业生产力的增长。她认为，尽管1800年以后情况才更加明显，但是欧洲人口越来越快的增长，也能支持节约人力的技术、更省力和更廉价的动力以及原材料利用方面的革新。但是，要使这种情况成为现实，就需要不仅在本国而且在国外大大地扩张欧洲产品的市场。

但是，欧洲还必须有充足的资本来源，才能负担得起技术投资，正如扩大了市场才能使这种投资变得有利可图。尤其是在1757年的普拉西战役之后和自1800年起，世界经济本身和在世界经济内部就满足了这些条件。在同一时期，亚洲的衰落本身——更不用说欧洲殖民主义——就为欧洲人提供了必要的市场和市场份额，也提供了额外的可用于投资的资本。另外，向美洲移民也排泄了欧洲大量新的过剩人口。欧洲边疆的这些人口与在新世界获得的额外的新资源结合起来，则进一步扩大了欧洲生产和出口的世界市场。我在本书中一直强调，如果没有1800年前后的世界经济结构和格局，上述这一切都不会发生。

彭慕兰考察了这种结构与格局的另一个重要方面（1997）。他指出，以前长期的经济与人口增长（即我们所说的漫长的"A"阶段，而且他也发现这主要体现在中国）造成了世界各地在不同资源基础上不同的生态需求和机会。按照他的分析，到18世纪末，这些生态压力反过来刺激和促成了英国和西欧转向新的能源，尤其是用煤炭取代木材，用蒸汽动力取代机械和畜力牵引。这种生态–经济刺激，以及人口–经济结构与格局当然是相互联系的，也需要进一步地联系起来分析。

（5）对这种解释的质疑与修改

上面是对1800年前后的技术变革所做的一种人口学的和世界宏观与微观经济的解释。人们可以基于一些实证理由对这种解释提出质疑，也可以对其分析有所保留。但是，这反而有助于修改和加强这种论证。下面的论证建立在1996年8月和10月彭慕兰、戈德斯通和我通过电子邮件展开讨论的基础上，目的是对我们的讨论进行更好的综合，在实证和分析方面更易于我们三方接受，也更经得起读者的推敲。讨论的主要问题是：如何从世界市场竞争的角度来解释1800年前后的技术变革，以及是否和在哪里进行投资来降低生产的比较成本和扩大市场。

（1）简单的供求假说面临的主要挑战是，工业革命的技术创新与其说是"节省"劳动，不如说是"扩展"劳动，从而提高了劳动和资本二者的生产力。

（2）在中国某些地区（例如长江流域和华南）以及印度某些地区，直接工资价格或成本可能与欧洲（尤其是英国的某些地区）一样高（甚至更高）。

（3）中国和欧洲的收入分配情况可能相似（我认为，中国不比欧洲更扭曲)，印度则很可能更不平等。

（4）根据我们的分析和企业核算，绝对的、相对的和世界范围的比较工资成本问题也与当地和地区的劳动配置问题有密切关联。

（5）（尤其是）农业和工业之间的劳动配置存在一些经济差异，而这些差异与某些制度差异有关。但是我们还不太清楚，这些差异在多大程度上成为表面上的劳动配置的根本原因，或者它们是否仅仅是把劳动配置组织起来的不同的制度机制。特别重要的制度差异有：①在印度，劳动力是受束缚的；②中国的妇女被束缚在乡村，她们的劳动局限于农业和家庭手工业（如纺纱）；③中国的一些产业工人还要直接依赖被束缚在乡村和农业中的妇女所生产的生活必需品；在英国就没有那么严重，生活必需品通常是从市场上获得的；④在英国，可能还有欧洲一些地区，为了生产更多、更廉价的羊毛而实行圈地，把男女劳动力赶出土地，抛入城市的雇佣大军（或失业队伍）。

（6）工业革命是从棉纺织业开始的，但这既需要越来越多的"外来的"棉花供给（对于欧洲来说，这种供给来自殖民地），也需要面向一切人的"世界"市场，在这个世界市场上，所有人都必须参与竞争（除了中国，因为它依然有一个不断扩展并且受到保护的国内和地区市场）。

（7）工业革命还需要更多、更廉价的能源生产与供给，而且是在这种条件下发生的。当时主要利用煤炭来制造和使用产生蒸汽动力的机械，这种机械一开始是固定的，后来变成可移动的。里格利论证了煤炭取代木材成为英国燃料来源的关键作用（1994）。

（8）这些动力来源在技术上和经济上首先需要（并且允许）劳动和资本集中于采矿业、运输业和制造业。其次，它们也通过铁路和汽船使长途运输变得更迅速、更廉价。

（9）在这些"革命性的"工业动力、设备、组织以及相关的劳动方面的投资，只会发生在具有经济上的合理性与可能性的地方，而这取决

于：①劳动力的配置与成本选择；②其他生产资料的配置与比较价格
（例如，产生动力和用于运输的木材、煤炭、人力和畜力资源以及诸如
棉花和钢铁等原料），它们与这些资源的地理位置以及获取它们时的生
态变化有关；③资本的来源和盈利的可能性；④市场渗透程度和潜力。

（6）印度、中国、欧洲和整个世界的转变

19世纪初，以上9个因素引起了世界经济的一系列转变。

印度

尽管印度拥有廉价的而且受束缚的熟练劳动力，但是它在世界纺织
品市场上的竞争支配地位受到了威胁。国内的棉花、食品和其他工资商
品的供给依然丰富而廉价；尽管日益受到严重的经济和政治困扰，生产
组织、贸易组织和金融组织以及运输业还是比较有效率的。但是，其他
的动力和原料供给，尤其是煤炭和钢铁的供给则比较稀少和昂贵。因
此，当时几乎没有经济上合理的刺激来促使印度人进行技术创新。此外
还有其他的阻碍因素：首先是从18世纪三四十年代甚至更早开始的经济
衰落；其次是（由此引起的？）从18世纪五六十年代开始的人口增长减
慢和英国殖民主义活动；最后是经济衰落和殖民主义的结合而导致的英
国对印度资本的"榨取"。印度在1816年从一个棉织品净出口国变成一
个棉织品净进口国。但是，印度还在纺织品市场上挣扎，到19世纪的最
后30余年开始重新增加纺织品生产（也是由工厂生产）和出口。

中国

中国在世界瓷器市场上依然保持着支配地位，在丝绸市场上还有部
分的优势，在茶叶市场上拥有越来越大的优势，在纺织品方面基本上维
持自给自足。中国直到19世纪初还保持着贸易顺差。因此，中国从国内

和国外两方面获得和集中了资本。但是，中国的煤炭资源还远没有用于动力和工业生产的可能性，因此虽然山林在逐渐毁灭，但人们还没有觉得用煤炭取代木材作燃料更为经济。另外，内陆运河运输、沿海航运及道路运输依然很有效率且价格低廉（但不包括从边远的煤矿运送煤炭）。

这种在国内和世界市场上的经济效率和竞争力，也依赖绝对的和相对的低廉劳动成本。即使像拜罗克指出的那样，（中国）人均收入高于其他地方，即使收入分配并不比其他地方更不平等（彭慕兰和戈德斯通的看法），工资商品的生产成本绝对地看和相对地看都是很低的。农业和工业的劳动力都很充裕，产业工人及其雇主都可以便宜地获得农产品，因此，雇主可以向工人支付很低的谋生工资。戈德斯通强调一个因素的重要性：妇女被束缚在乡村，因此始终可以供（廉价的）农业生产所用（1996）。彭慕兰则强调了一个相关的因素：城市产业工人依然部分地依赖"他们的"家乡来维持生存（正如第二次世界大战后南斯拉夫工业化时期的情况），而乡村的低廉农产品部分地是由戈德斯通提到的农村妇女生产的（1997）。换言之，从企业雇主和市场的角度看，工资商品之所以绝对地和相对地低廉，是因为妇女劳动使农业能够有效率地和廉价地生产它们。这种工业、运输业、贸易和其他服务业的城市工人和其他工人的廉价食品的"制度性"分配，在功能上相当于更不平等的收入分配。劳动供给量大，劳动价格低，对消费品的需求也就减弱了；因此，也就几乎没有什么刺激促使人们投资于节约人力或使用其他能源的生产和运输。伊懋可试图用"平衡的陷阱"来概括这种局面（1973）。即便如此，中国在世界市场上依然具有竞争力，并保持出口顺差。正如乾隆皇帝向英国国王乔治三世所说明的，中国"并无更需尔国制办物件"。

欧洲

欧洲（特别是英国）不得不与（尤其是）印度和中国展开竞争。欧

洲当时仍依赖印度的棉织品、中国的瓷器和丝绸。欧洲把这些商品转口
到非洲和美洲的殖民地来谋取利润。另外，欧洲还依赖殖民地，需要从
那里获得金钱来支付这些进口，而这对于欧洲的转口贸易，对于欧洲
自身的消费、生产和出口都很重要。在18世纪末和19世纪初，欧洲从非
洲与美洲的殖民地通过奴隶贸易和种植园经济获得的贵金属与其他利
润，即使没有绝对地下降，也在收支盈余上有所下降。为了弥补甚至维
持——根本谈不上增加——其在世界市场和国内市场的份额，欧洲人集
体地（企业家个人也）被迫加强他们对某些市场的渗透。为了实现这一
点，他们或者用政治和军事手段来消除竞争，或者通过降低自己的生产
成本来削弱竞争（有时则双管齐下）。

　　当印度和西亚开始"衰落"时，即使中国还没有"衰落"，机会就
来了。英国和欧洲其他地区的工资与生产和运输的其他成本依然很高，
不具有竞争力。但是尤其在1750年以后，收入的上升和死亡率的下降迅
速地提高了人口增长的速率和数量。另外，农业中置换出来的剩余劳
动力扩充了工业劳动力的供给潜力。与此同时，英国对印度的殖民主义
统治使长期以来资本流入这个国家的趋势发生了逆转。另外，商业措施
和殖民措施结合在一起，使得大量的原棉被输入英国和西欧。森林的大
量砍伐使木材和木炭的供给越来越紧张，木材和木炭的价格也越来越昂
贵。在英国，从18世纪三四十年代起，煤炭成本先是相对下降，然后是
绝对下降，从而使硬煤取代木炭（和泥炭）的做法变得越来越经济，因
而也越来越普遍了。18世纪最后30余年的康德拉捷夫"B"阶段促成了
纺织业的技术发明和蒸汽机的改进（蒸汽机先是用于煤矿排水，然后也
用于为纺织业提供动力）。到19世纪初，一个"A"阶段（康德拉捷夫确
定的第一个"A"阶段）和拿破仑战争促进了人们对这些新技术（包括
运输设备）的大量投资和这些新技术的扩展，也导致了越来越多的成本
依然较高的劳动力被纳入"工厂体制"。生产迅速地增长；实际工资和

收入下降了；"世界工场"通过"自由贸易"征服了外国市场。但即使到了这个时候，英国殖民主义仍不得不禁止外国人自由地与印度进行贸易，而且借助于从印度出口鸦片来强行"打开"进入中国的"门户"。

世界其他地区

我们的世界经济分析还没有涉及世界其他大部分地区。但是，简单地说，我们看到，非洲大部分地区的人口与土地资源的比例至少像欧洲一样有利于节约人力的投资。但是，非洲没有欧洲那样的资源基础（除了南非有尚未得到开发的资源），而且非洲不仅没有资本流入，还苦于资本外流。加勒比海地区也是如此。拉丁美洲有资源和劳动力，但也苦于殖民主义和新殖民主义造成的资本外流和单一原料出口，而自身的国内市场却被欧洲出口商品占据。西亚、中亚和东南亚也日益成为欧洲及其工业的驯服市场（如果还不是殖民地的话），它们向欧洲及其工业供应原料，而原先它们自己把这些原料加工成国内消费品和出口商品。在19世纪，只有北美、澳大利亚、阿根廷和南非的欧洲"移民殖民地"能够在这种国际劳动分工中另外找到安身立命之地，此外就是中国和日本能够继续进行有力的抵抗。但这是另外一个发生在后来的故事了，这个故事导致了东亚在今天的世界经济中的重新崛起。

总之，变动中的世界人口-经济-生态形势突然地——包括亚当·斯密在内的大多数人都没有料想到——使一系列相互关联的投资在经济上变得合理了，也有利可图了。这些投资包括：为节约单位产出的劳动投入以提高生产力、劳动利用率及其总产出而在机械和工艺上的投资；对动力生产的投资；对雇佣劳动力和资本生产力的投资。生产过程的这种转变最初集中在世界经济中某些地区的有选择的工业、农业和服务业部门。这些地区的比较竞争地位使得（后来继续使得）这种新工业化经济体的进口替代措施和出口拉动措施具有了经济上的合理性和政治上的可行性。因此，这种转变曾经仅仅是（而且继续仅仅是）世界经济进程的一种表现。这种表现暂时局限于某些地区，只要这种表现没有均匀地遍及全球——历史上还从未出现过这种情况，在可预见的未来也不太可能出现——就还会转移。这也就意味着，1800年前后，在与欧洲进行的世界经济竞争中，阻碍亚洲的不是普遍的贫困，更不是传统或失败，用马克思主义和熊彼特的术语说，恰恰是它们的成功导致了失败。因为造成亚洲经济的竞争障碍的，乃是它先前回应长期"A"阶段扩张的经济刺激时取得的绝对和相对的成功——这个"A"阶段是由美洲金钱的流入支持的，并且持续到18世纪的大部分时间。这就把所有的流行理论翻了个脚朝天。

（7）关于过去的结论和对于未来的意义

最后，我们可以再次总结我们的发现和论证，探讨它们对未来的意义，然后在下一章进一步考察这一切对于社会经济理论和世界历史——过去、现在和未来——究竟意味着什么。我们的论证和证据表明，1400年到1800年间的世界发展不是反映了亚洲的孱弱，而是反映了亚洲的强大；不是反映了欧洲根本不存在的强大，而是反映了它在全球经济中的相对孱弱。因为正是所有这些地区联合参与统一的但在结构上不平等、变化不平衡的全球经济，以及它们在这个全球经济中的位置，才引起了它们在世界上的相对地位的变化。与边缘的欧洲、非洲和美洲相比，自1400年开始的普遍的全球经济扩张使亚洲的这些中心受益更早、更多。但是，正是这种经济优势，在18世纪晚期逐渐成为亚洲各地区的绝对和相对的劣势。人口和收入的增长以及经济和社会的两极分化造成了越来越大的资源压力，限制了社会底层的有效需求，使亚洲比其他地区更容易获得廉价劳动力，生产和贸易也开始衰退。

欧洲以及后来的北美（我们还可以加上欧亚大陆另一端的日本）有

能力利用19世纪和20世纪的这场泛亚洲危机。它们设法成为新工业化经济体，先是实行进口替代政策，然后逐渐实行面向全球世界市场的出口拉动政策。但是，这种成功是基于它们原先在全球经济中的边缘地位和相对"落后"地位的，也会被证明是相对短命的。这些新兴的但或许也是暂时的世界经济中心，现在也正经历着与原先的亚洲经济中心相似的绝对和相对的社会经济衰退，而一些原来的亚洲经济中心似乎正在恢复它们的经济和社会活力。

因此，与其他周期性衰落和过渡时期一样，18世纪晚期也是衰落的亚洲人与崛起的欧洲人之间竞争和"分享"政治经济权力的时期。直到那之后，以欧洲势力为中心的新"霸权"秩序才建立起来，并伴随着欧洲迅速的资本积累而产生了一个工业和经济扩张的新时期。这个19世纪世界霸权体系最终导致了欧洲内部日益激烈的角逐以及与美国和日本的角逐。这些角逐最终发展成1914年到1945年间的普遍危机和战争，从而导致了一个美国领导下的新霸权秩序和一轮新的世界经济增长。当代东亚的经济扩张首先从日本开始，继而体现为东亚新工业化经济体，现在也明显出现在中国沿海地区。这可能预示着，亚洲在未来的世界经济中会重新承担起它在不太久远的过去曾经承担的领导角色。

我们可以思考一下这个长周期的延续过程。它的"B"阶段大概是在1800年前后从亚洲开始的。从亚洲的或更广阔的全球的长时段角度看，这个延长的19世纪和20世纪"B"阶段的结束，可以用20世纪中期开始的新一轮的"第三世界"的政治非殖民化作为标志，其中包括中国和越南的解放。这些政治事件自然也是西方以及西方支配的世界发生的长期政治经济变化的反映，其中包括霸权从西欧转移到美国。

自20世纪70年代初以来，我们至少可以看到同时发生而又相互关联的两大趋势。首先，自1973年开始的第一次战后大衰退以来，整个西方的生产力增长出现了明显的和尚未得到解释的减缓趋势。与之相伴的是美国经济中的平均实际工资的下降和前所未有的两极分化。这次衰退和继之而来的1979年到1982年间的衰退，曾经被错误地归咎于1973年和1979年的"石油冲击"（Frank 1980）。但是，值得注意的是，石油出口国并没有向西方发起另外的政治经济挑战，而且西方世界整体的经济动荡，包括"调整"和"缩减"其生产活动，以及东欧社会主义国家的政治经济崩溃，都发生在西方自1967年开始的康德拉捷夫长周期的"B"阶段。

另一个同时发生并相互关联的趋势，就是东亚经济的明显复兴及其对世界的冲击。这种复兴始于日本，继之以第一批"四小虎"，包括日本的前殖民地韩国和中国台湾，以及中国香港和新加坡。然后，这种经济增长的复兴蔓延到东南亚其他的"小虎"或"小龙"以及中国沿海的"大龙"。正是这个中国南（和东）海地区及其"海外华人"团体，曾经在15至18世纪漫长的"A"阶段在世界经济中占据显要位置。这是否预示着21世纪在那个地区，或许还扩及南亚和西亚，会出现一个新的"A"阶段呢？

因此，我们可以设想，西方和东方会在不远的、已经隐约可见的将来再次交换在全球经济和世界社会中的位置。这种对过去七个世纪的长周期起伏的探讨和思考，也引出了一个重大的理论问题：在我们所说的长周期循环中，各个阶段是如何互相替嬗的？不过，我们最好还是在最后的"理论"一章讨论周期循环时再来探讨这个问题。

为了理解当代的发展和未来的前景，需要有更新的、更好的理论，这样才能为社会政策和社会行动提供哪怕是一些很基本的指南。我希望，本书提供的与众不同的历史视野也能对这种现实和前景投射更多的光亮，因为过去依然参与着对现在和未来的创造与限制。因此，最后一章将阐述我们就历史学和社会理论应该避免哪些错误而做的历史说明究竟有什么意义，并且探讨历史学和社会理论研究如何能做得更好。

第 7 章

历史研究的结论和理论上的意义

宏观历史学家……关注千百万人生活的大规模变迁——其中有些变化是同时代的文献资料根本没有注意到的。提出与回答问题支配着宏观历史学家所能发现的东西……（而且）使宏观历史学具有意义……通过提出与人类交互行动的地理范围相吻合的问题……就会从过去中提炼出真正的模式，而这些模式是只对世界某一部分感兴趣的历史学家捕捉不到的。这就是为什么历史的真实会随着历史考察范围的变化而呈现出不同的方面。

威廉·麦克尼尔（1996：20-21）

现在，应该对我们的研究做出一些结论，并指出其中的某些理论意义。我们比较容易根据本书的论证得出这样一个结论：一些被广泛接受的理论命题或假设无法得到史料的支持。但是，开始寻找这种论证对于建立另外的理论命题的意义，就比较困难了。

我们的结论会造成双重的打击。否定这些被广泛接受的理论命题的史料十分丰富，而且极其全面，因此会从实证方面完全推翻这些命题。但是，这些命题构成了19世纪和20世纪社会理论的基础与核心。因此，揭示这些命题本身就经不起检验这一事实，也就摧毁了这种理论的历史实证基础。因此，这种"理论"就会暴露出其不过是欧洲中心论的意识形态的面目。由于这种意识形态一直被用于为殖民主义和帝国主义提供"辩护"和支持，因此证明这些命题的虚假性也就会使这位欧洲中心论皇帝赤裸裸地暴露在光天化日之下。在这最后一章中，我们将一件件地剥掉这位欧洲中心论皇帝的外衣。

结论的理论意义至少也是双重的。一个意义是，我们需要建构更符合实际证据的新社会理论。另一个相关的意义是，我们在建构这种理论时，至少应部分地通过分析历史证据而进行归纳。因此，我们还需要考察历史证据可能对于另外一种更现实的社会理论有什么意义。但是，我们在此只能先来探讨它对于建构一个更整体性的全球社会理论的意义。反对进行这种考察和探讨的人可能会指责说，这不过是一种循环论证。就算是这样吧。

历史研究的结论：欧洲中心论皇帝没穿衣服

§

（1）亚细亚生产方式

佩里·安德森主张为"亚细亚生产方式"这一概念"举行一场它理应得到的体面葬礼"（1974：548）。他太温文尔雅了，因为亚细亚生产方式甚至几乎不值得他这样的礼遇。我们无须深入考察这个概念的争议史就能明白，它实际上从一开始就几乎是无稽之谈。我说"从一开始"，是因为在"亚细亚生产方式"的概念被发明出来之前，世人就已经知道真实的世界根本不是那样的。本书中援引的各种言论证明，甚至在欧洲，人们也知道埃及、西亚、南亚和东亚在经济、政治、社会和文化上的进展。1776年，亚当·斯密证明，根据各种报道，中国和印度甚至在技术方面也领先于欧洲。那么，他为什么还说中国似乎在五个世纪里没有变化？实际情况当然不是这样；但如果是这样的话，这句话就意味着中国早就如此发达，欧洲甚至发展了五个世纪还追不上。实际上，中国当时还要更发达，而且我们已经看到，它的经济还在扩张和发展。亚洲大部分地区也是如此。我们已经指出，亚洲根本没有"停滞"，人口、生产和贸易都在迅速扩张，经济和金融制度促成或至少允许这种扩张。

因此，马克思把中国描绘成"小心保存在密闭棺材里的木乃伊"是毫无事实依据的。他所谓的流行于印度、波斯、埃及等地的"亚细亚生产方式"的观点也是如此。正如蒂贝布尖锐地指出的，这不过是"涂成红色的东方学"（1990）。马克思主张："大体说来，亚细亚的、古代的、封建的和现代资产阶级的生产方式可以看作经济的社会形态演进的几个时代。"这种说法也是纯粹的意识形态虚构，根本没有事实依据或科学依据。从来就没有过这样的一些时代。从一种"生产方式"向另一种"生产方式"的直线阶段性转变的概念，无论这种转变是"社会的"还是世界范围的，都不过是转移人们对真实历史进程的注意力，而真实的历史进程是世界范围的，但在横向上是整体性的，在纵向上是周期性的。

遗憾的是，"马克思所做的亚洲分析的重要性在于……它是整个分析过程的一个组成部分，他通过这种分析建构自己的资本主义理论"（Brook 1989：6）。"东方学对于马克思主义研究的重要性在于……这样一个观念：与西方社会不同，伊斯兰（及其他东方）文明是静止的，是被自身的神圣习俗、道德法规和宗教律令封闭起来的。"（Turner 1986：6）因此，马克思的整个"资本主义理论"有两方面的致命缺陷，一方面是他以欧洲中心论制造的"亚细亚生产方式"的寓言，另一方面是同样出于欧洲中心论的断言：欧洲是不一样的，在那里发生的事情应该从那里起源。我们已经看到，欧洲实际上并没有发生这种事情——更谈不上是因为任何所谓的从封建主义向资本主义的转变。历史进程是世界范围的，囊括了全世界，也包括欧洲。

在伊斯拉莫格鲁-伊南主编的《奥斯曼帝国与世界经济》（1987）中，她与几位撰稿者对"亚细亚生产方式"概念进行了另外一种严肃的理论和实证批判。该书显示，无论是牵强附会地论证这个武断的概念，还是逃避这个概念，这些盲从的甚至反叛的努力都无法帮助和扩展撰稿者对史料的分析，而是会阻碍和扭曲这种分析。她的这部著作还生动地显示，不仅是"亚细亚生产方式"的概念，而且"资本主义生产方式"的概念以及沃勒斯坦以欧洲为基础的"现代世界体系"概念、奥斯曼帝国或亚洲其他地区"被并入"该体系的观念，对人们的思想有多大的束缚。

（2）欧洲特殊论

基于六个相关的理由，我们必须驳斥这种所谓的欧洲特殊论。

首先，亚非东方学和欧洲特殊论的各种论点从经验和描述上歪曲了亚洲的经济和社会状况。正如我们对亚洲参与世界经济情况的考察所表明的，那些所谓的亚洲非理性和反对追逐利润的特征以及前（非/反）商业和产业资本主义特征的种种说法，都是不着边际的无的放矢。历史上，亚非的经济和金融发展及相关制度不仅达到了欧洲的标准，而且在1400年时超过了欧洲，在1750年时依然超过欧洲，甚至到1800年仍高于欧洲。

其次，在从1400年到至少1700年的几个世纪里（甚至更早），欧洲毫无"特殊"之处可言，除非说欧洲在地图上占有"格外"边缘性的、遥远的半岛位置，因而也相应地在世界经济中扮演一个次要的角色。它由此而具有某种"落后的优势"（Gerschenkron 1962）。正如霍奇森在40年前就警告过的（1993）和布劳特近年明确论证的（1993a，1997），那些所谓的欧洲"优越"的特殊论没有一种经得起欧洲或其他地区的史实的检验。因此，从韦伯到布罗代尔和沃勒斯坦的几乎所有公认的历史学和社会理论，也都从经验上和理论上曲解了欧洲参与世界经济的活动和欧洲经济发展中真正的关键因素。无论他们的历史研究和社会理论带有什么政治色彩或政治意图，也都与托尼[①]、汤因比、波兰尼、帕森斯和罗斯托的历史研究与社会理论一样，没有他们所宣称的那种历史依据。正如亚洲不是死气沉沉、墨守成规的，欧洲也不是完全凭借自己的力量把自己举起来的。

第三，这种比较方法本身不仅缺乏充分的整体意识，而且在具体研

[①] 指理查德·托尼（Richard H. Tawney，1880-1962），英国著名经济学家、历史学家。

究上张冠李戴、牵强附会。最糟糕的情况是，武断地把某些"特征"宣布为根本性的（对于什么是根本性的？），而且是别的地方都没有而只有欧洲有的。最好的情况是，西方的学者（遗憾的是，也包括一些来自亚洲和其他地区的学者）把"西方的"文明、文化、社会、政治、经济、技术、军事、地理、气候等方面的"特征"——总之，种族"特征"——与"东方的"相应"特征"加以比较，发现按照这种或那种（欧洲中心论的）标准，后者总是缺少什么。在经典作家中，韦伯在比较这些因素方面做出了最重大的贡献，尤其是对马克思主义关于东方的"神圣习俗、道德法规和宗教律令"的观点做了精细的修饰。他的许多追随者进一步用更具体的描述丰富了这种比较研究。即使这些比较在经验上是准确的——我们已经看到它们大多并不准确——它们仍然有两大弱点：一是如何解释被比较的所谓重要因素；二是为什么首先——以及最终——要比较这些特征或因素。究竟挑选哪些特征或因素来加以比较，基于一个明确的或不言而喻的先验决定：欧洲的特征是重要的、独特的，因此也是值得与其他地区的特征进行比较的。下面，我们将依次考察这些决定与不言而喻的选择。

第四，有一种有时明确、但更经常是不言而喻的假设：生产、积累、交换和分配等的制度基础和机制及其功能运作，是由"传统的"历史遗产和当地的、民族的或地区的发展决定的。这种"分析"甚至从未考虑这样一种可能性：这些因素是该地、该民族或该地区对参与一个统一的世界范围的经济体系和进程做出的回应。但是，正如我们所坚持和论证的，亚洲、非洲、欧洲和美洲各地的积累、生产、分配以及它们的制度形式，实际上是适应和反映它们共同的相互依存关系的。诸如霍尔木兹和马六甲这样的商品集散中心以及其他大多数港口和陆路中心的制度形式和活力，当然取决于它们扩大还是缩小参与世界经济的程度。但是，在它们身后进行生产和商业活动的内陆地区也是如此。我对1520年到1630年间墨西哥农业的研究（1979）就显示，招募和组织劳动力的一系列制度形式乃是当地对世界经济周期变动做出的回应。在本书第2、3、4章中，我们已经看到了孟加拉边疆（Eaton 1993）、中国南方（Marks 1997a）、东南亚（Lieberman 1995）和奥斯曼帝国（Islamoglu-Inan 1987）类似的制度调适和发展。甚至相关的"文明"或"文化"的变量也不是那么具有决定性或独立性，因为它们本身也是由世界范围的经济结构与进程衍生出来的，并且依附于这种经济结构与进程。那些主要从当地、民族或地区的所谓文化因素或阶级因素来说明或解释当地发展的尝试，都是坐井观天。它们忽视了最基本的世界经济"海洋"的变化，而当地的变化往往只是表面的"波浪"和现象。总之，仅仅和主要基于当地原有条件来说明当地的发展特征和因素，而不考虑它们在世界经济体系中的功能，只会导致忽视真正令人满意的解释所不可或缺的基本因素。

因此，我的第五点反驳是，即使是最好的比较研究也违背了整体主义的基本要求，因为它们没有研究全球整体和世界经济体系，不是从全球整体和世界经济体系中引申出需要比较的因素。也就是说，我们需要建构一个关于这种全球经济和世界体系及其运作和转变的整体主义的理论和分析，因为全球经济和世界体系及其运作和转变塑造了那些制度形式本身。我们确实需要这样一种完全不同的研究思路。土耳其的《中东技术大学发展研究》杂志在1995年专门讨论了研究欧洲史的新方法，这一期杂志可以成为一个生动的反例。该期杂志刊登了约翰·霍尔的《关于"西方的兴起"的理论解释》以及一组土耳其学者的评论。霍尔承认自己"颇为得意"，因为自己"能够（对西方的兴起）做出全新的说明"，"将从完全不同的角度解决马克斯·韦伯的问题"（1995：231-232）。他首先考察了中国，并简略地提到了伊斯兰世界和信奉印度教与佛教的印度。他还是像原先（1985）那样，强调这些地区相对于欧洲的短处。

· 377 ·

他认为，中国的经济之所以不发展是因为帝国制度，印度是因为印度教的种姓制度，伊斯兰世界是因为游牧民族的部落文化；这些地区都没有欧洲那种独特的国家与国际体系。于是，霍尔不过是兜了一个新圈子，又回到了陈旧的欧洲特殊论。一位土耳其学者把自己的评论称作"更像是为霍尔先生辩护"。他说："我认为，大多数反对意见本身是缘于某种误解。"遗憾的是，他的土耳其同行的"反对意见"仅仅驳斥了霍尔的欧洲特殊论和实证比较的一部分。他们自己没有提供别的解释，甚至根本没有提出一种整体主义的思路，而只有整体主义的思路才能在统一的世界体系中对欧洲人和奥斯曼人加以比较，而且把二者联系起来。我们在此只是刚刚开始做这项工作！

　　第六，"西方社会"和"东方社会"的比较研究已经因它们对所比较的特征或因素所做的选择而变得没有价值了，除非这种选择本身出自对整个世界经济体系的研究。但事实上并非如此。事实上，对所比较的特征或因素的选择只是出自对世界某一部分的关注，这一部分或者是英国，或者是欧洲、西方，或者是其他什么地方。也就是说，从韦伯到布罗代尔和沃勒斯坦，这种研究只是借助欧洲的路灯，牵强附会地用放大镜甚至显微镜来寻找需要解释的东西。而真正的任务应该是首先用望远镜来获得一个全球整体及其世界经济体系的整体图像。只有这样，才能揭示我们需要用放大镜来极其小心地观察的消极特征或积极因素。我们在本章第二部分中讨论理论意义时再来谈这项任务。现在，我们先来得出一些不应该做什么的结论，因为如果做了这些不该做的事情，就会妨碍我们"如其实际"地从全球整体观察历史。

（3）究竟是欧洲的世界体系还是全球经济？

　　与布罗代尔、沃勒斯坦以及许多人的错误说法相反，我们的研究也必然导致这样一个结论：近代早期的历史不是由一个欧洲的世界体系的扩张塑造的，而是由一个早就运转着的世界经济塑造的。我以前就论证过布罗代尔和沃勒斯坦的模式与理论是如何与他们自己的论证和分析自相矛盾的（1994，1995）。本书所做的历史回顾具有更强大的说服力：第2章显示了世界范围的劳动分工是如何通过环环相连的贸易关系和贸易（不）平衡而运作的；第3章显示了金钱是如何通过一个流通体系走遍世界并且转动了世界的；第4章不仅显示了亚洲在这个全球经济中占据着优势，而且证明了亚洲的技术和经济制度及经济进程是由世界经济本身衍生出来的，并且适应着世界经济；第5章显示了共同的周期性进程和其他进程同时普遍地决定着世界各地相距遥远但彼此相连的经济、地区和政体的兴衰命运；第6章致力于分析这些联系本身的结构与转变如何造成了相互关联的"东方的衰落"与"西方的兴起"。因此，只有愚蠢而自负的欧洲中心论才会试图在一种"民族"经济或"民族"社会的框架里，或渴望仅仅用一个"欧洲的世界体系"来说明或解释这些事件、进程或它们之间的联系。

因此，真正的世界经济体系也是不可能被塞进沃勒斯坦的以欧洲为中心的"现代世界体系"的普洛克路斯忒斯①结构中的，因为全球范围的世界经济体系没有单一中心，至多有一个由各种不同层次的中心组成的结构，中国很可能处于这个结构的顶端。因此，尽管在地区内或某些地区间有某种中心–边陲关系，但也很难确认有一个由中心–边陲关系构成的单一中心结构。是否有沃勒斯坦所谓的"半边陲"，很值得怀疑；而且，它们指的究竟是什么，也一直也没有说清楚。

但是，如果因此而断言实际上根本没有这种（整体的）世界经济体系，那么这种反驳意见也是不可接受的。相反，显然曾经存在着一个世

---

① 希腊神话中的强盗，他把抢劫来的人放在一张铁床上，把身材矮小者拉长，把身材高大者截短。后以"普洛克路斯忒斯之床"喻指不顾具体条件而生搬硬套，削足适履。

界经济体系，而且实际上只有一个。它具有一种全球的劳动分工和商业金融联系，尤其是通过世界范围的通货市场。另外，这个世界经济体系显然也有一个全球性的结构和运动，很值得更深入地研究。因此，这个关于全球经济的第三点结论不仅与史实相吻合，也与前两点结论前后一致。

（4）1500年：连续还是断裂？

另外一个必然引申出来的结论是：根本就没有发生过所谓以1500年为界的前后之间的断裂。历史学家往往认为，"世界"历史在1500年出现了一个断裂。尽管本特利提出了新建议，主张不应仅仅根据欧洲进程，而应根据世界范围的进程对世界历史"进行分期"，但是他依然把1500年定为最近一个时期的开端（1996）。迄今为止的几代欧洲历史学家和社会理论家都确认了这种断裂。沃勒斯坦（1974）、桑德森（1995）以及蔡斯-邓恩和霍尔（1997）等世界体系理论家也都是如此。亚当·斯密和马克思的观点早就体现了所谓1500年前后有一个明显断裂的说法，他们把1492年和1498年定为人类历史上最重要的年份。也许这两个年份对于新世界的人来说确实如此，间接地对于欧洲人来说也是如此。但是，布罗代尔驳斥了沃勒斯坦关于欧洲在这个时候发生断裂的说法，认为欧洲至少从1300年（甚至1100年）以来保持着连续性（1992：57）。

诚然，甚至沃勒斯坦也提到了一个得到公认的观点：1050年到1250年间扩张的"A"阶段之后是1250年到1450年间收缩的"B"阶段，然后又是一个从1450年到1640年的"延长的16世纪"的扩张的"A"阶段（1992）。但是，我们在前面的论证显示，这个延长的扩张阶段早在1400年以前就已经在亚洲许多地区开始了，而且在这些地区至少持续到1750年。沃勒斯坦所说的欧洲的"延长的16世纪"，大概是这次世界经济扩张的一种更晚的和更短暂的表现。实际上，哥伦布和达·伽马的航海活动大概应被视为这次世界性经济扩张的表现，当时欧洲人渴望到亚洲，加入这次经济扩张。因此，与所谓的断裂或新开端相比，贯通1500年前后的连续性无论在实际中还是在理论上都重要得多。

因此，我认为，通常那种把近代早期和现代历史视为一次重大历史断裂的结果或预兆的论点是不确切的，甚至是不必要的。各种流行的断裂说法不仅无助于，而且大大妨碍了人们理解真实的世界历史进程和当代现实。这些引人误入歧途的说法表现为各种各样的形式，其中包括"资本主义的诞生""西方的兴起""亚洲被并入欧洲的世界经济"等，更不用说所谓西方的"理性主义"和"文明使命"了。我倾向于赞成别的地方的另外一些人的哲学思考：近现代历史是不是直线"进步"或其他方式的"进步"的载体或体现？

这里，我倾向于反思和质疑这样一些概念与术语在欧洲和亚洲的科学根据和分析效用：表述时间（时代）的概念，如"原始资本主义"或"原工业化"；相关的"数量"概念，如"小型资本主义""半封建主义"或"原始社会主义"等。对于在世界不同地点、不同时间这些类型之间的转变进行无休止的争论，不过是钻进了死胡同。只有研究唯一的整体世界（体系）的持续结构和运动，才能阐明世界（体系的）任何部分，无论是欧洲、美洲、非洲、亚洲还是大洋洲的"发展""兴起"或"衰落"的来龙去脉。

（5）资本主义？

自马克思以来，布罗代尔所说的那种把1500年定为与过去决裂的新开端的"执迷"（1982：54）主要出自这样一种观念：这个新开端引进了一种崭新的、前所未有的，至少是原先从未占据支配地位的"资本主义生产方式"。这当然是从马克思和桑巴特到韦伯和托尼的观念，也得到了与他们同时代的信徒的赞同。这也是从沃勒斯坦（1974）和我（1978a）到桑德森（1995）以及蔡斯-邓恩和霍尔（1997）等世界体系理论家的观念。甚至阿明（1991）和布劳特（1993a，1997）在对欧洲中心论进行激烈的批判时，也没有抛弃把1500年当作从欧洲起源的（和由欧洲体现的）资本主义新时代的破晓时刻的说法。所有这些马克思主义者、韦伯主义者、波兰尼主义者以及世界体系理论家，更不用说大多数"经济"史学者和其他历史学家，都不敢冒犯资本主义这头神牛及其所谓的极其独特的"生产方式"。

　　因此，哪怕是有人仅仅主张这种信念也许甚至应该接受质疑，就已经会被当作不可容忍的异端而受到批驳了。因为我们以前已经徒劳地宣扬过这种"异端思想"（Frank 1991a，b；Frank and Gills 1993），所以在这里也不想再做进一步的论证。我们只是想指出，能够支持上述四个结论的那些论证，也包含着对"资本主义"概念的质疑。这四个结论否定了所谓的"亚细亚生产方式"，否定了欧洲特殊论，但肯定了一个世界经济的存在，肯定了贯穿1500年前后的连续性。但是，世界体系理论家和布劳特只接受前两个否定亚细亚生产方式和欧洲特殊论的结论，而反对后两个结论（即肯定一个全球经济的连续性和否定1500年的断裂）。布劳特也否定1500年前后有断裂，而且实际上承认有一个全球经济，即使并不能把这种全球经济塞进他提出的"欧洲的世界经济"模式。但是，这四个结论必然至少导致对"资本主义生产方式"这个概念本身及其所谓的从欧洲传播到世界各地的意义的质疑。实际上，这四个结论对各种"生产方式"（当然包括"封建主义"和"资本主义"）的意义及它们之间的所谓"过渡"提出了质疑。首先，这些概念是由狭窄的"社会"或"民族"的眼界产生的。然后，这种公认的思维方式继续使我们的注意力偏离更重大的世界体系的结构和进程。而这些结构和进程所造成的组织形式，被指鹿为马地命名为"封建的"和"资本主义的""生产方式"。

　　正如我们指出的，不仅根本不存在从一种生产"方式"向另一种生产"方式"的直线"进步"，而且在任何一个社会里，更不用说整个世界社会，过去和现在都混合着各种生产关系。许多不同的生产关系"提供"了在世界市场上竞争的产品。但是，从来不是哪一种生产关系，更不是哪一种"生产方式"决定了某种生产者的成功与失败。相反，世界市场的竞争压力和变动一直是更重要的因素，决定着生产关系的选择和调适。

人们不断地讨论着非资本主义阶段、前资本主义阶段、原始资本主义阶段、资本主义的兴盛阶段、资本主义的全盛阶段、资本主义的衰落阶段、后资本主义阶段以及资本主义的量与质等。这种讨论把我们引入歧途，使我们不去分析真实的世界。本书第1章中提到了最近的一个例子：盖茨在《中国的原动力》（1996）一书中出色地考察了（中国）1000年间的商业精神与家长制之间的关系。但是她坚持使用"朝贡生产方式与小资本主义生产方式"以及有关它们之间不协调关系的概念，结果反而阻碍了她对真实世界的各种问题的分析。

本书第1章中对范赞登的"商业资本主义"的考察也批驳了这样一种论点：这种"商业资本主义"乃是各种"非资本主义"生产方式中一种独特的"生产方式的联结"，利用了"世界经济""体系外"的劳动和"世界市场"内的其他要素。但是，这场讨论中有一个方面虽然不太引人注意，但很能说明问题：不管讨论者支持哪一方，他们都反复使用上述（加引号的）的术语。而且，他们在使用这些术语时都不加引号，这是因为他们基本上对被这些术语排斥的东西有一致的意见。而且，范赞登等人甚至列举出了其中的一些：西非和东亚的奴隶、农民以及在家里从事茅舍工业的人（1997：260）。在这场讨论以及所涉及的文献中，这些生产者乃至商人都不在讨论范围之内："众所周知，荷兰共和国变成了前所未有的最大的市场"；因此，"阿姆斯特丹既是世界贸易的中央仓库，又是欧洲的世界经济控制站的主要金融和资本市场"（Lis and

Soly 1997：233，211，222）。当然，在真实的世界经济中，阿姆斯特丹
与荷兰的情况根本不是这样。但是，对于这些讨论"生产方式"的学者
来说，真实的世界经济——阿姆斯特丹不过是它的一个偏远港口——并
不存在。

诚然，沃勒斯坦甚至出面干涉，强调说："我们不要在分析单位上
争执不休了！"（1997：244）但是，这场讨论的要害问题恰恰是分析单
位。这个分析单位就是这些讨论者视而不见的整个世界经济，而不是他
们关注的那个小小的欧洲世界经济。我们发现，关于"生产方式"的整
个讨论不仅是毫无意义的闲扯，而且转移了人们对真正问题的关注。这
些讨论的参加者都极力想避开整体主义分析。

因此，最好是彻底抛弃"资本主义"这个死结。我早已多次提出
这一主张（Frank 1991a，b；Frank and Gills 1992，1993；Frank 1994，
1995），乔杜里在《欧洲之前的亚洲》中也论证了这一主张："现代历史学
家对资本主义的'起源'所做的无休止的探讨，无异于炼金术士寻找能
够把破铜烂铁变成黄金的点金石。"（1990a：84）其实，不仅是关于"资
本主义"起源的探讨，关于"资本主义"的存在情况和意义的探讨也是
如此。因此，最好是把它抛在脑后，而去探讨世界历史的真实情况。

（6）霸权？

大部分历史著作、社会"科学"著作和通俗作品中，都暗含着欧
洲和西方支配世界的"霸权"的概念。近年来，从克拉斯纳（Krasner
1983）和基奥恩（Keohene 1984）到莫德尔斯基和汤普森（1988，
1996）的国际关系文献中都明确地谈论政治霸权。沃勒斯坦及其追随者
明确地谈论经济霸权。我以前就对这种霸权概念的理论价值提出过怀疑
（Frank and Gills 1992，1993；Frank 1994，1995）。本书第2、3、4章的论
证足以埋葬任何宣称欧洲某一部分或欧洲整体支配（整个）世界的政

治、经济或文化霸权具有历史依据的说法。在本书论述的四个世纪里，没有任何一个经济体或国家说得上能够对整个世界的经济、政治关系、文化或历史行使了某种有重大影响的霸权甚至领导权。如果说世界经济曾经具有什么地区性的生产和商业基础，那么这个基础就在亚洲，而且是以中国为中心的。欧洲实际上完全处于边缘。

欧洲的任何一部分都谈不上在世界上行使什么霸权，甚至行使什么经济领导权。16世纪的伊比利亚半岛或只有100万人口的小小的葡萄牙、17世纪的小小的荷兰，甚至18世纪的"大"不列颠，肯定都谈不上有什么霸权。这种经济领导权或政治强权甚至"均势"（例如1648年的《威斯特伐利亚和约》之后）的概念本身，不过是由"欧洲的世界经济体系"这种近视眼光产生的幻觉。这是彻头彻尾的欧洲中心论。有人会说，上面提到的这些经济体或国家可能先后是欧洲的或大西洋地区的小经济池塘中的大鱼——这也就意味着，我们贬低了哈布斯堡帝国、俄罗斯帝国以及其他帝国。但是实际上，这些欧洲和大西洋的经济体及其政体不过是世界经济的角落。它们甚至在技术方面也没有发挥什么重大的领导作用。在明清帝国、莫卧儿帝国、奥斯曼帝国以及萨法维帝国的帝国政治棋局中，欧洲国家完全是无足轻重的角色。面对这种史实，难道我们不应该反思和修改这整个"霸权"概念吗？

（7）西方的兴起与工业革命

那么，西方是如何兴起的呢？如果说西方或西方的生产方式没有什么特殊之处，而且西方在1800年以前甚至不抱有任何霸权的奢望，那么只能得出这样的结论：肯定有另外一些因素起了作用，或者有另外一些尚未提到的情况使这些因素在其中起了作用。我们已经看到，迄今为止对这个问题所做的大多数探讨都不免牵强附会、生搬硬套，因为它们仅仅在欧洲路灯的光亮下寻找这些因素。但是，既然西方乃是全球世界经济的一个组成部分，西方的兴起就不可能完全凭借自身的力量。相反，任何"西方的兴起"肯定是在世界经济之内发生的。因此，仅仅主要在西方或其某个部分来寻找这种兴起的原因，是徒劳无益的。如果说这样做有什么"效用"的话，那只能是意识形态的效用，即抬高自己，贬低别人。

　　前面六个结论及其所凭借的史实意味着，"西方的兴起"这个问题整体需要用新的概念和表述来重新探讨。史实表明，这种探讨应该考虑整个世界经济体系，而不应仅仅考虑它的某一部分，无论是英国、欧洲、西方，还是今天的东亚。我知道，如果我同时指出，许多用来解释"西方的兴起"的欧洲-西方"原因"（无论是单一因素还是复合因素）与史实不符，那么我会被指责为循环论证。但是，工业革命这个橘子在将近一个世纪以前就已经被榨了多次，现在还是能提供足够多的橘汁让人们无休止地争论，问题就在于，这种争论局限在英国的或欧洲的进程或事件的狭窄范式里。

　　因此，在欧洲，"西方的兴起"不是自己拔着自己的头发跃起的。更准确地说，我们应该把"西方的兴起"看作当时世界经济体系中的一个事件，通过采取（新工业化经济体的那种）进口替代和出口拉动战略而爬上亚洲经济的肩膀。亚洲经济和地区霸权的（周期性？）衰落，使欧洲人更容易攀登。罗斯托等人所谓英国的资本积累速度出现突然跳跃的说法，从来就没有得到证实。

　　唯一的出路就是抛弃欧洲中心论的死结，从另外一个范式的角度来探讨这整个问题。如果我们进一步考虑到下面这样一场争论，就更需要这样做了：究竟是有一场工业"革命"，还是只有一场世界经济的"革命"和扩张？

（8）空洞的概念与普洛克路斯忒斯之床

　　这里要补充的是，无论是前面考察的史实，还是在分析这些史实时使用的更整体主义的思路，还提示了另外一些关于不应该做什么的结论。历史学和社会理论，更不用说公众意见，都已经深深地陷入了一种极其隐秘的活动：把亚洲史实塞进流行的（欧洲中心论的）理论和模式的普洛克路斯忒斯之床。前面已经指出，这些理论和模式基本上既无实证内容，又无科学理性，即使在它们的欧洲故乡也是如此。把它们推而广之的做法就更心怀叵测了。例如，人们对支持和否定亚细亚生产方式的证据进行了长时间的争论，包括由卜正民主编的《亚细亚生产方式在中国》（1989）一书中发表的中国学者的论述。此外，关于各地区各个时期封建主义的争论也有扩大之势，数不胜数。与此相反相成的是，有关资本主义的争论也愈演愈烈：它在亚洲究竟是土生土长的，还是被外来的欧洲殖民主义和帝国主义输入/强加的？究竟受到后者的推进，还是受到后者的限制甚至摧毁？我们在第2章中已经指出恪守这些空洞的概念和普洛克路斯忒斯之床如何损害了苏联学者对中亚地区的研究。

近期类似的情况是关于"欧洲的现代世界经济体系"是否以及何时将亚洲和非洲的这个或那个部分兼并、边缘化或弃之不顾的探讨。例如，皮尔逊的专著从头至尾都把印度放在沃勒斯坦的"欧洲的世界经济"的普洛克路斯忒斯之床上截长续短（1989）。这就使得皮尔逊去探讨这个"世界经济"如何受到或不受"必需品"和"奢侈品"贸易的束缚，其各类商品是否名副其实。他由此来界定欧洲的世界经济的界限：在不同时期这些界限是什么，印度洋本身是否够得上一个"世界经济"。施耐德（Schneider）等考古学家早就指出，争论必需品和奢侈品的问题乃是由一种无益而有害的区分方法派生出来的，纯属浪费时间（Schneider 1977）。我们也对此做过评述（Frank and Gills 1993，Frank 1993a）。区分世界体系与世界帝国，硬要把真实世界的各个部分塞进这些概念，也是徒劳无益的（Frank 1993a）。

最令人震惊的是皮尔逊以及帕拉特和沃勒斯坦（1990）提出的问题：

"欧洲的世界经济"在什么时候"兼并"了印度、印度洋及其原本可能独立的"世界经济"？这就好像问一个人："你从什么时候起不再打老婆了？"（回答却是："我还没结婚呢。"）这是一个无中生有的问题，因为根本不存在一个与"印度洋的世界经济"相分离的"欧洲的世界经济"。如果有的话，那也是前者"兼并"后者，而不可能相反（Frank 1994，1995）。皮尔逊等人本应该在世界经济的亚洲部分寻找启示，可他们却在欧洲的路灯下寻找。他们能够得到的唯一"回答"是，必须明白，欧洲、亚洲以及世界其他部分很早以来就一直是同一个统一的世界经济的组成部分，正是它们对这个世界经济的共同参与，塑造了它们"各自不同的"命运。

这些争论只有用流行理论的那些"亚细亚生产方式""封建主义/资本主义""世界体系"等概念才能讲得通。但是，这些概念本身不仅是普洛克路斯忒斯之床，而且丝毫无助于分析和理解世界历史。它们唯一的真正用途完全是意识形态上的。由它们引起的争论，就像争论在一个针尖上能容纳多少个天使跳舞。答错了，不是被送上火刑台，就是被交给行刑队枪决。答"对"了，什么也得不到，至少得不到科学验证。实际上，这些概念在科学上不仅无益而且有害，因为它们使我们将注意力从对世界现实进行真正的分析和理解上移开。唯一的出路就是抛弃这个死结，挣脱所有这些无用的欧洲中心论的概念，因为它们只是把人引向神秘的讨论，使我们对真实的历史进程视而不见。

回顾我过去的研究，当时我和我的许多读者感兴趣的是"发展""现代化""资本主义"以及"依附"等概念。这些概念都是普洛克路斯忒斯式的空洞概念。因为韦伯及其信徒们的根本缺陷就在于，他们不是在真正的世界经济体系中，而是在欧洲的特殊性中寻找资本主义的"起源""原因""性质""机制"以及"本质"。所有这些所谓本质上的特殊性，无论使用什么名称，都出自同一种欧洲中心论视野，而根据本书

的考察，这种欧洲中心论视野在历史真实中——即在"如其实际"的
"普遍历史"中——绝对找不到任何依据。它们都出自欧洲/西方种族中
心主义，而这种欧洲/西方种族主义作为西方殖民主义和文化帝国主义
的一个组成部分而被传播到全世界。

这种欧洲中心视野的西方版本，可以用一些流行理论的名称来概
括，例如，从"传统社会的消失"到"成就社会"之间的"经济增长的
阶段"（Rostow 1962，Lerner 1958，McClelland 1961）。"现代化"的"发
展"就像美国歌手弗兰克·西纳特拉（Frank Sinatra）唱的那样——"照
我的方式做"。"依附"理论乃是一种回应，否定那种方式的有效性，
反而宣称"消除联系"也许能提供另外一条道路——去做基本上同样的
事情，正如我最近才在"发展的低度发展"的标题下认识到的（1991c，
1996）。

至于"东方的"（也是西方马克思主义的）版本，则是基本上在"从
封建主义向资本主义过渡"的术语下争论同样的问题。这种争论甚至
比西方的争论更徒劳无益，因为它陷入了对"资本主义""封建主义"
和"社会主义"等概念无休止的争论中，以及争论哪些是当地的或地
区性的、全国性的、部门性的现象，哪些片断的"现实"适合或不适
合这些普洛克路斯忒斯式的概念。当然，因为这些概念其实是空洞的
（即没有任何真实世界的意义），所以这些争论肯定会无休无止，直到
我们最终抛弃这些概念。这是很显然的，除非这些概念阻碍着争论者
看到现实的真实情况。他们在无休止地争论时会竭力修饰这些概念，
使之适合现实。于是就发明出了各种变体与组合，如"半封建的""前
资本主义的""非资本主义的""后资本主义的""生产方式的结合"，
由此提供了一种"不结盟的""第三条"道路，可以模仿也可以不模仿
西方的道路。（这些概念也迫使马克思主义者、"新马克思主义者"和
依附理论学者辩论"资本主义"究竟是不是"必经之路"。）伯格森说

得对，无论是把以欧洲或西方为中心的"现代资本主义世界体系"的普洛克路斯忒斯之床加以改造，还是把现实截长续短地塞进沃勒斯坦的普洛克路斯忒斯之床，都同样徒劳无益（1995）。基于本书的论证，我们必须赞同他的意见。

这整个"在一个针尖上能容纳多少个天使跳舞"的争论，乃是出自欧洲种族中心论这一原罪。这种错误反而被马克思、韦伯及其众多拘泥于"发展"这一僵直而狭窄思路的信徒乃至一些反叛者奉为社会"科学"而顶礼膜拜。但是，他们的视野曾经——遗憾的是，现在大多数依然——受制于欧洲中心论的眼罩，使他们看不到整个更广阔的真实世界。更可悲也更糟糕的是，非西方人吮吸甚至大口吞咽了许多这种对世界和他们本族历史所做的欧洲中心论的（非）"科学的"的错误解读。这或许最戏剧性地体现在各地——俄国和被其殖民地化的中亚（参见本书第2章）、中国、印度、阿拉伯世界、非洲和拉丁美洲——关于何为正统"马克思主义"的争论和迫害中。

这并不是说他们都没有自己的种族中心论。很滑稽的是，种族中心论本身似乎是普遍性的，也似乎会普遍地因政治经济危机而恶性发展。只不过其他大多数种族中心论迟迟没有获得同样的传播机会，更谈不上强加于人了。而西方的种族中心论不仅有这种机会，并且凭借着他们的金钱和武力而强加于人。马克思主义的种族中心论是对前者的反击，而且以苏联和中国的政权为后盾。当前，针对这两种种族中心论，也出于对政治经济危机的反应，非洲、印度、伊斯兰世界，再加上俄国、中国和其他的种族中心论正在四处蔓延，提供"西纳特拉式"的拯救之道："照我的方式做"或"照各自的方式做"。许多人会至少欢迎其中的某些态度，视之为欧洲/西方中心论这一毒药的解药。但它们并不是良方，而多样性的统一才是唯一的良方！

用一种欧洲的或中国的或其他的微观视野，绝不可能看清楚一定距离之外发生的事情，更看不清整个世界。相反，要想看清楚，就必须借助于能够涵盖整个世界及其各个部分的宏观视野，尽管这样可能看不清远方的某些细节。不仅从欧洲或其他什么"特殊论"的角度观看世界势必成为盲人摸象，而且使用以欧洲为基础的世界经济–体系（或以中国为中心、以伊斯兰世界为中心、以非洲为中心）的视角也无异于坐井观天。借助一盏欧洲的（或中国的、穆斯林的）路灯的光亮来寻找"资本主义的发展""西方的兴起"或"伊斯兰的黄金时代"，只会使寻找者双眼昏花、误入歧途。

因此，对于历史学和社会理论来说，最重要的和最容易被忽视的任务就是倾听约瑟夫·弗莱彻生前的主张：进行横向整合的宏观历史研究和分析。他的这一主张毫不过分，有助于纠正研究从1500年到1800年这段近代早期历史时的那种遗漏。世界著名的历史学家兰克曾主张应该"如其实际"地研究历史。兰克也说过："只有普遍历史，没有别的历史。"只有世界历史才能显示实际情况究竟如何。但是，如果不抛弃欧洲中心论的狭隘眼界，就不可能理解世界历史，甚至不可能理解其中的某一部分，因为这种欧洲中心论的隧道的尽头没有任何光亮，只会越走越黑。

总之，我们需要有一种更全球性的、整体主义的世界经济体系的视野和理论。这样我们才能看到，首先是"东方的衰落先于西方的兴起"，其次是这二者是如何联系起来的，最后是为什么世界经济体系发生了变化。人们过去一直错误地从微观的角度把这种变化看作所谓西方"内部"的变化，其实应该从宏观的角度把它视为一种世界范围的进程。前面得出的八个历史和理论的结论显示，流行的说法没有任何史实依据。但是，这些相对容易得出的结论引出了一项困难得多的任务，即引申出对于建设与史实相符的理论和分析有价值的结论。

理论意义：从一种全球视野看

§

　　如果说流行的社会理论是基于很糟糕的欧洲中心论的历史学建立起来的，令人很不满意，那么怎么办呢？答案显然是，重新写出一种更好的——非欧洲中心论的——历史。但是，为此我们就需要一个更好的——更整体主义的——理论，起码是这样一种视野。布罗代尔、沃勒斯坦和我（1978a）的"世界经济体系"沿着这个正确的方向迈出了一步，与过去的以"民族"和"社会"为单位的历史和理论相比，涵盖了整体中的更大部分。但是，正如我们已经看到的，他们走得不够远，本身又变成了前进的障碍。约翰·沃尔（John Voll）讨论以伊斯兰世界为中心的世界体系的文章（1994），也算是沿着正确方向迈进了一步；但这只是一小步，而且意识形态色彩过于浓重，即受制于伊斯兰意识形态。非洲中心论其实仅仅是一种意识形态。滨下武志提出的以中国为中心的朝贡贸易体系（1988），似乎也是沿着正确方向迈出的一步。乔杜里等人关于印度洋世界经济的论述以及里德关于东南亚的著作也是如此。但是，正如前面几章中所论述的，这些可喜的进展也都极其有限，因为它们的视野极其有限。这些拼块乃是整幅画面必不可少的东西。但是，它们中的每一个、甚至合起来都无法显示整体画面，因为整体大于部分的总和，而且塑造着这些部分本身！

　　只有用一种整体主义的、普遍的、全球的、"如其实际"的世界历史，才能为一个更好的社会理论提供一个历史学的基础。或许，这种整体历史本身也需要浸透一种更整体主义的社会理论的各种要素。二者都将更好地处理下面所谈的这些仍将得到继续争论的历史和理论问题。

（1）整体主义，还是部分主义

当下时髦的"全球化"理论把20世纪90年代定为这一世界范围进程的新开端。有些学者则不太情愿，认为这种"全球化"是从1945年开始的，或是整个20世纪以来的现象，最早可以追溯到19世纪。但是，本书已经论证，全球性（远不止全球化）乃是至少自1500年以来整个世界的一种活生生的事实，只有太平洋上极少数人烟稀少的岛屿除外（也仅仅是在很短的时间里）。麦克尼尔（1963，1990）、霍奇森（1993）、威尔金森（1987，1993）、我和吉尔斯（1993）以及蔡斯–邓恩和霍尔（1997）等少数学者认为，至少有一个非洲–欧亚"人类世界"或"核心世界体系"，在此之前早就已经作为一个统一的单位发挥作用了。

那么，如何从整体上来看无论是1500年以前还是1500年以后的这个全球整体？我在以前的著作中曾经提出过一个三条腿的凳子的比喻（Frank and Gills 1993）。这个全球整体同时依赖生态/经济/技术一条腿、政治/军事力量一条腿以及社会/文化/意识形态一条腿。最容易被人们（包括我的著作）忽视的是生态因素。第二容易被忽视的是经济基础，尽管有所谓的"经济史"。这种世界经济体系的政治经济结构还远远未得到应有的研究。经济史专家完全无视它，而经济学家把它错误地说成是许多根本不存在的"民族"经济体之间的"国际"经济关系。国际（政治）关系学者把所谓的"民族"国家当作基本单位，研究他们所说的"民族"国家之间的关系。世界体系分析家则仅仅局限于分析1750年以前真正的世界经济体系中以欧洲为中心的那一小部分。这与历史学家和政治经济学家已经做的没有什么两样。研究东亚、东南亚、南亚、西亚的学者，更不用说研究中亚和非洲的学者，几乎很少有人考虑把自己研究的地区放进一个更广阔的经济体中来考察。即使有人这样做了，也基本上是以欧洲为中心的。近年来也有例外，如乔杜里（1991）和阿布–

卢格霍德（1989）。但是，我们在前面也指出了他们的局限性。由于在考察整个世界经济方面缺少足够多的先驱者，因此本书也就只能尝试着迈出几小步。不是仅仅从这个或那个地区（包括欧洲）的狭隘视野看，而是从一种真正全球性的整体世界体系的视野看，还有许多工作要做。另外，本书的探讨也仅限于生态/经济/技术这条腿的经济部分，几乎没有提到另外两条腿，更谈不上如何在一个全球分析中把这三条腿结合起来。

（2）共性和相似，还是特性和差异

历史学家和社会理论家习惯于寻找和强调各个"文明""文化"或"社会"的独特之处及其各自的历史进程和事件。这是历史学家的看家本事，尤其是在他们得到社会支持或经济奖励，为"国家的"意识形态和政治目的撰写"民族"或本地历史时。社会科学学者则会更卖力气地进行理论概括。而且，他们的理想类型、比较研究以及学科分工，也会使他们更强调研究"对象"的特性和差异，而不是共性和相似，对于研究"主体"就更是如此了。在受到追问时，大部分社会科学学者实际上都会宣称，特性和差异比共性和相似更重要，他们的工作就是研究前者而不是后者。否则，他们就无法从事自己钟爱的"比较"多种变量和因素的分析。

本书对近代早期世界历史的考察则包含着一个相反的理论意义：共性甚至比真正的差异更普遍、也更重要，更不用说那些根本不存在的所谓差异了。许多所谓的差异——"东方是东方，西方是西方，两者永不相遇"——在最好的情况下至多是同一个根本性的功能结构和进程的一些表面上的制度和"文化"现象。否则，它们就像吉卜林这句著名的诗一样，"纯粹是掩盖殖民主义政治经济利益的意识形态遮羞布"。

更重要的是，本书对近代早期世界经济史的考察包含的另一个理论意义是：许多具体的"差异"本身，乃是由一个共同的世界经济体系中的结构性互动造成的。这种分化不仅无助于而且有碍于理解某一地区的某种特点。全球整体总是大于部分的总和。只有基于全球整体视野，才能充分理解各个部分以及为什么它们之间存在差异！很遗憾，真实世界的这种情况使连续性的地方史或民族史的科学价值（且不谈意识形态效用）大大地降低了。它也为按时间顺序和跨领域的比较分析划定了严格的界限，因为这些比较分析局限于随意选择的分化出来的进程。所有这些多变量"因素"分析及其对某个因素的所谓"特征"的界定，都侵犯了整体主义的科学法则，因此都偏离了全球性的真实世界。当然，如何把历史学对具体特征的研究或者按照科学方法对变量的严格"控制"与真正的整体分析结合起来，说起来容易做起来难。但是，很遗憾，几乎很少有人去尝试，甚至很少有人意识到应该这样做。

（3）连续性，还是不连续性

在强调历史"特征"方面，一个很普遍的观念是：现在或者不远的过去标志着一个与以往不同的新起点。前面已经指出，这种最新的时髦说法就是所谓的"全球化"。最引人注目的是，这种观念也假设在中世纪和现代之间有一个重大的历史断裂。把这一断裂的时间定在什么时候，1100年、1300年、1500年还是1600年，人们或许各执一词。但是人们一致认为，由于"西方的兴起"和资本主义的兴起，世界历史进程发生了急剧的、根本性的变化。

本书要说的是，历史的连续性远比任何不连续性重要得多。这种所谓重大的新起点，标志着世界历史的一个不连续的断裂的观念主要是由一种欧洲中心视角造成的。如果我们抛弃这种欧洲中心论，采用一种更全球性的整体世界视野，哪怕是一种欧亚全局视野，那么不连续性就会被更大的连续性取而代之。如果换一个角度呢？如果我们用更整体主义的视野来看整个世界，历史的连续性就会显得更长远，尤其是在亚洲。正如前几章中提示的，"西方的兴起"以及"东方的（重新）兴起"乃是这种全球历史的连续性的题中应有之义。

流行的理论把工业革命和"西方的兴起"归因于所谓西方的"特殊性"和"优越性"，这些所谓的"原因"又被归结为所谓西方为起飞而长期以来、甚至自中世纪就开始做的"准备"。这种归因于西方的说法找错了地点，把"具体的"延续和转变安错了地方。只要他们仅仅在欧洲的路灯下寻找，而不是在整个体系的世界范围的灯光下寻找，就绝不可能找到转变的"原因"。

本书从比较和联系的角度所考察的真实世界的史料显示，与流行的历史研究和社会理论相反，使得欧洲在1800年以后起飞的，并不是所谓欧洲先前的"发展"。也就是说，西方在1800年以后的兴起，其实并不是欧洲自文艺复兴以来"连续的"准备的结果，更不能被归结于什么希腊或犹太根源。实际上，工业化也不是承续欧洲"原工业化"的结果。彭慕兰（1997）和王国斌（1997）证明，同样的进程在亚洲（尤其是中国）就没有产生同样的结果，而那里的原工业化更为发达。他们以此论证工业革命是一个新的独特的起点。对于他们的解释，我们必须用其他因素来修正。

工业革命是一个前所未有的事件。它发生在欧洲的部分地区，是整个世界经济持续不平等的结构和不平衡的进程的一个结果。但是，这种世界发展的进程也包括某些地区和部门可能显得不连续的新变化。就像以前的农业革命一样，工业革命很可能是连续的全球发展中的一个偏转，在方向上标志着一个"起点"，与以往的方向不同，或许是不可逆转的——但没有引发大灾变，这个起点本身就位于原来航线的端点。因此，全球体系的结构和连续性造就了西方的兴起，也在西方划出了一个起点。西方从此不再承续其原先的边缘地位。全球经济中断了，转而进入一个以工业为主的方向，西方在整个世界经济体系中的地位也发生了变化。

东亚在世界经济中的崛起，更促使人们关注长远的历史连续性，因为东亚的崛起本身乃是其中的一部分。东亚的兴起被说成是没有历史连续性的事件，其实是东山再起。这种重新崛起也应该被看作世界发展的基本结构与连续性的一个组成部分。与专注于那些断裂之处相比，承认和分析这种连续性能够揭示出更多的东西。更好的例子或许是近代早期发生的两次"偏转"——在同一个世界经济和体系中的一种基本连续的历史进程运动中的"偏转"。一次是自1500起新世界被并入旧世界后的"哥伦布交流"；另一次是亚洲和欧洲之间的人口和经济生产力以及资源受到的生态压力的"交流"，这次"交流"造成了1800年前后的工业革命。但是，二者完全是由世界经济发展进程造成的偏转。在这两次变化中，欧洲人与其说是全球发展进程的开创者，不如说是全球发展进程的工具。

（4）横向整合，还是纵向分割

我们还需要在下面两种方法中做出选择：要么做传统的纵向历史研究，钻进一个或大或小的地区的时间隧道或一个特定地点的特定问题（政治、文化或妇女问题）；要么从事弗莱彻建议的那种全球横向历史研究和分析（1985，1995），至少在用前一种方法时，也采用后一种方法。弗莱彻很遗憾地指出，大多数历史学家"对于纵向的联系（如传统的延续等）十分敏感，但是对于横向的联系则视而不见……就1500年而言，我只看到许多自我封闭的历史著述"（1985：39，40）。由于美国和其他地方的大学引进了"地区研究"，造就了"一种微观历史眼光，甚至更狭隘的地方眼光"，使传统方法及其使用者的视力变得更糟糕了（1985：39）。

如果说这种实践本身就有缺陷，那么在它被提升为理论和方法论后就更糟糕了。我早就批评过佩里·安德森的下述说法："不存在这种整齐划一的时间媒介，因为主要的绝对主义（国家）的时代恰恰是极其不统一的……不能用统一的时间来涵盖它们……它们的年代是相同的，但它们的时代是不同的。"（1974：10）这种观点和理论取向以及安德森的主张本身，在方法论上就决定了他不可能理解任何一种绝对主义（国家）或者任何与之"年代相同"的事件（事物）。我已经敲响了警钟，反对"安德森显然是想用经验的必要性来塑造历史学品格的尝试"（1978a）。我主张并且在本书第5章中重申："历史学家对人类的历史理解所做的基本（最必要和最初步）的贡献，乃是成功地叙述历史进程中同一时间的不同地点的不同事物。"（1978a：21）这种主张在方法论上与前三个引申出来的理论启示——整体主义、共性/相似、连续性——是一脉相承的。

弗莱彻也会提出同样的告诫。在本书第5章的卷首引语中，他呼吁一种尽可能涵盖世界的"横向整合的宏观历史"。"其方法说起来很简单，但做起来不容易：首先，需要寻找历史平行现象……然后判断它们相互之间是否有因果联系。"（1985：38）可惜的是，弗莱彻本人没有来得及这样做就去世了。不过，特加特在撰写《罗马和中国：历史事件相关联系研究》（1939）时已经这样做了。布罗代尔虽然对"局势""长时段"和"世界视野"特别敏感，但是正如第5章中指出的，他在处理1762年、1772年和1782年的事件时就没有这么敏感了。尽管它们在世界范围内的同时性如此醒目，他却把它们分别安排在完全按纵向联系组织起来的不同章节里。如果他在组织自己的"世界视野"时更注重横向联系，结果可能就不同了。

我在尚没有理解特加特、弗莱彻和布罗代尔的主张和做法时，在我的《世界积累，1492—1789年》（1978a）中就是这样处理这些相同的"年代"的。借助于布罗代尔提供的另外一些数据，我在批评他的著作时（1995）以及在本书第5章中延续了这种做法。结果表明，只要我们愿意睁开眼睛去看，1762年、1772年和1782年都标志着世界性的衰退，这种衰退导致或促成了布罗代尔、沃勒斯坦和我所看到的许多经济事件和政治事件。但是，无数论述法国革命、美国革命和工业革命的著作，都不考虑这些以及其他同时发生的事件的周期性动因或它们之间的世界性联系。

本书第5章也试着这样处理其他"相同的时代"，尤其是1640年前后那个时代。这也是对弗莱彻的问题的一个回答。弗莱彻问道："17世纪是否有一个普遍的经济衰退？当时似乎有一种平行的现象。"（1985：54）只有对这种表面上的横向平行现象进行考察后才能做出回答。而我的初步回答是："根本不存在这种普遍的'17世纪危机'。"但是，究竟发生了什么？在17世纪，世界经济似乎在继续增长和扩张，对此有必要进行横向整合的宏观历史研究。在这个问题上，即便是一个否定的回答，也为这种研究提供了一个基础。当然，第5章只是盲人摸象般的一次孤零零的尝试。真正需要的是对同时发生的事件做出一种全面的、横向组织起来的全球政治经济宏观历史研究。这种宏观历史本身有着周期性的起伏跌宕，需要对此加以确定和分析。但是，在尝试这种宏观历史研究之前，最好先进行另外一些更局部的"横向"研究。

弗莱彻提出，在从1500年到1800年的近代早期，还有另外一些平行现象也值得研究，其中包括人口增长、"某些地区"的城镇发展、城市商业阶层的兴起（复兴）、宗教复兴和传教运动（教会改革）、农村骚动以及游牧方式的衰落等。然后他问道："还有其他的平行现象吗？是否仅此而已呢？"（1985：56）

学者们已经对其中某些平行现象有所涉及。戈德斯通对人口增长的同时性特征做了认真的研究，以此作为分析"人口－结构"危机的基础（1991a）。为了检验我和吉尔斯关于延伸到1500年以前的500年周期假说（1992，1993），威尔金森（1992，1993）、博斯沃思（1995）以及蔡斯－邓恩和威拉德（1993）对全球横向的城镇发展的同时性做了考察。我和富恩特斯经过考察（1990，1994），发现在19世纪和20世纪有世界性的农村骚动，在西方一些国家也同时有各种社会运动（妇女运动、和平运动、环保运动、觉醒运动等）。与许多有关周期的专门研究一样，这些研究似乎也都显示了世界范围的周期模式。

（5）周期，还是直线

人们常说，"西方"历史学往往不把生活和历史看作周期性的，而是依据一种"进步观"，把历史看作有方向的和直线发展的。黑格尔在19世纪初首先表述了这种"进步观"。最近，弗朗西斯·福山又在论述历史的"终结"的著作中加以重申（Fukuyama 1989，1992）。而各种关于同时性的横向平行现象的发现以及我们对近代早期世界经济的考察则显示，在考察近代早期经济史甚至所有的历史时，我们能够回到一种周期性的观点上。

连续性不一定是直线，而横向整合不一定是整齐划一的。相反，正如物理学中的混沌理论所证明的，一个系统的结构和运动似乎就取决于非线性和非整齐划一性，而且不断地产生非线性和非整齐划一性（Gleick 1987，Prigogine 1996）。在我们看来，非整齐划一性会表现为不平等，如中心-边陲关系，或阶级差异和阶级关系。[蔡斯-邓恩和霍尔（1997）强调差异以及它们之间的原因与后果。]同理，一个连续性进程可能——通常显然也确实——包含着加速、减慢和暂时稳定的各种时期，而只有最后一种才表现为平缓的线条，甚至表现为直线。也就是说，连续性进程也有脉动，普利高津（I. Prigogine）在《确定性的终结》（1996）一书中也强调了这一点。但是，在一个系统和进程中，脉动并不是间断的表象。相反，它们可能是内部结构和运动机制的表征，维系着该系统的运转，推进着连续性本身的发展。因此，问题就变成：表面上的脉动究竟是不是实际的周期。

周期性运转似乎是万物的普遍特征，体现在许多乃至一切方面。无论是物理、天文、生物和进化领域，还是文化和理念领域，仰俯皆见。或许，这就解释了为什么会有一个"周期研究学会"。既然如此，为什么我们不能在社会生活领域和世界经济体系中寻找周期史呢？至少我们应该做好准备，一旦看到这种周期史就能承认它的存在。亚里士多德指出，社会生活似乎是周期性的，但是生活在周期各个阶段的人未必能意识到它们，因为这些阶段可能比他们的寿命更长。

近代早期的经济史（以及政治史和社会史）显示出各种周期，至少显示出显然很有规律的波动和脉动。我们在本书中已经确认了其中一些周期，我和吉尔斯（1993）以及其他一些学者还曾经试图确定更早的一些周期。另外，本书还证明，这些周期是世界性的，而且至少在非洲-欧亚已经存在了千年之久。

这些周期以及承认和分析它们之所以十分重要，原因在于，它们为社会活动，即经济、政治、文化和意识形态活动等创造了可能和限制。在扩张的"A"阶段，上涨的潮水会涌动所有的船只，提升它们的位置，便利它们的行驶。它也扩大和促进了它们彼此的联系，但也不能保证不会有在最佳时机发生沉船的情况。在收缩的"B"阶段，潮水退却也会造成社会活动可能性的紧缩和限制，会导致更多的船只沉没。它也会使政治经济和社会文化"单位"彼此分裂。原有联系的破裂会表现为整个世界经济体系的崩溃，从而也表示或"证明"这种体系"根本不存在"。

但是，由此造成的内卷化（involution）甚至内部破裂（implosion）实际上是参与更大的世界经济体系的一种结果，而不是不存在这种世界经济体系的一种表现。如果我们的目光局限于特定时间和地点，而不放眼远眺，就看不到这种参与。因此，同样地，分裂的内卷化使社会活动在"B"阶段显得主要是由"内部"产生和主导的，在相互联系和扩张的"A"阶段显得更多地受到"外部"影响。其实，二者都是世界经济体系的结构与运动本身的表征。我们可以理性地（而不是迫于危机才冲动地）推断：任何社会（尤其是政治）集团，只要能意识到"A"阶段的结构优势和"B"阶段的结构缺陷，就会增强他们在这些时候把握自身及其"社会"的能力。

世界经济体系的结构与进程置身于长周期中，但也因各种较短的周期而变得更加复杂。熊彼特试图分析长约3～4年、10年和50年的周期之间的关系（1939）。但是，他过于刻板，甚至不考虑长20年的周期（Kuznets 1930），更不用说想到卡梅伦提出的200年"逻辑曲线"（1973）、斯努克斯提出的300年周期（1996）或我和吉尔斯提出的500年周期（1992，1993）了。由于短周期及其各个阶段存在于长周期之中，就使各种周期不同阶段的识别和影响变得复杂了；但这并不意味着这些周期不存在或不重要。

相反，这些周期的存在意味着我们在同一时间共乘一条世界经济的大船，同时受到相同的力量和事件的影响。这些力量本身有自己的潮涨潮落，往往会周期性地在某一时刻用上涨的潮水同时明显地抬高所有的船只，而在另一时刻又同时明显地造成所有船只的低落。因此，大体上看，各"经济体"（其实是统一的世界经济的各个部分）及其相关的政治体在上涨的"A"阶段的"美好时期"，比在继之而来的下降的"B"阶段的"艰难时期"有更多、更好、更容易的可能性。

但是，中文里的"危机"一词包含着"危险"与"机遇"的双重含义。因此，在危机时刻，尤其当原来处于世界经济体系最佳位置的部分面临危机时，也就为某些——不是全体！——更边陲或更边缘的部分创造了一个改善自己在整个体系中的地位的机会。（关于这方面的概括分析，参见Frank and Gills 1993，Chase-Dunn and Hall 1997。）我们看到，与两个世纪以前西欧的情况一样，今天东亚的新工业化经济体便是如此。但是，本书仅限于讨论近代早期的世界经济，分析19世纪和20世纪的这种进程不属于本书的范围。

然而，即便是上述对1400年到1800年间这一时期所做的稍微超出常规的整体考察也有助于表明，我们只有在世界经济体系的范围内才能说明和理解后来的"西方的兴起"，因为"西方的兴起"实际上是在这种范围内发生的。另外，这种世界体系的进程也包括"东方的衰落"。对于"西方的兴起"来说，"东方的衰落"即使不是先决条件，也是一个决定因素。西方是在同一个唯一的世界经济体系中取代了东方的位置。

对于这种"交换"，本书仅仅初步地从世界经济的角度提出了三个初步的原因分析。第一个是有关能够节约劳动和资本与能够产生动力的技术的微观经济需求和供给的假设。这种微观经济供求有助于说明暂时发生在西方部分地区的工业革命。第二个是长周期宏观经济的假设。根据这种假设，东方的"衰落"乃是世界经济体系本身的结构、运转和转变的一个组成部分。第三个解释包含了前两个假设，对世界发展的全球和地区结构与进程进行人口-经济-生态分析。这种分析有助于说明1800年前后亚洲与欧洲分道扬镳的原因。彭慕兰也提出了一种相关的、更强调生态的解释（1997）。

这种解释显示，应该把19世纪以及至少20世纪前半期看作亚洲的一个"B"阶段。鉴于亚洲原先在世界上的优势地位，是否可以说这也是世界经济的一个"B"阶段呢？如果是这样的话，那么我们如何安置这个时期内西方发生的生产力、生产和贸易以及人口的大扩张呢？从一种西方的观点看，过去两个世纪很像是一个"A"阶段，至少是东方的一个漫长的"A"阶段之后的西方的"A"阶段。那么，这是否意味着西方原先的边缘地区的"A"阶段接替了东方原先的"核心"地区的"A"阶段呢？另外，西方的这个"A"阶段是否也会被现在在东方刚刚开始的又一个"A"阶段取代？随着西方的时代夕阳西下，核心是否又会重新转移到东方？这就使我们看到两个、三个甚至更多的连续的"A"阶段，而根本没有世界性的"B"阶段。如果真是这样，我们所说的"长周期"会怎么样呢？它难道仅仅是一种错觉吗？

两个"微观"供求假设和这个长周期的"宏观"解释都需要受到更多的检验，或许需要进一步的修正。另外，我们必须把它们相互联系起来考虑，并且与其他有待考虑和提出的世界经济体系假设和分析联系起来。也就是说，经济学需要使微观经济学与宏观经济学结合成一种动态结构经济理论，而社会"科学"也需要建构一种真实的世界体系理论。这种社会理论也需要真正的微观历史与宏观历史（包括生态史）的"联姻"，从而为世界整体历史与理论的统一提供一个真正的基础。

这些思考又导致了另一个推测：正是世界经济体系内部的不平衡的周期进程，成为其结构转变的一个机制。打个比方说，我们可以考虑生物界的变异是如何影响了进化过程和自然"系统"的。斯努克斯在《动态社会》（1996）一书中，根据自己对工业革命的研究，提出了一种类似的劳动–资本–资源要素价格和周期的分析。这个分析乃是他对过去200万年的自然选择所做的经济解释的一部分。正如本书第6章以及我写的书评（1998a）中指出的，他所做的较近时期的要素价格分析的缺点是仅仅局限于西欧。因此，虽然对正在发生"变异"的新工业化经济体的关注可能符合人们一时的兴趣，但是它对世界经济体系本身的长远意义也值得注意——已有的重视程度是远远不够的。另一方面，这种周期性的"变异"有时也受到了历史学和社会科学的过分关注，例如"西方的兴起"。但是，这种关注大部分是牵强附会的结果。这种关注仅仅反映了表象：这个事件是极其独特地通过"无性繁殖"产生的。其实，它主要是整个世界经济体系本身的结构与进程的一个周期性现象。因此，虽然迄今流行的历史学和社会科学不予承认，但这一事实值得更多的注意。

应该承认，鉴于现在还缺乏对周期的充分分析，因此哪怕是谈论周期都是很危险的。因为我们已经观察到的各种波动和脉动不一定是周期性的。它们可能是偶然的，也可能是对体系"之外"的一般因素做出的某种反应。如果要确定某种脉动确实是周期性的，就必须证明这些脉动的上下转折点或曲线的转折起因于体系内部而不是外部。也就是说，不仅上升之后有下降，下降之后有上升，而且上升本身就造成了随后的下降，下降本身也造成了随后的上升。（关于康德拉捷夫周期转折的内因和外因之争，参见Frank，Gordon and Mandel 1994。）但是，我们在这方面知之甚少，因为很少有历史学家考察脉动或周期，而像布罗代尔这样从这种"局势"乃至"世界视野"来思考的学者，也不在一种世界经济体系范围的基础上来叙述它们，更谈不上分析它们了。人口学家也帮不了多少忙。他们没有努力去识别尽可能长的人口周期，更很少把它们与经济长周期联系起来。全球宏观历史确实还有很长的路要走——这条路本身也是跌宕起伏的吗？

（6）能动性，还是结构

结构与能动性问题是一个老问题，在此不可能加以解决，甚至不可能深入探讨。哲学家一直在争论决定论与自由意志的关系，历史学家一直在争论个人在历史中的作用。究竟是个人创造历史，还是历史创造个人？马克思认为，人创造自己的历史，但不是在他们自己选择的条件下。本书旨在勾画出近代早期乃至现当代世界经济史的基本经济结构与转变的某些方面。这些条件至少制约着我们过去创造和未能创造历史的方式，也制约着我们将来能够和不能创造历史的方式。

根据本书的历史考察和本章的结论，可以得出两个主要教训。首先，有一种多样性的统一，这就是世界经济体系的统一，而这种统一本身产生了多样性。其次，这种统一是连续的，但也是有周期的。这两个结构状况和进程状况影响了我们如何创造我们自己的历史。坦白地说，本书依然在很大程度上局限于"描述"，而没有充分地进行"分析"，更谈不上彻底揭示世界经济体系的结构，而只有揭示出这种结构，才能更好地描述各种特征并把各种事件联系起来。

我们对这些状况的结构了解得越多，也就越能更好地在这些条件下施展我们的"能动性"。王赓武曾仿照马克思《关于费尔巴哈的提纲》第11条写了一段话："历史学家只是用不同的方式感受过去，而问题在于如何利用过去。"的确，问题在于如何利用过去。但"过去"是什么？我的观点是，"过去"是统一的世界历史，差异只是它的统一体中的组成部分。

（7）一个世界经济果壳里的欧洲

我们可以试着把我们对1400年到1800年间世界经济和欧洲的认识放进一个果壳里。近代早期历史和现代（可能还有未来）的历史本身都有源远流长的历史。另外，至少整个非洲-欧亚有一个连续的共同历史。如果说曾经有过一个"新起点"，那就是美洲以及后来的大洋洲被并入这个源远流长的历史进程以及世界范围的体系中。不仅这种兼并的发端，而且这种实现过程的原因以及方式，也都出自非洲-欧亚历史进程本身的结构与运动。

非洲-欧亚的历史很早以来就是周期性的，至少是有脉动的。迄今为止的1000年始于一个整个体系的政治经济扩张时期。这种扩张显然是以"东端"的宋代中国为中心的，但是也加速了"西端"的欧洲特别明显的重新嵌入。后者的反应是进行了数次十字军东征，为的是使自身处于边缘的经济更有效地挤进这次新的非洲-欧亚运动。继之而来的是13世纪晚期尤其是14世纪的一个非洲-欧亚普遍的政治经济衰落乃至危机时期。14世纪初，在东亚和东南亚再次开始了一个漫长的扩张时期。它很快就席卷了中亚、南亚和西亚，在15世纪中期以后也蔓延到非洲和欧洲。（欧洲人对）美洲的"发现"和征服以及随后的"哥伦布交流"，乃是这次世界经济体系扩张的一个直接后果和组成部分。

因此，"延长的16世纪"的扩张实际上是从15世纪初开始的，并持续到17世纪乃至18世纪。这次扩张的持续也主要以亚洲为基础，虽然欧洲人从美洲带来的金银货币的新供给也起了添柴加薪的作用。在亚洲，这次扩张采取的形式是，中国、日本、东南亚、中亚、印度、波斯和奥斯曼帝国领地的人口、生产、包括进出口贸易在内的贸易都迅速增长，收入和消费可能也迅速增长。在政治上，这次扩张表现为中国明清帝国、日本德川幕府、印度莫卧儿帝国、波斯萨法维帝国和土耳其奥斯曼帝国的兴盛。欧洲各国的人口和经济增长比除奥斯曼帝国外的所有这些亚洲帝国都要慢，而且欧洲各国的增长也有很大的差异。欧洲的"民族"国家和其他多民族国家的政治情况也是如此，而且它们都比亚洲的大国小得多。货币和（或）人口供给的增长在欧洲造成了比亚洲大多数地区严重得多的通货膨胀。后者的生产增长得更快，因此能够抵消通货膨胀，直到17世纪仍然如此。但是，在欧洲许多地区，经济和政治发展受到制约，在某些地区甚至转化为严重的"17世纪危机"。而亚洲大部分地区却没有受到影响。因此，亚洲的人口增长比欧洲更快，数量更大，这种情况延续到18世纪，到1750年以后才发生逆转。

在这个漫长的扩张的"A"阶段，早已存在的"国际"分工和"国际"贸易的"体系"不断地扩展和深化。但是，与通常情况一样，不同的生产部门和地区在这个实际基于"银本位"的积累、生产、交换和消费的"体系"中处于不同的位置。作为分工和交换的基础，生产力和竞争力的分化体现为贸易的不平衡，主要由银币的远距离流动来"弥补"。大部分白银产自美洲，还有一些产自日本和其他地区。

白银在全世界的流动既反映了宏观经济的不平衡，也是对微观经济谋利机会的主动反应。白银主要跨大西洋以及经由欧洲跨印度洋向东流动，但也从日本和美洲跨太平洋向西流动。最终，中国成为最大的白银"秘窖"。由于中国拥有相对更强的生产力和竞争力，因此吸储了最多的白银。但是，中国与其他地区一样，新增的货币造成了有效需求的增长，刺激了生产和消费的增长，从而支持了人口的增长。但是，在政治经济体不够灵活、缺乏扩张能力的地区，生产的增长跟不上货币供给的增长，货币供给的增加就未能促成生产、消费以及人口的增长。在这种情况下，有效需求的增长促成了通货膨胀。欧洲的情况便是如此。

欧洲在世界经济中的劣势地位，在一定程度上因其对美洲货币的垄断而得到弥补。从需求方面看，欧洲人利用美洲货币（只有美洲货币）打进了世界市场，然后又扩大了他们占有的市场份额。但是，世界市场的所有活跃中心都在亚洲。从供给方面看，占有和利用廉价的（对于欧洲人实际上是无偿的）美洲货币，使欧洲人拥有了必要的钱财，从而获得了世界各地供给的实际消费品和可投资获利的物品：在美洲开采白银的奴役劳动和资源；出自非洲的奴隶劳动力；欧洲人眼中的美洲处女地和有利气候。这些资源被用于生产蔗糖、烟草、造船木料以及其他大宗出口物品，尤其是供欧洲消费的成本低廉的棉花。西欧通过波罗的海进口的东欧和北欧的粮食、木材和生铁，也用美洲货币和一些纺织品来偿付。当然，欧洲人在进口亚洲著名的香料、丝绸、棉织品和其他可供消费的实用品以及将其转口输出到美洲和非洲时，美洲货币是他们唯一的支付手段；亚洲人生产这些商品并出售给欧洲人，仅仅是为了换取他们的美洲白银。也就是说，欧洲人廉价地、几乎无偿地获得了所有这些由非欧洲人生产的实用品，因为他们能够用美洲供应的货币来偿付。实际上，这些白银也是由非欧洲人生产的，是欧洲能够拿到世界市场上的唯一的出口商品。

此外，这种由欧洲之外的劳动力和原料生产的商品的供给，也解放了欧洲内部的相应资源，使之可以转为他用。美洲的糖和大西洋的鱼提供了卡路里和蛋白质，欧洲人就可以节省出自己的农业土地；亚洲的棉织品提供了衣服，欧洲的消费者和生产者就不必使用欧洲的羊毛，从而节省出大片的欧洲牧场。否则，欧洲人必须圈占更多的土地，种植更多的牧草，喂养更多"吃人"的羊，以生产更多的羊毛。于是，用美洲货币换取亚洲纺织品，就间接地使欧洲人能够在西欧本土生产更多的食品和木材。因此，西欧人就能够利用他们在世界经济中的位置，凭借来自西方的美洲和东方的东欧和亚洲的供给和资源来补充自身的供给和资源。这些来自欧洲之外的额外资源供给也解放了欧洲的资源，使之能够用于欧洲自身的发展。

如果用20世纪后半期的相似情况做一个有趣的比较，这个过程就一目了然了：美国人现在几乎无须任何代价就可以使其他人为他们开采银币。他们只需印发美元钞票（尤其是面值100美元的钞票）和国债券，只需花费印制费就够了。由此，美国人就能对付20世纪40年代欧洲的"美元短缺"以及90年代"第三世界"和原先的"第二世界"的"美元短缺"，用这些纸质"美元"向苏联和世界其他地区收购原料、成品甚至核能科学家！有资料显示，当今在美国之外流通的美元远比美国境内多得多。美国的大部分国债都是纸币形式的。而且，只要大部分美元在国外流通，美国就可以随意印发钞票而不会在国内引起通货膨胀。另外，毫不夸张地说，20世纪80年代，美国人成吨地向西欧人和日本人销售国债券。由此，美国人现在还能继续用越来越不值钱的80年代的美元债务，换取的90年代越来越值钱的日元和德国马克。于是，西方的一部分居民能够再次用远远大于自己实际财力的开支，享受超出自己的资源与生产（超出钞票的生产）限度的消费，奢侈地推行更有益于健康的"绿色"环境政策，从而拯救自己的生态环境！欧洲在从1500年到1800年的三个世纪中实行的实际上就是这种无代价战略。差别仅仅在于，美元至少有一部分是建立在美国的生产力的基础上的，而欧洲的白银完全是从美洲殖民地榨取来的。当然，西方后来的生产力也部分地出自它早先的殖民主义活动。

再回过头来看1800年的情况，欧洲当时依然落后的生产状况也能造成格申克龙探讨的追赶"优势"（1962）。欧洲的落后产生了一种刺激，它的美洲货币供给使欧洲人能够追求微观和宏观经济优势。而这些都是由于1500年到1800年间欧洲人不断扩大对日益扩张的亚洲经济的参与而造成的。当然，欧洲人也利用了他们与非洲和美洲日益密切的政治经济联系，尤其是"三角"贸易。这一切，当然也包括把从这些海外政治经济联系中获得的利润转手投资于国内，促进了欧洲的资本积累，更准确地说，促进了欧洲参与"1482—1789年的世界积累"——我的一部旧作的书名（1978a）。

但是，无论欧洲的"投资"和大西洋的"三角"贸易可能对欧洲参与世界积累有多大的促进作用，从一种世界经济的视野看，亚洲的作用还是更大一些。其中至少有两个原因。首先，在至少到1800年的整个近代早期，亚洲的生产力、生产和积累都比世界其他地区大得多。实际上，中国、印度和亚洲其他地区比世界其他地区更发达。其次，欧洲的积累（参与积累）的增长可能完全得益于亚洲的积累。本书第6章（援引亚当·斯密）显示了欧洲如何用它的美洲货币来购得一张乘坐亚洲经济列车的车票。当然，如果没有亚洲的经济或经济运动，欧洲哪儿都去不成！也就是说，欧洲还会停留在原先的地方——从世界经济角度看，就是在原地徘徊；它也许只能通过大西洋"三角"贸易来寻找出路，而这个三角贸易区与亚洲的各个经济体相比既小又贫穷。

经过三个世纪在亚洲做生意的努力，欧洲最终抵达了（世界经济中的！）某个地方。其实，早在1500年以前，欧洲人就想方设法到亚洲做生意；亚洲财富的吸引力早就导致了12世纪以后欧洲十字军东征西亚的活动，以及15世纪欧洲人到南亚和东亚的探险。本书第6章从世界经济和人口的角度，考察了18世纪以后"西方的兴起"和"东方的衰落"的根源。从世界经济和人口的角度看，亚洲经济扮演着一个主要角色。我们的解释包含三个相互联系的部分。通过把人口分析与微观和宏观经济分析结合起来，我们确定，1750年到1850年间，人口与经济生产力的增长率出现了一个转折，从而导致亚洲和欧洲在世界经济体系中的地位发生了"交换"。通过对世界范围供求关系的微观经济分析，我们证明，这种关系刺激了欧洲在节约劳动和资本及产生动力方面的发明、投资与革新。通过对亚洲和世界的周期性收入分配及其造成的有效供求进行宏观经济分析，我们看到，这种有利可图的机会是由全球经济本身制造出来的。这些过程及其分析的结合，就彻底打破了吉卜林所谓的东方和西方永不相遇的死结。

当然，这个"东方/西方"的死结完全是由于割裂非洲-欧亚历史以及世界历史而造成的。我们在本书卷首引用的希罗多德的名言早就警告过这种危险：西方（欧洲？）和东方（亚洲？）之间的界线纯粹是想象出来的，是西方人的一个虚构。真实的世界历史持续地（和周期性地？）往返跳越这种西方的"东方学"的想象分界线。在19世纪发生了这种跳越，在21世纪也可能再次发生这种跳越。

（8）文明冲突的无政府状态中的"圣战与麦克世界"

然而，西方历史学和社会科学依然竭力否认这种多样性的统一，或者破坏和扭曲它。硕学鸿儒们甚至鼓动老百姓来反对统一性，利用报刊和其他媒体，动员"我们"反对"他们"。在最近一个时期，报刊成为西方硕学鸿儒们有意制造的耸人听闻之词的世界范围的载体与合唱。继福山的"历史的终结"论（1989，1992）之后，接踵而来的是伯纳德·巴伯

（Bernard Barber）的"圣战与麦克世界"①论（1992，1995）、罗伯特·卡普兰（Robert Kaplan）的"无政府状态"临近论（1994，1996）和萨缪尔·亨廷顿的"文明的冲突"论（1993，1996）。在苏联解体之后，这些论调敲响了西方的警钟。所有这些论调都是基于一种割裂了的历史观，即"西方是西方，东方是东方"。但是，在他们眼中，二者在一个遍布意识形态地雷的战场上相遇了，"西方"需要保护自己免受世界"其他地区"（亨廷顿的说法）的侵害，尤其要防范伊斯兰世界。卡普兰宣称，由于这些原因以及东西方之间的其他裂痕，导致了"世界无政府状态的临近"。

　　虽然巴伯发现了一种全球日益趋向"麦克世界"的趋势，但是他也担忧各种相反的、对抗的离心圣战倾向。这些倾向竭力通过逃避向心力而获得自我解放。巴伯预见，从长远看，麦克世界会取得胜利，但是从近期看，圣战会造成很大的麻烦。巴伯根本没有想到，自古以来，分裂的圣战本身就是全球化的麦克世界造成的。另外，宗教经典都对这种政治经济结构和社会结构持批判态度，鼓励受损害者和被剥夺者反抗和纠正这种结构。因此，巴伯预示的前景——麦克世界的全球化将会很快消除它本身制造出来的各种圣战——是相当暗淡的。

　　亨廷顿则走得更远，根本否定麦克世界的存在。他只看到悠久的"文明"（包括"拉丁美洲文明"和"俄罗斯文明"）之间所谓的对峙。由于他根本看不到南北之间的经济分裂，发现再也没有东西方之间的冷战，因此把未来说成是"文明的冲突"。他的这种"解释"不仅针对波斯尼亚的种族清洗，而且针对世界大部分地区的冲突。因此，这种冲突使得"西方与其他地区对抗"。

———————————

① 巴伯认为，世界上已经出现了两种可能的对抗前景。第一种是因战争和暴力导致的重新部落化和以狭隘的信仰名义进行的对抗，他称之为"圣战"（Jihad）。第二种是以流行音乐（MTV）、计算机（Macintosh）和快餐（McDonald）等经济和生态力量推动的全球化，他称之为"麦克世界"（McWorld）。也有学者译为"麦当劳化的世界"。

　　这些煽动分裂的意识形态上的谩骂——很难更客气地称呼它们为别的什么——在学理上都植根于对统一的全球历史的无知或否认。它们都假设多样性是从来固有的，是反对统一性的；它们鼓吹自由主义的要求和普世主义的主张，宣扬独特的——其实是例外论的——多样性（据说由此而使"西方"与"其他地区"不同）。本书中考察的以欧洲为中心的社会理论，为这些分裂主义的言行提供了意识形态的合法性。但是，正如本书所证明的，这种社会理论没有历史依据，只能以欧洲中心论的意识形态作为基础。

　　这种意识形态在今天采取了新的形式。世界范围的经济危机再次威胁到了人们的生存，加剧了他们在这唯一的世界上的生存竞争。一个直接的结果是，历史学家、考古学家、后现代主义者等愈发感到有必要去挖掘证据，证明"这片土地过去和现在都是我的"，因此可以通过"种族清洗"来排除其他争取权利者，或者至少可以用"多元文化"来抵制其他要求权利者。遗憾的是，人们（包括历史学家和社会"科学家"）越是受到他们无法理解和控制的世界性力量的影响和制约，就越是不想去了解它们。世界在他们周围旋转得越快，或者说，世界越是把他们搞得团团转，他们就越是坚持"制止"这个世界的旋转："我要离开，做我自己的事情！"又是十足的"照我的方式做"的"西纳特拉理论"。

　　本书的宗旨则是协助人们建立一个认知基础，使人们承认统一性中的多样性和赞美多样性中的统一性。遗憾的是，最需要这种认知基础的人可能对此最不感兴趣。而那些论证"文明的冲突"的人，即使他们意识到本书的价值，也会调动更多的文化学和文明论的论证来反驳本书的论点。这是因为，本书提供的证据会摧毁他们的社会"科学"的历史根基。说穿了，他们的社会"科学"几乎完全是欧洲中心论的霸权意识形态的面具。可喜可贺的是，这种东西已经在受到世界历史进程本身的颠覆。

参考文献

Abbeglen, James. 1958. *The Japanese Factory*. Glencoe, Ill.: The Free Press.

Abu-Lughod, Janet. 1989. *Before European Hegemony. The World System A.D. 1250–1350*. New York: Oxford University Press.

Adams, Robert McC. 1996. *Paths of Fire: An Anthropologist's Inquiry into Western Technology*. Princeton: Princeton University Press.

Adshead, S. A. M. 1973. "The Seventeenth Century General Crisis in China." *Asian Profile* 1, no. 2 (October): 271–80.

———. 1988. *China in World History*. London: Macmillan.

———. 1993. *Central Asia in World History*. London: Macmillan.

Ali, M. Athar. 1975. "The Passing of Empire: The Mughal Case." *Modern Asian Studies* 9, 3: 385–96.

Ames, G. J. 1991. "The Carreira da India, 1668–1682: Maritime Enterprise and the Quest for Stability in Portugal's Asian Empire." *The Journal of European Economic History* 20,1 (Spring): 7–28.

Amin, Samir. 1989. *Eurocentrism*. London: Zed.

———. 1991. "The Ancient World-Systems versus the Modern World-System." *Review* 14, 3 (Summer): 349–85.

———. 1993. "The Ancient World-Systems versus the Modern Capitalist World-System." In *The World System: Five Hundred Years or Five Thousand?* edited by A. G. Frank and Barry K. Gills, 292–6. London and New York: Routledge.

———. 1996. "On Development: For Gunder Frank." In *The Underdevelopment of Development: Essays in Honor of Andre Gunder Frank,* edited by S. Chew and R.Denemark, 57–86. Thousand Oaks, Calif.: Sage.

Amin, S., G. Arrighi, A. G. Frank, and I. Wallerstein. 1982. *Dynamics of the World Economy*. New York and London: Monthly Review Press and Macmillan.

———. 1990. *Transforming the Revolution: Social Movements and the World-System*. New York: Monthly Review Press.

Anderson, Perry. 1974. *Lineages of the Absolutist State*. London: New Left Books.

Anisimov, Evgenii V. 1993. *The Reforms of Peter the Great. Prosperity through Coercion in Russia*. Armonk, N.Y.: M. E. Sharpe.

Arasaratnam, Sinnappah. 1986. *Merchants, Companies and the Commerce of the Coromandel Coast 1650–1740*. Delhi: Oxford University Press.

———. 1995. *Maritime Trade, Society and the European Influence in Southern Asia, 1600–1800*. Aldershot, U.K.: Variorum.

Arnold, David. 1983. *The Age of Discovery 1400–1600*. London: Methuen.

Arrighi, Giovanni. 1994. *The Long Twentieth Century. Money, Power, and the Origins of Our Time*. London and New York: Verso.

———. 1996. "The Rise of East Asia: World Systemic and Regional Aspects." *International Journal of Sociology and Social Policy* 16, no. 7/8: 6–44.

Arrighi, Giovanni, Takeshi Hamashita, and Mark Selden. 1996. "The Rise of East Asia in World Historical Perspective." Paper presented at the Planning Workshop, Fernand Braudel Center, State University of New York, Binghamton, December 6–7.

Arruda, José Jobson de Andrade. 1991. "Colonies as Mercantile Investments: The Luso-Brazilian Empire, 1500–1808." In *The Political Economy of Merchant Empires*, edited by James D. Tracy, 360–420. Cambridge: Cambridge University Press.

Asante, Molefi Kete. 1987. *The Afrocentric Idea*. Philadelphia: Temple University Press.

Aston, Trevor, ed. 1970. *Crisis in Europe, 1560–1660. Essays from Past and Present*. London: Routledge & Keagan Paul.

Aston, Trevor, and C. Philpin, eds. 1985. *The Brenner Debate. Agrarian Class Structure and Economic Development in Pre-Industrial Europe*. Cambridge: Cambridge University Press.

Attman, Artur 1981. *The Bullion Flow between Europe and the East 1000–1750*. Goteborg: Kungl. Vetenskaps- och Vitterhets-Samhallet.

———. 1986a. *American Bullion in the European World Trade 1600–1800*. Goteborg: Kungl. Vetenskaps- och Vitterhets-Samhallet.

———. 1986b. "Precious Metals and the Balance of Payments in International Trade 1500–1800." In *The Emergence of a World Economy 1500–1914*. Papers of the Ninth International Congress of Economic History, Part I: 1500–1850, edited by Wolfram Fischer, R. M. McInnis, and J. Schneider, 113–22. Wiesbaden: Steiner Verlag.

Atwell, William S. 1977. "Notes on Silver, Foreign Trade, and the Late Ming Economy." *Ch'ing-shih wen-t'i* 8, Bo. 3: 1–33.

———. 1982. "International Bullion Flows and the Chinese Economy circa 1530–1650." *Past and Present* 95: 68–90.

———. 1986. "Some Observations on the 'Seventeenth-Century Crisis' in China and Japan." *Journal of Asian Studies* 45, 2: 223–43.

———. 1988. "The T'ai-ch'ang, T'ien-ch'i, and Ch'ung-chen Reigns, 1620–1640." In *The Cambridge History of China*. Vol. 7, *The Ming Dynasty, 1368–1644*, edited by Frederick W. Mote and Denis Twitchett, 585–640. Cambridge: Cambridge University Press.

————. 1990. "A Seventeenth-Century 'General Crisis' in EastAsia?" *Modern Asian Studies* 24, no. 4: 661–82.

Austen, Ralph A. 1987. *Africa in Economic History*. Portsmouth: Heinemann.

————. 1990. "Marginalization, Stagnation, and Growth: The Trans-Saharan Caravan Trade in the Era of European Expansion, 1500–1800." In *The Rise of the Merchant Empires. Long-Distance Trade in the Early Modern World, 1350–1750*, edited by James D. Tracy, 311–50. Cambridge: Cambridge University Press.

Baechler, Jean, John A. Hall, and Michael Mann, eds. 1988. *Europe and the Rise of Capitalism*. Oxford: Basil Blackwell.

Bagchi, Amiya. 1986. "Comment." In *Technology in Ancient and Medieval India*, edited by Aniruddha Roy and S. K. Bagchi. Delhi: Sundeep Prakashan.

Bairoch, Paul. 1969. *Revolución Industrial y Subdesarrollo*. La Habana: Instituto del Libro.

————. 1974. "Geographical Structure and Trade Balance of European Foreign Trade from 1800 to 1970." *Journal of European Economic History* 3, no. 3 (Winter).

————. 1975. *The Economic Development of the Third World since 1900*. London: Methuen.

————. 1976. *Commerce exterieur et développement économique de l'Europe aux XIXeme siècle*. Paris: Mouton.

————. 1981. "The Main Trends in National Economic Disparities since the Industrial Revolution." In *Disparities in Economic Development since the Industrial Revolution*, edited by Paul Bairoch and Maurice Levy-Leboyer, 3–17. London: Macmillan.

————. 1993. *Economics and World History. Myths and Paradoxes*. Hempel Heampstead, U.K.: Harvester/Wheatsheaf.

————. 1997. *Victoires et déboires II. Histoire économique et sociale du monde du XVIe siècle à nos jours*. Paris: Gallimard.

Bairoch, Paul, and Maurice Levy-Leboyer, eds. 1981. *Disparities in Economic Development since the Industrial Revolution*. London: Macmillan.

Barber, Bernard. 1992. "Jihad vs. McWorld." *Atlantic*, no. 269: 53–63.

————. 1995. *Jihad vs. McWorld*. New York: Random House.

Barendse, Rene. 1997. "The Arabian Seas 1640–1700." Unpublished manuscript.

Barfield, Thomas. 1989. *The Perilous Frontier. Nomadic Empires and China*. Oxford: Basil Blackwell.

Barrett, Ward. 1990. "World Bullion Flows, 1450–1800." In *The Rise of the Merchant Empires. Long-Distance Trade in the Early Modern World, 1350–1750*, edited by James D. Tracy, 224–54. Cambridge: Cambridge University Press.

Bayly, C. A. 1983. *Rulers, Townsmen and Bazaars: North Indian Society in the Age of British Expansion, 1770–1870*. Cambridge: Cambridge University Press.

————. 1987. *Indian Society and the Making of the British Empire*. Cambridge:

Cambridge University Press.

———. 1990. *The Raj: India and the British, 1600–1947.* London: National Portrait Gallery Publications.

Bellah, Robert. 1957. *Tokugawa Religion.* Glencoe, Ill.: The Free Press.

Benedict, Ruth. 1954. *The Chrysanthemum and the Sword.* Tokyo: Charles E. Tuttle.

Bennett, M. K. 1954. *The World's Food. A Study of the Interrelations of World Populations, National Diets, and Food Potentials.* New York: Harper.

Bentley, Jerry H. 1996. "Periodization in World History." *The American Historical Review* 101, no. 3 (June): 749–70.

Bergesen, Albert. 1982. "The Emerging Science of the World-System." *International Social Science Journal* 34: 23–36.

———. 1995. "Let's Be Frank about World History." In *Civilizations and World Systems. Studying World-Historical Change,* edited by Stephen Sanderson, 195–205. Walnut Creek, Calif.: Altamira.

Bernal, J. D. 1969. *Science in History.* Harmondsworth, England: Penguin.

Bernal, Martin. 1987. *Black Athena. The Afroasiatic Roots of Classical Civilization.* New Brunswick, N.J.: Rutgers University Press.

Blaut, J. M. 1977. "Where Was Capitalism Born?" In *Radical Geography,* edited by R. Peet, 95–110. Chicago: Maasoufa Press.

———. 1992. "Fourteen Ninety-Two." *Political Geography Quarterly* 11, no. 4 (July). Reprinted in J. M. Blaut et al., *1492. The Debate on Colonialism, Eurocentrism and History.* Trenton, N.J.: Africa World Press.

———. 1993a. *The Colonizer's Model of the World: Geographical Diffusionism and Eurocentric History.* New York and London: Guilford Press.

———. 1993b. "Mapping the March of History." Paper read at the annual meeting of the American Association of Geographers, Atlanta, Georgia, April 8.

———. 1997. "Eight Eurocentric Historians." Chap. 2 in "Decolonizing the Past: Historians and the Myth of European Superiority." Unpublished manuscript.

Boserup, Esther. 1981. *Population and Technological Change. A Study of Long-Term Trends.* Chicago: University of Chicago Press.

Boswell, Terry, and Joya Misra. 1995. "Cycles and Trends in the Early Capitalist World-Economy: An Analysis of Leading Sector Commodity Trades 1500–1600/50–1750." *Review* 18, no. 3: 459–86.

Bosworth, Andrew. 1995. "World Cities and World Economic Cycles." In *Civilizations and World Systems. Studying World-Historical Change,* edited by Stephen S. Sanderson, 206–28. Walnut Creek, Calif.: Altamira.

Boxer, C. R. 1990. *Portuguese Conquest and Commerce in Southern Asia 1500–1750.* Aldershot, U.K.: Variorum.

Braudel, Fernand. 1982. *The Wheels of Commerce.* Vol. 2 of *Civilization and Capitalism 15th–18th Century.* London: Fontana.

————. 1992. *The Perspective of the World*. Vol. 3 of *Civilization and Capitalism 15th–18th Century*. Berkeley and Los Angeles: University of California Press.

————. 1993. *A History of Civilizations*. New York: Penguin Books.

Braudel, Fernand, and Frank Spooner. 1967. "Prices in Europe from 1450 to 1750." In *The Economy of Expanding Europe in the Sixteenth and Seventeenth Centuries*. Vol. 4 of *Cambridge Economic History of Europe,* edited by E. E. Rich and C. H. Wilson,374–480. Cambridge: Cambridge University Press.

Brenning, Joseph A. 1983. "Silver in Seventeenth-Century Surat: Monetary Circulation and the Price Revolution in Mughal India." In *Precious Metals in the Late Medieval and Early Modern Worlds,* edited by J. F. Richards, 477–93. Durham, N.C.: Carolina Academic Press.

————. 1990. "Textile Producers and Production in Late Seventeenth Century Coromandel." In *Merchants, Markets and the State in Early Modern India,* edited by Sanjay Subrahmanyam, 66–89. Delhi: Oxford University Press.

Breuer, Hans. 1972. *Columbus Was Chinese. Discoveries and Inventions of the Far East*. New York: Herder and Herder.

Brook, Timothy, ed. 1989. *The Asiatic Mode of Production in China*. Armonk, N.Y.: M. E. Sharpe.

————. 1998. *The Confusions of Pleasure. A History of Ming China (1368–1644)*. Berkeley and Los Angeles: University of California Press.

Brown, Michael Barratt. 1963. *After Imperialism*. London: Heineman.

Brummett, Palmira. 1994. *Ottoman Seapower and Levantine Diplomacy in the Age of Discovery*. Albany: State University of New York Press.

Burton, Audrey. 1993. *Bukharan Trade 1558–1718*. Papers on Inner Asia No. 23. Bloomington: Indiana University Institute for Inner Asian Studies.

Cameron, Rondo. 1973. "The Logistics of European Economic Growth: A Note on Historical Periodization." *Journal of European Economic History* 2, no. 1: 145–8.

Carr-Saunders A. M. 1936. *World Population. Past Growth and Present Trends*. Oxford: Clarendon Press.

Cartier, Michel. 1981. "Les importations de métaux monétaires en Chine: Essay sur la conjoncture chinoise." *Annales* 36, no. 3 (May–June): 454–66.

Chakrabarti, Phanindra Nath. 1990. *Trans-Himalayan Trade. A Retrospect (1774–1914)*. Delhi: Classics India Publications.

Chandra, Bipan. 1966. *The Rise and Growth of Economic Nationalism in India*. New Delhi: Peoples Publishing House.

Chapman, S. D. 1972. *The Cotton Industry in the Industrial Revolution*. London: Macmillan.

Chase-Dunn, Christopher, and Thomas Hall. 1997. *Rise and Demise: Comparing World-Systems*. Boulder: Westview.

Chase-Dunn, Christopher, and Alice Willard. 1993. "Systems of Cities and World-Systems: Settlement Size Hierarchies and Cycles of Political Centralization, 2000 BC–1988 AD." Paper presented at annual meeting of the International Studies Association, Acapulco, March.

Chaudhuri, K.-N. 1978. *The Trading World of Asia and the East India Company 1660–1760*. Cambridge: Cambridge University Press.

———. 1985. *Trade and Civilisation in the Indian Ocean. An Economic History from the Rise of Islam to 1750*. Cambridge: Cambridge University Press.

———. 1990a. *Asia before Europe. Economy and Civilisation of the Indian Ocean from the Rise of Islam to 1750*. Cambridge: Cambridge University Press.

———. 1990b. "Politics, Trade and the World Economy in the Age of European Expansion: Themes for Debate." In *The European Discovery of the World and Its Economic Effects on Pre-Industrial Society, 1500–1800,* edited by Hans Pohl. Papers of the Tenth International Economic History Congress. Stuttgart: Franz Steiner Verlag.

———. 1991. "Reflections on the Organizing Principle of Premodern Trade." In *The Political Economy of Merchant Empires,* edited by James D. Tracy, 421–42. Cambridge: Cambridge University Press.

———. 1994. "Markets and Traders in India during the Seventeenth and Eighteenth Centuries." In *Money and the Market in India 1100–1700,* edited by Sanjay Subrahmanyam. Delhi: Oxford University Press.

Chaudhuri, S. 1995. *From Prosperity to Decline—Eighteenth Century Bengal*. New Delhi:Manohar.

Chaunu, Pierre. 1959. *Seville et l'Atlantique (1504–1650)*. Paris: S.E.V.P.E.N.

Chew, Sing. 1997. "Accumulation, Deforestation, and World Ecological Degradation 2500 B.C. to A. D. 1990." In *Advances in Human Ecology,* edited by Lee Freese. Westport,Conn.: JAI Press.

———. Forthcoming. *World Ecological Degradation 2500 BC to AD 1990*. Walnut Creek, Calif.: Altamira/Sage.

Chew, Sing, and Robert Denemark, eds. 1996. *The Underdevelopment of Development. Essays in Honor of Andre Gunder Frank*. Thousand Oaks, Calif.: Sage.

Chuan, Han-Sheng. 1969. "The Inflow of American Silver into China from the Late Ming to the Mid-Ch'ing Period." *The Journal of the Institute of Chinese Studies of the Chinese University of Hong Kong,* 2: 61–75.

———. 1981. "The Inflow of American Silver into China during the 16th–18th Centuries." In Proceedings of the Academic Sciences International Conference on Sinology, 849–53. Taipei.

———. 1995. "Estimate of Silver Imports into China from the Americas in the Ming and Ch'ing Dynasties." *Bulletin of the Institute of History and Philology,* 66, no. 3: 679–93.

Cipolla, Carlo M. 1967. *Cañones y Velas. La Primera Fase de la Expansión Europea 1400–1700*. Barcelona: Ariel.

———. 1976. *Before the Industrial Revolution. European Society and Economy, 1000–1700*. London: Methuen.

Cipolla, Carlo M., ed. 1974. *The Sixteenth and Seventeenth Centuries*. Vol. 2 of

The Fontana History of Europe. Glasgow: Collins/Fontana.

Cizakca, Murat. 1987. "Price History and the Bursa Silk Industry: A Study in Ottoman Industrial Decline, 1550–1650." In *The Ottoman Empire and the World Economy,* edited by Huri Islamoglu-Inan. Cambridge: Cambridge University Press.

Clark, Colin. 1977. *Population Growth and Land Use.* London: Macmillan.

Coedes, G. 1968. *The Indianized States of Southeast Asia.* Edited by Walter F. Vella. Honolulu: University of Hawaii Press.

Cohen, H. Floris. 1994. *The Scientific Revolution. A Historiographic Inquiry.* Chicago: University of Chicago Press.

Costello, Paul. 1994. *World Historians and their Goals. Twentieth-Century Answers to Modernism.* De Kalb: Northern Illinois University Press.

Crombie, A. C. 1959. *Science in the Later Middle Ages and Early Modern Times: XIII–XVII Centuries.* Vol. 2 of *Medieval and Early Modern Science.* New York: Doubleday.

Crosby, Alfred W. 1972. *The Columbian Exchange. Biological and Cultural Consequences of 1492.* Westport, Conn.: Greenwood Press.

———. 1986. *Ecological Imperialism. The Biological Expansion of Europe, 900–1900.* Cambridge: Cambridge University Press.

———. 1994. *Germs, Seed and Animals. Studies in Ecological History.* Armonk, N.Y.: M. E. Sharpe.

———. 1996. "The Potato Connection." *World History Bulletin* 12, no. 1 (Winter-Spring): 1–5.

Curtin, Philip D. 1983. "Africa and the Wider Monetary World, 1250–1850." In *Precious Metals in the Late Medieval and Early Modern Worlds,* edited by J. F. Richards, 231–68. Durham, N.C.: Carolina Academic Press.

———. 1984. *Cross-Cultural Trade in World History.* Cambridge: Cambridge University Press.

Cushman, Jennifer Wayne. 1993. *Fields from the Sea. Chinese Junk Trade with Siam during the Late Eighteenth and Early Nineteenth Centuries.* Ithaca: Southeast Asia Program, Cornell University.

Darling, Linda 1992. "Revising the Ottoman Decline Paradigm." Tucson: University of Arizona. Unpublished manuscript.

———. 1994. "Ottoman Politics through British Eyes: Paul Rycaut's *The Present State of the Ottoman Empire.*" *Journal of World History* 5, no. 1: 71–96.

Das Gupta, Ashin. 1979. *Indian Merchants and the Decline of Surat: c. 1700–1750.* Wiesbaden: Steiner.

———. 1987. "The Maritime Trade of Indonesia: 1500–1800" In *India and the Indian Ocean 1500–1800,* edited by Ashin Das Gupta and M. N. Pearson, 240–75. Calcutta: Oxford University Press.

———. 1990. "Trade and Politics in 18th Century India." In *Islam and the Trade* *of Asia,*edited by D. S. Richards, 181–214. Oxford: Bruno Cassirer.

Das Gupta, Ashin, and M. N. Pearson, eds. 1987. *India and the Indian Ocean 1500–1800.* Calcutta: Oxford University Press.

Dawson, Raymond. 1967. *The Chinese Chameleon. An Analysis of European Conceptions of Chinese Civilization.* London: Oxford University Press.

Day, John. 1987. *The Medieval Market Economy.* Oxford: Basil Blackwell.

Deane, Phyllis. 1965. *The First Industrial Revolution.* Cambridge: Cambridge University Press.

de Ste. Croix, G. E. M. 1981. *The Class Struggle in the Ancient Greek World.* London: Duckworth.

De Vries, Jan. 1976. *The Economy of Europe in an Age of Crisis, 1600–1750.* Cambridge: Cambridge University Press.

Deyell, John. 1983. "The China Connection: Problems of Silver Supply in Medieval Bengal." In *Precious Metals in the Late Medieval and Early Modern Worlds,* edited by J. F. Richards, 207–30. Durham, N.C.: Carolina Academic Press.

Dharampal. 1971. *Indian Science and Technology in the Eighteenth Century. Some Contemporary European Accounts.* Delhi: Impex India.

Dickson, P. G. M. 1967. *The Financial Revolution in England. A Study in the Development of Public Credit 1688–1756.* London: Macmillan.

Djait, Hichen. 1985. *Europe and Islam.* Berkeley and Los Angeles: University of California Press.

Dobb, Maurice. [1946] 1963. *Studies in the Development of Capitalism.* London: Routledge & Kegan Paul.

Dorn, Walter D. 1963. *Competition for Empire, 1740–1763.* New York: Harper & Row.

Durand, John D. 1967. "The Modern Expansion of World Population." *Proceedings of the American Philosophical Society* 3, no. 3: 140–2.

———. 1974. *Historical Estimates of World Population: An Evaluation.* Philadelphia: University of Pennsylvania Population Studies Center.

Durkheim, Émile. 1965. *The Division of Labor in Society.* New York: The Free Press.

Dussel, Enrique. 1966. "Hipotesis para el Estudio de Latinoamérica en la Historia Universal." Resistencia, Chaco, Argentina. Manuscript.

Eaton, Richard N. 1993. *The Rise of Islam and the Bengal Frontier 1204–1760.* Berkeley and Los Angeles: University of California Press.

Eberhard, Wolfram. 1977. *A History of China.* Rev. ed. London: Routledge & Keagan Paul.

Elvin, Mark. 1973. *The Pattern of the Chinese Past.* Stanford: Stanford University Press.

Fairbank, John King. 1969. *Trade and Diplomacy on the China Coast.* Stanford: Stanford University Press.

Fairbank, J. K., Edwin Reischauer, and Albert M. Craig, eds. 1978. *East Asia, Tradition, and Transformation.* Boston: Houghton Mifflin.

Faroqhi, Suraiya. 1984. *Town and Townsmen of Ottoman Anatolia. Trade, Crafts and Food Production in an Urban Setting, 1520–1650.* Cambridge: Cambridge University Press.

———. 1986. *Peasants, Dervishes and Traders in the Ottoman Empire.* Aldershot, U.K.: Variorum.

———. 1987. "The Venetian Presence in the Ottoman Empire, 1600–30." In *The Ottoman Empire and the World-Economy,* edited by Huri Islamoglu-Inan. Cambridge: Cambridge University Press.

———. 1991. "The Fieldglass and the Magnifying Lens: Studies of Ottoman Crafts and Craftsmen." *The Journal of European Economic History* 20, no. 1 (Spring): 29–58.

———. 1994. "Part II Crisis and Change, 1590–1699." In *An Economic and Social History of the Ottoman Empire 1300–1914,* edited by Halil Inalcik with Donald Quataert, 411–636. Cambridge: Cambridge University Press.

Fernandez-Armesto, Felipe. 1995. *Millennium.* London: Bantam Press.

Fischer, Wolfram, R. M. McInnis, and J. Schneider, eds. 1986. *The Emergence of a World Economy 1500–1914.* Papers of the Ninth International Congress of Economic History, Part I: 1500–1850. Wiesbaden: Steiner Verlag.

Fitzpatrick, John. 1992. "The Middle Kingdom, The Middle Sea, and the Geographical Pivot of History." *Review* 15, no. 2 (Summer): 477–533.

Fletcher, Joseph. 1968. "China and Central Asia 1368–1884." In *The Chinese World Order. Traditional China's Foreign Relations,* edited by John King Fairbank. Cambridge: Harvard University Press.

———. 1985. "Integrative History: Parallels and Interconnections in the Early Modern Period, 1500–1800." *Journal of Turkish Studies* 9: (1985) 37–58. Reprinted 1995 in *Studies on Chinese and Islamic Inner Asia,* edited by Beatrice Forbes Manz. Aldershot, U.K.: Variorum.

Floor, W. W. 1988. *Commercial Conflict between Persia and the Netherlands 1712–1718.* Durham, U.K.: University of Durham Centre for Middle Eastern & Islamic Studies.

Flynn, Dennis O. 1982. "Fiscal Crisis and the Decline of Spain (Castile)." *Journal of Economic History* 42: 139–47.

———. 1984. "The 'Population Thesis' View of Inflation Versus Economics and History" and "Use and Misuse of the Quantity Theory of Money in Early Modern Historiography." In *Trierer Historische Forschungen,* edited by Hans-Hubert Anton et al., Vol. 7: 363–82, 383–417. Trier: Verlag Trierer Historische Forschungen.

———. 1986. "The Microeconomics of Silver and East-West Trade in the Early Modern Period." In *The Emergence of a World Economy 1500–1914.* Papers of the Ninth International Congress of Economic History, Part I: 1500–1850, edited by Wolfram Fischer, R. M. McInnis, and J. Schneider, 37–60. Wiesbaden: Steiner Verlag.

———. 1991. "Comparing the Tokugawa Shogunate with Hapsburg Spain: Two Silver-based Empires in a Global Setting." In *The Political Economy of Merchant Empires,* edited by James D. Tracy, 332–59. Cambridge: Cambridge University Press.

———. 1996. *World Silver and Monetary History in the 16th and 17th Centuries.* Aldershot, U.K.: Variorum.

Flynn, Dennis O., and Arturo Giraldez. 1994. "China and the Manila Galleons." In *Japanese Industrialization and the Asian Economy,* edited by A. J. H. Latham and Heita Kawakatsu, 71–90. London: Routledge.

———. 1995a. "Born with a 'Silver Spoon': The Origin of World Trade." *Journal of World History* 6, no. 2 (Fall): 201–22.

———. 1995b. "China and the Spanish Empire." Paper presented at the 55th Annual Meeting of the Economic History Association, Chicago, September 8–10.

———. 1995c. "Arbitrage, China, and World Trade in the Early Modern Period." *Journal of the Economic and Social History of the Orient* 38, no. 4: 429–48.

———. 1996. "Silk for Silver: Manila-Macao Trade in the 17th Century." *Philippine Studies,* 44 (First quarter): 52–68.

Foltz, Richard. 1996. "Central Asian Naqshbandi Connections of the Mughal Emperors." *Journal of Islamic Studies* 7, no. 2: 229–239.

———. 1997. "Central Asian in the Administration of Mughal India." *Journal of Asian History* 31, no. 2: 1–16.

Foss, Theodore Nicholas. 1986. "Chinese Silk Manufacture in Jean-Baptiste Du Halde *Description de la Chine (1735)*." In *Asia and the West. Encounters and Exchanges from the Age of Explorations. Essays in Honor of Donald F. Lach,* edited by C. K. Pullapilly and E. J. Van Kley. Notre Dame, Ind.: Cross Roads Books.

Francis, Peter, Jr. 1989. *Beads and the Bead Trade in Southeast Asia.* Lake Placid, N.Y.: Center for Bead Research.

———. 1991. "Beadmaking at Arikamedu and Beyond." *World Archaeology* 23, 1 (June): 28–43.

Frank, Andre Gunder. 1966. "The Development of Underdevelopment." *Monthly Review* 18, no. 4 (September). Reprinted in Frank 1969: 3–20.

———. 1967. *Capitalism and Underdevelopment in Latin America.* New York: Monthly Review Press.

———. 1969. *Latin America: Underdevelopment or Revolution.* New York: Monthly Review Press.

———. 1975. *On Capitalist Underdevelopment.* Bombay: Oxford University Press.

———. 1978a. *World Accumulation, 1492–1789,* New York and London: Monthly Review Press and Macmillan Press.

———. 1978b. *Dependent Accumulation and Underdevelopment.* New York and London: Monthly Review Press and Macmillan Press.

———. 1979. *Mexican Agriculture 1520–1630: Transformation of Mode of Production.* Cambridge: Cambridge University Press.

———. 1980. "Development of Underdevelopment or Underdevelopment of Development in China." In *The Development of Underdevelopment in China,* edited by C. C. Huang, 90–99. White Plains, N.Y.: M. E. Sharpe.

———. 1987. Comment on Janet Abu-Lughod's "The Shape of the World System in the Thirteenth Century." *Studies in Comparative International Development* 22, no. 4:35–37.

———. 1990a. "A Theoretical Introduction to 5,000 Years of World System History." *Review* 13, no. 2 (Spring): 155–248.

———. 1990b. "The Thirteenth Century World System: A Review Essay." *Journal of World History* 1, no. 2 (Autumn): 249–56.

———. 1991a. "A Plea for World System History." *Journal of World History* 2, no. 1 (Spring): 1–28.

———. 1991b. "Transitional Ideological Modes: Feudalism, Capitalism, Socialism." *Critique of Anthropology* 11, no. 2 (Summer): 171–88.

———. 1991c. "The Underdevelopment of Development." *Scandinavian Journal of Development Alternatives* (Special Issue) 10, no. 3 (September): 5–72.

———. 1992. *The Centrality of Central Asia.* Comparative Asian Studies No. 8. Amsterdam: VU University Press for Centre for Asian Studies Amsterdam.

———. 1993a. "Bronze Age World System Cycles." *Current Anthropology* 34, no. 4 (August–October): 383–430.

———. 1993b. The World Is Round and Wavy: Demographic Cycles & Structural Analysis in the World System. A Review Essay of Jack A. Goldstone's *Revolutions and Rebellions in the Early Modern World.*" *Contention* 2 (winter): 107–124. Reprinted in *Debating Revolutions,* edited by Nikki Keddie, 200–20. New York: New York University Press, 1995.

———. 1994. "The World Economic System in Asia before European Hegemony." *The Historian* 56, no. 4 (winter): 259–76.

———. 1995. "The Modern World System Revisited: Re-reading Braudel and Wallerstein." In *Civilizations and World Systems. Studying World-Historical Change,* edited by Stephen S. Sanderson, 206–28. Walnut Creek, Calif.: Altamira.

———. 1996. "The Underdevelopment of Development." In *The Underdevelopment of Development. Essays in Honor of Andre Gunder Frank,* edited by Sing Chew and Robert Denemark, 17–56. Thousand Oaks, Calif.: Sage.

———. 1998a. "Materialistically Yours. The Dynamic Society of Graeme Snooks." *Journal of World History* 9, no. 1 (March).

————. 1998b. Review of Richard von Glahn, *Fountain of Fortune. Money and Monetary Policy in China, 1000–1700. Journal of World History* 9, no. 1 (March). Forthcoming.

Frank, A. G., and Marta Fuentes. 1990. "Civil Democracy: Social Movements in Recent World History." In *Transforming the Revolution: Social Movements and the World-System*, S. Amin, G. Arrighi, A. G. Frank, and I. Wallerstein, 139–80. New York: Monthly Review Press.

————. 1994. "On Studying the Cycles in Social Movements." In *Research in Social Movements, Conflict and Change*, edited by L. Kriesberg, M. Dobrkowski, and I. Wallimann, vol. 17: 173–96. Greenwich, Conn.: JAI Press.

Frank, A. G., and B. K. Gills, 1992. "The Five Thousand Year World System: An Introduction." *Humboldt Journal of Social Relations* 18, no. 1 (Spring): 1–79.

Frank, A. G., and B. K. Gills, eds. 1993. *The World System: Five Hundred Years or Five Thousand?* London and New York: Routledge.

Frank, A. G., David Gordon, and Ernest Mandel. 1994. "Inside Out or Outside In (The Exogeneity/Endogeneity Debate)." *Review* 17, no. 1 (Winter): 1–5.

Fukuyama, Francis. 1989. "The End of History." *National Interest* 16 (Summer): 1–18.

————. 1992. *The End of History and the Last Man*. New York: The Free Press.

Ganguli, B. N., ed. 1964. *Readings in Indian Economic History*. Bombay: Asia Publishing House.

Garcia-Baquero Gonzales, A. 1994. "Andalusia and the Crisis of the Indies Trade, 1610–1720." In *The Castilian Crisis of the Seventeenth Century*, edited by I. A. A. Thompson and Bartolome Yn Casalilla, 115–35. Cambridge: Cambridge University Press.

Gates, Hill. 1996. *China's Motor. A Thousand Years of Petty Capitalism*. Ithaca: Cornell University Press.

Genc, Mehmet. 1987. "A Study of the Feasibility of Using Eighteenth-Century Ottoman Financial Records as an Indicator of Economic Activity." In *The Ottoman Empire and the World-Economy*, edited by Huri Islamoglu-Inan, 345–73. Cambridge:Cambridge University Press.

————. 1990. "Manufacturing in the 18th Century." Paper presented at the Conference on the Ottoman Empire and the World-Economy, State University of New York, Binghamton, November 16–17.

Gernet, Jacques. 1985. *A History of China*. Cambridge: Cambridge University Press.

Gerschenkron, Alexander. 1962. *Economic Backwardness in Historical Perspective. A Book of Essays*. Cambridge: Harvard University Press, Belknap Press.

Gills, Barry K., and A. G. Frank. 1990/91. "The Cumulation of Accumulation: Theses and Research Agenda for 5000 Years of World System History." *Dialectical Anthropology* 15, no. 1 (July 1990): 19–42. Expanded version published as "5000 Years of World System History: The Cumulation of Accumulation," in *Precapitalist Core-Periphery Relations,* edited by C. Chase-Dunn and T. Hall, 67–111. Boulder: Westview Press, 1991.

———. 1992. "World System Cycles, Crises, and Hegemonial Shifts 1700 BC to 1700 AD." *Review* 15, no. 4 (Fall): 621–87.

———. 1994. "The Modern World System under Asian Hegemony. The Silver Standard World Economy 1450–1750." Newcastle: University of Newcastle Department of Politics. Unpublished manuscript.

Gleick, James. 1977. *Chaos. Making a New Science.* London and New York: Penguin Books.

Glover, Ian C. 1990. *Early Trade between India and South-East Asia. A Link in the Development of a World Trading System.* 2d rev. ed. London: University of Hull Centre for South-East Asian Studies.

———. 1991. "The Southern Silk Road: Archaeological Evidence for Early Trade between India and Southeast Asia." UNESCO Silk Roads Maritime Route Seminar, Bangkok.

Goldstein, Joshua S. 1988. *Long Cycles. Prosperity and War in the Modern Age.* New Haven: Yale University Press.

Goldstone, Jack A. 1991a. *Revolutions and Rebellions in the Early Modern World.* Berkeley and Los Angeles: University of California Press.

———. 1991b. "The Cause of Long-Waves in Early Modern Economic History." In *Research in Economic History,* edited by Joel Mokyr, Supplement 6. Greenwich, Conn.: JAI Press.

———. 1996. "Gender, Work, and Culture: Why the Industrial Revolution Came Early to England But Late to China." *Sociological Perspectives* 39, 1: 1–21.

Goody, Jack. 1996. *The East in the West.* Cambridge: Cambridge University Press.

Grant, Jonathan. 1996. "Rethinking the Ottoman 'Decline': Military Technology Diffusion in the Ottoman Empire 15th–18th Centuries." Paper presented at the World History Association meeting in Pomona, Calif., June 20–22.

Grover, B. R. 1994. "An Integrated Pattern of Commercial Life in Rural Society of North India during the Seventeenth and Eighteenth Centuries." In *Money and the Market in India 1100–1700,* edited by Sanjay Subrahmanyam. Delhi: Oxford University Press.

Habib, Irfan. 1963a. *The Agrarian System of Mughal India.* Bombay: Asia Publishing House.

———. 1963b. "The Agrarian Causes of the Fall of the Mughal Empire." *Enquiry* no. 1: 81–98; no. 2: 68–77.

———. 1969. "Potentialities of Capitalistic Development in the Economy of Mughal India." *Journal of Economic History* 29, no. 1 (March): 13–31.

———. 1980. "The Technology and Economy of Mughal India." *The Indian Economic and Social History Review* 17, no. 1 (January–March): 1–34.

————. 1987. "A System of Tri-metalism in the Age of the 'Price Revolution': Effects of the Silver Influx on the Mughal Monetary System." In *The Imperial Monetary System of Mughal India*, edited by J. F. Richards. Delhi: Oxford University Press.

————. 1990. "The Merchant Communities in Pre-Colonial India." In *The Rise of the Merchant Empires. Long-Distance Trade in the Early Modern World, 1350–1750*, edited by James D. Tracy, 371–99. Cambridge: Cambridge University Press.

Hagendorn, Jan, and Marion Johnson. 1986. *The Shell Money of the Slave Trade*. Cambridge: Cambridge University Press.

Hall, John A. 1985. *Powers and Liberties: The Causes and Consequences of the Rise of the West*. London and Oxford: Penguin with Basil Blackwell.

————. 1995. "A Theory of the Rise of the West." *Metu Studies in Development*, 22, no. 3: 231–58.

Hall, John R. 1984. "World System Holism and Colonial Brazilian Agriculture: A Critical Case Analysis." *Latin American Research Review* 19, no. 2: 43–69.

————. 1991. "The Patrimonial Dynamic in Colonial Brazil." In *Brazil and the World System*, edited by Richard Grahm, 57–88. Austin: University of Texas Press.

Hall, John Whitney, ed. 1991. *The Cambridge History of Japan*. Vol. 4, *Early Modern Japan*. Cambridge: Cambridge University Press.

Hamashita, Takeshi. 1988. "The Tribute Trade System and Modern Asia." *The Toyo Bunko*, no. 46: 7–24. Tokyo: Memoirs of the Research Department of the Toyo Bunko.

————. 1994a. "The Tribute Trade System and Modern Asia." Revised and reprinted in *Japanese Industrialization and the Asian Economy*, edited by A. J. H. Latham and Heita Kawakatsu. London and New York: Routledge.

————. 1994b. "Japan and China in the 19th and 20th Centuries." Paper presented at Ithaca, Cornell University, Summer.

Hamilton, Earl J. 1934. *American Treasure and the Price Revolution in Spain*. Cambridge: Harvard University Press.

Hanley, Susan B., and Kozo Yamamura. 1977. *Economic and Demographic Change in Preindustrial Japan 1600–1868*. Princeton: Princeton University Press.

Harlow, Vincent. 1926. *A History of Barbados: 1625–1685*. London: Clarendon Press.

Harte, N. B., ed. 1971. *The Study of Economic History: Collected Inaugural Lectures 1893–1970*. London: Frank Cass.

Hartwell, R. M. 1971. *The Industrial Revolution and Economic Growth*. London: Methuen.

Hasan, Aziza. 1994. "The Silver Currency Output of the Mughal Empire and Prices in Asia During the Sixteenth and Seventeenth Centuries." In *Money and the Market in India 1100–1700,* edited by Sanjay Subrahmanyam. Delhi: Oxford University Press.

al-Hassan, Ahmand Y., and Donald R. Hill. 1986. *Islamic Technology. An Illustrated History.* Cambridge and Paris: Cambridge University Press and UNESCO.

Hess, Andrew C. 1970. "The Evolution of the Ottoman Seaborne Empire in the Age of the Oceanic Discoveries, 1453–1525." *American Historical Review* 75, no. 7 (April): 1892–1919.

Higgins, Benjamin. 1991. *The Frontier as an Element in National and Regional Development.* Research Report No. 10. Moncton, Canada: Université de Moncton Institute Canadien de Récherche sur le Développement Regional.

Hill, Christopher. 1967. *Reformation to Industrial Revolution. British Economy and Society 1530/1780.* London: Weidenfeld & Nicholson.

Hilton, R. H., ed. 1976. *The Transition from Feudalism to Capitalism.* London: New Left Books.

Himmelfarb, Gertrude. 1987. *The New History and the Old.* Cambridge: Harvard University Press.

Ho Chuimei. 1994. "The Ceramic Trade in Asia, 1602–82." In *Japanese Industrialization and the Asian Economy,* edited by A. J. H. Latham and Heita Kawakatsu. London and New York: Routledge.

Ho Ping-ti. 1959. *Studies on the Population of China, 1368–1953.* Cambridge: Harvard University Press.

Hobsbawm, Eric I. 1954. "The Crisis of the Seventeenth Century." *Past and Present,* nos. 5, 6.

———. 1960. "The Seventeenth Century in the Development of Capitalism." *Science and Society* 24, no. 2.

Hodgson, Marshall G. S. 1954. "Hemispheric Interregional History as an Approach to World History." UNESCO *Journal of World History/Cahiers d'Histoire Mondiale* 1, no. 3: 715–23.

———. 1958. "The Unity of Later Islamic History." UNESCO *Journal of World History/Cahiers d'Histoire Mondiale* 5, no. 4: 879–914.

———. 1974. *The Venture of Islam.* 3 vols. Chicago: University of Chicago Press.

———. 1993. *Rethinking World History.* Edited by Edmund Burke III. Cambridge: Cambridge University Press.

Holt, P. M., Ann K. S. Lambton, and Bernard Lewis, eds. 1970. *The Cambridge History of Islam.* Cambridge: Cambridge University Press.

Holtfrerich, Carl-Ludwig, ed. 1989. *Interaction in the World Economy. Perspectives from International Economic History.* London: Harvester.

Howe, Christopher. 1996. *The Origins of Japanese Trade Supremacy. Development and Technology in Asia from 1540 to the Pacific War.* London: Hurst.

Huang, C. C., ed. 1980. *The Development of Underdevelopment in China.* White

Plains, N.Y.: M. E. Sharpe.

Huntington, Samuel. 1993. "The Clash of Civilizations?" *Foreign Affairs* 72 (Summer).

————. 1996. *The Clash of Civilizations and Remaking the World Order.* New York: Simon & Schuster.

Ibn Khaldun. 1969. *The Muqaddimah. An Introduction to History.* Translated from the Arabic by Franz Rosenthal, edited and abridged by N. J. Dawood. Princeton: Princeton University Press, Bollingen Series.

Ikeda, Satoshi. 1996. "The History of the Capitalist World-System vs. the History of East-Southeast Asia." *Review* 19, no. 1 (Winter): 49–78.

Inalcik, Halil. 1994. "Part I. The Ottoman State: Economy and Society, 1300–1600." In *An Economic and Social History of the Ottoman Empire 1300–1914,* edited by Halil Inalcik with Donald Quataert, 9–410. Cambridge: Cambridge University Press.

Inalcik, Halil, with Donald Quataert, eds. 1994. *An Economic and Social History of the Ottoman Empire 1300–1914.* Cambridge: Cambridge University Press.

Inkster, Ian. 1991. *Science and Technology in History. An Approach to Industrial Development.* London: Macmillan Press.

Islamoglu-Inan, Huri, ed. 1987. *The Ottoman Empire and the World-Economy.* Cambridge: Cambridge University Press.

Issawi, Charles, ed. 1966. *The Economic History of the Middle East 1800–1914. A Book of Readings.* Chicago: University of Chicago Press.

Jackson, Peter, and Laurence Lockhart, eds. 1986. *The Timurid and Safavid Periods.* Vol. 6 of *The Cambridge History of Iran.* Cambridge: Cambridge University Press.

Jones, E. L. 1981. *The European Miracle: Environments, Economies and Geopolitics in the History of Europe and Asia.* Cambridge: Cambridge University Press.

————. 1988. *Growth Recurring. Economic Change in World History.* Oxford: Clarendon Press.

Jones, Eric, Lionel Frost, and Colin White. 1993. *Coming Full Circle. An Economic History of the Pacific Rim.* Boulder: Westview Press.

Kaplan, Robert. 1994. "The Coming Anarchy." *The Atlantic Monthly,* February.

————. 1996. *The Ends of the Earth.* New York: Random House.

Keohene, R. O. 1984. *After Hegemony: Cooperation and Discord in the World Political Economy.* Princeton: Princeton University Press.

Kindleberger, Charles. 1989. *Spenders and Hoarders.* Singapore: ASEAN Economic Research Unit, Institute of Southeast Asian Studies.

Klein, Peter W. 1989. "The China Seas and the World Economy between the Sixteenth and Nineteenth Centuries: The Changing Structures of World Trade." In *Interaction in the World Economy. Perspectives from International Economic History,* edited by Carl-Ludwig Holtfrerich, 61–89. London: Harvester.

Kobata, A. 1965. "The Production and Uses of Gold and Silver in Sixteenth- and Seventeenth-Century Japan." *Economic History Review*: 245–66.

Kollman, Wolfgang. 1965. *Bevölkerung und Raum in Neuerer and Neuester Zeit* (Population and Space in Recent and Contemporary Time). Würzburg.

Krasner, S., ed. 1983. *International Regimes*. Ithaca: Cornell University Press.

Kuhn, Thomas S. 1969. "Comment." *Comparative Studies in Society and History* 11: 426–30.

———. 1970. *The Structure of Scientific Revolution*. 2d ed. Chicago: University of Chicago Press.

Kuppuram, G., and K. Kumudamani. 1990. *History of Science and Technology in India*. Delhi: Sundeep Prakashan.

Kuznets, Simon. 1930. *Secular Movements in Production and Prices*. New York: Houghton & Mifflin.

Lach, Donald F., and Edwin J. van Kley. 1965–. *Asia in the Making of Europe*. Chicago: University of Chicago Press.

Landes, David S. 1969. *The Unbound Prometheus. Technological Change and Industrial Development in Western Europe from 1750 to the Present*. Cambridge: Cambridge University Press.

Langer, William K. 1985. "Population Growth and Increasing Means of Subsistence." In *Readings on Population*, edited by David M. Herr, 2–15. Englewood Cliffs, N.J.: Prentice Hall.

Lattimore, Owen. 1962a. *Inner Asian Frontiers of China*. Boston: Beacon Press.

———. 1962b. *Studies in Frontier History: Collected Papers 1928–1958*. Oxford: Oxford University Press.

Lee, Ronald Demos. 1986. "Malthus and Boserup: A Dynamic Synthesis." In *The State of Population Theory. Forward from Malthus*, edited by David Coleman and Roger Schofield. Oxford and New York: Basil Blackwell.

Leibnitz. [1859–75] 1969. Collected Works, vol. 5. Reprint, Hildesheim, N.Y.: G. Olms.

Lenski, Gerhard, and Jean Lenski. 1982. *Human Societies*. 4th ed. New York: McGraw-Hill.

Lerner, Daniel. 1958. *The Passing of Traditional Society*. Glencoe, Ill.: The Free Press.

Lewis, Martin, W., and Karen W. Wigen. 1997. *The Myth of Continents*. Berkeley: University of California Press.

Lieberman, Victor. 1995. "An Age of Commerce in Southeast Asia? Problems of Regional Coherence—A Review Article." *Journal of Asian Studies* 54, no. 3 (August): 796–807.

Lin Man-houng. 1990. "From Sweet Potato to Silver." In *The European Discovery of the World and Its Economic Effects on Pre-Industrial Society, 1500–1800*, edited by Hans Pohl, 304–20. Papers of the Tenth International Economic History Congress. Stuttgart: Franz Steiner Verlag.

Lippit, Victor. 1980. "The Development of Underdevelopment in China." In *The Development of Underdevelopment in China,* edited by C. C. Huang, 1–78, 125–35. White Plains, N.Y.: M. E. Sharpe.

———. 1987. *The Economic Development of China.* Armonk, N.Y.: M. E. Sharpe.

Lis, Catharine, and Hugo Soly. 1997. "Different Paths of Development: Capitalism in Northern and Southern Netherlands during the Late Middle Ages and Early Modern Period." *Review* 20, no. 2 (Spring): 211–42.

Livi-Bacci, Massimo. 1992. *A Concise History of World Population.* Cambridge, Mass., and Oxford: Blackwell.

Lourido, Rui D'Avila. 1996a. "European Trade between Macao and Siam, from its Beginnings to 1663." Florence: European University Institute. Unpublished manuscript.

———. 1996b. *The Impact of the Silk Trade: Macao–Manila, from the Beginning to 1640.* Paris: UNESCO.

Ludden, David. 1990. "Agrarian Commercialism in Eighteenth Century South India." In *Merchants, Markets and the State in Early Modern India,* edited by Sanjay Subrahmanyam, 213–41. Delhi: Oxford University Press.

Ma, Laurence. 1971. "Commercial Development and Urban Change in Sung China." Ann Arbor: University of Michigan Department of Geography. Unpublished manuscript.

Mackensen, Rainer, and Heinze Wewer, eds. 1973. *Dynamik der Bevölkerungsentwicklung* (Dynamic of Population Development). München: Hanser Verlag.

MacLeod, Roy, and Deepak Kumar, eds. 1995. *Technology and the Raj. Western Technology and Technical Transfers to India, 1700–1947.* New Delhi: Sage.

Maddison, Angus. 1983. "A Comparison of Levels of GDP Per Capita in Developed and Developing Countries, 1700–1980." *Journal of Economic History* 43, no. 1 (March): 27–41.

———. 1991. *Dynamic Forces in Capitalist Development. Long-run Comparative View.* Oxford: Oxford University Press.

———. 1993. "Explaining the Economic Performance of Nations 1820–1989." Australian National University Working Papers in Economic History No. 174.

Mann, Michael. 1986. *A History of Power from the Beginning to A.D. 1760.* Vol. 1 of *The Sources of Social Power.* Cambridge: Cambridge University Press.

———. 1993. *The Rise of Classes and Nation-States, 1760–1914.* Vol. 2 of *The Sources of Social Power.* Cambridge: Cambridge University Press.

Manz, Beatrice Forbes, ed. 1995. *Studies on Chinese and Islamic Inner Asia.* Aldershot, U.K.: Variorum.

Marks, Robert B. 1996. "Commercialization Without Capitalism. Processes of Environmental Change in South China, 1550–1850." *Environmental History* 1, no. 1 (January): 56–82.

————. 1997a. *Tigers, Rice, Silk and Silt. Environment and Economy in Late Imperial South China*. New York: Cambridge University Press. Cited from manuscript.

————. 1997b. " 'It Never Used to Snow': Climatic Variability and Harvest Yields in Late Imperial South China, 1650–1850." In *Sediments of Time: Environment and Society in China*, edited by Mark Elvin and Liu Ts'ui-jung. New York: Cambridge University Press.

Marks, Robert B., and Chen Chunsheng 1995. "Price Inflation and its Social, Economic and Climatic Context in Guangdong Province, 1707–1800." *T'oung Pao*, 81: 109–52.

Marshall, P. J. 1987. "Private British Trade in the Indian Ocean before 1800." In *India and the Indian Ocean 1500–1800*, edited by Ashin Das Gupta and M. N. Pearson. Calcutta: Oxford University Press.

Masters, Bruce. 1988. *The Origins of Western Economic Dominance in the Middle East. Mercantilism and the Islamic Economy in Aleppo, 1600–1750*. New York: New York University Press.

Marx, Karl, and Friedrich Engels. 1848. *The Communist Manifesto*.

Mauro, F. 1961. "Towards an 'Intercontinental Model': European Overseas Expansion between 1500 and 1800." *The Economic History Review* (Second series) 14, no. 1: 1–17.

McClelland, David. 1961. *The Achieving Society*. Princeton: Van Nostrand.

McGowan, Bruce. 1994. "Part III. The Age of the Ayans 1699–1812." In *An Economic and Social History of the Ottoman Empire 1300–1914*, edited by Halil Inalcik with Donald Quataert, 637–758. Cambridge: Cambridge University Press.

McNeill, William. 1963. *The Rise of the West: A History of the Human Community*. Chicago: University of Chicago Press.

————. 1964. *Europe's Steppe Frontier, 1500–1800*. Chicago: University of Chicago Press.

————. 1977. *Plagues and Peoples*. New York: Doubleday, Anchor Press.

————. 1983. *The Pursuit of Power: Technology, Armed Force and Society since AD 1000*. Oxford: Blackwell.

————. 1989. *The Age of Gunpowder Empires 1450–1800*. Washington, D.C.: American Historical Association.

————. 1990. *"The Rise of the West* After Twenty Five Years." *Journal of World History* 1, no. 1: 1–22.

————. 1996. "Acknowledgement." In *Praemium Erasmianum*. Amsterdam: Stichting Praemium Erasmianum.

Meilink-Roelofsz, M. A. P. 1962. *Asian Trade and European Influence in the Indonesian Archipelago between 1500 and about 1630*. The Hague: Martinus Nijhoff.

Menard, Russel. 1991. "Transport Costs and Long-Range Trade, 1300–1800:

Was There a European 'Transport Revolution' in the Early Modern Era?"
In *Political Economy of Merchant Empires,* edited by James D. Tracy, 228–75.
Cambridge: Cambridge University Press.

Merton, Robert. [1938] 1970. *Science, Technology, and Society in Seventeenth Century England.* New York: Howard Fertig.

Metu Studies in Development. 1995. "New Approaches to European History."
22, no. 3.

Metzler, Mark. 1994. "Capitalist Boom, Feudal Bust: Long Waves in Economics and Politics in Pre-Industrial Japan." *Review* 17, no. 1 (winter): 57–119.

Modelski, George. 1993. "Sung China and the Rise of the Global Economy."
Seattle: University of Washington Department of Political Science. Unpublished manuscript.

Modelski, George, and William Thompson. 1988. *Sea Power in Global Politics, 1494–1993.* London: Macmillan Press.

———. 1992. "Kondratieff Waves, The Evolving Global Economy, and World
Politics: The Problem of Coordination." Paper presented at the N. D. Kondratieff conference, Moscow, March 17, 1992, and at the International Studies Association meeting, Atlanta, April 1–5, 1992.

———. 1996. *Leading Sectors and World Powers: The Co-Evolution of Global Economics and Politics.* Columbia: University of South Carolina Press.

Modern Asian Studies. 1990. "A Seventeenth-Century 'General Crisis' in East
Asia?" 24, no. 4.

Mokyr, Joel. 1990. *The Lever of Riches. Technological Creativity and Economic
Progress.* New York: Oxford University Press.

Molougheney, Brian, and Xia Weizhong. 1989. "Silver and the Fall of the Ming:
A Reassessment." *Papers on Far Eastern History* 40: 51–78.

Moreland, W. H. 1936. *A Short History of India.* London: Longmans, Green.

Moseley, K. P. 1992. "Caravel and Caravan. West Africa and the World-Economies, ca. 900–1900 A.D." *Review* 15, no. 3: 523–55.

Mukherjee, Rila. 1990/91. "The French East India Company's Trade in East
Bengal from 1750 to 1753: A Look at the Chandernagore Letters to Jugdia."
Indian Historical Review 17, nos. 1–2: 122–35.

———. 1994. "The Story of Kasimbazar: Silk Merchants and Commerce in
Eighteenth-Century India." *Review* 17, no. 4: 499–554.

Mukund, Kanakalatha. 1992. "Indian Textile Industry in the 17th and 18th Centuries. Structure, Organisation, Responses." *Economic and Political Weekly,* 19
September: 2057–65.

Murphey, Rhoades. 1977. *The Outsiders. Western Experience in India and China.*
Ann Arbor: University of Michigan Press.

Musson, A. E. 1972. *Science, Technology and Economic Growth in the Eighteenth
Century.* London: Methuen.

Nam, Charles B., and Susan O. Gustavus. 1976. *Population. The Dynamics of
Demographic Change.* Boston: Houghton Mifflin.

Nasr, S. H. 1976. *Islamic Science*. World of Islam Festival.

National Research Council Working Group on Population Growth and Economic Development. 1986. *Population Growth and Economic Development: Policy Questions*. Washington, D.C.: National Academy Press.

Naylor, R. T. 1987. *Canada in the European Age*. Vancouver: Star Books.

Needham, Joseph. 1954–. *Science and Civilization in China*. Cambridge: Cambridge University Press.

———. 1964. "Science and China's Influence on the World." In *The Legacy of China,* edited by Raymond Dawson. Oxford: Clarendon Press.

———. 1981. *Science in Traditional China. A Comparative Perspective*. Hong Kong: The Chinese University Press.

Nef, John U. 1934. "The Progress of Technology and the Growth of Large-Scale Industry in Great Britain, 1540–1640." *The Economic History Review* 5, no. 1: 3–24.

Nehru, Jawaharlal. 1960. *The Discovery of India*. Edited by Robert I. Crane. New York: Doubleday, Anchor Press.

Ng Chin-Keong. 1983. *Trade and Society. The Amoy Network on the China Coast 1683–1735*. Singapore: Singapore University Press.

North, Douglass C., and Robert Paul Thomas. 1973. *The Rise of the Western World: A New Economic History*. Cambridge: Cambridge University Press.

O'Brien, Patrick. 1982. "European Economic Development: The Contribution by the Periphery." *Economic History Review* (2nd series) 35:1–18.

———. 1990. "European Industrialization: From the Voyages of Discovery to the Industrial Revolution." In *The European Discovery of the World and Its Economic Effects on Pre-Industrial Society, 1500–1800,* edited by Hans Pohl. Papers of the Tenth International Economic History Congress. Stuttgart: Franz Steiner Verlag.

———. 1997. "Intercontinental Trade and the Development of the Third World since the Industrial Revolution." *Journal of World History* 8, no. 1 (Spring): 75–134.

Oliva, L. Jay. 1969. *Russia in the Era of Peter the Great*. Englewood Cliffs, N.J.: Prentice Hall.

Pacey, Arnold. 1990. *Technology in World Civilization*. Oxford: Basil Blackwell.

Palat, Ravi Arvind, and Immanuel Wallerstein. 1990. "Of What World System Was Pre-1500 'India' a Part?" Paper presented at the International Colloquium on Merchants, Companies and Trade, Maison des Sciences de l'Homme, Paris, 30 May–2 June, 1990. Revision to be published in *Merchants, Companies and Trade,* edited by S. Chaudhuri and M. Morineau. Forthcoming.

Pamuk, Sevket. 1994. "Money in the Ottoman Empire, 1326 to 1914." In *An Economic and Social History of the Ottoman Empire 1300–1914,* edited by Halil Inalcik with Donald Quataert, 947–80. Cambridge: Cambridge University Press.

Panikkar, K. M. 1959. *Asia and Western Dominance*. London: George Allen & Unwin.

Parker, Geoffrey. 1974. "The Emergence of Modern Finance in Europe, 1500–1730." In *The Sixteenth and Seventeenth Centuries*. Vol. 2 of *The Fontana History of Europe*, edited by Carlo M. Cipolla, 527–94. Glasgow: Collins/Fontana

———. 1991. "Europe and the Wider World, 1500–1750: The Military Balance." In *The Political Economy of Merchant Empires*, edited by James D. Tracy, 161–95. Cambridge: Cambridge University Press.

Parsons, Talcott. [1937] 1949. *The Structure of Social Action*. Glencoe, Ill.: The Free Press.

———. 1951. *The Social System*. Glencoe, Ill.: The Free Press.

Pasinetti, L. 1981. *Structural Change and Economic Growth*. Cambridge: Cambridge University Press.

Pavlov, V. I. 1964. *The Indian Capitalist Class. A Historical Study*. New Delhi: Peoples Publishing House.

Pearson, M. N. 1987. *The Portuguese in India*. Cambridge: Cambridge University Press.

———. 1989. *Before Colonialism. Theories on Asian-European Relations 1500–1750*. Delhi: Oxford University Press.

Pearson, M. N., ed. 1996. *Spices in the Indian Ocean World*. Aldershot, U.K., and Brookfield, Vt.: Variorum.

Perlin, Frank. 1983. "Proto-Industrialization and Pre-Colonial South Asia." *Past and Present*, no. 98: 30–95. Also in Perlin 1994.

———. 1987. "Money-Use in Late Pre-Colonial India and the International Trade in Currency Media." In *The Imperial Monetary System of Mughal India*, edited by J. F. Richards. Delhi: Oxford University Press.

———. 1990. "Financial Institutions and Business Practices across the Euro-Asian Interface: Comparative and Structural Considerations." In *The European Discovery of the World and Its Economic Effects on Pre-Industrial Society, 1500–1800*, edited by Hans Pohl, 257–303. Papers of the Tenth International Economic History Congress. Stuttgart: Franz Steiner Verlag.

———. 1993. *'The Invisible City'. Monetary, Administrative and Popular Infrastructure in Asia and Europe 1500–1900*. Aldershot, U.K.: Variorum.

———. 1994. *Unbroken Landscape. Commodity, Category, Sign and Identity; Their Production as Myth and Knowledge from 1500*. Aldershot, U.K.: Variorum.

Pirenne, Henri. 1992. *Mohammed and Charlemagne*. New York: Barnes and Noble.

Pires, Tomas. [1517?] 1942/44. *Suma Oriental*. London: Hakluyit Society.

Pohl, Hans, ed. 1990. *The European Discovery of the World and Its Economic Effects on Pre-Industrial Society, 1500–1800*. Papers of the Tenth International Economic History Congress. Stuttgart: Franz Steiner Verlag.

Polanyi, Karl. 1957. *The Great Transformation — The Political and Economic Origins of Our Time*. Boston: Beacon Press.

Polanyi, K., C. Arensberg, and H. W. Pearson. 1957. *Trade and Markets in the Early Empires*. Glencoe, Ill.: The Free Press.

Pomeranz, Kenneth. 1997. "A New World of Growth: Markets, Ecology, Coercion, and Industrialization in Global Perspective" Unpublished manuscript.

Porter, Tony. 1995. "Innovation in Global Finance: Impact on Hegemony and Growth since 1000 AD." *Review* 18, no. 3 (Summer): 387–430.

Prakash, Om. 1983. "The Dutch East India Company in the Trade of the Indian Ocean." In *Precious Metals in the Late Medieval and Early Modern Worlds*, edited by J. F. Richards. Durham, N.C.: Carolina Academic Press.

———. 1994. *Precious Metals and Commerce*. Aldershot, U.K.: Variorum.

———. 1995. *Asia and the Pre-modern World Economy*. Leiden: International Institute for Asian Studies.

Prigogine, Ilya. 1996. *The End of Certainty: Time, Chaos, and the New Laws of Nature*. New York: The Free Press/Simon & Schuster.

Pryor, F. L., and S. B. Maurer. 1983. "On Induced Change in Precapitalist Societies." *Journal of Development Economics* 10: 325–53.

Qaisar, Ahsan Jan. 1982. *The Indian Response to European Technology and Culture (A.D. 1498–1707)*. Delhi: Oxford University Press.

Quiason, Serafin D. 1991. "The South China Trade with Spanish Philippine Colony up to 1762." Paris and Bangkok: UNESCO Integral Study of the Silk Roads: Roads of Dialogue. Unpublished manuscript.

Rahman, Abdur, ed. 1984. *Science and Technology in Indian Culture — A Historical Perspective*. New Delhi: National Institute of Science, Technology and Development Studies.

Ramaswamy, Vijaya. 1980. "Notes on the Textile Technology in Medieval India with Special Reference to the South." *The Indian Economic and Social History Review* 17, no. 2: 227–42.

———. 1985. *Textiles and Weavers in Medieval South India*. Delhi: Oxford University Press.

Raychaudhuri, Tapan, and Irfan Habib, eds. 1982. *The Cambridge Economic History of India*. Vol. 1: *c. 1220–c.1750*. Cambridge: Cambridge University Press.

Reid, Anthony. 1990. "The Seventeenth-Century Crisis in Southeast Asia." *Modern Asian Studies* 24, no. 4: 639–59.

———. 1993. *Southeast Asia in the Age of Commerce 1450–1680*. Vol. 2: *Expansion and Crisis*. New Haven: Yale University Press.

———. 1997. "A New Phase of Commercial Expansion in Southeast Asia, 1760–1850." In *The Last Stand of Autonomous States in Southeast Asia and Korea*, edited by Anthony Reid. London: Macmillan. Cited from Manuscript.

Reid, Anthony, ed. 1983. *Slavery, Bondage and Dependency in Southeast Asia*. St. Lucia, N.Y.: University of Queensland Press.

Reilly, Kevin. 1989. *The West and the World. A History of Civilization*, 2 vols. New York: Harper & Row.

Rich, E. E., and C. H. Wilson. 1967. *The Economy of Expanding Europe in the Sixteenth and Seventeenth Cenruries*. Vol. 4 of *The Cambridge Economic History of Europe*. Cambridge: Cambridge University Press.

Richards, John F. 1983. "Outflows of Precious Metals from Early India." In *Precious Metals in the Late Medieval and Early Modern Worlds,* edited by J. F. Richards. Durham, N.C.: Carolina Academic Press.

———. 1990. "The Seventeenth-Century Crisis in South Asia." *Modern Asian Studies* 24, no. 4: 625–38.

———. 1997. "Early Modern India and World History." *Journal of World History* 8, no. 2 (fall): 197–210.

Richards, John F., ed. 1987. *The Imperial Monetary System of Mughal India*. Delhi: Oxford University Press.

———. 1993. *Southeast Asia in the Early Modern Era. Trade, Power, and Belief.* Ithaca: Cornell University Press.

Rodinson, Maxime. 1970. "Le Marchand Musulman." In *Islam and the Trade of Asia,* edited by D. S. Richards, 21–36. Oxford: Bruno Cassirer.

———. 1972. *Islam et Capitalisme*. Paris: Editions du Seuil.

Ronan, Colin A. 1986. *The Shorter Science and Civilization in China. An Abridgment of Joseph Needham's Original Text*. Vol. 3. Cambridge: Cambridge University Press.

Rosenberg, Nathan, and L. E. Bridzell, Jr. 1986. *How the West Grew Rich. The Economic Transformation of the Industrial World*. New York: Basic Books.

Rossabi, Morris. 1975. *China and Inner Asia. From 1368 to the Present Day*. London: Thames and Hudson.

———. 1990. "The 'Decline' of the Central Asian Caravan Trade." In *The Rise of the Merchant Empires. Long-Distance Trade in the Early Modern World, 1350–1750,* edited by James D.Tracy. Cambridge: Cambridge University Press. Also in *Ecology and Empire. Nomads in the Cultural Evolution of the Old World,* vol. 1, edited by Gary Seaman. Los Angeles: ETHNOGRAPHICS/USC, Center for Visual Anthropology, University of Southern California Press.

Rostow, W. W. 1962. *The Stages of Economic Growth. A Non-Communist Manifesto* Cambridge: Cambridge University Press.

———. 1975. *How It All Began: Origins of the Modern Economy*. New York: McGraw-Hill.

Rowe, William T. 1984. *Hankow: Commerce and Society in a Chinese City, 1769–1889*. Stanford: Stanford University Press.

———. 1989. *Hankow: Conflict and Community in a Chinese City, 1796–1895*. Stanford: Stanford University Press.

Roy, Aniruddha, and S. K. Bagchi. 1986. *Technology in Ancient and Medieval India*. Delhi: Sundeep Prakashan.

Rozman, Gilbert, ed. 1981. *The Modernization of China.* New York: The Free Press.

Sahillioglu, Halial. 1983. "The Role of International Monetary and Metal Movements in Ottoman Monetary History 1300–1750." In *Precious Metals in the Late Medieval and Early Modern Worlds,* edited by J. F. Richards. Durham, N.C.: Carolina Academic Press.

Said, Edward. 1978. *Orientalism.* New York: Random House.

Saliba, George. 1996. "Arab Influences on the Renaissance." Paper at the Fifth Annual Conference of the World Historical Association, Pomona, Calif., June 21.

Salvatore, Dominick, ed. 1988. *World Population Trends and Their Impact on Economic Development.* New York: Greenwood Press.

Sanderson, Stephen K. 1995. *Social Transformations: A General Theory of Historical Development.* Oxford: Blackwell.

Sanderson, Stephen K., ed. 1995. *Civilizations and World Systems. Studying World-Historical Change.* Walnut Creek, Calif.: Altamira.

Sangwan, Satpal. 1995. "The Sinking Ships: Colonial Policy and the Decline of Indian Shipping, 1735–1835." In *Technology and the Raj. Western Technology and Technical Transfers to India, 1700–1947,* edited by Roy MacLeod and Deepak Kumar. New Delhi: Sage.

Schneider, Jane. 1977. "Was There a Pre-capitalist World System?" *Peasant Studies* 6, no. 1: 30–39.

Schrieke, B. 1955. *Indonesian Sociological Studies: Selected Writings of B. Schrieke.* The Hague: van Hoewe.

Schumpeter, Joseph Alois. 1939. *Business Cycles.* New York: McGraw Hill.

Schurmann, Franz, and Orville Schell. 1967. *The China Reader.* Vol. 1: *Imperial China.* New York: Vintage.

Seider, Gerald. 1995. "Social Differentiation in Rural Regions: A Political Anthropology of Accumulation and Inequality in the African Sahel." Paper presented at the American Anthropological Association meeting, Washington, D.C., November.

Shaffer, Lynda Noreen. 1989. "The Rise of the West: From Gupta India to Renaissance Europe." New York: Columbia University East Asia Institute. Unpublished manuscript.

Shapin, Steve. 1996. *Scientific Revolution.* Chicago: University of Chicago Press.

Sideri, Sandro. 1970. *Trade and Power. Informal Colonialism in Anglo-Portuguese Relations.* Rotterdam: Rotterdam University Press.

Simmel, Georg. 1955. *Conflict and the Web of Group Affiliations.* New York: The Free Press.

―――. 1980. *Essays on Interpretation in Social Science.* Translated and edited by Guy Oakes. Totowa, N.J.: Roman & Littlefield.

Singer, Charles, et al., eds. 1957. *A History of Technology.* Vols. 2 and 3. Oxford:

The Clarendon Press.

Sivin, N. 1982. "Why the Scientific Revolution Did Not Take Place in China—Or Didn't It?" *Explorations in the History of Science and Technology in China. Compiled in Honour of the 80th Birthday of Dr. J. Needham.* Shanghai. Also in *Chinese Science* 5: 45–66; *Transformation and Tradition in the Sciences,* edited by Everett Mendlesohn, 531–54 (Cambridge: Cambridge University Press, 1984); and *Science in Ancient China. Researches and Reflections* (Aldershot, U.K.: Variorum, 1995).

Skocpol, Theda. 1985. "Bringing the State Back In: Strategies of Analysis in Current Research." In *Bringing the State Back In,* edited by P. Evans, D. Rueschmeyer, and T. Skocpol. Cambridge: Cambridge University Press.

Sombart, Werner. 1967. *Luxury and Capitalism.* Ann Arbor: University of Michigan Press.

———. 1969. *The Jews and Modern Capitalism.* New York: B. Franklin.

Smith, Adam [1776] 1937. *The Wealth of Nations.* New York: Random House.

Smith, Alan K. 1991. *Creating a World Economy. Merchant Capital, Colonialism, and World Trade 1400–1825.* Boulder: Westview Press.

Snooks, Graeme Donald. 1996. *The Dynamic Society. Exploring the Sources of Global Change.* London and New York: Routledge.

Snooks, Graeme Donald, ed. 1994. *Was the Industrial Revolution Necessary?* London and New York: Routledge.

Stavarianos, L. S. 1966. *The World Since 1500. A Global History.* Englewood Cliffs, N.J.: Prentice-Hall.

Stearns, Peter N. 1993. *The Industrial Revolution in World History.* Boulder: Westview Press.

Steensgaard, Niels. 1972. *Carracks, Caravans and Companies: The Structural Crisis in the European-Asian Trade in the Early 17th Century.* Copenhagen: Studentlitteratur.

———. 1987. "The Indian Ocean Network and the Emerging World-Economy (c. 1550 to 1750)." In *The Indian Ocean: Explorations in History, Commerce, and Politics,* edited by S. Chandra, 125–50. New Delhi: Sage.

———. 1990a. "Before the World Grew Small. The Quest for Patterns in Early Modern World History." In *Agrarian Society in History. Essays in Honour of Magnus Morner,* edited by Mats Lundhal and Thommy Svensson. London and New York: Routledge.

———. 1990b. "The Seventeenth-Century Crisis and the Unity of Eurasian History." *Modern Asian Studies* 24, no. 4: 683–97.

———. 1990c. "Commodities, Bullion and Services in Intercontinental Transactions Before 1750." In *The European Discovery of the World and its Economic Effects on Pre-Industrial Society, 1500–1800,* edited by Hans Pohl. Papers of the Tenth International Economic History Congress. Stuttgart: Franz Steiner Verlag.

———. 1990d. "The Growth and Composition of the Long-Distance Trade of England and the Dutch Republic before 1750." In *The Rise of the Merchant Empires. Long-Distance Trade in the Early Modern World, 1350–1750,* edited by James D. Tracy, 102–52. Cambridge: Cambridge University Press.

Stein, Burton. 1989. "Eighteenth Century India: Another View." *Studies in History* (new series) 5, no. 1: 1–26.

Stein, Burton, and Sanjay Subrahmanyam. 1996. *Institutions and Economic Change in South Asia.* Delhi: Oxford University Press.

Subrahmanyam, Sanjay. 1990. *The Political Economy of Commerce. Southern India 1500–1650.* Cambridge: Cambridge University Press.

———. 1994. "Precious Metal Flows and Prices in Western and Southern Asia, 1500–1750: Some Comparative and Conjunctural Aspects." In *Money and the Market in India 1100–1700,* edited by Sanjay Subrahmanyam. Delhi: Oxford University Press.

Subrahmanyam, Sanjay, ed. 1990. *Merchants, Markets and the State in Early Modern India.* Delhi: Oxford University Press.

———. 1994. *Money and the Market in India 1100–1700.* Delhi: Oxford University Press.

Subrahmanyam, Sanjay, and C. A. Bayly. 1990. "Portfolio Capitalists and Political Economy of Early Modern India." In *Merchants, Markets and the State in Early Modern India,* edited by Sanjay Subrahmanyam, 242–65. Delhi: Oxford University Press.

Sun Laichen. 1994a. "Burmese Tributary and Trade Relations with China Between the Late Thirteenth and Eighteenth Centuries." Ann Arbor: University of Michigan Departmentof History. Unpublished manuscript.

———. 1994b. "The 18th Century Sino-Vietnam Overland Trade and Mining Industry in Northern Vietnam." Ann Arbor: University of Michigan Department of History. Unpublished manuscript.

Sunar, Ilkay. 1987. "State and Economy in the Ottoman Empire." In *The Ottoman Empire and the World-Economy,* edited by Huri Islamoglu-Inan. Cambridge: Cambridge University Press.

Tarling, Nicolas, ed. 1992. *The Cambridge History of Southeast Asia.* Vol. 1, *From Early Times to c. 1800.* Cambridge: Cambridge University Press.

Tawney, R. H. 1926. *Religion and the Rise of Capitalism.* New York: Harcourt Brace.

Teggart, Frederick. 1939. *Rome and China: A Study of Correlations in Historical Events.* Berkeley and Los Angeles: University of California Press.

TePaske, J. J. 1983. "New World Silver, Castile, and the Philippines, 1590–1800." In *Precious Metals in the Late Medieval and Early Modern Worlds,* edited by J. F. Richards. Durham, N.C.: Carolina Academic Press.

Tibebu, Teshale. 1990. "On the Question of Feudalism, Absolutism, and the Bourgeois Revolution." *Review* 13, no. 1 (Winter): 49–152.

The Times Illustrated History of the World. 1995. Edited by Geoffrey Parker. New York: Harper Collins.

Togan, Isenbike. 1990. "Inner Asian Muslim Merchants and the Closing of the Silk Route (17th and 18th Centuries)." Paper presented at UNESCO Urumqui seminar, August.

Toynbee, Arnold. 1946. *A Study of History.* (Somervell Abridgment). Oxford: Oxford University Press.

Tracy, James D., ed. 1990. *The Rise of the Merchant Empires. Long-Distance Trade in the Early Modern World, 1350–1750.* Cambridge: Cambridge University Press.

———. 1991. *The Political Economy of Merchant Empires.* Cambridge: Cambridge University Press.

Turner, Brian. 1986. *Marx and the End of Orientalism.* London: Croom Helm.

Udovitch, Abraham L. 1970. "Commercial Techniques in Early Medieval Islamic Trade." In *Islam and the Trade of Asia,* edited by D. S. Richards, 37–62. Oxford: Bruno Cassirer.

United Nations Population Division. 1951. *Population Bulletin* 1.

———. 1953. *The Determinants and Consequences of Population Trends.* New York: United Nations.

———. 1954. *The Past and Future Population of the World and its Continents.* World Population Conference Paper No. 243. New York: United Nations.

Van der Wee, Herman, and Erik Aerts, eds. 1990. *Debates and Controversies in Economic History.* Proceedings of the Tenth International Economic History Congress. Leuven: Leuven University Press.

van Leur, J. C. 1955. *Indonesian Trade and Society: Essays in Asian Social and Economic History.* The Hague and Bandung: W. van Hoeve.

van Zanden, Jan Luiten. 1997. "Do We Need a Theory of Merchant Capitalism?" *Review* 20, no. 2 (Spring): 255–68.

Viraphol, Sarasin. 1977. *Tribute and Profit: Sino-Siamese Trade 1652–1853.* Harvard East Asian Monograph 76. Cambridge: Harvard University Press.

Voll, John I. 1994. "Islam as a Special World-System." *Journal of World History* 5, no. 2: 213–26.

von Glahn, Richard. 1996a. "Myth and Reality of China's Seventeenth Century Monetary Crisis." *The Journal of Economic History* 56, no. 2 (June): 429–54.

———. 1996b. *Fountain of Fortune: Money and Monetary Policy in China, 1000 to 1700.* Berkeley and Los Angeles: University of California Press.

Wakeman, Frederic E. 1986. "China and the Seventeenth-Century Crisis." *Late Imperial China* 7, no. 1 (June): 1–23.

Wallerstein, Immanuel. 1974. *The Modern World-System.* Vol. 1, *Capitalist Agriculture and the Origins of the European World-Economy in the Sixteenth Century.* New York: Academic Books.

———. 1980. *The Modern World-System.* Vol. 2, *Mercantilism and the Consolida-

tion of the European World-Economy, 1600–1750. New York: Academic Press.

———. 1989. *The Modern World-System.* Vol. 3, *The Second Era of Great Expansion of the Capitalist World-Economy 1730–1840s.* New York: Academic Press.

———. 1991. "World System versus World-Systems: A Critique." *Critique of Anthropology* 11, no. 2.

———. 1992. "The West, Capitalism, and the Modern World-System." *Review* 15, no. 4 (Fall): 561–619.

———. 1993. "World System versus World-Systems. A Critique." In *The World System:Five Hundred Years or Five Thousand?* edited by A. G. Frank and Barry K. Gills,292–96. London and New York: Routledge.

———. 1995. "Hold the Tiller Firm: On Method and the Unit of Analysis." In *Civilizations and World Systems. Studying World-Historical Change,* edited by Stephen K. Sanderson, 239–47. Walnut Creek, Calif.: Altamira.

———. 1996a. "Underdevelopment and Its Remedies." In *The Underdevelopment of Development: Essays in Honor of Andre Gunder Frank,* edited by Sing Chew and Robert Denemark, 355–64. Thousand Oaks, Calif.: Sage.

———. 1996b. *Open the Social Sciences.* Report of the Gulbenkian Commission on the Restructuring of the Social Sciences. Stanford: Stanford University Press.

———. 1997. "Merchant, Dutch, or Historical Capitalism?" *Review* 20, no. 2 (Spring):243–54.

Wang Gungwu. 1979. "Introduction: The Study of the Southeast Asian Past." In *Perceptions of the Past in Southeast Asia,* edited by Anthony Reid and David Narr. Singapore: Heinemann.

———. 1990. "Merchants without Empire: The Hokkien Sjourning Communities." In *The Rise of the Merchant Empires. Long-Distance Trade in the Early Modern World, 1350–1750,* edited by James D. Tracy, 400–422. Cambridge: Cambridge University Press.

Weber, Max. 1950. *General Economic History.* Glencoe, Ill.: The Free Press.

———. 1958. *The Protestant Ethic and the Spirit of Capitalism.* New York: Charles Scribner's Sons.

Weinerman, Eli. 1993. "The Polemics between Moscow and Central Asians on the Decline of Central Asia and Tsarist Russia's Role in the History of the Region." *The Slavonic and East European Review,* 71, no. 3 (July): 428–81.

White, Lynn, Jr. 1962. *Medieval Technology and Social Change.* New York: Oxford University Press.

Whitmore, John K. 1983. "Vietnam and the Monetary Flow of Eastern Asia, Thirteenth to Eighteenth Centuries." In *Precious Metals in the Late Medieval and Early Modern Worlds,* edited by J. F. Richards. Durham, N.C.: Carolina Academic Press.

Willcox, Walter F. 1931. *International Migrations.* Vol. 2. New York: National Bureau of Economic Research.

————. 1940. *Studies in American Demography*. Ithaca: Cornell University Press.

Wills, John E., Jr. 1993. "Maritime Asia, 1500–1800: The Interactive Emergence of European Domination." *American Historical Review* February: 83–105.

Wilkinson, David. 1987. "Central Civilization." *Comparative Civilizations Review* (Fall): 31–59.

————. 1993. "Civilizations, Cores, World Economies, and Oikumenes." In *The World System: Five Hundred Years or Five Thousand?* edited by A. G. Frank and B. K. Gills. London and New York: Routledge.

Wilkinson, Endymion Porter. 1980. *Studies in Chinese Price History*. New York and London: Garland.

Wittfogel, Karl. 1957. *Oriental Despotism: A Comparative Study of Total Power.* New Haven: Yale University Press.

Wolf, Eric. 1982. *Europe and the People Without History*. Berkeley and Los Angeles: University of California Press.

Wong, R. Bin. 1997. *China Transformed: Historical Change and the Limits of European Experience*. Ithaca: Cornell University Press.

Wrigley, E. A. 1994. "The Classical Economists, the Stationary State, and the Industrial Revolution." In *Was the Industrial Revolution Necessary?* edited by Graeme Donald Snooks, 27–42. London and New York: Routledge.

Yamamura, Kozo, and Tetsuo Kamiki. 1983. "Silver Mines and Sung Coins—A Monetary History of Medieval and Modern Japan in International Perspective." In *Precious Metals in the Late Medieval and Early Modern Worlds,* edited by J. F. Richards. Durham, N.C.: Carolina Academic Press.

Yan Chen. 1991. "The Cultural Relations Between China, the Philippines and Spanish America Through the Maritime Silk Route." Paris and Bangkok: UNESCO Integral Study of the Silk Roads: Roads of Dialogue. Unpublished manuscript.

Yang Lien-sheng. 1952. *Money and Credit in China. A Short History.* Cambridge: Harvard University Press.

Zeitlin, Irving M. 1994. *Ideology and the Development of Sociological Theory.* 5th ed. Englewood Cliffs, N.J.: Prentice Hall.

译者后记

本书作者安德烈·贡德·弗兰克生于1929年。从20世纪60年代初起，他就成为世界学术舞台上一位十分活跃的思想家和资本主义的严厉批判者。在近40年的时间里，他在世界经济研究方面不断地标新立异。他曾经是依附理论的一位主要代表人物，在20世纪六七十年代具有很大的影响。从20世纪70年代末起，他转入资本主义的起源研究，进而研究全球世界经济的历史。本书是他1998年发表的又一部开拓性著作。在此前一年（1997年），他已先行在因特网上发表了其中一部分，立即引起国际学术界许多学者的极大兴趣。尽管他们并不完全赞同他的观点，但是对他的新思路给予了高度重视和热烈赞扬。这可从本书选择的一些评论中窥见一斑。

本书的中文翻译从一开始就得到许多人（包括弗兰克本人）的关注与支持。经李陀和刘禾先生推荐，中央编译出版社从加州大学出版社购得版权，并得到英文版的校样。但由于种种原因，中文版未能像最初设想的那样与英文版同时推出。首先是由于译者忙于其他事情，到今年1月份才完成翻译。其次，弗兰克又请了一位香港学者对译文质量进行审查。第三，弗兰克听说原英文书名"ReOrient"很难译成中文，遂发动朋友征求中文译名。最后，几易中译本序言的作者，终于征得美国华裔学者王国斌的佳作。

关于书名，最有创造性的方案是李陀和刘禾提出的《白银资本》。译者对本书的评价与李陀和刘禾基本一致。我们都认为，本书的重大贡献在于，它进一步颠覆了长期以来欧洲-西方中心论的历史依据，提出重新建构近代早期世界历史构架的设想。就此而言，"白银资本"也许更能凸显本书最有价值的部分。但本书最初采用了译者的原始方案——《重新面向东方》。这是基于几重考虑。首先，相比之下，这个译法是各种方案中最接近英文原义的，既包含"重新定向"的意思，又包含了以东方为取向的意思。其次，"re-orient"是本书的一个核心概念，在书中多次出现。最后，"白银资本"似不足以概括全书的观点。弗兰克采用了一种长达500年的世界经济周期来观察历史和预见未来，在书中，尤其是在中文版前言中表达了一种对东方复兴的厚望，"重新面向东方"也能体现他的这种现实看法。由于视角的不同，几位学者在书名问题上难以达成共识，不妨就折中一下。经同中央编译出版社王吉胜先生商量，本书的名字最后定为《白银资本》，但在副书名上体现了全书的"重新面向东方"之义——"重视经济全球化中的东方"，且有现实上予以重视，历史上予以重新审视的双重含义。

我们相信，读者在阅读这部著作时会感受到一种震撼，会不由地"转换"（re-orient）观察世界历史的视角，同时也会产生种种疑问。这些疑问与其说是针对本书的论述，不如说是开启了新的探索之路。这也许正是一部优秀著作的价值所在：不在于读者是否接受其观点，而在于启迪读者转换视角，重新思考一些根本性的问题。因此，无论对本书的观点赞成与否，读者都会有所收获。

书中涉及的部分外国学者也有中文名字，如布鲁克的中文名为卜正民，波梅兰茨的中文名为彭慕兰，在此告知读者。

刘北成

1999年7月26日

修订附记

　　岁月荏苒，本书中译本第一版问世已经八年了。在翻译本书之初，译者和出版社就预估本书会引起争议。但实际的反响之大远远超出了预想，而且相关的争论至今依然延续。从译者的角度看，这是令人高兴的事情。但这与稿费无关，因为当年的稿酬并不高。许多学界译者奉行的是鲁迅先生的拿来主义。如若所译之书能够引发读者兴趣，激发思考乃至争论，是对吾辈工作的最大奖励。

　　2000年，作者贡德·弗兰克携夫人访问中国。译者是第一次也是最后一次见到他。年过七旬的他态度平和而诚恳，向中国学者征询对《白银资本》的意见。译者表示，对于"西方为什么会胜出？"这一核心问题，《白银资本》没有给出令人满意的解释。他的夫人当即表示赞同，认为这应该是下一部著作的主题。令人遗憾的是，2005年，译者从与弗兰克有密切联系的南开大学张伟伟先生那里得知，弗兰克于该年4月23日病逝，享年76岁。在译者看来，弗兰克是一位富有学术想象力和创造力的学者。作为曾经的译者和怀有期待的读者，我对他的辞世不免心生哀戚。

　　近日，出乎我意料的是，我的同事李伯重教授告诉我，弗兰克生前完成了一部19世纪世界经济分析的初稿，并向一些学者征求意见。我有点好奇，不知这部遗著是否又对学界提出了什么挑战？

　　本书此次再版有四处修订。第一处是中文第一版146页，原来没有翻译的地名"Iequois"，经查是琉球在17世纪的西文译名。第二处是164—

169页和184页有"纳贡"和"朝贡"两种译名，此次均统一为"朝贡"。第三处是219页出现的中国学者名字误译为"沈春生"，现改为"陈春声"。陈春声系中山大学历史学系教授。第四处是472—473页，原来将"McWorld"译为"大世界"，现改为"麦克世界"，并加注予以说明。

刘北成

2008年7月11日